U0946352

本书的出版获国家社科基金抗日战争研究专项工程
“世界反法西斯战争史（含中国抗战）档案资料收集整理与研究”（批准号：16KZD020）资助

Forgotten Foundations of Bretton Woods: International Development and the Making of the Postwar Order,
by Eric Helleiner, originally published by Cornell University Press.

This edition is a translation authorized by the original publisher, via CA-LINK International.

本书英文原版由康奈尔大学出版社2014年出版，
中文简体翻译版由人民出版社独家出版并限在中国大陆地区销售，
中文简体版权通过凯琳国际文化版权代理（www.ca-link.com）引进

布雷顿森林被遗忘的基石

——国际发展与战后秩序的构建

FORGOTTEN FOUNDATIONS OF BRETTON WOODS: INTERNATIONAL DEVELOPMENT AND THE MAKING OF THE POSTWAR ORDER

【加】埃里克·赫莱纳（Eric Helleiner）著

张士伟 译

人民出版社

责任编辑：岳改苓
装帧设计：常　帅

图书在版编目（CIP）数据

布雷顿森林被遗忘的基石：国际发展与战后秩序的构建 /（加）埃里克·赫莱纳（Eric Helleiner）著；张士伟译 .—北京：人民出版社，2019.1

书名原文：Forgotten Foundations of Bretton Woods:International Development and the Making of the Postwar Order

ISBN 978－7－01－019584－1

Ⅰ. ①布…　Ⅱ. ①埃…　②张…　Ⅲ. ①国际货币体系—研究　Ⅳ. ① F821.1

中国版本图书馆 CIP 数据核字（2018）第 166261 号

著作权合同登记号：图字 01-2018-1677 号

布雷顿森林被遗忘的基石

——国际发展与战后秩序的构建

BULEIDUN SENLIN BEI YIWANG DE JISHI

——GUOJI FAZHAN YU ZHANHOU ZHIXU DE GOUJIAN

［加］埃里克·赫莱纳（Eric Helleiner）著　张士伟 译

人民出版社 出版发行
（100706　北京市东城区隆福寺街 99 号）

环球东方（北京）印务有限公司印刷　新华书店经销

2019 年 1 月第 1 版　2019 年 1 月北京第 1 次印刷
开本：710 毫米 ×1000 毫米　1/16　印张：19.5
字数：318 千字

ISBN 978－7－01－019584－1　定价：69.00 元

邮购地址 100706　北京市东城区隆福寺街 99 号
人民东方图书销售中心　电话（010）65250042　65289539

媒体评论

在对极其丰富的档案资料进行了大师级的历史学分析后,赫莱纳告诉我们穷国做了很多事情但却无人记得,包括对于会议讨论的积极参与、在发展上的抱负,等等。通过此书,他已经证明自己是一个卓越的国际政治经济史学家。全书处处透露出作者一贯的思维清晰和通俗易懂的风格。

——美国加州大学圣巴巴拉分校本杰明·科恩(Benjamin J. Cohen)
《政治学季刊》(*Political Science Quarterly*)

赫莱纳这本重要且原创的新书所要表达的中心观点是:经济发展是布雷顿森林建筑师的核心目标。他找到让人印象深刻的新材料来归纳这一观点。美国决策者对于穷国的发展需求及愿望的重视程度不亚于饱受战火摧残的欧洲和亚洲国家,或者说是更为重视。布雷顿森林最终没能履行在发展问题上的承诺,在冷战的现实面前,战后理想主义迅速凋零,国际货币基金组织和世界银行不再着眼于全球发展,而是沦为西方反共产主义十字军和自由意识形态的工具。

——世界贸易组织总干事政策顾问约翰·汉考克(John Hancock),
《加拿大文艺评论》(*Literary Review of Canada*)

本书文字优美,行文雅致,亦不乏深度,展示了发展问题如何在1944年布雷顿森林会议的国际金融与经济协调新路径中扮演了中心角色。赫莱纳告诉人们,如今那些大的新兴市场国家在战后经济秩序的形成中是如何发挥了实质性作用。随后,在冷战背景下,政治经济优先权发生转变,导致它被遗忘了。

——美国普林斯顿大学著名学者哈罗德·詹姆斯(Harold James),
《罗马的困境:国际秩序准则如何创造了帝国政治》一书作者

本书叙事宏大,它揭示了战后全球经济与发展合作的重要性中使人着迷的部分。这些战后理念——当时被错误地一扫而空——对于今日仍是迫切的和相关的。对于任何有兴趣于全球经济的人来说,本书都是一本必读书。

——英国牛津大学布拉瓦尼克政府学院院长耐盖尔·伍兹(Ngaire Woods),
《全球化者:国际货币基金组织、世界银行和他们的借贷人》一书作者

赫莱纳对于布雷顿森林的重新解读不仅体现了他的博学，还与最近的金融危机之后的全球发展辩论密切相关。本书将金砖五国视为全球政治经济的新兴挑战者，确实相当有远见。

——美国马萨诸塞大学蒂莫西·萧（Timothy M. Shaw），
《小国外交》编者之一

赫莱纳教授的分析极具说服力，他认为在很大程度上由于怀特的作用，布雷顿森林在穷国发展目标上扮演了重要的角色。更重要的是，赫莱纳提醒我们，国际发展并不意味着帮助贫穷和默默无闻的国家。在布雷顿森林，美国推动国际发展是想寻求和平、增加进口更优惠商品的机会以及为美国出口创造新的市场。

——俄罗斯国立高等经济大学内森·马库斯（Nathan Marcus）
《经济史评论》（*The Economic History Review*）

赫莱纳教授强调了迄今为止仍受人们忽视的穷国的角色，对于国际经济秩序的源起提出了有力的重新解释，他在研究方法的创新上做出了十分重要的贡献。毫无疑问，对于那些关心当前经济秩序源起的人们来说，本书的极具创新性及其内容的丰富性使其成为必读书。今后，任何对于该主题的研讨都无法绕过此书。

——以色列耶路撒冷希伯来大学克劳迪亚·凯达尔（Claudia Kedar）
《拉丁美洲研究季刊》（*Journal of Latin American Studies*）

赫莱纳使用了海量的一手档案，从两个重要方面对传统看法发起挑战，以优美的文笔呈现出他对于布雷顿森林谈判的全新解读。对于战后金融秩序的创建者而言，他成功论证了穷国的发展是一个关键性问题。

——德国柏林自由大学托拜厄斯·里格（Tobias Leeg），
《政治研究评论》（*Political Studies Review*）

在布雷顿森林体系建立的问题上，赫莱纳成功挑战了传统叙事。作者尤其注意到，在这个过程中，相对于传统认识，拉美国家和中国要活跃得多，意义也更加深远。本书是卓越的，不仅其细节非常丰富，而且论述非常专注，对于档案资料的使用非常娴熟。

——德国莱茵瓦尔大学社会经济学教授亚历山大·布兰德（Alexander Brand），
《国际发展杂志》（*Journal of International Development*）

目录

CONTENTS

序

在我的印象中，记录布雷顿森林体系创立和演变的历史书很多，最权威的可能要算国际货币基金组织每隔一二十年就组织回顾并撰写的一系列阶段性历史。那些系统的历史回顾对于后来者研究和理解布雷顿森林机构创立和发展演变的宏大背景与复杂的博弈极有帮助。但读后总觉得有一点欠缺，就是不清楚在布雷顿森林机构酝酿和创立过程中，中国政府或中国人在其中扮演了什么角色。我猜想，当时美、英两国是西方世界主导战后国际货币体系的两大力量，中国即使是盟国，也毕竟正处于抗战最困难的阶段，可能无暇过多顾及和参与此事。

2013 年，我在翻阅中国人民银行研究所保存的历史资料时，偶然发现了当年参加布雷顿森林会议的中国代表团的总结报告。从那份已经发黄变脆的手写本报告中，我惊讶地了解到，中国在布雷顿森林会议之前几年就已经参与了酝酿和筹备工作，在会议当年派出了一个规模仅次于美国的高级别代表团，积极并全面参与了会议的整个过程，为达成会议的目标作出了建设性的贡献。我将资料整理和研究结果于 2014 年 8 月在《中国金融》杂志上发表。随后几年，这篇文章引起了国内外一些读者的关注并陆续有一些反馈。赫莱纳教授这本著作在 2014 年出版，当年我就有所了解。那年人民银行金融研究所在杭州与国际货币基金组织和重建布雷顿森林机构委员会联合举办了一个国际研讨会。在那个会上我认识了赫莱纳教授，并听他介绍了自己的新书。没有想到的是，我于 2015 年春节以后被中国政府派到国际货币基金组织工作，并且有幸参与和见证了中国与国际货币基金组织历史上的又一件大事——人民币被纳入特别提款权。

今年早春四月，在北方冰雪还未完全消融的时候，我和几个同事专程去新罕布什尔州的布雷顿森林小镇，在当年开会的旧址华盛顿山饭店小住一晚，参观了当年的会场、客房和餐厅等环境设施，并观阅了很多当年的档案照片。在饭店一层的小卖部中，我偶然发现了赫莱纳教授的这本书，于是买了一本作为纪念。非常巧合的是，我的一位在加拿大滑铁卢大学当教授的老同学告诉我，赫莱纳教授就在滑铁卢大学任教，他的著作正被翻译成中文版，很快将在中国发行。不仅如此，赫莱纳教授在为中文版所作的序言中专门提到了我的文章，他和译者张士伟先生一起想邀我写一篇序。我为此深感荣幸。

赫莱纳教授的这本著作有独特的视角，它不仅关注布雷顿森林会议的主要参与方——美国和英国，而且探讨了发展中国家特别是中国在这一过程中所起的作用。书中以扎实的历史资料为依据，揭示了布雷顿森林体系的开发融资机构——国际复兴开发银行（世界银行）与中国的渊源。从书中可以看到，参加布雷顿森林会议的国民政府代表的一些主张与孙中山先生的一系列国际活动实践和理论思考有关。孙中山先生至少在 1918 年就意识到由中外政府出面建立开发融资机构对于落后国家引入资本的价值。这个理念深深地影响了当年的国民政府，并影响到布雷顿森林机构的整个筹建过程。这个理念与战后不久美国推出的马歇尔计划一脉相承。直到今天，“一带一路”倡议的提出和推进、亚洲基础设施投资银行和金砖国家新开发银行等新机构的建立，一再显示出开发性金融机构的价值和生命力。

本书引用的当年美国财政部长摩根索的一句话解释了中国的份额最终能排在美、英、苏之后但排在法国之前的原因：“我们这样安排是因为中国人在过去七年所进行的艰苦卓绝的战斗。”中国在战后国际货币基金组织中的地位，完全是由中国人民为世界反法西斯战争作出的重要贡献，是用全民族所牺牲的生命和鲜血换来的。

赫莱纳教授在书中记载的中国政府对国际货币基金组织设计方案的看法和讨论也很值得回味。中国和多数发展中国家代表团都将重点放在如何在战后更多地获得发展融资上，而美、英的主要代表人物怀特和凯恩斯则更多地思考如何建立一个稳定可控的、能有效调节国际收支并防止竞争性贬值的国际货币体系。在这个体系中，及时有效地纠正国际收支失衡是目的，汇率调节是手段，汇率稳定是结果。即使在固定汇率体制下，汇率必要时还是必须调整的。相比之下，当时中国政府主要关注的问题是如何防止资本外逃、防止本币贬值并维持国内物价的稳定,体现出在既定的国际货币体系下如何生存的考虑。中国政府中的美国顾问阿瑟·杨格(Arthur Young)对美、英起草的国际货币基金组织方案的第一反应是固定汇率不可持续,四分之一世纪以后布雷顿森林体系的解体证明了这种担心的先见之明。当年中国与美、英两国的这种差异是否到现在还有影响?我认为这是一个值得观察和思考的问题。

谨以此为张士伟先生的译著作序。

中国驻国际货币基金组织执行理事　金中夏

2018 年秋

中译本自序

非常感谢张士伟有兴趣并且愿意为中国读者细致翻译本书。本书能够为中文读者所见，我感到特别高兴，因为中国在布雷顿森林体系的构建过程中发挥了举足轻重的作用。时至今日，这一作用还经常被忽视。传统观点认为，布雷顿森林体系这一结果是英美谈判或者是理查德·加德纳（Richard Gardner）广为人知的所谓的"英镑美元外交"[①]的产物。在他分析谈判的书中，理查德·加德纳本人甚至没有在索引中为中国列一项条目。

学者们对中国作用的忽视让人意外。中国为1944年7月的会议派来了人数第二多的代表团，而且会议材料清楚地表明，中国代表积极地参加了讨论。中国代表还参加了6月底在大西洋城召开的起草会议，帮助为布雷顿森林会议拟定议程（其中的一名中国官员还是会议的四名副主席之一）。另外，之前中国政策制定者就针对美国官员展开了关于第二次世界大战后（以下简称"战后"）国际金融秩序的院外活动。院外活动甚至还包括一份关于战后国际金融机构的中国方案，内容翔实，标注日期为1943年6月。该计划是作为1943年春已经公之于众的美英计划的替代计划而出现的。中国是仅有的四个出台此类替代方案的国家之一（其他三个是加拿大、法国和挪威）。

中国对于布雷顿森林谈判的影响并不局限于中国官员对于1943—1944年谈判的参与。在谈判的背后，中国亦在思想理论上做出了重要贡献。1920年，

① Gardner 1980. 理查德·加德纳为著名国际政治经济学学者。为与下文的联储官员沃尔特·加德纳（Walter Gardner）相区分，本书凡是提及理查德·加德纳之处皆以全名出现，凡是单独以"加德纳"字样出现的，皆指沃尔特·加德纳。另外，为方便读者查阅，除译者注以外，本书所有注释和参考文献遵从原版书，未做改动。——译者注

孙中山（Sun Yat-sen）就出版了一本名为《实业计划》（*International Development of China*）的书，在书中他为促进国际发展借贷的国际机构列出了构建大纲。这是有史以来全球范围内的第一次。尽管他提议的"国际发展组织"仅限于聚焦中国的发展，但他关于该机构的理论却是高度创新的，并引起了国外的注意，在20余年后襄助创建了世界银行。20世纪40年代初，一些著名的美国分析家，如尤金·斯塔利（Eugene Staley），在呼吁建立国际发展借贷组织时引用了孙中山的观点。与此同时，包括在布雷顿森林会议上，中国的政策制定者同样强调孙中山的思想。会后初期，西方分析家亦认为，新的世界银行的目标是遵循了"中国国父设定的路线"①。

孙中山关于国际发展借贷机构的设想对于中国和债权国都是有利的。当通过国际机构获得了急需的外国资本后，中国的经济发展会加速。相较于过去外国私人银行家的所作所为，孙中山希望新的机构能够尊重中国人民的声音。同样，债权国也会受益。中国新形成的市场将接纳他们的商品和剩余资本，此类国际机构亦将促成更加合作与和平的世界。

当代读者对于这些关于国际发展合作正和（positive-sum）性质的论断可能相当熟悉，但孙中山是第一批勾勒出它们的思想家之一。他的开创性观点部分来源于他对中国经济发展本身强烈的责任感，这种责任感反映了更早的中国改革思想家（如郑观应）对他的影响；也有些是来自孙中山对"后1918年"背景下国际合作预期的乐观主义，这种乐观主义受到了康有为对于未来大同世界的预测的鼓舞。通过这些方式，在国际发展的现代内涵诞生的过程中，中国思想界扮演了重要角色，在后二战的语境（post-World War Two context）下，这得到了全世界的普遍认可。②

在这样一个特殊的历史时刻，中国在国际发展思想上的先驱地位值得被记起。在孙中山的书出版近一个世纪后，中国发现其国际地位已与孙中山当年分析的中国非常不同。那时，孙中山关心的是推动中国的发展。如今，中国正在支持创建新的国际金融机构以支持其他国家的发展，如亚洲基础设施投资银行和

① Grey 1944, 167.

② For more detail on this point, see Eric Helleiner, "Sun Yat-sen as a Pioneer of International Development", *History of Political Economy*, Vol.50 (December 2018).

新的发展性银行。鉴于中国在此类和其他行动中作为国际发展合作领头羊的新身份，给予该思想的中国源起更多的关注是合适的。

值得说明的是，孙中山期待中国身份的这一转变。尽管他专注于为中国自己的发展寻求外国资本，但孙中山还是预测到未来中国将成为一个世界大国。在那个未来时代，孙中山希望中国领导人意识到他们在世界上"济弱扶倾"的责任。① 如今，中国支持创建新的多边发展银行，是在最终扮演孙中山一个世纪以前为中国设定的角色吗？

要回答这个问题，就有必要观察中国支持的这些新多边机构是否扮演了孙中山在20世纪20年代为国际发展组织设定的角色。它们会提供孙中山为债权国确认过的那些经济好处——为出口提供新的市场并为剩余资本提供出路吗？它们会以尊重债务国人民声音的方式支持其经济发展吗？它们能帮助形成一个更为合作与和平的世界吗？这些是孙中山在分析中提到的问题，也是我在研究关于中国对于布雷顿森林体系国际发展渊源的贡献的历史时所思考的问题。

在研究这段历史的过程中，我也发现自己在问一个更具历史价值的问题：为什么在过去的历史中，中国对于布雷顿森林体系源起的贡献几乎没有受到关注？一个简单的回答可能是，在1980年恢复国际货币基金组织和世界银行的席位之前，中华人民共和国没有参与布雷顿森林体系。然而，如今中国已经成为国际金融秩序中举足轻重的角色，纠正此前的无视行为非常重要。

由此而论，其他学者对于这段历史的关注使我深受鼓舞。本书出版前后，基于我无法利用的中文档案，金中夏针对中国在布雷顿森林会议中扮演的角色做了重要分析。他的分析提供了有意思的新信息，得出了类似的结论，即"中国政府对会议做出了积极贡献"②。他还提供了中国官员参加会议的一些颇具吸引力的细节：

在一定程度上，中国代表团也是国共两党合作的产物。一个最好

① 孙中山：《三民主义论》，商务印书馆1928年版。Translated by Frank W Price and edited by L.T.Chen, p.147.

② Jin Zhongxia, *The Chinese Delegation at the 1944 Bretton Woods Conference* (London: Official Monetary and Financial Institutions Forum, 2015), p.13. 文章原刊于2014年9月15日出版的双月刊《中国金融》。

的例子是，中国代表团主任秘书冀朝鼎先生是中共地下党员。在布雷顿森林会议的背景下，共产党人为了捍卫和提高国家的国际地位——这一中华民族的共同目标而默默地与国民政府合作，并充分发挥了个人的才华。从档案文件看，冀朝鼎很可能参加了最重要的起草委员会的工作。①

在本书中，我也用史料证实，1944 年，中国支持战后国际金融机构的人并不局限于国民党官员。当年 11 月，同毛泽东的亲密同事周恩来对话的一位美国官员报告后者的观点如下："鉴于中国的战后形势，她在经济上最大的需求即是外资……中国欲迈过当前的落后状态，就必须参加国际经济和金融组织。"②

基于新的档案资料和其他历史材料，我希望中国研究者能有更多的类似金中夏所做的那样的成果问世。我关于中国角色的分析极受我所能接触到的材料限制。正如我在第 7 章（第 174 页脚注③）所写的："尽管本章引用的档案来源广泛，但主要限于英文文献，缺乏中文档案。因此，我的讨论仅限于初步填补已有研究的空白。"我希望张士伟所翻译的中译本能够鼓励更多的中国学者对于这一重要问题做更为深入的研究。正如金中夏所言，研究结果或不局限于历史价值："与布雷顿森林会议上的辩论相比，如今大国之间讨论的主题并没有本质的变化。那些翻阅布雷顿森林尘封档案并从中借鉴学习的人们，其所获视野或能洞穿今日与之相关的其他许多问题。"③

埃里克·赫莱纳

2018 年 3 月

① Jin Zhongxia, *The Chinese Delegation at the 1944 Bretton Woods Conference* (London: Official Monetary and Financial Institutions Forum, 2015), p.13.

② 本书第 188 页。

③ Jin Zhongxia, *The Chinese Delegation at the 1944 Bretton Woods Conference*, p.14

原版自序

关于战后国际经济秩序的诞生，本书提供了不同于传统的解释。至少，对我来说是非传统的。十余年前，在一些档案资料的激发下，我有了使用新研究思路的灵感，从而能够写作本书。长期以来，像其他许多人一样，我一直认为，国际发展的目标和南北关系在布雷顿森林体系的创建过程中扮演了无关紧要的角色。在挖掘档案和其他史料好多年以后，我逐渐确信，在该体系的源起上，它们比通常认为的要重要得多。这些是布雷顿森林体系被遗忘的基石，而不仅仅是历史的遗迹。现行自由国际经济秩序如何满足南方新兴国家对发展的期望？在目前人们频繁讨论这一问题的时刻，它们值得被记起。布雷顿森林体系的设计师直接而又富有创造性地在"创建时刻"就提出了这一问题，其中有许多人来自巴西、中国、印度和墨西哥——当今重要的新兴经济大国。

在本课题的研究过程中，许多人帮助过我。对于参考文献中列出的档案馆，我要对它们的馆员表达深深的感激之情。他们不仅与我分享了智慧，还向我提供了无价的帮助。我也足够幸运与一帮杰出的学生一起工作，他们在研究上向我提供了宝贵的帮助，拓宽了我的学术视野。他们是阿西姆·阿里（Asim Ali）、杰夫·卡梅隆（Geoff Cameron）、塔里尼·乔普拉（Taarini Chopra）、茱蒂特·费边（Judit Fabian）、阿萨纳西亚·林佩罗特斯（Athanasia Limperatos）、马萨亚·利亚瓦尼拉斯－布兰科（Masaya Llavaneras-Blanco）、特洛伊·伦布拉德（Troy Lundblad）、伊恩·穆勒（Ian Muller）、斯特凡诺·帕利亚里（Stefano Pagliari）、安图烈·罗萨莱斯（Antulio Rosales）、阿纳斯塔西娅·乌菲姆采娃（Anastasia Ufimtseva）、维罗妮卡·维加（Verónica Rubio Vega）和里卡多·特兰简（J. Ricardo Tranjan）。其中，里卡多做出的贡献需要着重说明：他大胆奔赴巴拉圭找到了被认为遗失的历史资料，同样感谢巴拉圭中央银行职员对他的帮助。

感谢那些针对本书研究的各个方面提供了有用的评论、反馈、资料来源和建议的人们。他们是曼莫汉·阿加沃尔（Manmohan Aggarwal）、贾奇·贝斯特（Jacquie Best）、詹姆斯·鲍顿（James Boughton）、格里·博伊丘克（Cerry Boychuk）、本尼迪克特·布尔（Benedicte Bull）、汤姆·卡拉基（Tom Callaghy）、格雷格·钦（Greg Chin）、安迪·库珀（Andy Cooper）、鲍勃·考克斯（Bob Cox）、罗伊·卡尔佩珀（Roy Culpepper）、埃德·多斯曼（Ed Dosman）、艾伦·戴伊（Alan Dye）、迈克尔·埃德尔斯坦（Michael Edelstein）、特德·费蒂克（Ted Fertik）、埃德·弗里德曼（Ed Friedman）、凯文·加拉格尔（Kevin Gallagher）、帕蒂·戈夫（Patti Goff）、吴美榜（MuiPong Goh，音译）、德里克·霍尔（Derek Hall）、詹森·赫克特（Jason Hecht）、格里·赫莱纳（Gerry Helleiner）、凯西·霍克斯特勒（Kathy Hochstetler）、哈罗德·詹姆斯（Harold James）、迈尔斯·卡勒（Miles Kahler）、罗伯特·基奥恩（Robert Keohane）、乔纳森·科什那（Jonathan Kirshner）、约翰·克勒贝格（John Kleeberg）、黑田明伸（Akinobu Kuroda）、凯瑟琳·拉韦尔（Kathryn Lavelle）、卡利·莱维特（Kari Levitt）、布拉德·刘易斯（Brad Lewis）、奥德特·利内亚（Odette Lineau）、查尔斯·利普森（Charles Lipson）、佩里·梅林（Perry Mehrling）、贝斯玛·摩蔓妮（Bessma Momani）、詹姆斯·莫里森（James Morrison）、阿纳尼娅·慕克吉－里德（Ananya Mukherjee-Reed）、克雷格·墨菲（Craig Murphy）、约翰·奥德尔（John Odell）、保罗·波斯特（Paul Poast）、托尼·波特（Tony Porter）、劳拉·兰德尔（Laura Randall）、埃里克·劳恩茨维（Eric Raunchway）、埃米莉·罗森堡（Emily Rosenberg）、约翰·桑布赖洛（John Sanbrailo）、库尔特·舒勒（Kurt Schuler）、詹姆斯·斯科特（James Scott）、欧文·斯通（Irvine Stone）、安德鲁·汤普森（Andrew Thompson）、盖尔·特里纳（Gail Triner）、瑞恩·图伊（Ryan Touhey）、理查德·格莱恩（Richard von Glahn）、王红缨（Hongying Wang）、戴维·威曼（David Weiman）、罗尔登·威尔金森（Rorden Wilkinson）、恩盖里·伍兹（Ngaire Woods），以及其他许多参加了研讨会的人们。在哥伦比亚大学、康奈尔大学、哈佛大学、经济史学会、麦克马斯特大学（McMaster University）、牛津大学、普林斯顿大学、洛克菲勒基金会贝拉吉奥（Bellagio）中心、巴黎政治大学、芝加哥大学（国际政治、经济和安全项目研讨

会)、渥太华大学、南加州大学、东京大学、华威大学和滑铁卢大学举行的研讨会上,本书的部分内容都曾得到讨论。对于那些没有列出的人们,请接受我的歉意和感谢。

我尤其感激罗杰·海登(Roger Haydon),他提出了深刻的见解,并给我以热情的鼓舞。同样还要感谢两位匿名审稿人,他们提出了非常有用的评论和建议。加文·刘易斯(Gavin Lewis)和苏珊·斯佩克特(Susan Specter)提供了极其有用的编辑意见。同样,非常感谢加拿大社会与人文科学研究会、加拿大首席研究员计划(Canada Research Chairs Program)和特鲁多基金会对本书研究的资助。最后,本书献给三位做出最大贡献的人:詹尼弗(Jennifer)、佐伊(Zoë)和内尔斯(Nels)。在很长的时期内,詹尼弗聆听了我对这一段历史(以及其他很多东西)的看法并给予反馈;佐伊和内尔斯与本书一起成长,有时也好奇怎么会有人对处于世界遥远角落的一片叫布雷顿森林的树林如此感兴趣。感谢他们每一个人在生活中付出的诸多耐心、智慧、幽默、支持和爱,这些是我研究灵感的不竭之源。

原版缩略词

BIS Bank for International Settlements
国际清算银行

CFF Compensatory Financing Facility
补偿贷款办法

CFR Council on Foreign Relations
外交关系委员会

ECLA Economic Commission for Latin America
拉丁美洲经济委员会

FBI Federation of British Industries
英国工业联合会

FRBNY Federal Reserve Bank of New York
纽约联邦储备银行

GATT General Agreement on Tariffs and Trade
关贸总协定

IAB Inter-American Bank
泛美银行

IADB Inter-American Development Bank
美洲开发银行

IBRD International Bank for Reconstruction and Development
国际复兴与开发银行

ICU International Clearing Union
国际清算同盟

IDA	International Development Association 国际开发协会
IFEAC	Inter-American Financial and Economic Advisory Committee 美洲财政与经济咨询委员会
IMF	International Monetary Fund 国际货币基金组织
ISI	Import-Substitution Industrialization 进口替代工业化
ITO	International Trade Organization 国际贸易组织
KMT	Kuomintang 中国国民党
NIEO	New International Economic Order 国际经济新秩序
OPEC	Organization of the Petroleum Exporting Countries 石油输出国组织
RBI	Reserve Bank of India 印度储备银行
RFC	Reconstruction Finance Corporation 复兴金融公司
RIIA	Royal Institute of International Affairs 英国皇家国际事务研究所
SUNFED	Special UN Fund for Economic Development 联合国经济发展特别基金
TVA	Tennessee Valley Authority 田纳西河流域管理局
UNCTAD	UN Conference on Trade and Development 联合国贸易和发展会议

国际发展和布雷顿森林中的南北对话 1

由于构筑了战后国际金融体系的基石，布雷顿森林会议声名远扬。1944年7月，来自世界各国的代表齐聚新罕布什尔州的华盛顿山宾馆，商讨全新的多边法律框架以管理金融关系。他们设立了两大机构——国际货币基金组织和国际复兴与开发银行——今天仍然位居全球金融管理的中心。反过来，这些安排被一个创新型"嵌入式自由主义"的远景所加强，新的干预经济的行为被用来寻求调整针对自由多边主义的安排。在20世纪30年代，这些经济行为影响了世界各地。①

在过去许多年中，布雷顿森林谈判同样遭到了诸多批评。最为长久的批评中有一个涉及其对国际发展问题的态度和对更贫穷（或"南方"）国家的关
切。②通常，《布雷顿森林协定》被描绘为1942年到1944年间英美谈判的结果， 2
发展问题基本没有得到关注，南方的声音大多缺席了。本来人们就存在这样的认识：长期以来，相对于南方国家，布雷顿森林体系给北方国家安排了更为特殊的利益和远景，而该历史叙事则强化了这一论断。

对于《布雷顿森林协定》的起源与内容，本书提供了非常不同的解释。它展

---

① 对于嵌入式自由主义，详见 Ruggie，1982。鲁吉（John Roggie）详述了该观点如何鼓舞了布雷顿森林会议上的国际金融谈判，以及会后举办的国际贸易谈判。本书的分析主要聚焦于布雷顿森林会议所直接处理的国际金融事务，贸易问题只是间或涉及。

② 在本书中，术语"南方国家"在使用上可以与"贫穷国家"互通。20世纪70年代，这一术语变得模糊起来，当时它被用来指贫穷国家的联合，在全球经济领域代表了与另一个更为富裕的"北方"国家截然不同的形象。在本书所考察的历史讨论中，有一系列的术语被用来形容贫穷国家，如"较不发达的""不发达的""待发达的""萧条的""非工业化的""工业化中的""贫穷的""资本贫乏的""急需资本的""低收入的""经济落后的"和"落后的"。

示了国际发展目标，即那些致力于南方国家经济发展的国际官方援助[①]是如何在谈判桌上得到广泛的讨论，正是这些讨论促成 1944 年产生了《布雷顿森林协定》，它们激发了许多创见以构建一个对发展事宜更为友好的国际金融秩序。不是所有的建议都被写进了布雷顿森林会议总决议，但一些重要的写进去了。布雷顿森林谈判远非忽视国际发展目标，它应当被视作将这些目标与自由多边金融体系第一次进行整合的尝试，它扮演了先驱角色。

另外，与传统认知相比，在塑造和支持布雷顿森林谈判的结果方面，来自南方国家的官员们也扮演了更为活跃和更有意义的角色。那些自 20 世纪 30 年代后期起——比 1942 年到 1944 年开始的英美会谈早好几年——就与美国官员密切合作的拉美政策制定者们尤为重要，他们意欲构建一个新型国际关系模式，以满足他们对于国家主导的经济发展的畅想。从美国-拉美金融伙伴关系中衍生出的政策革新帮助布雷顿森林谈判打下了基础，在接下来导致 1944 年协议的讨论中，拉美官员和分析家（analysts）[②]依然是活跃的参与者。来自世界其他贫困地区——尤其是中国、印度和东欧——的官员和思想家同样强烈支持布雷顿森林关于发展的内容。布雷顿森林谈判远远不止是英美之间的事务。在包含了非常密集的南北对话的广阔的政治背景下，南方国家实际上是首次以自己的方式塑造全球金融秩序。

因而，对于国际经济秩序的诞生，本书提供了富有意义的重新诠释。它不寻
3 常的历史呼唤人们关注遭到忽视的《布雷顿森林协定》关于国际发展的内容，同样被忽视的还有在谈判中促成这些内容的南北对话。我认为，它们就是布雷顿森林体系被遗忘的基石。本书目标即在于拂去历史的尘埃，揭示它们并把它们呈现在人们面前。

为什么这段历史被遗忘了？一个原因可能是，在该领域帮助建立传统史观的学者们没能获取我在本书中使用的各种档案资料。但也有可能是因为，布雷顿森林会议后，世界发生了急剧的变化。战争甫一结束，由于本书最后一章所阐

① “官方的”（official），是与长得多的国际非政府发展活动传统相对而言的，这一界定慎重地回避了南方国家的经济“发展”意味着什么的问题。

② 此处为直译。经与作者沟通，“分析家”在本书中指相关领域的学者或思想家。因该词出现次数较多，为尊重原著，不做改动。——译者注

述的原因，美国官员们立即撤回了他们对《布雷顿森林协定》中人部分发展内容的支持。这种转变使南方国家的政策制定者和分析家们视布雷顿森林秩序为北方国家主导的安排，并不适合于其以国家为主导的经济发展战略。截止到20世纪70年代，南方国家的不满已经积聚到能够广泛号召建立国际经济新秩序的程度，它们更倾向于在以发展为导向的维度上改革布雷顿森林体系。在气氛紧张的政治背景下，国际经济新秩序的支持者和批评者都忽略了一个事实，即他们挖掘出的很多观点都在布雷顿森林谈判中讨论过。

如果说这段历史对于参加国际经济新秩序辩论的人们有帮助的话，它同样与当前形势密切相关。我们正生活于这样一个时代，即南北关于全球金融体系的认识再一次在政治上发生碰撞，许多来自日渐强大的新兴经济体的政策制定者和分析家要求在全球金融管理中得到更好的体现，改革全球金融体系，以推动其国家主导发展的目标。本书对此做了提醒，实际上，协调自由多边主义和穷国的国家主导发展这一目标的努力，曾位居创造了战后国际金融秩序的政治的中心。的确，今天的许多新兴经济体——巴西、中国、印度和墨西哥——帮助构筑了布雷顿森林体系被遗忘的发展基石。

对于学者们当下关于国际发展的历史及意义的辩论，这里的历史分析同样打开了一扇窗户。当代许多学者断言，国际发展问题诞生于1949年杜鲁门总统的就职演说和冷战初期西方政策制定者的优先考虑中。在某些“后发展”学说中，该历史叙事被用于支撑一个更为广泛的批评，即从最初的源起开始，国际发展是资本主义大国推行新帝国主义的政治项目。① 4

如果说怀疑论者关于1949年后国际发展历程的论述有其合理性，那么该批评则建立于关于国际发展源起的那段有问题的历史。实际上，国际发展既不是杜鲁门政府的发明，也不是冷战的一个结果。国际发展有着更长的历史，其中，20世纪30年代后期和40年代初期美国-拉美金融伙伴关系以及随后而来的布雷顿森林谈判是重要部分。更重要的是，在这一早期阶段，许多对于国际发展的推力来自南方国家的政策制定者和分析家，该时期的许多先驱（包括那些来自

① 例证详见Escobar 1995，Rist 1997，Sachs 1990和1992。部分此类论述宣称，“发展”这一概念本身源于杜鲁门时代，但这一观点已被（Cowen和Shenton 1996）有力地批判过。

于美国的）看到，它的内容与杜鲁门及其顾问们所提出的完全不同。换句话说，国际发展诞生的政治比批评者的评论要更为复杂。

关于布雷顿森林的普遍看法

在我展开本书的论证之前，应该先回顾一下人们对于国际发展和南方国家在布雷顿森林谈判中所扮演角色的普遍看法。[1]传统认知中的经典观点来自理查德·加德纳，他凭借《英镑美元外交——当代国际经济秩序的起源与展望》[2]这本重要著作成为研究谈判的领路人。理查德·加德纳认为《布雷顿森林协定》在很大程度上是英美谈判的结果。其中，如何帮助较为贫困的国家发展的问题“在战时规划中并没有被视为一个主要问题”[3]。他在对国际货币基金组织（IMF，以下简称“国际基金”[4]）更为细致的讨论中强化了这一认识：“在基金对不发达国家的潜在影响方面，布雷顿森林的代表们想得不多。”[5]加德纳甚至贬低会议创建国际复*兴与开发*[6]银行的意义：“简单来说，对于不发达国家的巨大需求以及银行在满足该需求方面要扮演的角色，与会者一无所知。实际上，在孕育银行方案时，它主要是作为重建机构而存在。对于今天来说可能是难以置信的，‘发展’一词甚至没
5 有出现于哈里·怀特（Harry Dexter White）在美国财政部内传阅的初稿中。”[7]

理查德·加德纳关于银行初始目标的观点得到了他人的赞同。比如，在一本分析布雷顿森林机构的名著中，地理学家理查德·皮特（Richard Peet）称：

---

① 鉴于接下来对已有研究的批评，我立即把我过去关于布雷顿森林体系的著作加上，它同样忽视了布雷顿森林会议关于发展的内容和南方国家在谈判中扮演的角色。Helleiner 1994, chap. 2。这是我的过失。

② 初版于 1956 年，修订本之一出版于 1980 年（Gardner 1980）。

③ Gardner 1985, 30.

④ 原书中表示国际货币基金组织的词有 IMF 和 Fund，为区别计，前者译为“国际基金”，后者译为“基金”。因此，除第 2 章外，如果没有特别说明，本书中的“国际基金”和“基金”均指国际货币基金组织。——译者注

⑤ Gardner 1980, xxi.

⑥ 斜体是作者所加，此处“开发”与本文中的“发展”在英文中是同一个词（development），因国际复兴与开发银行的名称的译法已经是约定俗成，因此不再改动。——译者注

⑦ Gardner 1985, 30. 也可参见 Gardner 1996, 202。

国际复兴与开发银行（IBRD，以下简称“国际银行”[①]）只是马后炮。对于国际银行在欧洲战后重建中可能扮演的角色，布雷顿森林会议上几乎没有谈到。穷国只在极少的地方被一带而过，贫困问题始终没有被触及。实际上，贴上“穷国”或更具批判性的术语“不发达国家”的标签是彼时欧洲人和美国人的先见（preoccupation），他们在功能性地理类别中还找不到——那时欧洲和北美之外的国家被视为“殖民地”。[②]

最新的关于银行历史的综合性历史学著作对于其既定角色得出了类似的结论。与理查德·加德纳相呼应，这本书的作者称怀特于1942年初为银行所写的第一版草稿“没有提到发展”。[③]他们指出，在随后导向布雷顿森林会议的国际谈判中，银行受到的关注较基金少得多，最后总结说：“发展几乎是意外提到了，在布雷顿森林刷了一下存在感。”[④]在世界银行的早期发展史上，爱德华·梅森（Edward Mason）和罗伯特·艾舍尔（Robert Asher）同样称：“发达与较不发达国家，以及北方与南方的差别——‘第三世界’的特殊问题——很难进入到战后规划者的视野之中。”[⑤]

现有学说也常常贬低南方国家在创建布雷顿森林体系中所扮演的角色。权威经济学家杰拉尔德·迈耶（Gerald Meier）是发展思想史的领袖学者，他将布雷顿森林谈判的动力描述为：“大部分发展中国家仍是殖民地，只有相当少的一些，主要是独立的拉美国家受到了邀请。美英掌握着政治权力，从一开始，非常 6

① 原书中表示国际复兴与开发银行的词有IBRD和Bank，为区别计，前者译为“国际银行”，后者译为“银行”。因此，除第2章外，如果没有特别说明，本书中“国际银行”和“银行”都是指国际复兴与开发银行。——译者注

② Peet 2009, 127.

③ Kapur, Lewis, and Webb 1997, 57.

④ Kapur, Lewis, and Webb 1997, 68. 也可参见Benjamin 2007, 12–14。卡普尔、路易斯和韦伯简要提到了印度和一些拉美国家在布雷顿森林推动给予发展问题更多的关注，比其他分析家好很多。尽管他们认为罗斯福总统“超前于听众和1944年的政治氛围”，并且他传达的信息“在布雷顿森林被忽视了”，但还是说明了罗斯福在解决国外贫困问题上的兴趣（1997, 60, 61, n.16, 65–66）。他们还引用了美国前财政部长亨利·摩根索（Henry Morgenthau）的评论，“贫穷，无论它在哪儿，都是对我们所有人的威胁”，但又指出彼时没有人明说“发展援助取决于给予者的私心”。他们这样补充道：“有一些暗指在不发达地区开发可用资源的重要性，即代表们的意思是，资源主要指原材料。”（1997, 69）

⑤ Mason and Asher 1973, 4.

明显地,发展问题不在布雷顿森林的议程表上。”①像其他许多学者一样,他也引用了英国谈判者约翰·梅纳德·凯恩斯(John Maynard Keynes)的话,贬低许多被邀请参会的穷国代表所扮演的角色:“很明显没有什么可贡献的,他们只是占满了地方……这是个搭建了数年的最为怪异的猴子屋。”②

迈耶还称南方国家本身并没有施压要求布雷顿森林计划将发展问题包含在内:“在布雷顿森林,发展中国家更多地倾向于认为自己是新兴的原料生产国,几乎没有认识到普遍发展问题。关于发展的总体战略和加速国家发展的政策尚未得到认同。”③在迈耶看来,在谈判中,不仅美英官员对于发展问题没有“直接兴趣”,“甚至大多数较不发达国家的代表们也没有兴趣”。④

有一些关于布雷顿森林谈判全景的更为细致的叙事,它们认为南方国家提出了一些具体内容,但分析仍以英国和美国为中心。⑤这些著作中最新的是本·斯泰尔的《布雷顿森林货币战》,他强化了这种倾向,对英美关系做了过多强调,甚至称:“除了美国、英国和加拿大,其他代表很少有能为基金组织或银行的建立提供智力支持的。”⑥约翰·霍斯菲尔德的重要文件集同样轻视南方国家
7 的贡献,该文件集收录了美国、英国、加拿大和法国政府的布雷顿森林计划初稿,却唯独遗漏了中国政府的。⑦1993年的一套广为流传的经典论文集《重新审视布雷顿森林》同样对南方国家在布雷顿森林创建过程中扮演的角色着墨甚少。

---

① Meier 1984b, 9.

② Meier 1984b, 9. Meier(1984a, 11-12)同样响应了这样的论断,即国际银行早期的草稿没有注意到发展问题,银行在谈判中也没受到多少关注。其他关于凯恩斯言论的书,参见 Meier 1984a, 11; Kapur, Lewis, and Webb 1997, 62; Toye and Toye 2004, 23; Benjamin 2007, 15-16; Peet 2009, 49。关于对其言论意义的讨论,详见本书第8章。

③ Meier 1984b, 9.

④ Meier 1984b, 13. 尽管有这些言论,迈耶确实意识到了印度和某些拉美国家对一些发展条款的游说(Meier 1984a, 13-14, 20)。他还引用罗斯福的“免于匮乏的自由”,以及《联合国宪章》对增进“更高生活水平”和“发展”的承诺,但争辩说布雷顿森林会议“在很大程度上没体现这些愿望”(Meier 1984b, 9)。此外,他写道:“现在所谓的‘国际经济新秩序’的核心要素是一些仔细调查了战后世界结构的经济学家所提出的。”但是,他认为他们“没有区分南北”(Meier 1984a, 17)。

⑤ 除了理查德·加德纳的著作,关于布雷顿森林谈判的历史细节描述可见 Van Dormael 1978, Eckes 1975, Horsefield 1969a, Mikesell 1994,以及 Steil 2013。

⑥ Steil 2013, 229.

⑦ Horsefield 1969b.

尽管如此,其重大的意义是,编者之一迈克尔·波尔多(Michael Bordo)在他的序言章节中提出了重要一问:尚有待历史学家解决的关键问题之一是“非工业世界与布雷顿森林体系的关系如何?”①

从政治学角度出发,约翰·鲁吉关于内嵌自由主义意识形态——这一开创性见解由他首次提出——意义的重要论文,同样对布雷顿森林谈判中的发展内容关注甚少。在一篇非常有洞察力的分析中,对于美国和英国谈判者打算建立的多边金融秩序,鲁吉称,不同于金本位制度,“预计将以国内干预主义为基础”。在内嵌自由主义“妥协”下,他们承诺稳定汇率和经常项目的可兑换性,同时,多边规则允许各国实施汇率调整和资本控制,并通过国际基金关于短期收支平衡支撑的条款,作为其国内经济应对“收支失衡”的缓冲。但在鲁吉的分析中,相关的“国内干预主义”由工业化国家实施。如他指出的,内嵌自由主义意识形态是被“工业世界所推动的一系列社会目标共同的合法性”表现出的,这些目标聚焦于全面就业和社会安全条款。②很少有人注意到此时穷国中出现的致力于推动经济发展的新干预主义实践。

在继他 1982 年文章之后的一本书中,鲁吉的确注意到国际银行给发展中国家的特许借贷创造了“一个发展进程中的国际角色的概念”③。但他特别说明,凯恩斯更多地聚焦于“世界经济”而不是穷国经济的发展问题。以印度为例,该国没能将“发展”目标明确写入国际基金宪章之中,鲁吉认为,关于发展中国家发展问题的特别条文“被(布雷顿森林)总协定系统地排除了”④。其他政治学者赞同这一论断,称国际银行的协议条文“确实提到(但不是强调)协助成员国提高 8
生活水平,但没有特别提到这是针对穷国”⑤。

很多关于国际发展起源问题的最新研究也忽视了布雷顿森林谈判在发展问题中的重要性。此类分析常常强调杜鲁门 1949 年 1 月就职演说的重要性。杜鲁门曾宣布:“我们必须启动一个大胆而又全新的项目,将我们的科技进步和工

① Bordo 1993, 85.

② Ruggie 1982, 393, 395, 398.

③ Ruggie 1983b, 8.

④ Ruggie 1983c, 430.

⑤ Finnemore 1997, 206.

业发展的成果应用于增进不发达地区的增长。”①在许多受演讲分析鼓舞的后发展学者看来，杜鲁门的演说通过发明一个术语“不发达的（undeveloped）”，或者至少使其流行，改变了世界历史。在冷战爆发的背景下，通过声称穷国的发展需要额外的帮助，这一术语使美国干涉穷国的行为正当化了。②正如古斯塔沃·爱斯特瓦（Gustavo Esteva）指出的那样：“不发达（undevelopment）始于1949年1月20日。从那一天起，20亿人沦为不发达状态。”③如其他在这一传统下耕耘的人一样，阿图罗·埃斯科巴（Arturo Escobar）称，这一新的国际发展项目的结局是灾难性的：“关于发展的演说和战略事与愿违，它们制造了海量的不发展和贫困，无法言说的剥削和压榨。”④

一些强调杜鲁门演说和早期冷战对于国际发展诞生的重要性的学者承认另有先驱者。比如，爱斯特瓦称“待发达”（underdevelopemnt）这一术语应该是由国际劳工组织前官员威尔弗雷德·本森（Wilfred Benson）于1942年“发明”的。但他又说，在杜鲁门演说之前，“无论是在公众层面还是专家层面，该术语的提出都没有得到任何响应”。⑤该领域另一位重要学者吉尔伯特·里斯特（Gilbert Rist）同样简单说明了国联如何在国际发展问题上表现出有限的兴趣，但他的历史性叙事直接跳到了杜鲁门的演讲，对此，他认为确实“*宣告了‘发展时代’的到来*”。⑥针对一段分析中居于核心的两种现象——罗斯福政府的睦邻政策和
9 拉美国家在20世纪30年代到40年代求发展的愿望，埃斯科巴（称1945年之前不存在“不发达”这一术语）同样表现出某种意识。⑦但他忽视了它们在促成美国-拉美金融伙伴关系和布雷顿森林谈判中所扮演的角色，从而忽视了它们在国际发展源起中的意义。

---

① 引自Rist 1997，71。

② 参见Escobar 1995；Rist 1997和Sachs1990，1992。

③ Esteva 1992，7.

④ Escobar 1995，4.

⑤ Esteva 1992，7. Sachs（1990）和Rist（1997，73 n.5）也提到了本森的角色。

⑥ Rist，1997，71. 原文即为斜体。除了讨论国联宪章关于“发展”的条文，Rist（1997，65-66）还提到了20世纪30年代国联对中国的技术援助。该援助系源自中国的请求。这一请求并不能很好地证明Rist关于国际发展的北方起源的总体观点。

⑦ Escobar 1995，31，28-32.

一个不同的观点

相对于传统认知，我的发现得出的认识非常不同，表现在三个方面：美国和其他北方国家对国际发展的支持程度，南方国家的角色，以及国际发展的源起。

北方国家对国际发展的支持

从一开始并贯穿布雷顿森林谈判全程，美国谈判者都将国际发展问题视为战后国际金融计划日程表上的优先项目。尽管与对外宣布的目标相左，但档案显示，怀特关于国际银行最早的草案的确授权银行增进“发展”（“development”，他使用了这一术语）。国际银行总决议同样专门提到增进穷国的发展目标；银行的首个正式目标包含着“鼓励较不发达国家开发资源和发展生产性设施”。另外，美国政策制定者并不视国际银行为“事后灵感”。他们始终视银行的创设与基金一样，是战后国际金融规划极其重要的组成部分。在布雷顿森林谈判中，基金之所以耗费了更多的时间，原因很简单：它在设计方面更为复杂，而且它的条款可谓矛盾重重。

更为概括地说，怀特不仅没有忽略国际发展，实际上，他关于战后计划的一系列初稿在国际发展方面可谓雄心勃勃。怀特创造性地为长期国际金融发展、短期金融收支平衡、债务调整、商品价格稳定、资本流动控制，以及支持南方国家为幼稚产业实施保护性贸易等内容勾勒了大纲，这暗合了 20 世纪 70 年代国际经济新秩序议程中的某些内容。[①] 尽管怀特的方案并非全部写入了布雷顿森林 10

① 对于这样和那样的原因，我的观点与斯特菲克（Steffek 2006）不同。他认为国际经济新秩序的“再分配多边主义”意识形态构成了或代表了一种相对于内嵌自由主义意识形态的挑战。斯特菲克的论断停留在一篇关于关贸总协定机制的分析中；他几乎没有注意到布雷顿森林谈判及其关于金融的内容。然而，实际上正如我们所看到的，从一开始，再分配多边主义就是内嵌自由主义的一部分。斯特菲克还认为，在保护公民免受国际市场给国内带来的破坏性冲击影响方面，由于南方国家政府不具备与北方国家同等的能力，因此他们仍然游离于内嵌自由体系之外。实际上，通过已经和即将展示的，在布雷顿森林时代，美国官员积极工作，帮助南方国家加强其国内的缓冲应对能力。换言之，他们承认了这一问题的存在，并将明确寻求补救措施作为构建新内嵌自由秩序的一部分。

总协定,但在 1942 年到 1944 年间,他致力于国际发展的做法在美国政府内部得到了广泛的传播和认可。托伊和托伊(Toye and Toye)所称的“*程序*多边主义”,加上怀特的做法,使许多穷国在关于布雷顿森林秩序的谈判及其后的管理中拥有了正式的角色。①

怀特原始方案的源起有时让学者困惑,尤其是在他于 1941 年 12 月中旬接到摩根索的最初指示后,极其迅速地拿出了初稿这件事。② 建立于翔实的档案资料基础上,本书认为这些方案直接来自怀特与财政部在 20 世纪 30 年代后期发起的一系列行动,它们支持拉美国家利用国家力量主导其发展的雄心。这些行动是罗斯福对该地区广泛实施的睦邻政策的一部分。这甚至还包括 1930 年到 1940 年间针对一个多边借贷机构,即泛美银行的谈判,该银行的中心使命即为增进该地区经济发展,其中的某些内容与后来的国际基金和国际银行不谋而合。这些行动最先孕育了怀特初稿(包括关于发展的条款)中的核心内容。

凯恩斯经常被视为“天才的布雷顿森林之父”,因为他于 1941 年在怀特之前就拿出了战后计划,在那个时代展现出他无与伦比的智慧。与其说“赶上”凯恩斯,不如说怀特和美国官员们领先于他,因为他们早在泛美银行文本中就提出了布雷顿森林方案的关键内容。③ 换句话说,在美国形成布雷顿森林方案的最初阶段,20 世纪 30 年代后期和 40 年代初期的美国与拉美的金融关系扮演了非常重要的角色,而国际发展问题在这些关系中居于中心位置。

美国政策制定者眼中的内嵌自由主义意识形态将南北方国家共同囊括在
11 内,承认这一点同样重要。尽管该意识形态寻求以新的国内干预主义来协调自由多边主义,但这种基于大萧条经验而出现的干预主义在形式上却是南北各异。在北方国家,内嵌自由主义的支持者力图以对社会安全和凯恩斯主义全面就业政策的新的承诺来协调自由多边主义,但美国官员也想让国家主导发展的政策(该政策于 20 世纪 30 年代在拉美和穷国的影响力日渐增加)与自由多边主义

① Toye and Toye 2004, 18. 斜体系保持原文状态。——译者注

② 例如:Ikenberry(1992, 300)描述其源起为“不清楚”。Moggridge(1992, 684)如此写道:“怀特货币计划的确切来源在某种程度上来说是神秘的。”

③ 关于怀特“赶上”凯恩斯的描述,可参见 Van Dormael 1978。另一篇强调怀特的观点独立于凯恩斯的分析可参见 Boughton 2002, 2004。

结合在一起。与关注建立福利国家和实现全面就业不同，这些政策更为关注生活水平的提高、经济的快速增长，以及迎头实现工业化。

美国官员积极工作，将南方国家与众不同的偏好写入战后规划。因此，内嵌自由主义致力于率先为北—北和南—北金融关系建立新的范式。美国官员想到一种方式，即利用国际银行在发起国际发展借贷中的角色来满足南方国家的独特需要。但是美国政策制定者同样是从发展的透镜中设计基金。他们认为，基金关于短期金融收支平衡的条款对商品出口国尤有帮助，这些国家在面对季节性波动和商品价格波动时往往脆弱不堪。他们同样看到，支持汇率调整和资本控制有助于南方国家增强其能力以加快经济发展。

实际上，美国官员在谈判建立基金的同时，也在倡导一种新形式的金融咨询使团，这是专为南方国家设计的，通过鼓励他们大范围地进行国内货币与金融改革来增强力量。此种类型的头两个使团，其一由怀特率领，1941 年到 1942 年访问古巴；其二由罗伯特·特里芬（Robert Triffin）率领，1943 年到 1944 年访问巴拉圭。在布雷顿森林谈判期间及其后很短的一段时间内，其他一众南方国家，尤其是拉美国家，还有参加了布雷顿森林会议的菲律宾和埃塞俄比亚，得到了怀特、特里芬和其他美国金融顾问的支持，进行了以发展为导向的国内货币与金融改革。美国“金融医生”的新型活动对于基金的建立是完美的补充。当后者创造了新多边主义框架为国家发展政策大开绿灯时，前者则帮助他们建立国内机
制以确保政策的实施。在国家层面上，他们以这种方式加固了布雷顿森林在发 12
展上的基石。[①]

哪些事情可以解释美国从 20 世纪 30 年代后期到布雷顿森林谈判期间对于国际发展日益增加的兴趣？尤为重要的是抵消纳粹威胁这一战略目标，首先是 20 世纪 30 年代后期和 40 年代初期在拉美地区，然后是 1941 年底美国参加二战后扩展到世界范围。为了支持南方国家的发展愿望，特别是法西斯主义（和共产主义）为发展提供了迥异于美国模式的道路时，美国官员帮助建立了大联盟，确立了更为宽泛的道德目标。如约翰·伊肯伯里（John Ikenberry）在其关于

---

① 在学界已有研究中，该阶段美国金融咨询使团的意义在很大程度上被忽视了。可参见 Cullather 1992，80；Alacevich and Asso 2009；and Helleiner 2009。

布雷顿森林谈判的分析中所言，许多美国官员试图通过宣传“对其他国家精英有吸引力的战后体系”，寻求美国权力在战后世界的正当化。[①] 推动国际发展的确响应了彼时许多南方国家精英的诉求。

美国人对国际发展的支持还源于罗斯福新政中的某些价值观，特别是个人的经济安全是政治稳定的关键基石这一信条。在总统任上，罗斯福不断地将这一理念投向国际领域，称国外贫困的减少是国际和平的坚强支柱。许多新政人士对于贫困和社会正义的广泛关注加强了对这一目标的支持。新政人士对于纽约金融精英的厌恶，以及过去美国帝国主义的实践，同样鼓励了他们支持拉美的发展目标，并产生了从拉美的经历中汲取经验的兴趣。新政人士乐于挑战新古典主义经济学，接受政府在经济生活中扮演更大的角色，这使他们在寻求解决南方国家独特的经济问题时更为开放。为解决这些问题，他们在国际层面利用新的公共项目进行试验，这常常是在其国内经验的基础上展开的，如在田纳西河流域管理局上积累的管理经验。[②]

最后，许多美国官员认为，他们对于国际发展的支持同样符合美国的经济利益。比较突出的论点是，南方国家的发展将有助于带来新的出口市场和新的投
13 资机会。这些论断的潜台词常常是关于新的国际劳动分工的愿景。在这副愿景中，通过输出资本，在南方国家的关税墙内建立分工厂，美国资本密集型公司将帮助南方国家形成进口替代工业化。尽管美国的那些公司为上述愿景提供了一些帮助，但在更广阔的美国商界内，他们对于美国政府官员的国际发展动议和目标颇有微词，特别是纽约金融界的反对常常阻碍或削弱这种努力。

在支持将发展目标融入战后国际计划的国家中，美国并不是唯一的富国。其他富国（如加拿大、荷兰和澳大利亚）的政策支持者同样如此。甚至是与个别的已有研究认识到的不同，从 1941 年凯恩斯原始方案提出时开始，贯穿整个布雷顿森林谈判阶段，英国官员也表达了对国际发展目标的支持。这常常反映了与美国类似的战略与经济利益，以及某些与新政价值观暗合的思想，而这在一些工党领袖身上表现得尤为明显。然而，对于国际发展的目标，凯恩斯和一些英国

---

① Ikenberry, 1992, 320.

② 在更广泛的层面，新政对于更大规模干预国内经济的支持导致了其对国际经济领域能动性的兴趣，参见 Burley 1993; Ikenberry 2011, chap. 5; Patrick 2009。

官员并没有像他们的美国同事那样热情高涨,并且英国官员热衷于挫败一些国家(如埃塞俄比亚)开展的以发展为导向的货币改革(见第 8 章)。

南方国家的角色

传统观点同样不公平地忽视了南方国家在布雷顿森林体系创建过程中所扮演的角色。当然,今日的许多南方国家在会议举行当年都是殖民地,因此并无代表(印度是一个非常重要的例外)参加。①但其他许多国家出席了会议,参加者包括19个拉美国家(除了阿根廷以外的所有拉美国家)②、4个非洲国家(埃及、埃塞俄比亚、利比里亚和南非)的官员,以及 5 个来自亚洲大陆的代表团(中国、印度、伊朗、伊拉克和菲律宾)。出席布雷顿森林会议的国家还有 4 个(捷克斯洛伐克、希腊、波兰和南斯拉夫)来自东欧,彼时,这是一个被许多人(包括他们自己的代表在内)视为与其他贫困之地面临相似经济问题的地区。迈耶称“相当少的”发展中国家收到了邀请,但如果考虑到上述事实,它们在正式出席会议 14
的国家中构成了绝大多数——在 44 国中占据 2/3。③可能有人质疑这些代表是否都代表了“发展中国家”,④那么这样说似乎是公平的:出席布雷顿森林会议的多数国家实际上都属于这一集团。

的确,一些南方国家的代表只有 1—2 人组成,⑤但其他许多国家有更多的代表,有一些还特别庞大,如中国(33 人)、巴西(13 人)、古巴(10 人)、印度(虽然半数是英国官员,但他们有 8 人)、秘鲁(8 人)、波兰(8 人)和墨西哥(7 人)。实际上,中国代表团——代表了世界上人口最多的独立的南方国家——的规模

---

① 殖民地的身份问题还引起了出席布雷顿森林会议的美国代表团的有趣讨论(见第 7 章开篇)。

② 玻利维亚、巴西、智利、哥伦比亚、哥斯达黎加、古巴、多米尼加共和国、厄瓜多尔、萨尔瓦多、危地马拉、海地、洪都拉斯、墨西哥、尼加拉瓜、巴拿马、巴拉圭、秘鲁、乌拉圭和委内瑞拉。

③ 除了 44 个正式代表团,丹麦驻美大使同样依靠个人能力获得了美国的邀请,得以参加会议(丹麦政府受纳粹控制,且无流亡政府)(Schuler and Rosenberg 2012, 108; Fuchs 1974b, 24)。其他国家是指美国、苏联、英国、3个英国自治领(澳大利亚、加拿大和新西兰),以及6个西欧国家(比利时、法国、冰岛、卢森堡、荷兰和挪威)。

④ 比如, Kapur, Lewis, Webb(1997, 66)指出,拉美国家中,阿根廷(没有出席会议)、乌拉圭和委内瑞拉的人均收入高于许多欧洲国家。

⑤ 1 人代表团包括玻利维亚、危地马拉、洪都拉斯和南斯拉夫。2 人代表团包括厄瓜多尔、海地、巴拿马、巴拉圭和乌拉圭。

仅次于美国（45人），巴西（与加拿大）排在苏联和英国（15人）之后，名列第五。此外，如果加上占与会国总数2/3的南方地区的代表团的所有人员，总数将达173人，明显多于其他12个国家代表团的140人。①更不用说，墨西哥代表团团长被邀请担任其中一个委员会的主席（布雷顿森林会议另外两个委员会的主席分别是怀特和凯恩斯）了。

除了出席人数以外，南方代表对于会议讨论也做出了诸多极为有用的贡献，会议记录中显示得非常清楚。②在会议上，因为美国官员急切地希望尽可能多的国家批准协定以加强其合法性，所以这些南方代表着实获得了一些手段。南方国家政府在会议上的大量代表还为美国官员提供了潜在但又实际的投票权。虽然许多问题没有经过正式投票就决定了，但一旦投票，在各国只有1票的情况下，多数票将能决定结果。如此之下，代表们都清楚地意识到，拉美集团的19票能单独决定任何事务。③正如我们所看到的，拉美国家代表的观点往往非常具有凝聚力，并且对以下领域产生了极具意义的影响：加强银行发展职能的重要性，在国际基金更为慷慨地支持商品出口国国际收支方面创造可能性（“弃权”条款），以及在呼吁未来制定关于商品市场和价格的国际协定方面于会议上寻求解决方案。

拉美和其他南方国家的影响不应被夸大。美国官员牢牢控制着会议，竭力避免投票以确保美国目标的实现。④《布雷顿森林协定》中许多为南方国家代表中意的条款——如发展性贷款、可调整的汇率和资本控制——同样也为美国、英国或两国共同支持，这就很难说清南方国家在大会讨论阶段到底在多大程度上改变了最终结果。然而，需要承认，南方国家官员积极为这些条款游说，并且认为它们对于其发展目标非常重要。

由于在会议上遭到反对，某些南方行动并没有取得预期成果。印度试图为基金引入“发展”内容是其中最为主要的动议。然而，有趣的是，反对意见不仅

---

① 这些数据引自Schuler and Rosenberg 2012，appendix A。他们不仅统计了正式代表，还统计了包括所有与各代表团相关的秘书、顾问、专家和助手。还有许多人与代表团无关，如大会秘书处成员、国际组织代表，以及媒体和观察员。根据Horsefield（1969a，89），参加会议的人员共有730人。

② 参见Schuler and Rosenberg 2012；US State Department 1948。

③ 详见第6章。

④ 参见Steil 2013，212；MD，book 753。

来自美国和英国，还有巴西，后者担心这与银行的职能重合。这一插曲集中说明了南方政府——其中，拉美政府是重要的例外——在会议上并没有达成统一战线。需要明确的是，贫穷国家对于他们所面临的普遍性结构问题有着广泛的共识。1943 年，中国曾首次发声，称需要在讨论中联合“弱国”并成为“不发达国家的领袖”[①]。但是，与形成国际经济新秩序比较起来，布雷顿森林谈判期间，拉美国家和其他贫穷地区的代表们之间并没有形成明确的联合。

南方国家官员对于《布雷顿森林协定》谈判的贡献不止体现于他们对 1944 16
年会议的参与。通过参与 20 世纪 30 年代后期和 40 年代初期的泛美金融活动，拉美政策制定者帮助开创了思想和实践上的关键行动，这为美国早期出台的布雷顿森林计划（尤其是发展内容）奠定了基础。中国、巴西和墨西哥同样是核心圈国家（与苏联一道），从 1942 年起就同美英官员一起就战后金融计划进行协商。同样地，在谈判进程中，美英政策制定者在双边基础上和小范围内咨询了其他许多南方国家。在历次咨询会议和布雷顿森林会议上，南方国家官员绝不只是作为观察员消极地参加。对于战后国际金融方案，他们进行了详细的评论，做出了实质性的贡献。拉美分析家——尤其是劳尔·普雷维什（Raúl Prebisch）——同样扮演了重要角色，他们影响到了美国新金融咨询使团所关注的内容，加固了布雷顿森林在发展上的基石。

在诸多对于战后计划讨论所施加的影响中，南方国家官员和分析家强调，他们聚焦于战后金融计划如何能够深化当时普遍存在的“发展”（再一次，他们使用了这一术语）愿望。这一次（与上文讨论过的某些普遍看法相对），许多南方国家政策制定者坚定地支持他们的目标，即通过全面的国家主导经济发展和工业化战略来提高国民生活水平。在某些南方国家，20 世纪 30 年代世界经济的崩溃重创了工业化进程，政策制定者欲通过国家的积极扶助强化工业化。商品出口商在北方国家市场上不仅面临着商品价格的反复变化（并且一直下跌），而且面对着他们的农产品保护主义，因而非常脆弱。大萧条的经历通过揭露这一现象支持了以上目标。大萧条同样削弱了自由主义意识形态和政策的合理性，打开了通往更为集权的经济体制的大门——这一现象被国外的例子，如苏联中

① 引自贝祖诒 1943 年 5 月的讲话，其后他是中国参加布雷顿森林会议的代表之一。

央计划下的工业化、法西斯国家德国和意大利的经济增长，以及美英日益增长的对经济计划的支持等所加强。

对工业化的推动同样反映了南方国家的战略关切，尤其是考虑到彼时国际安全环境的不确定性。工业化与权力密切相关——正如19世纪的后起工业国如美国、德国和日本担心英国的主导一样。领袖经济体正在发生的第二次工业革命创造了日益不平等的世界，为避免在其中沦为附属地位，许多国家选择“后
17 后”（late-late）工业化战略的道路。从一般意义上说，工业化和广泛发展的国民经济同样可以确保减少对外国的经济依赖。

工业国和其他国家之间的不平衡日益扩大，（不发达国家）对积极的发展政策的兴趣脱胎其中，并日渐增加。彼时的观察家们亦认为，世界范围内日益密切的联系助长了这种意识的觉醒。[①] 新的国际统计也在这个贡献中扮演了一个角色。例如：20世纪30年代中期，国联一个广为人知的调查认为世界上2/3的人们食不果腹。[②] 科林·克拉克（Colin Clark）1939年的《经济发展状况》（*Conditions of Economic Progress*）一书同样比较了世界各地的生活水平，他就是以国民收入统计数据为考察基础的。正如海恩兹·阿恩特（Heinz Arndt）所言：“有史以来第一次，客观统计术语将富国与穷国生活水平的鸿沟引入到人们的视野中。”阿恩特同样呼吁人们注意国际劳工组织在20世纪30年代的一项工作，即他们在食品、衣服、住房、医疗护理和教育方面比较了世界各国的消费水平。[③]

19世纪，在经济上寻求迎头赶上的穷国专注于国家经济战略，常常是受到弗里德里希·李斯特（Friedrich List）鼓吹的国家主导工业化的启发。现今，许多南方国家官员和分析家开始考虑使国际社会在协助他们的经济发展方面扮演合适的角色。当时，出现了对正统自由主义越来越广泛的质疑，在这种现象的鼓励下，他们对涉及替代、补充和规范国际市场行为者的角色给予了特别关注。考虑到在世界政治舞台上，国际组织占据了相对于以往远为显著的位置，这一事实强化了上述见解。

同样意义重大的是，承认在经济上赶上领先国家的艰巨性。后起的工业化

① 参见 League of Nations 1939, 9; Bonné 1945, 1; Nurkse 1944, 203，以及本书引用的其他章节。

② Lee 2010, 112.

③ Arndt 1987, 35, 35–36. 亦可参见 Alcalde 1987, 77–81。

尚可在国家的推动下完成，后后工业化只可能通过国际协助实现。换句话说，当今的李斯特主义者可能需要将民族主义和国际主义相融合。[①] 以普雷维什和中国的孙中山为代表的人物——他们的观点在本书中扮演了重要角色——很好地代表了这种融合。

如果外国伙伴确实有这一意愿，那么，为国家发展寻求国际支持的吸引力当 18
然会得到加强。罗斯福新政时代的美国恰好是这样一个伙伴。20 世纪 30 年代后期和 40 年代初期，拉美国家成为得到该机会的首批国家。尽管出于历史上美国多次干涉这一地区的原因而出现了一些怀疑的声音，但许多拉美国家官员赞赏罗斯福的睦邻政策，认可美国新政人士分享的某些价值观，以及与他们在发展问题上进行合作的潜在价值。在这一认识基础上，在拉美和美国具有改革意识并有志于发展事务的经济学家中间，涌现了一批关键的跨国专家联盟。[②] 这种联盟有助于在 20 世纪 30 年代后期和 40 年代初期，以及布雷顿森林谈判行动中发掘出国际发展内容。

他们的角色平行于凯恩斯和怀特领导的跨国专家联盟所扮演的角色——艾肯巴里认为此中的英美对话塑造了布雷顿森林谈判。[③] 当凯恩斯—怀特轴心忠于凯恩斯主义的全面就业政策和社会安全目标时，美国和拉美经济学家也围绕国际发展学说中的一个共同信条走到一起。如我们即将看到的，在开创性地为南方国家形成新的金融咨询模式的过程中，特里芬和普雷维什作为中心人物从这个轴心中脱颖而出。

当美国-拉美金融伙伴关系于 20 世纪 30 年代后期出现时，其他贫困地区的官员也很快在布雷顿森林谈判启动之初正视与美国（以及其他北方国家）建立国际发展伙伴关系的可能性。他们支持谈判是因为其普遍认为《布雷顿森林协定》有利于发展目标的实现。比如，“银行”的国际借贷者角色不仅得到拉美国家的强力支持，也得到来自中国、印度和东欧国家政策制定者的支持。许多南

---

① 不应过分夸大对立。李斯特本人视其政策为迈向“万国联盟”和“世界社会”的长期目标的第一阶段。他认为，在各国力量更为均衡之前，这一目标不会实现。他主张的对于弱国的保护性政策致力于促成各国间更均衡局面的出现。Helleiner 2002，313–314.

② 另有分析文章强调该时期美国及拉美改革者联盟在更为普遍地推动睦邻政策行动中所扮演的角色。详见 Cobbs 1992。

③ Ikenberry 1992.

方国家官员——如他们的美国同事一样——同样认为国际基金条文的许多方面支持他们的“发展”目标,如收支扶助、汇率调整和资本控制条款。由于同样的原因,在布雷顿森林谈判及其后的短暂时间内,许多南方国家欢迎怀特、特里芬和美国官员推荐的各种国内金融与货币改革方案。

19 在以上诸种背景中,南方国家的官员常常说道,他们的国家面临的发展问题与工业国所面临的经济事务有显著的不同,为了使战后世界认识到其独有困难,他们努力游说。这些努力在20世纪六七十年代南方国家参会代表的回忆中多有体现。当然,相对于后来的国际经济谈判,参与布雷顿森林谈判的南方国家的代表所代表的地理范围狭窄得多,当时广大的贫困地区尚处于殖民统治之下。尽管如此,南方国家引入到谈判辩论中的内容——以及布雷顿森林会议讨论中更为延展的南北轴线——预示了其后它将以惊人的方式展现出活力。

国际发展问题的源起

从以上分析可以得知,国际发展并不是杜鲁门就职演说或冷战政治创造出来的。布雷顿森林谈判是很明确的先行实践。该谈判在日期上并不早于其他与发展相关的事项——它们作为布雷顿森林会议讨论的前奏而存在。其中,最为重要的是与美国-拉美金融伙伴关系相关的动议对布雷顿森林会议中的发展内容产生了重大影响。呼吁关注国际发展问题更早的声音来自孙中山,他于1920年写的《实业计划》如同20世纪40年代的一些美国思想家一样,启发了参加布雷顿森林会议的中国官员。如前面所提到的,国联同样支持有限的国际发展活动。另外,两次世界大战期间英国对于殖民地发展的新兴趣可能有助于其在布雷顿森林会议上支持某些发展条款。

杜鲁门甚至不是第一位使“不发达的”这一术语流行起来的人。相反,该术语在20世纪40年代初期就在美英政策辩论中广泛使用(其中一些使用也早于本森所宣称的创造这一术语的时间)了。[①]同样,一些南方国家的官员在杜鲁门演说出现之前就使用这一术语了,这使后发展学说进一步复杂化了。在布雷顿

---

① 鉴于Esteva(1992,7)专门提及,保罗·罗森斯坦-罗丹没有使用这一术语,因此1944年他在英国皇家国际事务研究所内的讨论(详见第9章)中对该术语的使用,就尤其值得注意了。

森林会议上,印度官员甚至试图把它加入进“基金总协定”中。为了深化他们的 20
发展目标,印度代表团提议“基金”的授权应该包括:“协助经济不发达国家更加全面地开发资源。”① 在该文本中,政纲是与后发展学者的建议相对立的。与其说“不发达的”这一术语被美国官员用来为其干涉南方国家的行为辩护,不如说南方国家的官员常常使用它为其发展目标争取更多的国际援助。此外,将这一句话加入“基金总协定”的做法被美国官员叫停(他们害怕“基金”借贷可能会与“银行”的类似职能重叠)。

布雷顿森林谈判中的发展内容与杜鲁门所赋予的内容不同。后者主要聚焦于技术援助,前者更为宏大,主要表现为前文描述的几种特别的方式,以及对于国家主导发展战略的广泛支持。因此,相对于当前很多学术研究中呈现出的以杜鲁门为中心的观点,国际发展项目在早期有更为广泛的含义。② 当然,不可过分夸大该含义的广度。本书考察的参与讨论的大多数人都视“发展”为赶上领先经济体的国家工业化和现代化工程。几乎没有高层官员或政治领袖——甘地(Gandhi)是个例外——如目前后发展学术研究在更广泛的层面所做的那样,质疑这一基本模式。尽管该框架有局限,但与以杜鲁门为中心的观点相比,在实现发展目标的公共部门方面,布雷顿森林范式在国内和国际层面仍然扮演了强大得多的支持性角色。

政治激发的布雷顿森林国际发展内容与那些典型的后发展主流叙事不尽相同。当然,美国政策制定者出台这些内容的初衷是服务于该国战略与经济利益,但是20世纪30年代后期和40年代初期驱使美国政策创新的关键战略威胁来自纳粹而不是杜鲁门时代的冷战。实际上,基于结论章节给出的理由,冷战削弱了而不是加强了美国对国际发展内容的承诺。另外,在这个初期阶段,美国官员更倾向于看到,涉及南方国家广泛工业化的新的国际劳动分工有利于美国的经
济利益。同样重要的是,美国此时对国际发展的支持这一事实受到新政精神的 21
强烈影响。实际上,如果要选一位美国总统作为支持国际发展的先驱,富兰克林·罗斯福比杜鲁门有资格得多。

---

① US State Department 1948, 23.

② 可参见 Cullather, 2000, 650; Cooper and Packard 1977, 10。该例证同样加强了 Corbridge(2007)更宽泛的论述,即对于承认发展意识形态多元性的需要。

南方国家的官员和分析家在推动国际发展的早期活动中亦扮演了积极的角色。在后发展的很多论述中,国际发展项目多是北方强国在经济和冷战利益的驱使下,采取欺骗的手段悄悄或强加到南方国家头上,南方国家多是被动参与者。然而,在20世纪30年代后期和40年代初期的美国-拉美动议与布雷顿森林谈判中,对于国际发展项目的诞生,南方国家在塑造和协助方面扮演了非常重要的角色。

非常讽刺的是,后发展叙事忽略了这些南方国家的人物和机构。后发展学者批评已有的关于发展的大量分析将南方国家的人们描绘为"缺乏历史存在感"[①],但他们自己的理解也有同样的缺点。实际上,在后发展主流学者对国际发展起源问题的分析中,世界上相对贫困地区的重要的国际发展先驱并没有受到重视,甚至有的完全没有得到关注,这些人不仅包括孙中山和普雷维什,还包括列昂·巴兰斯基(Leon Baranski)、钦塔曼·德希穆克(Chintaman Deshmukh)、安东尼奥·蒙特罗斯(Antonio Espinosa de los Monteros)、保罗·罗森斯坦-罗丹(Paul Rosenstein-Rodan)、维克多·乌尔基迪(Victor Urquidi)和爱德华德·比利亚塞尼奥尔(Eduardo Villaseñor),等等。[②]

后发展学者可能会质疑以上人士的观点或思想。比如,埃斯科巴并不认为拉美经济学家的思想有什么意义,如20世纪40年代后期和50年代在拉丁美洲经济委员会(ECLA,以下简称"拉美经委会")工作的普雷维什,理由是他们并没有对主流的北方学说提出"根本性的挑战",他们仍然固守"现代化进程","实质上,在那些经济学家的眼中,发展仍然是资本积聚和技术进步的过程"。[③]同样的批评可施加于这儿讨论过的南方国家的分析家身上,因为他们同拉美经委会的经济学家非常类似。但是,若认为这些思想只是简单地作为北方学说的
22 衍生物而存在则是不正确的。思想的国际流动同样可由南而北,通过一大批南方官员和分析家——如孙中山和普雷维什——影响这一时期北方对国际发展问

① Escobar 1995, 8.

② 例如:在这些人中,只有普雷维什在Rist(1997, 109, 113)的索引中能找到,Escobar(1995, 72, 90-91)只是简略地提到普雷维什和罗森斯坦-罗丹。

③ Escobar 1995, 81. Escobar(1995, 63, 74, 76-80)对加勒比经济学家阿瑟·刘易斯(Arthur Lewis)的思想同样持批评态度。20世纪40年代初,刘易斯同普雷维什等人类似,是南方国家发展政策的拥护者之一。

题的认识。在相对贫困地区,思想也在传播,就像东欧地区对拉美发展观点的影响、拉美国家之间思想的碰撞,以及战时生活在英国的东欧知识分子和官员之间的互相学习。[①]

甚至更为重要的事实是,南方国家的发展目标更多的不是对国际设想或杂乱无章的环境(这正是后发展分析关注的焦点)的回应,而是对其面对的一系列结构性物质环境的回应,这包括:创伤性的萧条经历、国际战略在时间上的不确定性和日益扩大的国际不平等。在这些大环境下,不同贫困地区的官员和思想家似乎殊途同归——并且几乎是同时——需要工业化和经济现代化来减少他们国家在经济和战略上的弱点。鉴于他们面临的任务的规模和国际机构日益增长的密度,他们还要考虑,为实现其目标而来的国际支持是否能帮助他们更快地增进生活水平和促进经济发展。对这些南方国家的官员和分析家来说,国际发展学说是其国家振兴和发展的潜在支持,而绝不是压迫的工具。[②]

建立于前人的研究之上

本书的观点挑战了许多经典论述,但我并没有完全另起炉灶。我对布雷顿森林体系的起源这一问题的兴趣开始于研究另一个项目的过程中。当时,我偶然发现美国 20 世纪 40 年代初期的一些档案讨论了国际发展事宜。在进一步查找了档案之后,我广泛阅读了有关这一时期的二手文献,发现相当数量的已有分
析涉及了我当时正在阅读的档案。相关的研究将在其后的章节中提到,但四种 23
特别有帮助的研究需要在一开始给予说明。

首先,本书的研究建立在一些历史学家对于布雷顿森林谈判的研究基础之上,他们已经触及本书欲深化的各种主题。在对一些特别的南方国家,如中国、

---

① 亦可参见 Love 1996。

② 亦可参见 Cooper and Packard 1977, 4; Cooper 1997, 84。在那部对后发展学说影响广泛的《发展词典》第二版中,萨克斯(Wolfgang Sachs)承认在 1992 年的第一版中对于南方国家对发展的要求强调不够:"看看今天的《发展词典》,让人震惊的是,迄今为止我们还没有真正领会发展学说所承载的矫正与自我肯定的希望。如我们最后所展示的,它当然是西方的创造,但对于世界其余地方并不只是强加。从另一方面来说,在强国的文明模型的术语框架中,对承认与平等的期待已然铸就,南方国家是作为坚定的发展的捍卫者而出现的。"他同样提出:"直到今天为止,对于霸权国家的自我防御都是推动发展的一个重要动力。"(Sachs 2010, viii–ix)

印度、墨西哥和巴西的分析中,他们提出了重要而又深刻的见解。① 一些学者也发现了美国-拉美伙伴关系在布雷顿森林历程中的重要意义。② 在广泛涉猎档案的基础上,我在这里拓展了他们的分析,并且更详细地研究了促成该伙伴关系的发展维度及其与布雷顿森林的联系这一更广阔的政治。

其次,本书并不是第一部提出国际发展的诞生早于杜鲁门演说的书。像海恩兹·阿恩特、埃米·斯特普尔斯(Amy Staples)和伊丽莎白·博格瓦特(Elizabeth Borgwardt)这些学者已经将美英战时计划视为其关键起源。③ 从两次世界大战期间美国的理论和政策创新与同时期英国殖民地实践的改进中,其他学者也发现了更早的线索。④ 从这些著作所展示的海量细节中,我发现了布雷顿森林谈判在国际发展问题萌芽中所扮演的重要角色。⑤ 我同样寻求在美英之外扩大地理范围,这些分析的主要关注点是探究贫困国家的政策制定者和分析家的观点。此外,在这些分析中有一件事被严重地忽略了,必须要引起注意:即 20 世纪 30 年代后期和 40 年代初期美国-拉美金融关系在国际发展起源中的意义。⑥

对于后面的任务,本书在相当程度上利用了第三种研究:对 20 世纪 30 年
24 代后期和 40 年代初期罗斯福对拉美国家睦邻政策所做的历史性分析。一些历史学家已经认同该政策在国际发展开拓性实践中的重要性,但睦邻政策和布雷顿森林谈判之间的联系被忽视了。⑦ 我聚焦于睦邻政策的两个关键方面,这对于该联系非常重要且在历史叙事中较少为人所注意。它们是:1939 年到 1949

---

① 各种各样的分析分别在第 6 章、第 7 章和第 9 章中予以引用。

② 具体详见 Bordo and Schwartz 2001;Oliver 1975;Boughton 2004。亦可参见本书第 2 章的参考书目。

③ Arndt 1987, Staples 2006, Borgwardt 2005.

④ 例如,可参见 Alcalde 1987, Cullather 2010, Ekbladh 2010, Hodge 2007, Havinden and Meredith 1993。

⑤ 斯特普尔斯和博格瓦特的分析都非常有趣,他们都为布雷顿森林计划进程安排了一个单独的章节。在埃克布拉德的重要著作中,关于布雷顿森林的讨论出现了严重的缺失;关于国际银行的发展条款,他仍然引用了传统看法,即"几乎是一个偶然"(Ekbladh 2010, 90)。Alcalde 1987(175–176)同样低估了布雷顿森林关于发展的内容。

⑥ 在上面引用的著作中,阿尔卡德(Alcalde)尽管仍然主要关注美英对经济发展思想的支持,但他让人印象深刻的(常常被忽视)分析在很多方面注意到了睦邻政策(1987, 119–131)和南方国家的观点。

⑦ 对于该政策在国际发展实践中的开拓性意义的认可,参见 Cobbs 1992, 2–3;Grow 1981, 36;Adamson 2005。更多内容请参见第 1—3 章。

年建立泛美银行的努力和1941年开始的美国赴拉美国家的金融咨询使团。在关于睦邻政策和布雷顿森林之间联系的分析中，同样将重心放在某些美国政策制定者（如哈里·怀特和罗伯特·特里芬）在拉美的活动。在关于睦邻政策的一般历史叙事中，他们被严重忽视了。[①]

最后，在将研究视野扩展到美英之外的过程中，我从数位学者的著作中得到了灵感。他们聚焦于20世纪30年代后期和40年代初期南方国家的官员和分析家，分析日益增加的发展现象。其中一位学者是约瑟夫·洛夫（Joseph Love）。他的重要分析显示，这一时期对于发展的追求不仅出现于北方，同样还出自东欧和拉美的经济学家。[②]对于拉美国家学者来说，埃德加·多斯曼（Edgar Dosman）最近关于普雷维什的传记和萨拉·芭布（Sarah Babb）关于墨西哥发展经济学思想源起的分析，是关于该见解不可或缺的参考资料。[③]同样重要的还有玛格丽塔·扎纳西（Margherita Zanasi）关于中国两次世界大战期间发展的思想和政策的著作，其中包含了他对于后发展学说中一个假定的批评。该假定认为，在早期国际发展行动中，南方国家的政府只是单纯作为消极的参观者而存在。[④]这些分析并不只是关注布雷顿森林会议进程本身的重要性，而且都重视探索国际发展在南方国家的源起这一需要。

本书概览

前三章聚焦于美国–拉美政策制定者之间创造性的金融伙伴关系，它出现
于20世纪30年代后期和40年代初期，并为其后构筑布雷顿森林的发展基石奠 25
定了基础。第1章从美国和拉美双方的视角出发，探讨了促成该金融伙伴关系
形成的动因，还综合呈现了美国参战前从该伙伴关系中发展出来的一系列动议，

① 例如，在关于睦邻政策的重要参考书目（如Gellman 1979和Pike 1995的索引）中，无论是怀特还是特里芬都不在其中。

② Love 1996.

③ Dosman 2008，Babb 2001.

④ 具体详见Zanasi 2007，146。亦可参见Zanasi 2006。

如由美国提供借贷的拉美短期货币稳定基金、1938 年到 1939 年以发展为目标的长期项目，1940 年的项目更有雄心，包括稳定主要商品的出口价格、重新谈判外债，以及促进地区经济合作。

接下来的两章详细分析了这一时期对于塑造布雷顿森林面貌极为重要的两个动议。第一个是1939年秋和1940年春美国和拉美政府围绕泛美银行的谈判。泛美银行宪章明确要增进拉美的发展，某些条款直接成为怀特国际基金和世界银行初稿的重要来源。第二个是 1941 年到 1942 年怀特所率领的美国赴古巴金融咨询使团。使团支持古巴的发展计划，推荐了彻底革新该国货币体系的建议，使古巴货币非美元化，创建新的由政府控制的中央银行，它可视国内需要而采取更为积极的货币政策。

无论是泛美银行提议，还是赴古巴的使团，都稍稍超前于时代。尽管获得了罗斯福政府和许多拉美政府支持，但由于没能得到美国国会的批准，泛美银行始终没有成立。在美国金融势力和古巴各方人士的反对下，古巴国会搁置采纳美国赴古巴使团的建议。尽管如此，关于泛美银行的提议和赴古巴的使团所提出的建议都是布雷顿森林谈判的关键前奏。泛美银行项目率先提出了全新形式的多边公共金融机制，而古巴使团的建议则为全新货币诊断模式开创了先例。后者致力于实现南方国家的内嵌自由主义价值观。这些动议中的许多重要人物继续在布雷顿森林计划中扮演领导角色。

在打造布雷顿森林协议的基石方面，如果说美国-拉美金融伙伴关系奠定了基础，那么美国对战后国际金融秩序的规划则发挥了关键作用。在对原始资料详尽分析的基础上，第 4 章纠正了普遍的误解，即怀特的早期计划与发展问题毫无瓜葛。那些方案直接源于 20 世纪 30 年代后期和 40 年代初期美国-拉美的实践经历，并且怀特和其他美国政策制定者还有机会以一个拉美国家为蓝本
26 改进他们的方案。当怀特一开始就有的某些大胆想法在 1942 年到 1943 年美国政府内部的大讨论中被淹没的时候，美国对于国际发展问题的核心承诺依然坚定，并贯穿于导向布雷顿森林会谈的始终。它还遍布于罗斯福政府的许多部门并根植于政府之外的许多有影响力的人们的心中。

在布雷顿森林谈判中，美国对国际发展的支持以另一种方式得到了自我证实，第 5 章对此进行了讨论。1943 年到 1944 年，巴拉圭要求美国派遣金融使团，

以帮助该国创建新的国家货币和中央银行,美联储派出由罗伯特·特里芬率领的使团。该使团与怀特带领的赴古巴使团类似,但目标更加明确。在国家层面上,这将有助于强化《布雷顿森林协定》的目标。在这项工作中,特里芬走得比怀特远得多,他急切地向拉美专家——尤其是普雷维什——寻求建议和帮助。特里芬也比怀特在古巴做得更成功:他的建议迅速为巴拉圭政府所采纳,该政府视货币改革为实现其发展雄心的关键。

在布雷顿森林谈判中,拉美国家政府是积极的参与者,对利用战后计划帮助他们实现发展目标抱有特别的期待。在第 6 章中,我们看到,在保护和加强国际银行发展条文的时候,他们发挥了重要的作用,并视其为当年胎死腹中的泛美银行的直接后继者。从发展的角度讲,他们同样是国际基金一系列内容的强有力支持者。这些内容包括:国际收支借贷、汇率调整和资本控制,以及召开会议解决国际商品的市场和价格问题。特里芬于 1943 年至 1944 年访问巴拉圭时,拉美国家支持布雷顿森林的现象就在该地区蔓延开来。从巴拉圭回国后,有几年的时间,特里芬都在忙于应付——有时是请教普雷维什——数个拉美国家政府的请求,他们请他将巴拉圭的经验复制到他们国家。

第 7 章考察东亚仅有的出席会议的两个国家——中国和菲律宾对于布雷顿森林会议中发展内容的支持。中国被美国官员视为能帮助管理战后世界的四大国之一,并且中国利用该身份进行游说,以使战后国际金融秩序能帮助中国实现国家主导发展的雄心。尽管如此,她的灵感扎根于比其他任何国家都要丰厚的遗产,即孙中山 1920 年提出的方案。这不仅是布雷顿森林会议上代表中国的国 27
民党政府的主张,美国官员之后发现他们还获得了当时中国共产党领导层的支持。在布雷顿森林会议上,菲律宾代表扮演了相对非常低调的角色,但在会后,他们很快就将参加布雷顿森林体系与美国支持下的类似于怀特和特里芬在拉美推动的国内货币改革联系起来。这些改革点亮了另一条道路,即对于布雷顿森林发展基石的构筑。睦邻金融伙伴关系在更广泛的地区上促成了创新。

凯恩斯和许多英国官员也乐于将国际发展目标置于国际金融秩序之中。然而,正如第 8 章中解释的,在这一地区,英国并没有承担领导责任。在布雷顿森林会议上,相对于美国官员(同样还有其他高收入国家,如荷兰、加拿大和澳大利亚的一些官员),英国的许多官员对于发展问题的兴趣则冷淡得多。英国官员也不像美国官员那样对于以发展为导向的货币改革抱有同样的热情。在参加布雷顿森林会议的埃塞俄比亚身上，英美对于这一问题的态度可谓大相径庭。

第 9 章讨论了这一时期对于布雷顿森林国际发展内容较为热情的两个与英国紧密联系的地区：东欧和印度。二战时居住在英国的大量东欧人士（有些代表了流亡政府）集体提出了富有雄心的国际发展计划，以鼓励在东欧地区实施国家主导的工业化和提高人民的生活水平。这些计划在英国（和美国）战后计划讨论和布雷顿森林谈判（通过东欧政府的参与）中争得了一席之地。印度也有国际发展的要求，作为英国的殖民地，它在布雷顿森林会议上由印度人和英国官员共同代表。像东欧和拉美国家官员那样，许多印度人也为他们即将获得独立的国家准备了大胆的发展目标，他们支持布雷顿森林谈判中的发展内容，并期待它能为其国内计划提供国际支持。

在结论章节中，我简要探讨了布雷顿森林国际发展基石的命运。罗斯福总统于 1945 年逝世后，美国国内政治发生转变，随着冷战的爆发，战略优先权也发生了变化。在这种情况下，美国对于布雷顿森林国际发展内容的支持迅速瓦解。
28 布雷顿森林发展内容的两个主要支持者——中国（大陆）和东欧——也在冷战初期脱离布雷顿森林体系。仍在体系内的南方国家的发展目标面临着缺乏国际援助的局面，他们表达了不满并号召改革。很快，随着 20 世纪五六十年代非殖民化运动的发展，这得到非洲和亚洲的响应，他们聚集起来，于 20 世纪 70 年代初要求建立国际经济新秩序。此时出现了一些温和的国际经济改革，它们成长于布雷顿森林的发展基石之上，但是布雷顿森林本身很少被提起。尽管 20 世纪 80 年代初对于国际经济新秩序的支持瓦解了，但在当今经济大国转换之时，南北关于全球金融体系改革的辩论再次出现，再一次唤起人们对于布雷顿森林被遗忘的基石的记忆。

第 1 章

睦邻政策铺平道路 29

人们普遍认同,在美拉关系上,富兰克林·德拉诺·罗斯福开启了新的篇章。他于1933年上台后迅速废除了对该地区的军事干涉政策。然而,很少有人了解,他的睦邻政策在20世纪30年代后期和40年代初期获得扩展,设计了更为积极的泛美金融伙伴关系,以促进拉美地区的经济发展,这为布雷顿森林国际发展基石的构筑铺平了道路。

美国之所以对推动拉美发展感兴趣,源于一个复杂的共同体,它包含了经济利益、战略目标和新政价值观。美国官员支持拉美国家在发展上日益增强的雄心,公开放弃了过去的帝国主义政策,受到拉美国家政策制定者的欢迎。美国和拉美国家的官员一道启动了创造性的金融实践,一些是双边的,一些是地区性的。尽管如此,睦邻金融伙伴关系仍面临着强有力的批评——尤其是在美国国内——他们的反对削弱了伙伴关系,并且预示了几年后布雷顿森林计划也会面临类似批评。

伙伴关系的政治渊源

欲了解睦邻金融政策的渊源,有必要先认识大萧条对拉美国家经济政策造成的影响。1929年到1933年全球经济危机严重地影响了拉美国家。20世纪
20年代,它们中的大多数国家严重依赖商品出口和私人资本流动。出口市场、 30
商品价格和外国投资的崩溃狠狠打击了这些经济体,削弱了已有的自由经济政

策体制。[①] 在危机和随后的觉醒年代里,拉美许多政府放弃了金本位制度,拖欠对外债务,实施外汇控制,国家通过为萎靡的商业和社会团体提供公共援助的方式加大对国内经济的干预。

在卷入二战前,拉美国内对于自由放任和出口导向型经济政策的批评加剧了。对经济自由主义持批评态度的人——无论在政治上属于左翼还是右翼——争辩说,在全球经济动荡的情况下,那些政策不能保护他们的国家,并且使其受困于对原材料出口的依赖。他们呼吁中央集权或民族主义经济政策,认为其可以通过更大规模的公有制、进口替代工业化(世界经济崩溃后,某些拉美国家已经加快了实施步伐)等更直接地专注于国民经济发展目标,推动形成更大规模的国内市场,改善社会状况和生活水平。随着 20 世纪 30 年代后期国际安全局势更加不确定,拉美国家出于增强国力和实施自主战略的原因,更加倾向于支持这些修正主义政策。1939 年 9 月,二战的爆发加剧了这种倾向,对欧贸易的崩溃也在新的层面上挑战了自由经济体制。剩余农产品卖不出去,进口短缺和经济整体剧变,使得即便相对自由的拉美政府也以比过去强得多的力度干预国内经济。[②]

学者们强调,拉美国家对于国家主导的发展和工业化目标的新的支持,更多的是其针对所面临的原材料环境发生变化而产生的务实反应,而非受到新的理论或意识形态的影响。[③] 但部分拉美分析家和政策制定者对经济实施更大规模的国家干预,则是从罗斯福新政和凯恩斯经济学革命中获得的灵感。对拉美依赖于商品出口的大量批评同样使人联想到 19 世纪那些对经济自由主义的批评,
31 如李斯特的观点。一些左派拉美人士同样为苏联的例子所吸引。苏联的政策使其国家在很短的时间内就从贫穷的农业国转变为以工业为主的强国。正如迈克尔·格罗(Michael Grow)所指出的,欧洲法西斯政府的出现同样为某些拉美国家提供了思路,一种“极端的发展意识形态”,其中,国际经济体系被描绘为“各国忙于竞争财富和身份的一个无情的、危险的和不稳定的竞技场”。[④]

---

① Diaz-Alejandro 1988.

② 比如,可参见 Gilderhus 2000, 104-107; Rock 1994。

③ Love 1996, 120; Sikkink 1991, 53.

④ Grow 1981, 11.

美国战略利益和经济利益

实际上，由于担心纳粹在拉美的影响力日益增强——这是极为重要的催化剂——美国官员们提出了睦邻金融伙伴关系的主意。除了输出法西斯意识形态，德国政府还在1934年展开了咄咄逼人的经济行动，通过排他性的贸易协定、贸易补贴、易货贸易和高价进口拉美产品的方式增加与拉美国家的贸易。这大大增加了德国-拉美贸易，打击了美国对拉美国家的出口。这引起了罗斯福政府许多官员的担心，他们本来视对拉美出口为促进美国经济复兴的重要手段。① 20世纪30年代后期，德国加强与拉美国家的外交往来，以构筑更强有力的政治和军事联系，使美国政策制定者对其自身安全利益的担心亦日渐增强。拉美国家是美国国防生产所需数种战略原材料的重要来源地，特别是在20世纪30年代后期和40年代初期日本增强其在亚洲的影响力的情况下，拉美国家变得越来越重要。美国官员还担心一众拉美国家是真心支持纳粹和法西斯。二战爆发后，美国政策制定者甚至开始担心德国可能入侵拉美。②

从20世纪30年代后期开始，为应对德国带来的挑战，美国官员把与拉美国家建立新型金融伙伴关系视为重要工具。他们希望美国对拉美发展目标的鼓励能够在该地区播种联盟的种子，并抵消纳粹意识形态的影响。这同样能够确保并扩大美国公司的出口市场，尤其是资本产品出口将能帮助拉美建立本国的消费产业。二战爆发后，与拉美国家构筑更为紧密的经济集团，被许多美国政策制 32
定者视为一种机制，以孤立德国、确保美国在该地区的经济利益、使拉美经济在丧失欧洲市场后进行重新定位，以及建立更为紧密的泛美政治合作。

除了以上目标，与拉美的新型伙伴关系也有助于美国宣示其对于拉美经济政策日益非正常化的担心——既来自左翼政府也来自右翼政府——它们比平时更能威胁到美国的经济利益。拉美不只是一个出口市场和重要的商品来源地，对许多美国商人来说，同样也是利润丰厚的投资地。拉美经济政策日益走向中央集权化和国家主导的道路，直接威胁到了美国的某些经济利益，玻利维亚和墨

① Gardner 1964; Gellman 1979; Green 1971; Grow 1981; Pike 1995.

② Green 1971, chap. 4; Friedman 2003; Haglund 1984.

西哥分别于1937年和1938年没收美国石油公司的财产就说明了这一点。通过帮助拉美政府寻求实现更为合适的发展目标，美国政策制定者希望增进政治和经济稳定，并且抵消激进意识形态所带来的诉求。[①]

新政价值观

历史学家争辩说，罗斯福政府对睦邻金融伙伴关系的兴趣，不仅源于美国战略或经济利益，同样也源于新政价值观。[②] 许多新政人士将拉美国家以国家规范资本主义的试验视为与他们在美国所推行的改革相类似的行为，因而值得支持。1936年访问巴西期间，罗斯福形容瓦加斯（Getúlio Vargas）政权正在引入“南美新政”。[③] 他同样视墨西哥总统卡德纳斯（Lázaro Cárdenas）为志趣相投的人。[④] 更有甚者，历史学家弗雷德里克·皮克（Frederick Pike）写到，这一次“在谴责商业文明中，美国和拉美人发现了共识”，称“离开这一共识，就不会有睦邻政策”。[⑤]

新政人士对政府更大规模介入经济的认知同样鼓励了他们探讨怎样使公共
33 部门在促进国际发展方面扮演合适的角色。在政府主导下，他们做了试验，力图在美国境内提高贫困地区人民的生活水平。最为知名的是田纳西河流域管理局，这是在政府主导下，由国有公司发起的宏大的地区发展项目，它涉及公共健康和教育、水力发电、农业革新等内容。其显而易见的成功鼓励了美国政策制定者考虑用“国际田纳西河流域管理局”项目来提高国外人民的生活水平，这将通过更为自由的、与共产主义和法西斯非常不同的计划项目来完成。[⑥] 这里考察的许多活动反映了新政人士的意愿，即在其他方面由公共部门促进拉美的发展。

参与睦邻金融伙伴关系（和布雷顿森林计划）的新政经济学家同样钟情于

① 关于美国的诸种动机，参见 Gardner 1964，Gellman 1979，Green 1971，Grow 1981，Pike 1995。

② 具体请参见 Gellman 1979，Pike 1995，Wood 1961，Rivas 2002。

③ 引自 Weis 2000，138.

④ Stiller 1987，96. 美国官员对于卡德纳斯政权和美国新政类同性的感知，同样可见 Cullather 2010，50–51。

⑤ Pike 1995，15.

⑥ Ekbladh 2010，chap. 2.

凯恩斯革命，彼时该革命正在经济学中酝酿。尽管凯恩斯对于发展问题着墨甚少，但阿尔伯特・赫希曼（Albert Hirschman）和其他人强调他如何通过主张新古典思想只在特定条件下生效的方式，间接鼓励了人们在发展经济学上产生新的兴趣。通过否认新古典经济学“单一经济学”主张的普遍适用性，凯恩斯认可了对南方国家特有问题的探究。[①] 这种对于拉美经济体所面临的特有经济困难进行研究的坦诚——同时也是热情——刻画了许多参与睦邻政策的新政经济学家们的形象。

除此之外，一些新政人士把扩大对拉美国家的财政援助项目视为一个机会，从而将他们对穷人的人道主义关怀转移至国际层面。比如，历史学家达琳・里瓦斯（Darlene Rivas）已经引起大家对于“人道主义和道德力量”在驱动这一时期美国对拉美政策上所扮演的角色的关注。[②] 正如 20 世纪 40 年代初期罗斯福对一群持怀疑态度的商业记者所说的，美国支持拉美国家的发展，本就是设计好“与他们一起共享”。历史学家戴维・格林（David Green）指出，罗斯福后来澄清说，“共享”包含“两方面的内容，即泛美经济体所关心的决策权的共享，以及公私资本开发拉美富饶的资源所得财富的共享”。[③]

对于许多新政人士来说，与拉美国家的团结因为他们对于纽约金融圈的厌恶而加强了。在 20 世纪 30 年代之前，美国官员通常将拉美的经济问题归咎于 34
其本身。正如詹姆斯・帕克（James Park）所说：“大家都认为，拉美人种族低劣，他们为独裁、中世纪的文化遗产和热带环境所阻碍，无法取得进步。”[④] 然而，这一评价却让许多新政人士以一种新的眼光看待拉美，同样是作为纽约金融精英的受害者，他们将之归咎于美国的经济问题。[⑤] 1933 年到 1934 年，参议院听证会对纽约金融界在 20 世纪 20 年代借贷行为的调查同样加深了这一印象。[⑥] 通过分析华尔街向拉美贷款时表现出的腐败与贪婪，委员会法律顾问斐迪南德・皮卡罗（Ferdinand Pecora）引起了全国的广泛关注和同情，加强了人们对于

① Hirschman 1981. 同样可见 Singer 1984, 277; Toye 1987, 39–40; Babb 2001, 7。

② Rivas 2002, 7.

③ Green 1971, 38.

④ Park 1995, 3.

⑤ Pike 1995.

⑥ Pike 1995, 29.

20世纪30年代以前美国政府对该地区实施的军事干涉和经济剥削政策的批评，且此种批评越来越多。作为反银行家和反帝国主义者的结合体，许多美国人将对拉美的支持视为一个机会，用于纠正过去美国在处理与该地区经济关系时所犯的错误。①

美国大众对于拉美国家的看法也发生了明显的转变。20世纪30年代后期，“对拉美事物的狂热追求席卷了全美”，并且好莱坞电影“非常尊重拉美元素”。②正如我们所看到的，许多参与睦邻金融伙伴关系的美国官员也热忱地学习拉美经验，而不是作为给其带来更高级知识的专家居高临下地进行指导。这一时期，美国专家在分析拉美的贫困时非常强调外部因素而不是国内因素，如外国压榨和该地区对一两种出口商品的依赖。有时，对后者的分析甚至与大萧条时美国的农业经验联系起来。举例来说，在1940年的一场国会辩论中，论及美国对拉美贷款的问题，一位分析家指出：“他们都是商业国家，就像如果堪萨斯是一个独立的国家，它的经济几乎完全依赖于它的小麦产量，许多拉美国家都处于类似的困境。”③

最后，新政对于个体经济安全的强调也鼓励了人们对于国际发展政策的兴
35 趣。博格瓦特认为，新政的“中心”即是聚焦于“个体安全”和“个体安全与更广泛的国家安全之间的联系”。④当纳粹对拉美的威胁日益严重时，罗斯福开始将这一理念推向国际层面。在1936年12月于布宜诺斯艾利斯（Buenos Aires）举行的泛美会议上，他发表了高姿态讲话，称提高该地区人民的生活水平有助于增进美洲国家的政治稳定与和平。该会议由极具影响力的外交政策顾问萨姆那·韦尔斯（Sumner Welles）召集，意在鼓励美洲国家团结一致应对法西斯主义，“将他（罗斯福）的理念首次推向国际层面”。⑤在会议上，罗斯福提出的提高国外人民生活水平的理论基础是：“在美洲，通过民主进程，我们可以努力达到的目标是：尽可能提高全体人民的生活条件。男人和女人享有政治自由，人

① Rosenberg 2003.

② Park 1995，132，143. 帕克认为美国政府同样积极鼓励民众对拉美国家的这一兴趣，将其作为睦邻政策的一部分来执行。

③ 引自 Park 1995，148.

④ Borgwardt 2005，78.

⑤ O'Sullivan 2008，23. 同样可见 Schwartz 1987，122。

们愿意工作并且能够找到工作，富裕程度足以维持家庭和教育他们的孩子，人民满意于他们的命运，与邻居们建立友谊，这将在最大程度上保卫他们自己，而永远不会同意拿起武器去发动一场征服性战争。”[①]这种在提高生活水平与国际和平之间建立联系的做法，在 20 世纪 40 年代初期为战后世界拟定新政计划时变得更为突出。

美国国内的反对声音

并非所有美国人都支持罗斯福对拉美的新经济政策。[②]纽约金融界——如我们所见，美国花旗银行（National City Bank of New York）的伦道夫·伯吉斯（W. Randolph Burgess）常常是他们的领袖——对此态度颇为尖锐。许多保守的银行家视新政策为受到误导的新政干预经济政策向对外经济政策领域的扩展，认为这是通过使国际经济关系危险地“政治化”，使国外背离自由市场政策的方式进行的。美国金融家还担心，新的向拉美国家发放贷款的公共部门将压缩他们在该地区的业务空间，并且美国政府也不应该帮助违约国家清偿债务，除非他们自己与债权方完成清算。

20 世纪 30 年代后期，拉美债务清算政治实际上已经变得非常棘手，将近一
半的拉美国家在 1938 年仍处于违约状态。1933 年，罗斯福政府采取的立场是 36
美国政府不直接介入美国公民与拉美国家的私人债务问题。为避免任何美元外交的出现，1933 年末，他创设了外国债券持有者保护委员会，作为中间独立机构与拉美国家就债务清算进行谈判协商。它独立于华尔街，不受其影响，以“非利益相关方”的身份活动。[③]然而，20 世纪 30 年代末，委员会内部的财政困难导致其受到债券持有人的影响，在与债权方谈判削减现有债务时，债券持有人表现得极不情愿。[④]在玻利维亚和墨西哥没收并充公了美国资产以后，许多在这些地区有直接投资的美国公司加入债券持有者的行列，共同反对在这些国家与债

---

① 引自 Gantenbein 1950，176。

② 请特别参见 Green 1971，第 3 章；Pike 1995。

③ 宣布创立该委员会的消息，见 1933 年 10 月 20 日的白宫声明。引自 Corbett to Knoke，December 9，1939，p.8，ISF，box 152. 参见 Adamson 2002。

④ Wallich to Sproul，March 6，1942，ISF，box 152；Bemis 1943，339–340；Green 1971，21，40–41；Pike 1995，246；Blum 1965，52–58；Gellman 1979，41.

权方解决纠纷之前给予他们经济援助。他们在美国国会和罗斯福政府内更为保守的成员那里获得了一些支持。①

不应过分夸大企业界对于美国-拉美新型金融伙伴关系的反对。正如我们所看到的，纳尔逊·洛克菲勒（Nelson Rockefeller）召集了一批具有改革意识的商界领袖，他们十分热衷于伙伴关系。② 20世纪30年代后期，美国一些大型工业企业支持拉美国家的进口替代工业化政策，该政策为它们的机器创造了新的出口市场，同时也为对外投资创造了新的机会，它们还能在这些国家的关税墙后设立子公司在当地组织生产。③ 美国官员明显意识到了企业界出现的分化现象。④

另一个反对睦邻金融伙伴政策的群体是美国国会内的孤立主义者，如共和党人阿瑟·范登堡（Arthur Vandenberg）和罗伯特·塔夫托（Robert Taft）。⑤ 他们反对将公众的钱花到国外，其批评常常隐藏于更宏大的对新政干预经济政策的反对中，就如许多美国银行家所做的那样。国会内其他共和党人和保守的民
37 主党人还担心美国对拉美国家发动带有中央集权特性的颠覆，甚至在罗斯福政府内部，如保守人士杰西·琼斯（Jesse Jones，1932年起领导复兴金融公司，1940—1945年任商务部长）就怀疑公共部门在国际借贷中所扮演的角色。⑥ 彼时美国国务院的许多官员亦常被视为华尔街利益的同情者，更多的则是“仍然沉迷于干涉主义传统，本能地敌视拉美国家”。⑦ 弗雷德里克·皮克发现，存在某种“早期麦卡锡主义”，埃德加·胡佛（J. Edgar Hoover）同样担忧美国对拉美的政策；用皮克的话来说，即“已被非美激进分子接管”，并且“睦邻政策已经出现毫无希望的软化，并迁就于拉美的中央统制经济，后者则是共产主义的变身”。⑧

---

① Langer and Gleason 1970, 207; Gellman 1979, 156.

② Rivas 2002.

③ Maxfield and Nolt 1990, 55–56.

④ 比如，可参见 Schmidt, Spiegel, and Hanson, “Protection and Promotion by the United Government of American and Financial Interests in Foreign Countries”, April 18, 1939, p.5, CFHDW, box 2, file 13。

⑤ 比如，可参见 Pike 1995, 36–38; Green 1971, 67–68; Gellman 1979, 2, 12; Blum 1965, 50; Patterson 1972, 190, 192, 196。

⑥ Pike 1995, 242.

⑦ 转引自 Friedman 2003, 79。关于华尔街同情者，请参见 Adamson 2002, 2005。

⑧ Pike 1995, 202, 203.

此外,睦邻政策的某些具体行动有时也为罗斯福政府的内耗所阻碍。该政府内部的势力分化和斗争广为人知。20 世纪 30 年代末和 40 年代初,美国对拉美政策的一致性常为国务卿科德尔・赫尔(Cordell Hull)和财政部长亨利・摩根索之间的斗争所削弱。类似的斗争还发生在国务院内部赫尔和韦尔斯之间。[①] 作为新政改革的结果之一,该时期美国对外金融政策常常带有三方特色,即财政部、联储系统委员会和纽约联邦储备银行。

拉美国家一方

拉美国家是如何接受睦邻金融伙伴关系这一思想主张的?如我们看到的,20 世纪 30 年代末和 40 年代初美国政策制定者支持的某些国内外行动正是拉美政策制定者一度想要的,他们欢迎美国政策制定者支持此类行动的新意愿。对于美国官员承认该区域政府新的"发展"优先权的举动,他们也感到高兴。正如古巴教授埃米尼奥・维拉(Herminio Portell Villa)在 1941 年 7 月对美国听众所说的:"我们(拉美人)不会继续接受由来已久的殖民政策。我们相信我们有资格同美国一样,改善我们的经济结构,以提高我们国家人民的生活水平,就如 38
你们国家一样。"美国协助拉美国家推动工业化的行动尤其受到欢迎。墨西哥工人大学(Universidad Obrera)校长亚历杭德罗・卡里罗(Alejandro Carrillo)告诉同一拨听众:"如果你们认为拉美愿意一直生产原材料供应美国工业,你们必然错了。没有哪个拉美中心流行这样的观点。"[②]

美国官方支持拉美工业化的做法,在争取拉美支持睦邻金融伙伴关系上发挥了重要作用。最引人注目的例子出现于 1940 年,美国利用技术和贷款协助巴西在沃尔塔雷东达(Volta Redonda)建造巨型钢铁厂。1937 年巴西总统热图利奥・瓦加斯转向独裁统治以后,特别是大战爆发以后,他实施了更多的民族主义和经济干预政策,其中包括国家主导的工业化。在对外经济政策方面,他的政府使美国和德国处于竞争状态。举例说,美国对沃尔塔雷东达的钢铁厂施以援手的时候,巴西同时也在与德国谈判援助事宜,并且德国还被用来刺激美国在更广

① Kimball 1991, Gellman 1979.

② Norman Wait Harris Memorial Foundation 1941, 133, 138.

泛的层面上正式参与拉美发展事宜。[①] 巴西最终接受了美国的援助，坚定地与美国达成同盟，而美国对拉美的首个轧钢厂的支持成为“泛美合作的象征，美国接纳经济民族主义的宣示”。此时巴西与美国结盟的缔造者是外交部长奥斯瓦尔多·阿拉尼亚（Osvaldo Aranha），他在20世纪30年代是鼓吹经济民族主义和工业化最狂热的人之一，他看到了罗斯福的睦邻政策有助于实现这些目标。[②]

拉美主要国家认可睦邻金融伙伴政策的另一个有趣的例子是墨西哥提供的。自从拉萨罗·卡德纳斯（Lázaro Cárdenas）总统于1934年执政以来，墨西哥经济政策急剧转向民族主义方向，并在1938年达到顶峰，这一年他们没收了外国持有的石油公司和土地。然而，到1940年中期，长期在位并且富有权势的财政部长爱德华多·苏亚雷斯（Eduardo Suárez，监管没收工作）开始大力呼吁与美国建立更紧密的关系。在卡德纳斯政府内，他带头批评传统经济思维，受凯恩
39 斯主义和新政思维的启发，他更钟情于激进的和民族的发展政策。在说服其政府同僚相信同美国建立紧密的联系能够促进墨西哥的发展和工业化上，苏亚雷斯扮演了重要的角色。[③] 1941年，在签订包含补偿没收的石油和土地的协定之后，墨西哥与美国的经济联系变得异常紧密。在后来的布雷顿森林会议上，苏亚雷斯被选出作为高层人物主持三大“委员会”中的其中一个委员会。

并非所有拉美国家都支持美国的新拉美政策。许多阿根廷官员不相信美国政府的动机，怀疑美国官员会偏向巴西。[④]1941年12月，美国参加二战后，与阿根廷的关系进一步恶化了，因为后者拒绝与法西斯国家断绝关系——这导致它成为唯一没有获邀参加布雷顿森林会议的拉美国家。[⑤]

如我们将要看到的，在部分拉美国家内部，亦有团体表达了对睦邻金融伙伴关系的担心。批评者有些来自经济利益受损的团体，他们是美国-拉美旧有模式下的受益者；有些来自意识形态方面，他们反对国家扩大对经济的干预。与此同时，那些被法西斯或共产主义学说吸引的群体又认为干预程度远远不够。

---

① Hilton，1979，219；Skidmore 1967，44–45；McCann 1974，chap.7.

② 引自Weis 2000，141。亦可参见第134页。

③ Schuler 1998，18，22. 关于苏亚雷斯的简历，参见Dávila，1977。

④ McCann 1974，7–8.

⑤ 1944年1月，阿根廷才断绝（与法西斯国家的）关系，1945年3月宣战，参见Woods 1979。

即便在支持者中，鉴于美国过去对拉美地区的政策，也或多或少地对美国的目标存在疑问。[①]正如一位参与睦邻金融伙伴关系的美国官员后来所承认的：“拉美国家持续质疑我们能干多久，怀疑与其合作只是为了满足外交上的短期需求，很快就会把他们丢弃。”[②]

但是许多生活于此的人们也满怀希望。鉴于新政官员自身对美国过去在拉美地区的行为多有激烈批评，因此他们认为美国-拉美关系有很大可能会走进新时代。如果美国官员现在愿意使用公共基金帮助“发展”，那么许多拉美人民欢迎这种改变。正如卡里罗教授 1941 年所说：

> 我们墨西哥人非常反对自由资本主义以他们认为的最好的方式投
> 资我国，因为我们相信那样的投资将破坏而不是帮助墨西哥经济的发 40
> 展……（但是）如果美国资本的进入是一项政府事务，是美国和相关
> 的拉美国家政府之间的事务，我很肯定，墨西哥会乐于进行这样的
> 冒险。[③]

有哪些首创行动?

创造睦邻金融伙伴关系的早期努力出现于 1938 年底和 1939 年年中，罗斯福政府开始扩大对该地区的财政援助，其中短期贷款以稳定货币为主，长期贷款则用来支持政府发起的发展项目。在美国国务院内，韦尔斯是该公共借贷项目的主要支持者，这在很大程度上是因为他担心法西斯在该地区日益增加影响力。韦尔斯于 1937 年被任命为副国务卿，这是罗斯福——作为朋友，韦尔斯与他有数十年的交情——长久的努力之一，他一直想把国务院带到新政的轨道上来。[④]罗斯福另一位亲密同事（即财政部长摩根索）亦十分支持美国对于拉美的公开

① 可参见 Inman 1944，3–4。

② Hanson，1950，66.

③ Norman Wait Harris Memorial Foundation 1941，112–113.

④ Stiller 1987，96. 更多关于韦尔斯的影响和观点，请参见 O’Sullivan 2008；Friedman 2003，78–79；Pike 1995，202–204；Woods 1979，23–24。

援助。1938 年末，摩根索呼吁美国需要以“金融门罗主义”抵消轴心国在该地区的影响。[1]

美国财政部内另一位狂热者是哈里·怀特，此时他正负责部内的货币研究司，1938 年 3 月开始担任极具影响力的司长一职。[2] 鉴于怀特在这一时期和布雷顿森林谈判中扮演的角色，他的背景和观点值得给予更多关注。他出生于俄国移民家庭，于 1930 年 38 岁时在哈佛大学获得博士学位，1934 年加入财政部之前在威斯康星学院教书。像摩根索一样，怀特是“热情的新政派”，他早先就自发地挑战传统经济学思想。[3] 比如，在其博士论文（曾获得哈佛大
41 学著名的韦尔斯奖，并于 1933 年出版）中，怀特就质疑了偏好资本自由流动的新古典主义观点。[4]1932 年，大萧条正处于高潮时期，他呼吁实施逆周期财政政策以增进就业，这比凯恩斯的《通论》早了数年。[5] 当然，不应过分夸大其学说的反正统性，他仍然极为重视价格稳定和货币秩序。实际上，他在美国政府内的一位同事后来这样评价他：“在那个时代的财政部内，他可能是世界上最保守的货币专家。”[6]

在加入财政部后，怀特迅速获得了摩根索的信任，他也被证明是政府内极具效率的专家。由于极为突出的个性和时常表现出的粗鲁性格，他也树敌无数，甚至摩根索数年后也承认怀特“性情暴躁，不为人喜，野心巨大，头脑中只有权力”[7]。二战爆发后，他在美国政策制定过程中的角色更为矛盾，根据战后的指控，他是一名苏联间谍。毫无疑问，怀特——如同许多其他新政人士——视苏联为美国在反法西斯战争和战后世界中的重要盟国。布鲁斯·克雷格（Bruce Craig）在 2004 年出版的一本书中分析了怀特可能扮演的间谍角色，讨论了怀特

---

① 引自 Rees 1973, 75。同样可见 Blum 1965, 50。

② Rees 1973, 74–75, 100; Green 1971, 46。

③ 引自 Van Dormael 1978, 42。

④ White 1933, 301, 311–312.

⑤ Laidler and Sandilands 2002.

⑥ Emilio Collado 引自 Wilson and McKinzie（1971, 39）。关于怀特的货币保守主义，同样可见 Boughton 2002。

⑦ 引自 Rees 1973, 425。同时代人关于他的个性的其他回忆，见 McKinzie 1972, 85; Fuchs 1974b, 10, 19–20; Oliver 1961a, 21–22; Craig 2004, 292 n.9; Acheson 1969, 81–82; Mikesell 1994, 55; Keynes 1980b, 356。

在财政部的一些下属和他的一些亲密朋友如何卷入了苏联间谍案。[①] 克雷格认为，对怀特本人在各种不同场合积极破坏美国外交政策的指控夸大了，但他总结认为：“有理由认为怀特参与了‘一种间谍活动’，即分享情报。”[②] 关于怀特卷入苏联间谍活动的问题，最近的数种分析带来了更为有力的结论，但其他人也质疑 42
这些证据是否确凿无疑。[③]

无论事实如何，要说怀特卷入苏联间谍案影响了我们正在分析的问题的结果是不大可能的。根据克雷格的研究，没有证据表明 1938 年 4 月到 1941 年 8 月怀特与苏联情报人员有任何的接触，而这恰恰是怀特在拉美地区先行践行国际发展政策的时期，该政策也是本书所要讨论的核心内容。实际上，读一份怀特于 1940 年 6 月中旬所做的备忘录非常有趣，在其中，他强调苏联的“意识形态侵略”，称“在政治未稳的世界和生活水平低下或正在下降的国家尤其危险”。[④] 他指出，美国被迫突然与德国、日本、苏联等世界主要国家打交道。在同一份备忘录里，怀特称这些国家不同于法国和英国，美国与他们不可能有共同利益。

在随后的布雷顿森林会议上，同样没有证据表明苏联官员主动支持或塑造怀特力推的国际发展内容，对于 1942—1943 年间美国领导下的战后计划讨论，他们贡献微薄。在会议前几个月及在会议上，他们才表现出一点点积极性。米

---

① Craig（2004）辨识出涉及苏联间谍案的美国财政部官员包括：所罗门·阿德勒（Solomon Adler）、弗兰克·科（Frank Coe）、哈罗德·格拉瑟（Harold Glasser）、索尼娅·戈尔德（Sonya Gold）、维克托·珀洛（Victor Perlo）、乔治·西尔弗曼（George Silverman）、南森·西尔弗马斯特（Nathan Gregory Silvermaster）和 威廉·厄尔曼（William Ullman）。在这些人中，只有格拉瑟和科出现于本书中，而且是以无关紧要的方式。他们大多数人参加了布雷顿森林会议，但对于我正在着手分析的问题，我没有发现任何证据能证明他们影响了结果。科是大会技术秘书长，厄尔曼是第二委员会下属 4 个小组委员会之一的助理秘书。怀特还曾要求西尔弗马斯特担任美国代表团 7 个“技术秘书”中的一位，但他因为健康原因在一两天后就离开了（Rees 1973, 217, 413）。尽管阿德勒没有出现于官方出席会议的名单中，他还是从中国返回并来到布雷顿森林，协助美中双边财政谈判（MD, book 752, p.3）。另一位涉及苏联间谍案的人物是国务院的劳伦斯·达根（Laurence Duggan），好像与怀特 1941 年到 1942 年的古巴使团有过短暂的联系（详见第 3 章）。

② Craig 2004, 14.

③ 关于前者，参见诸如 Haynes, Klehr and Vassiliev 2009, 258–262; Weinstein and Vassiliev 1999, 158, 163–164, 168–169; Steil 2013。关于后者，参见 Boughton 2001a, 2013; Boughton and Sandilands 2003; Sandilands 2009, 131 n.18。同样可参见 Mikesell（1994, 56; 2000, 55–57）的观点，他曾与怀特并肩工作，同样还有 Rauchway 2013; Skidelsky 2000, 256–263。

④ White, untitled memo, pp.4–5, June 15, 1940, HDWP, box 9, folder 3.

克塞尔（Mikesell）指出："对于基金和银行被设计实现的广泛目标，他们几乎完全缺乏兴趣。"① 相反，他们只关注那些能直接影响到他们的东西，如配额额度（决定投票权和借贷数量），或者他们能从银行借出的重建贷款。② 正如斯泰尔指出的："专注于战后货币改革的内容广泛的'怀特计划'没有打上苏联货币学说的丝毫痕迹，那没有什么好说的。"③

最后也是最重要的，怀特所鼓吹的国际发展政策在美国政府内获得了广泛的支持。罗斯福总统本人就是一个强有力的支持者，此外还有美国政府各部门
43 的众多官员、有影响力的商界领袖和类似于外交关系委员会的团体。换句话说，这一美国对外政策的创新仅靠怀特的观点和行动无法得到解释，它脱胎于美国决策层面的更大趋势中，即使没有怀特的参与，它也会推动美国政策向这一方向发展。

最初是什么激发了怀特推动向拉美发放发展性贷款的兴趣？在韦尔斯和摩根索的例子中，最初的催化剂是安全上的关切。1939 年 3 月底，在一份致摩根索的备忘录中，怀特称，离开美国的财政援助，"在侵略国正在进行的有组织的经济与意识形态战中，拉美国家将最终屈服"④。在6月初的另一份备忘录中，他力推一个"大胆的方案"，称对拉美的财政援助将成为"我们追求和平、安全和鼓励民主的国际政治项目的重要组成部分"。而后，他又补充了支持拉美国家的战略理论表述，即向该地区派驻美国专家，这些专家将是推动其国内经济复兴项目的重要力量。他说："拉美国家出现了经济发展的巨大机遇，该地区所需要的唯有资本和技术，它将带来人口大量增长，生活水平显著提升，对外贸易极大增加的局面。"⑤

怀特强烈支持拉美国家的工业化。例如：当阿拉尼亚和其他巴西官员在

---

① Mikesell 1951, 106.

② Acsay 2000, chap. 8, 9; Black 1991, 43; Bernstein 1993; Van Dormael 1978, 191–197; Mikesell 1951.

③ Steil 2013, 6.

④ White to Morgenthau, March 31, 1939, p.2, CFHDW, box 2, file 12. 此时，他也鼓吹贷款给中国和苏联。

⑤ "Loans to Latin America for the Industrial Development of Latin America," pp.1, 2, June 6, 1939, HDWP, box 5, folder 6. 该文件没有签名，但怀特的传记作家 Rees（1973, 103）断定怀特系作者。

1939 年初访问美国寻求帮助的时候，怀特在一份内部备忘录中极力推动美国扩大“长期生产性信贷”以促进“巴西的工业发展”，并注明“从我们的观点看，除非并且直到巴西开启生产性投资，否则巴西人民的生活水平不可能会有提高”。① 像其他许多新政人士一样，怀特也批评在拉美地区的外国私人投资在过去“直接掠夺这些国家，而没有充分注意到他们的基本能力和长期利益”②。鉴于私人投资在过去所存在的问题，怀特劝说美国公共部门大规模发放贷款，以推动拉美的发展。我们将在下一章中看到这些内容。

第一步 44

为扩大对拉美国家的援助，美国政策制定者最初找到进出口银行。罗斯福政府于 1934 年设立该行，为美国出口商提供信贷支持。经过最初几年非常有限的活动之后，1938 年到 1939 年，该银行的借贷能力显著增强，可以进一步支持美国对拉美（以及其他地区，如中国）的政策目标，并贷款给了不同的政府，以支持他们的发展性项目（包括工业项目）和国内货币稳定。③

这些新贷款很快就引起了争议。当 1939 年 2 月美国国会审议进出口银行经营特许状延期时，塔夫托和其他共和党议员明确反对向拉美国家发放新的贷款。当他们清算进出口银行的努力失败后，这些反对者说服国会将其贷款上限定在 1 亿美元，挫败了罗斯福政府将其提到 5 亿美元的努力。④ 国务院部分官员同样企图阻止向那些没有同美国债券持有者达成协议的国家贷款。考虑到 1939 年 6 月罗斯福明确说明“20 世纪 20 年代的古老欺骗不应妨碍经过慎重考虑的新的良性贷款”，这种现状极大地打击了摩根索和怀特。⑤

二战的爆发加强了美国与拉美的合作，抵制法西斯与解决战争导致的拉美地区经济混乱成为当务之急。1939 年 9 月 18 日，美国助理国务卿阿道夫·伯尔

① White toTaylor, February 6, 1939, p.4, CFHDW, box 2, folder 12.

② “Loans to Latin America,” p.5.

③ Adams 1976, Adamson 2005.

④ Adams 1976, 250–252.

⑤ 引自 Roorda 1998, 201。亦可参见 Gellman 1979, 43–44, 159–161; Adams 1976, 195–198; Blum 1965, 52–58。

（Adolf Berle）致信罗斯福称："我们必须最大限度地加强美国对南美的政策。"①操一口流利的西班牙语，同时也是罗斯福早期智囊团的一员，30年代初期，作为政府政策顾问，伯尔以睦邻政策重要奠基者的身份出现于世人面前。与赫尔和韦尔斯一道，他帮助撰写了罗斯福于1936年在布宜诺斯艾利斯的演讲稿，他骄傲于新政人士的反殖民立场，此前，1918年他曾目睹美军在多米尼加的暴行。在韦尔斯的坚持下，伯尔在1938年初成为助理国务卿，他现在已经成为拉美发展行动强有力的支持者，视它们为他所钟情的美国改良资本主义的扩展。②

此时，罗斯福政府同意通过进出口银行给予拉美国家更大规模的贷款，并请
45 求国会同意扩大该银行的规模；1940年3月，国会最终同意进出口银行增资1亿美元。③1939年9月，美洲外长峰会在巴拿马召开，美国支持拉美的提议，在华盛顿创建美洲财政与经济咨询委员会（IFEAC，以下简称"美洲财经委员会"），成员系来自该地区各个国家的金融专家，④韦尔斯任主席。委员会旨在构筑美洲国家之间"紧密和真诚的合作"，它迅速开展工作并提议成立泛美银行。⑤1940年1月，它还建议成立泛美发展委员会，以鼓励美国-拉美联合探索，"试图在拉美建立新的经济部门，并为其在美国或其他西半球国家寻求新市场或互补市场"。⑥最初，当伦道夫·伯吉斯被推荐作为美国在该委员会可能的商业代表时，罗斯福明确排除了所有在职的纽约银行家，作为替代，挑选了工业公司西屋电器（Westinghouse Electric Company）的代表。⑦

雄心勃勃的美国方案

1940年中期，德国横扫欧洲大陆，军事上取得惊人的胜利。在这种形势下，美国对拉美的金融政策变得更为激进。德国的胜利使美国更加关注西半球的防御和拉美地区的经济和政治骚乱。纳粹公布战后将于欧洲实施的国际经济秩序

① 引自 Langer and Gleason 1970, 206。

② Schwartz 1987, 122, 127; O'Sullivan 2008, 22; Friedman 2003, 81.

③ US State Department 1957, 508–511; Adams 1976, 198–204, 215–220, 250–252.

④ 关于拉美国家对该机构的推动，参见 Gellman 1979, 156–157。

⑤ US State Department 1957, 765.

⑥ 引自 Green 1971, 75。

⑦ US State Department 1961, 374–375; Green 1971, 315.

计划以后，人们更加认为美国需要坚定地予以回应。如果拉美国家对轴心国仍然保持友好，德国政府就会强调，那些国家将从“新秩序”中受益。[1]人们常说，新秩序的宣传促使凯恩斯于 1940 年底和 1941 年初拿出英国战后计划的初稿；[2]很少有人知道，德国计划同样促使美国官员于 1940 年 5 月底 6 月初出台方案，旨在进一步协调并整合美洲经济集团。

美国许多此类方案被国务院的埃米利奥·科拉多（Emilio Collado）摘录于 46
6 月 10 日的一份备忘录之中。科拉多出生于古巴，但在美国长大，拥有哈佛大学经济学博士学位；1934 年到 1936 年间在财政部与怀特共事，后来去了纽约联邦储备银行，1938 年入职国务院。在那儿，他与韦尔斯一道被视为“改革派”官员，他很快投入到进出口银行新的拉美发展借贷项目中，这很合他的胃口。[3]在阐明德国方案之后，科拉多的备忘录勾勒出“美洲国家经济项目”大纲，涉及建立更为密切的泛美贸易和金融关系。在贸易领域，科拉多建议美国帮助拉美国家调整出口，在欧洲出口市场崩溃的情况下，实施减税、鼓励泛美贸易、购买剩余商品、协调贸易政策，以及支持国际商品协定，以稳定拉美关键的出口商品的价格。在货币与金融领域，科拉多呼吁美国公共借贷部门为短期收支失衡和长期发展项目贷款。他还注意到摩根索、怀特和其他财政部官员的意见“总体上与备忘录表达的一致”[4]。实际上，1940 年 3 月，在一份致摩根索的备忘录中，怀特再次呼吁大幅增加对拉美贷款，以及“将美洲国家作为紧密联系的经济单位来建设”[5]。

此时另一份方案吸引了罗斯福的注意。它来自政府外的商人、经济学家和律师群体，年仅 32 岁的纳尔逊·洛克菲勒是他们的领袖。洛克菲勒很早就对拉美地区感兴趣，他呼吁美国鼓励拉美实施改良的“拥有社会目标的资本主义”[6]。1940 年 6 月 14 日（德军进入巴黎的日子），他发布“半球经济防务”计划；此计划与科拉多的类似，但更多地强调促进拉美经济发展，方式则主要是技术和财政

① Langer and Gleason 1970, 637.

② Van Dormael 1978, chap. 1; Skidelsky 2000, 194–199.

③ Woods 1979, 23–24. 亦可参见 Wilson and McKinzie 1971; Adams 1976, 219–220。

④ US State Department 1961, 363.

⑤ 引自 Rees 1973, 103。

⑥ Rivas 2002, 3.

援助,包括将现有债务转化为当地货币,以便利投资,同时允许未来以本地货币偿还债务。[①] 罗斯福欣赏该计划的大纲,同时,由于洛克菲勒是共和党人这一事
47 实,国会反对的可能性也降低了。罗斯福迅速组织了一个委员会以支持计划纲要,成员包括国务卿、商务部长、财政部长和农业部长,伯尔任主席。6 月 21 日,罗斯福向公众宣布该计划。

来自美国内外的反对之声迅速消弭了该计划中更为大胆的提议。这些提议中最为显著的一个是创设“泛美贸易公司”,授权其向市场收购该地区的剩余商品,协调区域内国家与外部世界的贸易关系。[②] 但在美洲财经委员会 7 月 11 日的会议上,韦尔斯称美国将继续支持“临时资助和贮存出口商品直到它们能在有秩序的环境下交易”,以及“缔结商品协定以确保西半球国家与外部世界的公平贸易条款”。[③] 美国随即授权复兴金融公司(RFC)成立新公司,以购买橡胶和金属等战略原材料,针对各国设立双边购买项目。咖啡对很多拉美国家来说非常重要,美国就通过美洲财经委员会草拟《泛美咖啡协定》,为咖啡生产商设立出口配额,并保证他们共享美国市场。1940 年 11 月,这一协定获得 15 国的支持。[④]

罗斯福的计划需要“强力行动”,以“尽可能快地在一些美洲共和国新兴工业和生产中推行,在广泛的领域求得发展”。在美洲财经委员会 7 月 11 日的会议上,韦尔斯告诉拉美代表,“该地区的生产能力及其人民的生活水平必须得到提高”,他要求这些国家告知美洲财经委员会“他们迫切的需求和为经济发展准备的计划”。[⑤] 在 7 月底于哈瓦那召开的美洲国家外长会议上,赫尔重申了这一信息,使用了表明其更广泛的全球视野的词汇(并且预示了摩根索在布雷顿森林会议上的讲话):

如果美洲人民的生活水平维持在目前已实现的水平上,或者更进

---

① Langer and Gleason 1970, 632–633; Green 1971, 48; Rivas 2002, 39–41.

② Gellman 1979, 93–94; Green 1971, chap. 4; Pike 1995, 214–216.

③ US State Department 1961, 372.

④ Green 1973, 94–95; Gilderhus 2000, 105. 签字国是巴西、哥伦比亚、哥斯达黎加、古巴、多米尼加共和国、厄瓜多尔、萨尔瓦多、危地马拉、海地、洪都拉斯、墨西哥、尼加拉瓜、秘鲁、美国和委内瑞拉。美国于 1941 年 4 月批准该协定。

⑤ US State Department 1961, 370, 371, 373.

> 一步，如果按人们的合理愿望提高其生活水平，生产和分配必须得到 48
> 扩展，不仅是在本半球，而且是在全世界范围内。同样的情况对于其他所有地区的人们的幸福来说都是必要的。没有哪个国家或国家集团希望在其自身实现或保持繁荣的同时，世界其余地方却走向贫困。①

为实现该目标，罗斯福任命洛克菲勒领导一个新机构，随即它被命名为“美洲事务协调办公室”，其章程是在商业和文化领域协调美国对拉美政策。②哈瓦那会议开幕之际，罗斯福请求将进出口银行的借贷能力从 2 亿美元增加到 7 亿美元，于 1940 年 9 月底得到国会的同意（尽管不无反对）。进出口银行迅速增加了贷款，巴西轧钢厂贷款是其中最为主要的一个。③在哈瓦那会议上，赫尔亦建议拉美政府向美国财政部申请货币稳定贷款。就随之而来的大量贷款请求，怀特（参加了哈瓦那会议）与拉美财政部长们讨论了细节。此前，进出口银行已经有大量贷款服务于这一目标。④怀特同样感兴趣于美国的外汇稳定基金如何支持拉美国家的货币稳定。1936 年到 1938 年，他已经先行使用外汇稳定基金为某些拉美国家发放以平衡收支为目的的短期信贷。⑤如今达成了新协议，1941 年 11 月给墨西哥发放了贷款，并很快扩展到厄瓜多尔、古巴和巴西。⑥

美国对拉美债务的政策同样在此时转向。在 1940 年 6 月 15 日的一份备忘录中，罗斯福指示部际委员会研究洛克菲勒的计划：“应该现实地面对外债，它们不应阻碍美国施以建设性的金融与贸易援助。研究应关注借新债还旧债问题。”⑦到该年底为止，债务人与美国债券持有者之间许多悬而未决的分歧都解
决了。⑧对于那些还没有达成一致的情况，国务院在考虑财政援助时，越来越多 49

---

① 引自 Gantenbein 1950, 208。

② Cramer and Prutsch 2006; Rivas 2002, 61.

③ Becker and McClenahan, 2003, 45–59; Gellman 1979, 99, 162.

④ White to Morgenthau, August 2, 1940, CFHDW, box 3, file 17; Blum 1965, 321; Rees 1973, 104; US Senate 1941, 41.

⑤ Boughton 2004, 188–189; 2009, 14–15; Bordo and Schwartz 2001.

⑥ 早前贷款已经延展到墨西哥（1936 年和 1938 年）和巴西（1937 年）（Henning 1999, 14, 21–22）。

⑦ 引自 Guerrant 1950, 161。

⑧ Robert Triffin, “Notes on an Investment Program for Latin Americas,” September 25, 1942, ISF, Box 152, file: Latin America, Finance（1936–1954）.

地忽视债券持有人的关切。[1]事实上,到1941年春,美国政府官员讨论的是外国债券持有者保护委员会的活动如何与更广泛层面的美国对拉美政策保持一致,解决办法包括人员交流以及将其总部由纽约迁到华盛顿等。[2]在美国政府日益忽视该委员会的意见时,它的活动迅速减少,华尔街的公司也停止了对它的资助。[3]

这一时期美国的最后一项行动将在稍后予以详细讨论。在1940年6月21日的声明中,罗斯福呼吁美国政府注意发展"与拉美国家在加强金融体系方面的合作,尤其当其他拉美国家期望这样做时"。[4]扩大财政援助就是该类合作机制的一种。但在1941年秋,当美国应拉美国家的请求启动了第一批金融咨询使团时,一种新机制迅速出现了,它被设计用来"加强"拉美货币体系。这些金融使团让人想起20世纪20年代美国派往拉美地区的货币问题诊疗团,但他们提出的建议已经非常不同,如今它们在睦邻大旗下着眼于促进"发展"这一目标。

此类各种行动促使美国政策制定者致力于与拉美建立新的金融(以及更广泛的经济)伙伴关系,推动拉美经济发展是该伙伴关系的核心目标。对于美国有关发展行动的细节,拉美的政策制定者也不总是欣然接受。例如:当美国进出口银行希望财政项目服从于美国的经济或安全利益而不是拉美的优先事项时,拉美政策制定者就很泄气。他们也不欣赏进出口银行要求所有项目都要由政府担保的做法。[5]但在更广泛的层次上,美国对于拉美发展目标的新承诺得到了该地区许多国家的欢迎。1941年7月,财政部官员弗兰克·索瑟德(Frank Southard)的发言很好地表达了美国对这一目标的热情:"如果现在有人去华盛
50 顿,我想,他在热心于睦邻政策的人们的词汇表中,相比其他词语,会更经常听到'发展的'或'发展'这一术语,整个城市都痴迷于这个词语。"[6]

① Gellman 1979, 161; US State Department 1962, 58, 72; Adamson 2002.

② Green 1971, 316 n.40. 还可参见:面对委员会严格的政策,某些债券持有者日益受挫(如Norman Wait Harris Memorial Foundation 1941, 121),同样的情况也发生于纽约联邦储备银行内(如Wallich to Sproul, March 6, 1942, p.12, ISF, box 152)。

③ Bemis 1943, 448–449.

④ US State Department 1961, 370.

⑤ Green 1971, 78–79.

⑥ Norman Wait Harris Memorial Foundation 1941, 49.

早先几个月——1941 年 3 月发表的一篇文章显示，伯尔指出，致力于发展问题的公共借贷与过去美国私人在拉美地区的行为完全相反："此时正是新体系的开始，在其中，金融只是交换和发展的仆人，金融适应商业，并服务于不同的国家——这与旧体系完全相反，旧体系坚持发展和商业必须服务于金融，否则便不能前行。"① 在 1941 年 6 月的一份演讲中，伯尔进一步深化了这一说法。他称"19 世纪的经济帝国主义已如雷龙一般一去不复返"，他认为进出口银行和金融复兴公司应"有志于推动经济发展，直接使拉美人民受益而不是简单地让外国投资者赚走了钱"。他接着说："换句话说，我们应该完全转换思路，不要再想着在焦虑中找到一个地方，确保一群人的私有财产能获得丰厚的利润，我们应该焦虑于为持续发展寻找机会，而这很有可能为西半球带来普遍安全和舒适的生活。"他称由于现代生产技术带来的产出如此丰富，以至于急需更大的市场和"各地生活水平的普遍提高"。②实际上，他称西半球的最终目标是"生活水平接近于本地区最高"，然后最终："为实现这合乎逻辑的结论，要求必须有更高程度的经济计划，同时美洲国家间还要有更高程度的开放贸易……在新概念和新机制融合的过程中，我们已经做了很多，这将构筑未来国际经济合作的基石。"③

伯尔的最后一句富含寓意。如将要看到的，对国际发展问题的承诺因蕴含于睦邻金融伙伴关系中而具有先行特性，它在战后国际金融体系计划中将处于中心位置。甚至更为有趣的是，伯尔关于"未来的合作性国际经济"的建议将依赖于更为宏大的计划与自由贸易的结合。这一结合将是预示《布雷顿森林协定》内嵌自由主义意识形态的先兆之一。如我们将要看到的，伯尔深深参与到了美国对于战后计划的早期讨论之中。在那之前，在率先提倡建立一个具体的机构——泛美银行——以实施该设想时，他也是核心人物。该机构是《布雷顿 51
森林协定》所建机构的重要先驱之一。在该演说与建立泛美银行的提议中，国际发展承诺在内嵌自由主义概念中的中心性是显而易见的。

数位历史学家已经注意到 20 世纪 30 年代末和 40 年代初美国对拉美的睦

① Berle 1941b, 106.

② Berle 1941a, 758-759.

③ Berle 1941a, 760-761.

邻政策如何引领了美国 1945 年后的国际发展政策。[①] 这些重要发现被忽视了，人们追踪国际发展问题的起源时只追溯到杜鲁门 1949 年的演说，或者追溯到 1942—1944 年间的布雷顿森林谈判。如我们已经看到的，20 世纪 30 年代末和 40 年代初，美国政策制定者已经热切地去推动拉美经济发展，并且以各种各样的方式来实现这一目标：为国际发展项目提供长期贷款，为国际收支失衡、商品市场稳定和债务调整提供短期贷款。

新睦邻金融伙伴关系诞生于这一时期拉美和美国政治发展的独特的十字路口。对于拉美来说，大萧条激励人们对优先选择国家主导发展和工业化产生了更大的兴趣。许多拉美国家政府欢迎美国支持他们的发展目标，尤其是美国支持下的内容和节奏似乎都是在告别过去的美元外交时代。对于美国来说，战略目标、经济利益和新政价值观的复杂糅合促使政策制定者们在 20 世纪 30 年代末支持拉美国家新的发展设想。该伙伴关系被证明是布雷顿森林提议某些核心内容的关键孵化器，这尤其表现在两个方面：1939—1940 年间的泛美银行和 1941—1942 年间的古巴金融咨询使团。

① Grow 1981, 36; Gellman 1979, 2; Cobbs 1992, 2-3.

第2章

初稿：泛美银行方案 52

在睦邻金融伙伴关系框架下，泛美银行谈判是美国和拉美政策制定者发起的最有雄心的行动。从 1939 年秋起，他们就着手成立一个多边金融机构，以帮助其新伙伴实现目标。1940 年 4 月，他们起草了公约和章程，欲成立多边公共金融机构以培育地区合作。

尽管泛美银行从未成立，但还是有很多历史学家认为它是《布雷顿森林协定》的关键先导。罗伯特·奥利弗（Robert Oliver）称："从某种意义上说，泛美银行计划是后来稳定基金和世界银行计划的初稿。"[①] 约翰·霍斯菲尔德（John Horsefield）赞同这一说法，称泛美银行"很明显是作为（布雷顿森林机构）各种草案的部分先导而存在"[②]。摩根索的传记作家约翰·布鲁姆（John Morton Blum）同样指出，泛美银行的提议"使美洲人尤其是怀特在数年后组织战后金融机构时感受到它的有用性"[③]。

尽管有这样、那样的评价，但研究布雷顿森林的历史学家并没有挖掘出泛美
银行谈判政治的细节。[④] 在关于睦邻政策的历史论述中，甚至都没有深入讨论 53
过泛美银行动议，只有戴维·格林于 1971 年出版的著作《拉美的遏制》是一个

---

① Oliver 1975, 99. 亦可参见 Oliver 1985, 19 n.1.

② Horsefield 1969a, 11.

③ Blum 1965, 57.

④ Oliver（1975, 92–99）呈现了极为详细的讨论过程。关于对泛美银行重要性的其他评价，可参见 Bordo and Schwartz 2001; Mason and Asher 1973, 16; Skidelsky 2000, 239; Bittermann 1971, 61; Steil 2013, 377–378; Rees 1973, 104。

重要的例外。[1]本章在格林著作的基础上，参阅新的档案资料，挖掘出关于泛美银行谈判的更多历史细节，强调泛美银行对于布雷顿森林（格林的忽视之处）有更广泛的意义。尤其值得注意的是，在致力于增进国际发展方面，泛美银行是首个正式协商谈判的国际组织。这一创举铺平了布雷顿森林求发展的道路。

拉美国家推动泛美银行

美国和拉美人士提议成立泛美银行最早可以追溯到1890年的首次泛美会议上。最初，其目标只是简单地要便利支付和加强各国银行间的联系，方式则是在美国注册总行，并在其他国家设立分行。[2]然而，在1933年12月于蒙得维的亚（Montevideo）召开的一次重要的泛美会议上，数个拉美国家政府提议成立新的国际金融机构，以处理大萧条带来的经济萎靡，这是一个更为宏大的目标。这些提议为1939年到1940年间的泛美银行动议（以及随后美国布雷顿森林方案的早期版本）铺平了道路。

墨西哥外长普伊格（José Manuel Puig）的提议最为大胆，也最有争议。他召集了这次会议，以探求“为处理债务谈判和债务协议而成立国际公共组织的可能性，从而排除银行家委员会（Bankers' Committees）的干涉，保障债权方和债务方双方的利益”[3]。彼时，由于大萧条，几乎所有的拉美国家政府都出现了债务违约现象。如果把普伊格的提议说得更清楚一些，即他主要着眼于，在面对私人债权者时，加强债务国讨价还价的能力（他还请求对所有外债延期偿付6年到10
54 年）。在艰难时刻，来自许多国家的私人债权者组建了银行家委员会，用同一个声音与债务方谈判。普伊格就是要把谈判调整债务的权力由委员会转移到国际组织手中，后者是由主权债务方和债权方政府组成，从而削弱债权方的力量。

尽管普伊格的提议获得了一批拉美国家的赞赏，但他还是没能获得足够的

---

① Green 1971, 60–74.

② 可见 Gardner and Powelson 1970; Dell 1972.

③ “VII Conferencia Internacional Americana, Delegación de México” n.d., p.2, RIC, Comm. On Initiatives, 2–4, box 5.

支持以将其列入会议议程。提议被束之高阁以待进一步研究。[①]对于美国私人给拉美政府的贷款，罗斯福政府拒绝直接介入协商，一些拉美政府也担心，公开支持债务调整的做法会削弱他们在外国投资者眼中的信誉。[②]

在蒙得维的亚会议上，来自秘鲁、乌拉圭、智利和古巴的代表们提出其他方案，建议成立新的泛美国际金融机构。[③]在对各种设想进行了紧张的讨论后，两个会议小组委员会建议成立泛美银行，并授权它安排信贷、“盘活”资本，以及“改善许多拉美国家在谈判外债时所担负的繁重义务”。[④]泛美银行的拉美支持者，如秘鲁的巴雷达·劳斯（Felipe Barreda Laos）称它将巩固“拉美地区当然的经济自由”。会议全体一致通过决议，建议在下一次泛美金融会议上考虑成立泛美银行，以“建立并促进泛美信贷和资本交换”及“重建国家货币体系时保持合作”；成员资格限定于中央银行，以保护其免受政治影响；一个包含政府代表的更为广泛的“泛美组织”将确定“工作的总体计划”。该决议还指出泛美银行总部应设立在某一个拉美国家的首都。巴雷达·劳斯提出的一个建议将有助于“建立数个稳定和均衡的中心”[⑤]。

决议虽经会议一致通过，但美国代表团却增加了保留条款，即美国不能保证 55
未来参加泛美银行。美国代表斯普鲁伊尔·布莱登（Spruille Braden）参加了泛美银行委员会的讨论，他向赫尔报告说，对秘鲁和乌拉圭如此强烈地推销泛美银行设想感到惊讶。鉴于他们对于方案的广泛热情，他指出：“美国代表团公开反对这些方案将是不明智的，尤其是可以想象，在不远的将来，一家可以比肩位于巴塞尔（Basle）的国际贴现银行的中央银行将有可能被证明有利于美国人。”[⑥]

---

① 墨西哥的提议得到了巴西、萨尔瓦多和尼加拉瓜的支持。见“VII Conferencia”；“Committee IV, December 14, 1933,” RIC, Comm. On Initiatives, 2–4, box 6。

② Braden to Hull, January 4, 1934, in RIC, Comm. On Initiatives, 7–9, Minutes and Antecedents of Final Act, box 7.

③ 墨西哥还建议创立一个单独的“大陆中央银行”，从而有助于各国中央银行的国际清算和金融活动（“VII Conferencia,” p.3）。

④ “Fourth and Ninth Committees: Minutes and Antecedents,” n.d., p.49, RIC, Comm. On Initiatives, 7–9, Minutes and Antecedents of Final Act, box 7.

⑤ “Fourth and Ninth Committees,” pp.52, 49, 54, 57.

⑥ Braden to Hull, January 4, 1934, p.9, in RIC, Comm. On Initiatives, 7–9, Minutes and Antecedents of Final Act, box 7.

该银行是指位于瑞士的国际清算银行（BIS），成立于1930年，致力于协助一战债务清算和鼓励中央银行合作。尽管决议中的泛美金融会议从未召开，但在20世纪30年代的会议上，拉美国家持续提出泛美银行构想，其中包括，在1938年底于利马召开的泛美会议上再次一致通过决议，呼吁研究泛美银行提议。但美国对此依然持谨慎态度。[①]

1939年9月底，即二战刚刚全面爆发时，在巴拿马召开的一次重要的美洲外长会议上，该设想终于起步了。在会议上，墨西哥提出，泛美银行能够：（1）扮演泛美清算机构的角色；（2）在国际资本市场领域扮演中央银行金融机构的角色；（3）帮助各国中央银行稳定货币的内外价值；（4）研究贸易、外汇和其他问题；（5）与美国政府协商，在与任意国家清算国际收支时，不仅接受黄金，也接受白银。[②]不同于以往的谨慎，美国官员突然对该提议表现出热情，同意一项决议，授权成立美洲财经委员会，职能包括研究“成立泛美机构的可能性，该机构将确保美洲国家财政部、中央银行或类似机构间的持久合作”[③]。美国代表来巴拿马并不是为了支持泛美银行提议，但根据戴维·格林的研究，他们是被拉美国家对墨西哥构想的“坚定”支持所改变。[④]美国在会议上的中心目标是说服
56 拉美国家在战争中保持中立，评估纳粹在拉美地区的经济和政治影响力。美国政策制定者意识到，如果他们支持该地区所流行的设想，那么他们就能在该地区播撒善意。

在美国政府内部，一些官员实际上在巴拿马会议前就中意于成立泛美金融机构，如财政部官员西蒙·韩森（Simon Hanson）。他是哈佛大学毕业生，在1938年出版的一本书中，他富有同情心地分析了巴拉圭广泛的社会改革和国家主导下的工业化行动。[⑤] 1939年6月，韩森向怀特提议成立一个机构——总部设于拉美——为发生债务违约的拉美国家发行新债券提供担保，促进资本向此类国家流动。在回应1933年的墨西哥构想时，韩森也建议该机构能够选择专

① US State Department 1956，67.

② Villaseñor 1941，166.

③ 引自 Gantenbein 1950，791。

④ Green 1971，62.

⑤ Hanson 1938.

员，针对过去两年内的违约情况强行推动债务重组。对机构专员的遴选会通过一个程序，所有成员国投票权平等，以“避免任何单个国家的意志凌驾于自治和主权之上的情况的出现”。为强化这一点，韩森补充说：“期待这些专员不是国务院帝国主义者，而控制权也不限于掌握在北美人民手中。”① 在8月份的另一份备忘录中，谈及美国对拉美的债务政策，韩森的挫败感表达得更加明显，他写道：“总统谈起关于20年代拉美贷款问题的‘古老欺诈’时真是一针见血……但是他的政府，同之前公开迎合债券持有人的政府一样，给予债券持有人同样的美元外交保护。”②

在巴拿马会议间隙，韩森再次致信怀特，指出正在讨论中的泛美银行提议将有助于债务清偿谈判。尽管韩森也警告说泛美银行不能替代进出口银行的借贷领导者角色，因为美国对前者的控制达不到与后者一样的程度，但他还是认为泛美银行能帮助给“南美次重要国家的发展项目”发放长期贷款。从韩森的视角看，泛美银行能扮演的最重要的角色就是提供技术援助：“技术援助，如果来自一个傲慢的帝国主义国家，其效率往往被弱化。但如果由银行提供，那么提供技术人员的国家的虚伪就被去除了，从而极有可能对该国更为有用，而且接受起来也更为容易。”③

巴拿马会议前数月，怀特本人也在漫不经心地考虑成立公共银行向拉美提 57
供贷款的方案。最初，他设想的是美国政府银行而非多边银行。在6月初的一篇备忘录中，怀特提议创设“政府银行”，资本为美国政府收购的以普通股形式存在的3亿美元，政府可担保发行7亿美元债券（如果需求上涨，可增至10亿美元）。④ 该提议源于摩根索的一个主意，他在前一个月提出，由南北美银行（Bank of North and South America）——将由国会特许建立——向拉美国家发放

① Hanson, “Proposal for a Pan American Financial Institute,” June 5, 1939, p.2, TSF, 450/81/02/03, box 65.

② Hanson to Glasser, “Economic Implementation of the Good-Neighbor Policy,” August 21, 1939, p.1, TSF, 450/81/20/07, box 28.

③ Hanson to White, September 27, 1939, pp.1, 2, TSF, Entry 67A1804, box 65.

④ “Loans to Latin America for the Industrial Development of Latin America,” June 6, 1939, p.3, HDWP, box 5, folder 6.

贷款。由于它只承担“政策原因的风险”,因此对该地区来说是个“好姿态”。①同时,怀特非常支持该设想,但又认为摩根索提议的1亿美元总额的银行资本太少了。

在怀特的新提议中,银行的“中心职能”将是“帮助促进拉美经济的长期发展”。该功能的实现有两种方式,提供贷款资助美国专家奔赴拉美地区调研咨询,以及提供短期黄金或白银贷款帮助稳定货币。但银行最重要的活动是为生产性目的增加低息“长期贷款”,它只能用来兴建公共工程和创立工业企业,以促进债务国的生产发展。怀特坚持由拉美人保留对此项目的控制权,同时,他们也被要求为此项目提供本地货币。他还建议至少75%的美元贷款要花在美国,在项目建设过程中,所有进口的物资和服务都应来自美国。怀特醉心于强调他的计划与美国过去针对该地区的美元外交不同,过去是“美国私人商业和工业界在美国政府的帮助下剥削弱国”。怀特称,他的项目正好相反,“将在债务国或其国民的控制和占有下,为拉美工业企业的发展打下基础”;他强调,“该项目不会带来任何一点美国政府明显的或暗藏的威胁,不会干涉这些国家的固有主权和权力”。②

58 巴拿马会议结束的第二天,摩根索就找到怀特商谈他的六月设想。③怀特的方案着眼于对拉美长期和短期借贷的需要,成为多边泛美银行方案的实际模板。很快,在怀特的带领下,泛美银行方案横空出世。然而,怀特并不是一开始就参与了泛美银行方案的讨论,这首先发生在美洲财经委员会。1939年11月中旬,美洲财经委员会已任命21位委员,韦尔斯担任主席。

泛美银行方案的演变

最初,美洲财经委员会下属的财政小组委员会负责讨论泛美银行方案。财

① “Financial Assistance to Nicaragua (and Other Latin American Countries),” pp.7, 5, May 4, 1939, MD, book 188.

② “Loans to Latin America,” pp.3–4, 6.

③ 详见 note dated October 4, 1939 on front of “Loans to Latin America”。

政小组委员会中的拉美代表有：安东尼奥·蒙特罗斯（墨西哥）、卡洛斯·瓜查利亚（Carlos Guachalla，玻利维亚）、阿隆索·伊里戈延（C. Alonso Irigoyen，阿根廷）、埃斯特万·哈拉米略（Esteban Jaramillo，哥伦比亚）、佩德罗·拉腊尼亚加（Pedro Larrañaga，秘鲁）和爱德华多·萨拉萨尔（Eduardo Salazar，厄瓜多尔），韦尔斯仍是主席。尽管韦尔斯非常热心于泛美银行设想，但他还是安排了阿道夫·伯尔主持财政小组委员会的工作并协调美国在该事务上的立场。11 月 17 日举行首次会议之后，伯尔在日记中写道，人们最有兴趣的主题是创立泛美金融机构。①

在几天前于危地马拉召开的美洲国家财政官员会议上，拉美官员同样表达了殷切的期望。墨西哥的爱德华德·比利亚塞尼奥尔再次抛出他们的泛美银行提议，并为泛美银行增加了新的职能，即银行能够“作为资本投资的渠道，促进拉美经济的健康发展”②。比利亚塞尼奥尔是墨西哥银行行长，如萨拉·芭布所说，他“从来不是正统的中央银行家”。除了帮助墨西哥于 20 世纪 30 年代实现经济现代化，他还强烈认同中央银行应该在促进经济发展和工业化方面扮演重要角色。③ 他将这些发展意识全都整合进了其泛美银行提议中。其他出席危地 59
马拉会议的拉美国家代表同样热切盼望对于泛美银行的讨论，如巴西、哥伦比亚、秘鲁和乌拉圭的代表。会议通过决议，敦促美洲财经委员会调研此事。决议强化了墨西哥对泛美银行新的“发展”议题的聚焦，宣布“期待必要的资本投入以促进西半球各国农业和工业的发展”④。

其后关于泛美银行的谈判就进展很快了。截至 1940 年 2 月 7 日，美洲财经委员会在泛美银行的章程草案上达成一致，并提交政府征求意见；4 月 16 日，全文向社会公开。在起草泛美银行章程的全过程中，由于美国是银行的最大贡献

① Berle to Welles, November 17, 1939, p.2, BP, box 59. 关于伯尔的角色，见 “November 17, 1939”, BP, box 211; Berle and Jacobs 1973, 271–278, 284–291. 关于韦尔斯对于泛美银行的热情，可参见他与美洲财经委员会中巴西代表的讨论; Penteado to Aranha, December 19, 1939, FGV, Osvaldo, Aranha, cp 1939.01.17 rolo 16 fl.651; Eurico Penteado to Osvaldo Aranha, January 12, 1939, FGV, Osvaldo Aranha 16–366。

② Villaseñor 1941, 166. 亦可参见 Urquidi 1996, 33。

③ Babb 2001, 30–31, 58–59.

④ 引自 Villaseñor 1941, 166。关于拉美在危地马拉会议上对泛美银行设想的支持，同样可见 US Senate 1941, 23。

者，美国政策制定者遂发挥了领导作用。作为美联储国际部头目，沃尔特·加德纳（Walter Gardner）于1940年1月中旬告诉理事会："它们（拉美国家政府）一直明白，如果银行成立了，那也是美国送给它们的。"在同一次会议上，理事会的研究与统计部主任伊曼纽尔·戈登韦泽（Emanuel Goldenweiser）同样强调广阔的政治背景："（拉美国家）会接受我们做出的任何东西。他说他们需要金钱和保护，并且他们热心于团结并试图建立统一战线以应对欧洲入侵。"①

哪些美国官员参加了泛美银行方案的起草？正如上文提到的，伯尔是最初的领导。他非常热心，视之为加强美洲国家政治合作的大好机会。②伯尔还视泛美银行动议为实现其新型国际金融美景（前一章刚描述过）的良机。③在财政小组委员会初步讨论之后，1939年11月底，伯尔看到，没有财政部的参与，讨论就不可能得到推进。伯尔在日记中写道，摩根索似乎认为韦尔斯被任命为美
60 国在美洲财经委员会的代表是对他的羞辱，因而确保财政部保持合作并非易事。④然而，11月28日，在一次伯尔和韦尔斯都参加的会议上，摩根索——得到罗斯福的赞成——提供了全面的技术协助。在伯尔和韦尔斯的推荐下，摩根索还同意在讨论中吸收美联储的专家。

摩根索的支持也许受到怀特备忘录的影响。当天，怀特在备忘录中简要列举了其潜在的好处。尽管财政部并不知道讨论的细节，怀特还是猜到泛美银行会被授权增加面向拉美的短期信贷，并且可能会有以下好处："（1）拉美国家也许不需要等待艰难的债务调整完成就能借贷……（2）如果债权方是一家泛美银行而不是一个富国，那么债务违约的风险可能会降低，（3）将不再需要花费美元搞外交。"怀特也回应韩森称："银行应该组建专家团队，在帮拉美国家解决金融和经济问题时，他们能给出有用的建议。"除通过担保私人短期信贷以方便贸易

---

① "The following comments are from notes taken at the meeting of the Board on January 16, 1940, on the statements made by Messrs. Goldenweiser and Gardner relating to the Inter-American Bank," pp.4, 7, CSF, 301.23-29.

② 见 Gardner to Board of Governors, "The Inter-American Bank Proposal," December 20, 1939, pp.2-3, CSF, 301.23-29.

③ "Speech of A. A. Berle, at George Washington University conference on inter-American affairs, December 5, 1939," pp.6-7, BP, box 211.

④ "November 28, 1939," pp.1, 4, BP, box 211.

外，银行还能“制定程序以方便提供长期贷款和解决悬而未决的债务问题”①。

12月4日，在罗斯福表达了对泛美银行提议的强烈支持后，怀特迅速行动，在财政部【爱德华·伯恩斯坦（Edward Bernstein）、默尔·科克伦（Merle Cochran）、约瑟夫·科顿（Joseph Cotton）、哈罗德·格拉瑟、西蒙·韩森、温菲尔德·里夫勒（Winfield Riefler）、奥维斯·施密特（Orvis Schmidt）、（首名遗失）斯图尔特（（missing first name）Stewart）和贾各布·瓦伊那（Jacob Viner）】和美联储（戈登韦泽和加德纳）官员参加的非正式委员会会议上，他领导了关于泛美银行的讨论。②他们迅速提出包含30个项目的调查问卷，并经美洲财经委员会小组委员会同意向所有拉美共和国分发。③从伯尔的视角看，在12月15日说服摩根索支持进一步研究泛美银行设想问题上，怀特同样扮演了关键角色。④

同一天，怀特针对他所领导的非正式委员会讨论的某些事务总结了三页摘要，勾勒出资本额达1亿美元的银行框架，其资本由政府认缴。基于人口规模，各国都会分配到一个最低限度的认缴额，并可以自愿增加，但任何一国的额度都不能超过总额度的25%—35%。理事会将由持有投票权股份的各国派出代表组成，这些股份与“总资本股票的比例有某些关系”，而不是“与比例直接相关”。 61
除了应该服务于“生产性目的”之外，该文件针对银行的借贷目标并没有说太多。然而，它确实指出，银行只能借贷给政府、政府代理机构，或者在政府担保（还要扮演借款代理人角色）的情况下贷给非政府组织。政府对此类贷款的考虑亦优先于其他所有对外贷款。此外，银行将有权担保在私人市场流通的债券，它也可以通过在公开市场售卖其债券的方式筹集资金。⑤

怀特与非正式委员会中的几位官员，尤其是他的助理爱德华·伯恩斯坦密

① White to Morgenthau, November 28, 1939, pp.1-2, CFHDW, box 3, file 14.

② 关于罗斯福的支持，参见“December 5, 1939”, BP, box 211。关于会员资格，参见 Gardner to Board of Governors, “The Inter-American Bank Proposal”。

③ White, “Informal Committee on Consideration of Proposal to Create a Pan-American Banking Institution,” December 7, 1939, JVP, box 49, folder 4.

④ “December 5, 1939,” BP, box 211.

⑤ 引自 White, “Outline of Tentatively Proposed Bank for American Republics,” December 15, 1939, pp.1-2, JVP, box 49, folder 4.

切合作，于 1940 年 1 月 11 日拿出了详细的章程草案。[①] 此时，国务院的科拉多也越来越多地参与进来，在泛美银行草案出炉和改进过程中发挥了积极的作用。[②] 尽管泛美银行方案其后经历了各种各样的完善，但怀特 1 月 11 日草案中的很多内容仍然保留在 4 月份通过的最后文件中。因为这个原因，伯尔后来说："（泛美银行方案）应主要归功于哈里 · 怀特。"[③]

不是所有的美国官员都对泛美银行设想心存热情。3 月底，当科拉多就草案寻求意见时，遭到了纽约联邦储备银行（FRBNY，以下简称"纽约联储"）官员，如艾伦 · 斯普劳尔（Allan Sproul）、乔治 · 哈里森（George Harrison）、约翰 · 威廉姆斯（John Williams）和哈罗德 · 罗尔斯（Harold Roelse）的猛烈抨击。除了预言其管理上存在政治困难以外，他们称泛美银行会与纽约联储对外部门和现有的商业银行竞争。他们的立场可能受到纽约银行界非常反对泛美银行这一事实的影响。但有一位官员私下告诉科拉多，他认为纽约联储高级官员反对泛美银行的"主要原因"是"在其准备阶段没有向他们征求意见"。实际上，科拉多看到，纽约联储研究部门内的次高级官员们就认为方案"非常好"。[④]

一些参加了非正式委员会讨论的美国官员们同样担心拉美国家过于期待从
62 泛美银行中得到经济上的好处，泛美银行还有可能分散了人们对于该地区改革必要性的注意力。[⑤] 此外，还有大量的关切被表达出来，如泛美银行能否吸引到人才，拉美政府能否偿还贷款，尤其是当他们增加对美出口存在困难时。[⑥] 就像 9 月的韩森一样，科克伦和里夫勒都指出，如果不是通过泛美银行，而是美国单方面完成这一任务，那么它能对借贷保持更多的控制权。[⑦]

---

① "Draft of By-laws of a bank to be called the Inter-American Bank," January 11, 1940, JVP, box 28, folder 11. 关于伯恩斯坦的重要角色，见 US Senate 1941, 24, and "Status of the Proposal," January 11, 1940, ISF, box 245。

② "Status of the Proposal"; McKinzie 1974, 7; Wilson and McKinzie 1971, 10.

③ Berle and Jacobs 1973, 291. 亦可参见 McKinzie 1974, 6。

④ 引自 Collado to Berle, March 29, 1940, p.2, DSDF 710. BANK/81.

⑤ White, "Outline of Tentatively Proposed Bank," p.2.

⑥ 见 Gardner to Board of Governors, "The Inter-American Bank Proposal."

⑦ Cochran to White, December 4, 1939, p.1, ISF, box 245; Gardner to Board of Governors, "The Inter-American Bank Proposal," p.9. 一开始斯图尔特也曾强烈反对泛美银行设想；White, "Outline of Tentatively Proposed Bank"。

然而，其他人看到了泛美银行的优点。如伯尔一样，一些美国官员注意到更深层的政治利益，多边泛美银行能够凝聚美洲国家间的合作与统一。[①]联储委员会内，戈登韦泽和加德纳同样强调泛美银行能够为区域内贸易改进清算方式，为弥补短期支付失衡提供短期贷款，以及提供私营部门不愿涉足的长期贷款。此外，他们认为通过泛美银行而不是双边形式扩大贷款，“在债务国还款面临困难时，将减轻美国的责任”。他们补充说：“成立泛美银行的建议或健康的金融行为的可持续性应代表了一众拉美国家的集体判断，而非单一债权国——美国的自身利益。这将软化人们对于（美国）金融帝国主义的控诉”。[②]

当怀特和其他美国官员领导起草泛美银行草案后，拉美代表的角色也不应被低估。泛美银行的核心目标与1939年的墨西哥提议相当接近。1939年12月中旬，有关调查问卷的答案在所有参加国之间流传，美国官员的工作同样受到了它的影响。当美国官员接手领导起草泛美银行章程时，哈拉米略（前哥伦比亚财政部部长）和蒙特罗斯（墨西哥工业发展银行行长）同样在准备章程草案。[③]一般来说，美洲财经委员会的拉美代表非常积极地参加了起草工作。正如科拉多其后告诉一个美国参议院小组委员会的，在起草阶段，美洲财经委员会“几乎每天碰头，讨论热烈。此外，在常规的正式议程之外，还有着数不清的私下 63
讨论”[④]。伯尔同样被美洲财经委员会内的拉美官员们高质量的贡献所震撼。在12月中旬将怀特和加德纳引入其小组委员会后，他在日记中写道：“作为一个整体，拉美国家对这一问题的思考比美国专家还要深入，无论如何，对我来说，当我们完成后，仿佛拉美国家独享讨论的荣誉。自然地，跟财政部和美联储的人说这些没什么意义。”[⑤]

在章程起草的全过程中，拉美官员普遍保持了对泛美银行构想的喜爱。然而，仍有一些例外。秘鲁的拉腊尼亚加极力劝说美洲财经委员会财政小组委员

① Hanson to White, December 7, 1939, TSF, Entry 67A1804, box 65; Goldenweiser and Gardner to Board of Governors, “The Inter American Bank Proposal,” January 16, 1940, p.3, CSF, 301.23–29.

② Goldenweiser and Gardner to Board of Governors, “The Inter American Bank Proposal,” p.3. 亦可参见 Oliver 1975, 94; Bemis 1943, 353。

③ “Anteproyecto de convención,” January 18, 1940, BP, box 59.

④ US Senate 1941, 44.

⑤ “December 14, 1939,” p.4, BP, box 211.

会采用更大胆的想法，偏好于将泛美银行看作国际中央银行，“能够以其记账货币发放贷款”[①]。从相反的角度，作为对美洲财经委员会调查问卷的回答，其他一些拉美政府如萨尔瓦多和危地马拉称他们不怎么需要泛美银行。[②]阿根廷政府对（银行）设想一点也不上心，如一家阿根廷报纸所登载的，“只要美国继续在阿根廷出口问题上存在敌意，而没有人有意去挑战这样一面政治旗帜”，本国就无意向该机构认缴任何资本。[③]

泛美银行的创新特征

如果泛美银行成立了，它也不是世界上首家通过政府间大会成立的多边金融机构。国际清算银行在1930年就获此头衔。但相比于国际清算银行，泛美银行有三项重大创新：授权为发展目标提供国际公共信贷，拥有处理资本从更为贫穷的国家逃离的条款，各国政府共享所有权和控制权。

64 国际公共发展信贷

泛美银行章程草案简要规划了一个资本额最高达1亿美元的机构，它有九大正式目标：

（1）促进稳健投资，推动对资本和信贷的充分及有效使用；

（2）协助稳定美洲国家的货币；鼓励美洲国家货币之间的直接兑换；鼓励保持充足的货币储备；促进黄金和白银的使用与分配；促进货币均衡的实现；

（3）作为清算机构，便利国际支付的进行；

（4）增加西半球国际贸易、旅行和劳务交换；

（5）促进西半球工业、公用事业、采矿业、农业、商业和金融业的发展；

---

① Delegation of Peru, “Proposed Pan-American Bank,” November 29, 1939, BP, box 59. 亦可参见“Memo Peru No.17, December 21, 1939,” BP, box 59; Delegation of Peru, “Memorandum for the Study of Subcommittee 1: The Creation of a Pan American Bank,” November 20, 1939, TSF, Entry 66A1039, box 31。

② White to Morgenthau, January 9, 1940, TSF, Entry 67A1804, box 65.

③ 引自 White to Morgenthau, “Foreign Economic Developments,” March 12, 1940, p.7, CFHDW, box 3, Chron 15。亦可参见“The following comments…,” p.7。

（6）在农业、工业、公用事业、采矿、市场、商务、交通运输和相关经济与金融事务上建立合作；

（7）鼓励和促进对农业技术、工业、公用事业、采矿和商务的研究；

（8）研究与美洲共和国尤为相关的诸种问题如公共财政、汇兑、银行与货币问题，并提出专家意见；

（9）推动与银行目标相关的数据和信息的出版。[①]

以上目标有许多响应了墨西哥政府于1939年9月在巴拿马会议上提出的泛美银行设想。显而易见，有很多设计是用于帮助实现墨西哥在11月危地马拉会议上提出的目标：促进经济发展。的确，韦尔斯称对发展的支持是泛美银行的核心。具体对比泛美银行与国际清算银行的目标，他指出，“它的极端重要性在于，在其他拉美共和国研究并促进长期发展项目”；只有作为一个“次要后果”，银行才会介入到“西半球货币当局的短期信贷扩张中，以帮助他们摆脱货 65
币价格的季节性和临时性波动”。[②]

其他美国官员同样强调泛美银行发展条款的重要性。在参议院小组委员会前作证时，科拉多称，泛美银行最重要的角色是在相当长的时期内促进拉美工业的建立和资源的开发。[③] 根据伯尔的记录，当摩根索于1939年12月中旬进一步支持泛美银行时，他的理由也是“在美洲经济与金融发展方面，这样一个机构是往更大的集体责任的方向上迈出了有意义的一步。”[④] 韩森帮助准备的——最早的一份标注日期为1940年1月3日——泛美银行草案同样非常明确：银行的核心目标之一是“协助致力于发展目标的长期信贷流向该地区。在那儿，资本又贵又缺”。银行对该目标的追求并不只是通过直接借贷或担保私人贷款，它们还购买政府债券：“像一家中央计划机构一样，向任何美洲国家提供服务，以调查它们在发展公用事业、农业和工业等项目上的可行性。”[⑤]

拉美政府同样强调银行发展角色的重要性。怀特注意到，在回复美洲财经

① Department of State 1940, 524.

② Welles to William Lancaster, June 11, 1940, pp.2–3, DSDF, 710. BANK/193.

③ US Senate 1941, 49.

④ “December 15, 1939,” BP, box 211.

⑤ Hanson to Glasser, January 3, 1940, p.3, TSF, Entry 67A1804, box 65.

委员会调查问卷时，拉美国家"全体一致"称"银行需要向拉美提供长期发展资本"。[1] 实际上，数个拉美政府还提交了极为详细的关于发展项目的具体数据，并预估了所需要的支持。[2] 泛美银行最有力的拉美支持者之一，墨西哥的比利亚塞尼奥尔同样强调，银行的发展性借贷角色位居其他角色之上。在他看来，此类借贷将包含对公共事业项目、兴建工厂、土地改良以增加产量和水力发电站（"倾向于工业使用"）的支持，以及帮助建立和发展宾馆，确立海上和空中航线运输旅客等。[3]

66 为实现各种不同的目标，泛美银行章程授权该机构发行"短期的、紧急的和长期的借款或信贷"。这些贷款不仅给予"参加国政府"，还能给予"财政机关、中央银行、政府分支机构及其国民"。针对"财政机关、中央银行、政府分支机构及其国民"借期超过两年的贷款，应由相应政府担保并征得其同意。[4] 因此，泛美银行的借贷功能非常广泛，包含短期货币稳定贷款（类似于美国外汇稳定基金提供的贷款）和长期发展贷款（类似于进出口银行提供的贷款）。实际上，它是将未来国际基金和国际银行职能结合起来的一个机构。虽然国际清算银行是提供货币稳定贷款的国际金融机构先驱，但是设计多边金融机构，提供致力于经济发展的国际长期贷款则是一个全新的事物。

泛美银行的建筑师吹响了创新的号角。1941 年 5 月，在参议院小组委员会的作证上，伯尔称泛美银行的借贷将与过去私人借贷"不开心的经历"完全不同，过去"金钱不是浪费了，就是用来建立了某种形式为当事国憎恨的暴虐的外国垄断"，金融流动被视为"帝国主义的"。泛美银行的目标是促进资本流动，"按照数个国家共同并谨慎制定的计划，促成当事国的稳步发展"。"与过去意在投机的金融形式"不同，泛美银行借贷"将服务于国家需要"。[5]

泛美银行章程中的一项重要条款也加强了它将服务于国家需要的事实，这一条是"银行的活动将始终遵守对象国的法律，与直接相关的参加国政府的政

---

① White to Morgenthau, "Foreign Economic Developments," p.7. 亦可参照尼加拉瓜、洪都拉斯和海地的观点，见 White to Morgenthau, January 9, 1940, TSF, Entry 67A1804, box 65。

② Green 1971, 63.

③ Villaseñor 1941, 174, 173.

④ Department of State 1940, 524.

⑤ US Senate 1941, 20.

策保持一致”①。韦尔斯特别指出保护国家政策自主权如何成为泛美银行章程的核心：“一般来说，银行不会实施对特定国家产生影响的行动，除非该国已经得到机会表示反对、同意、赞同或担保该行动。对单个国家利益的保障贯穿于全部计划和方案起草过程中。”②

回流外逃资本 67

当美国官员如伯尔批评“金融的投机性”时，他们头脑中想到的不只是华尔街的对外借贷，同样还有私人资本逃离拉美的情况，这在20世纪30年代时已经非常严重。如伯尔向美国参议院小组委员会讲述的：“毫不客气地说，拉美并无资本可用。他们的一部分储蓄——数量相当之大——流到了美国，存储在各种不同的机构之中。拉美国家对此毫无办法，它们无法拿回自己的储蓄为本国的生产性事业投资，它们只能求助于纽约市场或其他一些市场。”③

相应地，泛美银行的第二项创新紧盯拉美公民的私人存款，特别设计渠道回流它们，方式是持续向该地区提供贷款。为此目的，它被授权向这些国家的投资者直接出售债券，直接从拉美公民那里吸收存款（除非受到该国政府的反对）。如加德纳所说：“由于它的立场，人们希望泛美银行及其分行能成为受人欢迎的拉美基金存储之地。”④外逃资本能够以公共发展贷款的形式回流特定国家。这样，在各国政府的资本认缴额度基础上，银行的借贷能力又有了大大提升。用伯尔的话说，银行“担负了（拉美发展）带给我们的部分金融压力”⑤。

“动员外逃资本服务于发展”这一银行职能得到了伯尔事实上的确认。在美洲财经委员会一开始开展的工作中，它被列为泛美银行的优先事项之一。⑥美联储的加德纳和戈登韦泽同样热心于此。⑦在泛美银行谈判期间，怀特对“热

① Department of State 1940, 525.

② Welles to Lancaster, June 11, 1940, p.4.

③ US Senate 1941, 19.

④ Gardner to Board of Governors, “The Inter-American Bank Proposal,” p.5.

⑤ US Senate 1941, 19.

⑥ Berle, “Thesis,” November 20, 1939, p.3, BP, box 59; Delegate of USA, “Memorandum,” November 20, pp.2-3, IFEAC Subcommittee 1, DSDF, 710.FEAC/143.

⑦ Hanson to Glasser, January 4, 1940, TSF, Entry 67A1804, box 65; Goldenweiser and Gardner to Board of Governors, “The Inter American Bank Proposal,” p.2.

钱”问题和投机性的资本流向美国的问题非常有兴趣。[①] 在美洲财经委员会的
68 调查问卷上，他要求拉美回答最近 5 年其资本外逃至纽约的额度。[②] 尽管只有少数几个国家能够给出有价值的估计，美国官员仍能够估算出拉美在纽约的私人存款从 1933 年的 1 亿美元增加到 1939 年的 3 亿美元。[③]

某些美国官员，如韩森和伯恩斯坦质疑泛美银行通过接受存款的方式促成资本回流是否明智。如 1940 年 1 月 9 日，怀特告诉摩根索："主要障碍在于，当地银行可能会被竭干存款或认为泛美银行是一个竞争者。"[④] 早先，拉腊尼亚加已经提出这一关切，称泛美银行将"吸收他人资产以供自己重新分配……它将只是已有贫穷的一个散播者"[⑤]。在与美联储委员会商议之后，甚至加德纳和戈登韦泽也向伯尔指出："在吸纳公众存款方面存在风险。银行很有可能从当地机构或美国在拉美的分行那里抢走相当数量的生意，迄今为止我们都是通过后者提供鼓励。"诚然，他们和其他美国官员依然承认泛美银行的存款吸收者角色（同时警告它不能从当地商业银行那里抢走过多的生意）。[⑥]

一家政府间机构

泛美银行的第三个创新是它将由各国政府共同拥有和控制。尽管国际清算银行于 1930 年由海牙政府间大会发起成立，但它的章程由瑞士政府受命拟定，6 家中央银行（来自比利时、英国、法国、德国、意大利和日本）和 1 家美国私人银行团【包括摩根（J. P. Morgan）家族、花旗银行和芝加哥第一国民银行】是它的创始成员，并提供启动资本。国际清算银行并不直接跟政府结算。泛美银行欲要成立，同样有一个政府间公约，但它的章程草案描绘了这样一家机构，即银

---

① White, "Questions on Foreign Capital in the United States," February 27, 1940, HDWP, box 3, folder 9.

② Question no. 10 in White, "Informal Committee," p.2.

③ Goldenweiser and Gardner to Board of Governors, "The Inter American Bank Proposal"; Green 1971, 63.

④ White to Morgenthau, January 9, 1940, p.2, TSF, Entry 67A1804, box 65. 韩森同样质疑过预期收益，称每年离开拉美的资本不会超过 2500 万美元，它们也不是全都被存进了银行。Hanson to White, January 5, 1940, and Hanson to Glasser, January 4, 1940, TSF, Entry 67A1804, box 65.

⑤ Delegate of Peru, "Proposed Pan-American Bank," pp.1-2.

⑥ Gardner and Goldenweiser, "Suggestions Relative to Proposed Inter-American Bank," January 18, 1940, pp.12, 4, CSF, 301.23-29.

行是由各国政府认缴份额，实施管理，他们同时也是银行成员。如国际清算银行 69
一位官员私下所说："定义泛美银行及区别于国际清算银行的明显特征即是政府间组织（an association of governments）。"一国规范货币与信贷的职能被从主权和责任中分离，并被投入到一家独立银行或银行体系中去，这在当时是不可能的，但为了泛美银行的目标，所有的借口都被丢到一边。[①]

摩根索和怀特将泛美银行这一特征作为更广泛的新政战争的一部分来推动，意在将金融政策控制权从华尔街精英和纽约联储手中夺回。由于1929年股市的崩溃和大萧条，罗斯福政府对货币和银行事务施加了更大的集中控制，对私人金融公司和市场实施收紧政策。1935年，通过新政立法将权力从联邦储备系统内由私人拥有的储备银行转到华盛顿的联邦储备委员会，其成员全部由总统任命并经参议院通过。[②] 在摩根索的领导之下，与20世纪20年代相比，美国财政部在美国国际金融政策方面担当了更居主导性的角色，此前这一政策由纽约联储和私人金融集团主导。财政部的新主导为20世纪30年代后期的睦邻政策所加强，摩根索和怀特强烈支持美国通过进出口银行和财政部控制的外汇稳定基金向拉美输出公共借贷。伯尔向戈登韦泽解释摩根索如何坚持政府控制泛美银行，认为应放在一定的背景中看："我想，你在财政部大概能看到，这就是摩根索先生和纽约联邦储备银行经典战争的投影。"[③]

怀特在该问题上有着类似的看法。1939年12月见面之后，伯尔在日记中写到，怀特"担心，如果它（泛美银行提议）落入联邦储备委员会手里，就必然会落入纽约的银行手中"[④]。根据戈登韦泽的话，怀特给拉美官员讲了一个类似的道理："如果它（泛美银行）的大门开向中央银行或财政部指定的银行，考虑到银行有盈利的动机，他们就有可能取代该机构，而后者广泛的目标里并不关包括盈利问题。"[⑤]

---

① （Illegible author's name），"Inter-American Bank，" April 3，1940，p.108，THMC，series 2 Business Papers，carton 9，folder 9.

② 美国联邦储备委员会曾正式重命名为联邦储备系统理事会，但联邦储备委员会这一名称仍然继续沿用。

③ "Conversation between Dr. Goldenweiser and Mr. Berle，January 25，1940，" p.9，CSF，301.23-29.

④ "December 8，1939，" p.3，BP，box 211.

⑤ 该引用取自一段对怀特观点的描述，见"The following comments…，" p.6。

无论是韦尔斯，还是科拉多，都支持一家政府间银行。[1]

然而，联储官员们反对泛美银行由政府而不是由中央银行所有和控制。戈登韦泽极力劝说联储委员会抵制财政部的意见，宣布他“厌恶看着联储丢掉一个又一个地盘”，称“南美的中央银行比政府靠谱得多”。[2]财政部也有一些官员，如科顿、科克伦和韩森，也赞同由中央银行管理泛美银行会更好。[3]在劝说联储委员会的同时，1940 年 1 月中旬，加德纳和戈登韦泽向伯尔递交了一份备忘录，坚持泛美银行是“中央银行家的银行”，而非政府控制的银行。用他们的话说：“一群头脑中装满了政治思维的理事们，非但不懂银行事务，反而为处理国内政治事务整天周旋于文山会海，轻易就能把银行变成破坏美拉关系的导火索。”[4]他们还强调，许多在美洲财经委员会的拉美代表似乎也赞同由中央银行控制该机构的观点。[5]实际上，在 1939 年 11 月 20 日致美洲财经委员会的一份备忘录中，拉腊尼亚加就建议泛美银行应该“不与公众或国家政府发生联系”。[6]

1940 年 1 月 23 日，在与伯尔会面讨论加德纳和戈登韦泽的信时，摩根索轻蔑地表示：“为什么要为他们费心思？他们是提出了建议，但如果由我来决定的话，我就直接拒绝。”[7]基于如下理由，怀特同样拒绝了联储的方案：

> 我们在这儿建立了一个机构，给了它巨大的权力以区分善恶，对
> 我们来说，此时将之交给银行组织，似乎是重回我们希望避免的恶
> 境……如果这家银行成功了，如果它在权力使用上没有辜负期待，那
> 71 么它将对小国产生深远的影响。银行是得到民主地使用以实现政府的
> 目标还是只是按照银行家的欲望去服务于——他们所代表的普遍哲学

① Welles to Lancaster, June 11, 1940; Collado to Secretary of State, September 7, 1943, p.2, TSF, 450/81/02/03, box 66.

② “The following comments…,” pp.9, 2–3.

③ Hanson to White, December 7, 1939, and Cotton, “Inter-American Bank,” January 9, 1940, TSF, Entry 67A1804, box 65.

④ Gardner and Goldenweiser, “Suggestions,” pp.1, 3.

⑤ 亦可参见 Gardner to Board of Governors, “The Inter-American Bank Proposal,” p.12。

⑥ Delegate of Peru, “Memorandum,” p.1.

⑦ MD, book 237, p.257.

> 而非其个人目的，我认为这是非常根本性的事情。我看不出本届政府如何——以其全部新政哲学，以及对待那些根本问题的态度——能够支持该机构成为一家超级中央银行。①

伯尔对这些论断充满同情，又加了一条“强有力的主张”：“在和平降临后的某个阶段，我们可能会考虑某些类似的方式……那时这将被看作是好的试验性研究。”②1940年1月底，联储主席马瑞纳·伊寇斯(Marriner Eccles)认可泛美银行是政府间组织的措辞，但在各国选派理事的方式上持保留态度。泛美银行章程定稿写到，各国选派理事的“方式由其本国决定”，反映了这一妥协。③随后美国进入立法实施阶段，1941年初，参议院一个小组委员会进行了讨论，允许由财政部长、联储委员会主席和联邦贷款署署长组成委员会选派理事。对泛美银行政府间组织特性的认可为国际基金和国际银行的创建树立了重要的先例，这两家都是政府所有和控制的机构。

同样为布雷顿森林机构树立了先例的，是泛美银行管理上的另一个方面——加权投票体系(system of weighted voting)，在其中美国获得了对重要事务的实质否决权。银行将通过理事会进行管理，每一位理事都由一个国家派出。各国政府初始投票权为20票，每增加1股则增加1票。依据各国1938年对外贸易(怀特1月11日的初稿引入人口作为决定因素之一)的重要程度设置其最低股份水平。理事会内的投票将遵从简单多数原则，但重要事务需要4/5的多
数。与巴西和阿根廷一样，美国将需要认缴最少50股，每股10万美元。其他国 72
家的认缴数额没有这么高。根据这套加权投票体系，美国官员期待他们将能轻松获得20%以上的票数，从而对重要决定拥有实质否决权。④

理事会每年开会4次，授权任命一个执行委员会，并将其权力委托给该委员

---

① MD, book 237, p.259.

② MD, book 237, p.266.

③ Department of State 1940, 523. Eccles to Berle, January 29, 1940, CSF, 301.23-29. 实际上，定稿与怀特1月11日的初稿出入不大，初稿中写道：“在挑选理事及其代理时，各国在遴选方式上应有完全的自由。”(“Draft of By-Laws,” p.2)

④ 例如，可见 Welles to Lancaster, June 11, 1940。阿根廷和巴西同样有否决权。实际上，这一特征经过了精心设计，以激励阿根廷对银行产生更大的兴趣。但美国官员认为，如果阿根廷被授予潜在的否决权，巴西也应该拥有同样的待遇。Hanson to White, January 5, 1940, TSF, Entry 67A1804, box 65.

会。1939 年 12 月，加德纳称，若该机构会员包括所有国家代表在内，将难以运转，因而建议执行委员会保持较小的规模，由代表国家集团的官员组成。① 这一建议预示了布雷顿森林机构执行委员会的代表选举制。

尽管如此，在其他方面，泛美银行代表了介于国际清算银行管理模式和布雷顿森林机构管理模式之间的奇怪模式。泛美银行本来是政府间机构，但它却像公司一样由美国国会立法（国会承诺保持法案 20 年不变）特许成立，美国为其提供主要办公地点。② 稍后，银行将在各成员国境内成立至少一家分行或代理机构。不同于国际基金和国际银行，泛美银行还被授权像普通私营银行一样活动，接受私人存款，与普通顾客打交道。下面是一位国际清算银行官员尝试总结的其行为模式："尽管泛美银行是一家政府间机构，它却选用了私营公司的包装。自然地，它不严格符合任何已知的模式，但却是自成一体的。可描述它为股份公司与合作社之间的交叉模式。"③

一些被遗漏的事项

泛美银行有着不同于布雷顿森林机构的地方。不同于国际货币基金组织协定条款，泛美银行章程在汇率和货币兑换上没有对成员国规定任何义务。泛美银行在正式目标中的确提到它将"协助美洲国家稳定货币"和"鼓励美洲国家
73 之间直接的货币兑换"，但是并不要求成员国维持货币盯住或承诺货币的可兑换性。关于创设泛美银行地区货币单位的问题，在美洲财经委员会最初的讨论中就不知所踪。泛美银行的资本和运营都以美元来表示。④

拉美政府无意承担汇率责任，这一点表达得非常清楚。在其对美洲财经委

---

① Gardner to Board of Governors, "The Inter-American Bank Proposal."

② 引自 Department of State 1940, 522。某些美国官员，如科顿（"Inter-American Bank," p.7）认为泛美银行总部应设于拉美地区，"以确保少数有资格有名望的拉美国家全心全意地服务和保持该机构在它必须投资的地区的活力"。

③ （Illegible author's name），"Inter-American Bank," p.4.

④ 罗斯福曾热衷于与全新美洲货币"尤尼塔姆"（unitam）有关的设想，但是绝大多数拉美官员（秘鲁是个例外）倾向于使用美元。US Senate 1941, 35, 38, 45, 62; "December 5, 1939," p.2, BP, box 211; Delegate of Peru, "Memorandum"。数年后，怀特在其关于布雷顿森林计划的早期版本中讨论了国际货币单位，并给了它一个非常类似的名字——"尤尼塔斯"（unitas）。

员会调查问卷的回答中，韩森发现，拉美政府强调："他们相信其经济必须多样化，并且要相当强大才能为这一步做好准备。"美国政策制定者同样赞同拉美的这一认识。正如韩森告诉怀特的："在缺乏理论和现实的当下，很难在货币稳定问题上压迫拉美国家。"[①] 在参议院小组委员会前所做的证词中，科拉多同样提醒他的听众："大萧条期间，殖民地和原料生产国的货币史就是他们屈服于极端汇率压力的历史。"与金本位制度下严格的货币"盯紧"相比，现在需要的是"这些国家在更广泛层面上通过结构多样化改善经济形势，从而（使其经济）不再依赖于少数商品的出口"。[②]

泛美银行关于债务重组的条款同样清晰。我们已经看到，过去的讨论——从墨西哥1933年的提议到韩森1939年中的设想——如何认识到一个泛美金融机构在该地区所能扮演的有益角色。如我们所见，1939年11月底，怀特在给摩根索的备忘录中再次提到了这一问题。但是债务重组与泛美银行章程实在格格不入。当11月中旬秘鲁的拉腊尼亚加在美洲财经委员会小组委员会首次会议上提出该问题的时候，伯尔在日记中写道：在这一问题上，所有人都默不作声，特别地，债务重组会谈将牵涉到某些与会国。[③]

这在由美国官员组成的怀特非正式委员会中同样是矛盾的。12月中旬，怀特提议泛美银行不能向违约国家借贷，除非该国"调整债务至银行认为的合理程度"。两年后，他还在国际银行初稿中插入了非常类似的条款。然而，这次他 74
被迫承认美国官员们对此没有形成共识。他们能同意的是，银行可以宣布"它既不强制恢复债务偿还，也不让他们在没有处理好已有债务的情况下再次轻松借款"[④]。1940年1月初，韩森敦促怀特向拉美政府澄清，在泛美银行成立之前，对于那些过去存在违约或没收情况的国家，美国是否投票冻结向其贷款，但此类声明从未发布。[⑤]

---

① Hanson to White, March 27, 1940, p.2, HDWP, box 5, folder 6.

② US Senate 1941, 41.

③ Berle to Welles, November 17, 1939, pp.1–2, BP, box 59.

④ White, "Outline of Tentatively Proposed Bank," p.2.

⑤ Hanson to White, January 5, 1940, p.2.

泛美银行的命运

尽管有来自各方的支持，但泛美银行从未成立。一些拉美国家担心泛美银行最终方案中的某些内容有问题，如初始认缴额度的大小和时机、未来美国对关键问题的否决、美国没有承诺向拉美出口商品开放市场，以及（银行）向其公民的贷款坚持由政府担保等。① 但1940年5月还是有8个拉美政府与美国一道签署银行公约，他们分别是：玻利维亚、巴西、哥伦比亚、多米尼加共和国、厄瓜多尔、墨西哥、尼加拉瓜和巴拉圭。② 墨西哥还批准了《泛美银行公约》，但其他国家都等待着美国的行动。而美国从未批准该公约。1940年7月5日，罗斯福要求美国参议院通过该公约，但参议院选择推迟听证至1941年4月，公约甚至没有提交全院投票。

鉴于这一时期德国正在欧洲大陆取得引人注目的胜利，对于美国政策制定者来说，拉美国家在战略上更加重要，因此美国没有批准银行公约显得匪夷所思。科拉多承认，7月份，罗斯福请求为进出口银行增加对拉美贷款，遂暂时推迟表决泛美银行方案，这是一项策略。当国会于9月底通过贷款请求后，科拉多敦促在泛美银行问题上采取行动。尽管美洲财经委员会的拉美成员和外交官们一再询问，但它又被推迟了。③

75 伯尔报告说，最初负责推动国会立法的官员杰西·琼斯迟迟没有行动是因为等待那年秋天的选举；也有传言说，保守的琼斯本人对整个计划并不热心。④

然而，泛美银行计划在罗斯福政府之外引发了广泛的争议也是事实。甚至在1940年4月中旬的最终版本公布于众之前，国务院就被大量反对该计划的信件所淹没，许多信件出自遍布全国的小镇居民之手，他们亲手书写，亲自邮寄。⑤

---

① Green 1971, 64–65.

② Department of State 1940, 517.

③ Collado to Duggan, Berle and Welles, September 30, 1940, DSDF, 710. BANK/218; Green 1971, 66.

④ Green 1971, 65–66.

⑤ See letters in Louis Ludlow to Hull, April 6, 1940, DSDF, 710. BANK/90.

一些反对者担心泛美银行组织会给私人国际银行家更大的权力，另一些人则担忧泛美银行会削弱美国的主权，甚至有一些人认为泛美银行计划是“共产主义文件”。[①] 这可能会让古巴共产主义报纸《今日报》(*Hoy*)的评论员们哭笑不得——1940 年 2 月，他们刚刚抨击了泛美银行方案是美国帝国主义借助美国私人银行加强控制拉美经济和政治生活的工具。[②]

纽约银行界强烈反对泛美银行这一事实，让这些评论员们可谓措手不及。他们的反对是在花旗银行副总裁伦道夫·伯吉斯的领导下进行的。彼时，花旗银行是在拉美开展业务最大的一家美国银行。1940 年 5 月底，伯吉斯告诉摩根索，他的担忧之一是“提议中的银行与政治的联系过于紧密”[③]。他倾向于由中央银行认领泛美银行股份并任命理事，如国际清算银行(他参与了其创建)一样。伯吉斯同样担忧泛美银行将会成为美国商业银行在拉美地区的竞争对手，因为它也会发放短期贷款和吸纳存款。

为了说明后一点，国务院当月初就强调泛美银行意在“完善现有金融机制而非取代它们”。[④] 1941 年初，当国会终于关注泛美银行时，在洛克菲勒、约瑟夫·罗文斯基(Joseph Rovensky)和威尔·克莱顿(Will Clayton)的领导下，罗斯福政府官员们也同银行家们展开协商，以缩减泛美银行的部分职能。他们修
正了章程，限制由政府或中央银行担保的低于 2 年期的贷款。作为回报，银行家 76
们同意不再反对该议案。[⑤] 1941 年初，对外贸易银行家协会甚至通过决议支持泛美银行。[⑥] 在听了伯尔、科拉多和克莱顿的证词后，1941 年 5 月，参议院外交关系委员会的一个小组委员会无异议地通过了《泛美银行公约》。[⑦]

但是，来自弗吉尼亚的参议院银行与货币委员会主席、民主党人卡特·格拉斯(Carter Glass)非常强势，他坚持在提交参议院表决之前，《泛美银行公约》要

① Roy Caswell of Caswell’s Store in Wilcox, Nebraska, April 11, 1940, DSDF, BANK/110.

② Willard Beaulac to Hull, February 16, 1940, DSDF, 710.BANK/16.

③ Burgess to Morgenthau, May 9, 1940, p.1, DSDF, 710.BANK/193.

④ Department of State 1940, 519. 亦可参见 Welles to Lancaster, June 11, 1940。

⑤ US Senate 1941, 16, 25; Green 1971, 69–70; Collado to Secretary of State, September 7, 1943, TSF, 450/81/02/03, box 66.

⑥ “Inter-American Bank Convention,” May 6, 1942, ISF, box 245; Nelson Rockefeller to Hull, January 13, 1941, DSDF, 710.BANK/223.

⑦ Green 1971, 70.

由他的委员会审议。而得到许可后，82 岁高龄的格拉斯就拖延了审议。[①] 1942 年 1 月，美洲国家在里约的重要会议开始时，美国参议院外交关系委员会的几名委员试图将其提交参议院，但未获成功。至晚到 1942 年年中，从伊寇斯到罗斯福所有的努力都无果而终。[②]

几年后，伯尔指责格拉斯受到伯吉斯的影响而反对泛美银行，他暗示伯吉斯一方面支持政府与银行家交涉，另一方面让格拉斯“杀死”议案。实际上，伯吉斯一直在抱怨——包括向格拉斯——泛美银行会与商业银行竞争，将由政府而不是中央银行主导。[③] 但保守的格拉斯——他曾强烈反对新政干预经济的政策——本人亦有不喜欢泛美银行的理由。除了抱怨国会将无力控制泛美银行以外，格拉斯的反对主要在于，在很大程度上银行将“由南美共和国管理，而进出口银行目前是由美国公民专营”[④]。

尽管泛美银行从未诞生，但对于美国政府所称的“睦邻政策的经济实践”来说，它作为一项重要动议具有象征意义。[⑤] 它也留下了重要的遗产。1940 年初，
77 伯尔强调，对于战后需要重建的世界经济关系，它是个“实验室研究”，“也是核心，其外围事物都会发展壮大”。[⑥] 当他看到怀特 1942 年初的布雷顿森林计划初稿时，伯尔表示热烈欢迎，因为他们是在睦邻行动基础上着手构建的，而这正是他所希望的方式。[⑦] 其后，科拉多同样指出，泛美银行是怀特布雷顿森林原始方案的“前身”。[⑧]实际上，许多以各种不同的方式参与到《布雷顿森林协定》的拟

---

① Green 1971, 60, 67–73, 314.

② Green 1971, 70–73. 亦可参见“Inter–American Bank Chronology,” January 27, 1942, ISF, box 245; Eccles to Glass, June 17, 1942, DSDF, 710.BANK/259; Southard, “Background on Senator Glass's Proposed Amendments on the Inter–American Bank,” May 8, 1942, CFHDW, box 7, Chron 35.

③ 引自 Green 1971, 314。亦可参见 pp.71–72; “Inter–American Bank Convention,” May 6, 1942, ISF, box 245。

④ 引自 Green 1971, 71.

⑤ Department of State 1940, 518.

⑥ 伯尔的“实验室探讨”评论在本章前面的内容中引用过，即 1940 年 1 月 23 日他与财政部官员的会谈，MD, book 237, p.266。两天后，在与戈登韦泽的会谈中，他给出了同样的评论——连同本次引用的剩余部分一起：“Conversation between Dr. Goldenweiser and Mr. Berle,” p.8。亦可参见 Berle and Jacobs 1973, 284。

⑦ Schwartz 1987, 213.

⑧ McKinzie 1974, 5.

定中去的美国官员，也曾参加起草泛美银行方案，让人印象深刻。这些人不仅有伯尔和科拉多，还包括摩根索、怀特、伯恩斯坦、克莱顿、加德纳、戈登韦泽、里夫勒、施密特和瓦伊那。从起草时他们写的内部备忘录中可以看到，美国政策制定者同样对泛美银行有非常明确的规划。[①] 如我们将要看到的，当回应美国计划时，拉美官员常常提及泛美银行方案，并且那些参加过泛美银行讨论的人在布雷顿森林谈判中亦扮演了重要角色，如墨西哥的比利亚塞尼奥尔和蒙特罗斯。

同国际基金和国际银行一样，泛美银行是政府所属的多边金融机构，拥有加权投票体系，以借出短期平衡贷款和长期发展贷款为目标。泛美银行条文对资本流动的处理同样预示了怀特对于这一问题的兴趣，这从早期的国际基金版本中可见（尽管是以非常不同的方式，我们将会看到）。在更普遍的层次上，泛美银行对自由多边主义的承诺含有对20世纪30年代渐渐流行起来的对新的干预经济实践的支持，后者代表着内嵌自由主义版本的布雷顿森林的早期形象。正是这些创新使美国银行界、孤立主义者和经济保守主义者反对泛美银行，一如他们其后反对《布雷顿森林协定》（尽管没有那么成功）。泛美银行方案的提出和消弭可被视为一场小规模战斗，它们是塑造战后世界金融秩序之战的先导。

在这场小规模战斗中，国际发展事宜是前线阵地和中心。的确，泛美银行谈判标志着政府在历史上首次尝试构建国际机构，利用中央指令推动穷国的经济 78
“发展”。1919年，《国联盟约》第22条宣布国联委任地人民的“幸福和发展”构成了对“文明的神圣信任”，必须予以肯定。但是，这里的“发展”非常含糊，而且承诺有地理上的限制，即被委任的德国前殖民地和奥斯曼土耳其帝国前领土——《国联盟约》的家长式和帝国主义式语言——上的“在现代世界的严酷现实中尚不能自立的土著居民”。进一步说，国联也是间接卷入其中，它将委任统治区域“委托”给“发达国”（如英国和法国）管理，其土地上的人民亦受其“监管”。[②] 如第7章要提到的，中国的孙中山曾将一个高度创新的方案——更

① 举例可见 “Bank for Reconstruction and Development: Points to be Discussed by American Technical Committee,” April 11, 1944, p.2, HDWP, box 8, folder 4; LC.A. and R.B., “Agreement to Form an International Stabilization Fund of the United and Associated Nations,” October 18, 1943, pp.28, 30–31, 34, 36, ALP, International Stabilization Fund, Memoranda, Correspondence, box 8/7。

② 引自《国联盟约》，Rist 1997, 60。亦可参见 Murphy 1994, 210–211, Alcalde 1987, 12–14, 49–56。

为直接和更有意义的国际发展授权管理——提交国联采纳，但在国联建立之时就遭到西方列强（Western Powers）的断然拒绝。之后，国联确实在委任统治地之外的贫穷地区开展了农业、公共健康、教育和交通运输方面的工作，但这些在范围上非常有限，它们的出现更多的是应景之作，在促进发展目标上，其并非真正意义上的全新的国际官方承诺。[①]

与国联的经验相比，推动国际发展是泛美银行的中心目标（在许多支持者的推动下，该任务与拒绝过去的帝国主义实践联系在一起）。相比于国联曾尝试的，泛美银行的方式也大胆得多，该授权管理包括国际公共借贷和回流外逃资本。对于国际机构在债务重组中扮演的角色，泛美银行谈判甚至激发出创新性设想。泛美银行方案的每一方面都为怀特起草布雷顿森林机构初稿时所利用。一些学者已经着重指出，国际基金的某些活动构筑于国联金融活动的遗产之上。[②] 然而，在“布雷顿森林国际发展条款”这一事例方面，泛美银行的经验和泛美金融合作是关键的历史先例。

有鉴于学者们最近关于国际发展问题起源的研究，有必要说明泛美银行方
79 案是北方和南方共同作用的产物。在北方方面，战略关切、新政价值观和经济利益组成的复杂共同体帮助建立了更广泛的睦邻金融伙伴关系，美国支持泛美银行同样是该共同体的反映。但是，关于泛美银行的最初动力来自拉美国家而非美国。国际发展问题并非强加于拉美国家政府，相反，它是应其要求而出现的，以作为它们新的国家主导发展优先战略的一部分，这勃兴于20世纪30年代的政治与经济巨变之中。

---

① Zanasi，2007；Murphy 1994，211. 亦可参见 Alcalde（1987，50–53）关于国联1922年阿尔巴尼亚经济发展报告的讨论。

② Pauly 1997.

第3章

货币问诊新路径：古巴 80

美国金融咨询活动在拉美的转变是睦邻金融伙伴关系的另一项政策创新。从1900年到1930年，美国“货币医生”穿行于拉美地区，劝说并协助当地政府将本地货币系统与金本位制度建立联系。[①] 20世纪40年代初期，新一轮美国咨询使团活动启动，但带去的是完全不同的建议，即支持拉美新的发展优先政策和内嵌自由主义意识框架。这些使团系专门设计，以加强布雷顿森林的发展基石。

转换始于备受瞩目的1941年到1942年赴古巴金融咨询使团。由于许多参与其中的美国官员——包括使团领队怀特——继续在《布雷顿森林协定》的订立中扮演了主要角色，因此美国赴古巴技术使团也具备了重要的意义。类似于泛美银行，使团遭到保守主义者和纽约银行家（再一次由伯吉斯领导）的强烈反对，他们认为其建议对于20世纪30年代之前的学说来说太具颠覆性了。如同关于泛美银行的辩论，围绕着古巴使团的政治斗争预示着美国国内围绕布雷顿森林谈判将有更广泛的辩论。

尽管其意义非凡，但在研究布雷顿森林谈判的历史学家眼中，古巴使团甚至比泛美银行更受轻视。在睦邻政策和国际货币问诊的更广泛的语境中，它同样不受关注。甚至研究美古关系的历史学家也忽视了这一事件，可能是由于它对 81
古巴政策产生的实际影响被推迟了许多年的缘故。尽管如此，如泛美银行方案一样，在书写布雷顿森林关于发展的内容方面，1941年到1942年美国赴古巴金融咨询使团扮演了重要的角色。

---

① Drake 1989, Rosenberg 2003.

使团到来之前的美古货币关系

在使团赴古巴期间，古巴还没有中央银行，美元与本国货币比索（peso）并行流通。美元在古巴的出现可追溯到世纪之交，古巴第一次成为美国的保护国，美元随之成为法定货币，与法国和西班牙金银币一起流通。古巴政府于 1914 年发行金本位货币，并回收法国和西班牙硬币，美元不仅保持了法定身份，而且因为新的比索与其挂钩，地位反而加强了。到 20 世纪 20 年代，美元事实上成为古巴的主要货币。美元确保了古巴的货币稳定，便利了商务往来，美国官员和商人对此持欢迎态度。[①] 一些人将美元在古巴的地位看作《普拉特修正案》（The Platt Amendment）的结果。该修正案是古巴 1901 年宪法的附录，允许美国军事干涉，并限制了古巴在对外政策上的自主权。[②]

20 世纪 20 年代初期，古巴政要突然感兴趣于建立中央银行以发行本国货币。其中一个原因是流通中的老美元纸币质量极差，但关键的刺激因素是该国 1920 年到 1921 年的金融危机。由于没有中央银行提供紧急援助，这场危机导致古巴三家大银行破产，美国和加拿大的银行在其海外总公司的支持下挺了过来。[③] 在这种情况下，建立古巴自己的中央银行就很符合民族主义者的胃口。

古巴欲建立中央银行的设想遭到在古巴的外国银行、美国官员和一些保守的古巴商人利益团体的反对。为了阻止该项动议，1923 年，美联储委员会——在国务院的支持下——允许亚特兰大和波士顿联储银行在古巴设立代理处，以
82 发挥中央银行的作用（波士顿代理处于 1926 年撤销）。从美国的视角看，这一步确保了美元在古巴的地位，美国银行以少量的现金储备，用美国大使的话说，帮助“美国增加了对古巴的潜在影响”[④]。尽管这暂时平息了古巴对货币改革的

① 可参见 F. Kellogg to Andrew Mellon, September 21, 1926, CSF, 301.122（6）。

② 可参见 Ward Albertson to Mr. McCord, May 9, 1919, CSF, 301.12（6）。

③ Wallich 1950, 71–72.

④ “Substance of undated telegram from the American Ambassador, Habana, Cuba, received May 5, 1923,” pp.3–4, CSF, 301.12（6）. 关于这一片段，详见 P.H. to E.H. Crowder, May 25, 1923, Harding to Crissinger, May 28, 1923, CSF, 301.12（6）。

要求，但当 20 世纪 20 年代末世界糖价大崩盘严重打击了古巴的时候，古巴的不满情绪再一次爆燃。由于美国 1930 年《斯穆特—霍利关税法》的实施切断了古巴食糖向美国的出口，古巴的经济危机更加严重了。由于经济美元化的现实，古巴无法实施货币贬值。相反，古巴经历了艰难的通货紧缩，科拉多其后称之为“可能是历史上最严重的货币紧缩”。①

经济危机导致了严重的政治骚乱。1933 年 8 月，格拉多 · 马查多（Gerardo Machado）总统最终辞职下台。美国支持下的新政府支撑了不到一个月，富尔亨西奥 · 巴蒂斯塔（Fulgencio Batista）就发动军事政变将其推翻。拉蒙 · 格劳（Ramón Grau San Martín）领导成立了新的民族主义政府，古巴 1898 年以来首次没有遭受美国的制裁。格劳政权启动了重大改革，从土地改革到暂停偿付公共事业贷款。由于面临着美国政府、外国商人、古巴精英阶层甚至巴蒂斯塔的反对，格劳于 1934 年 1 月中旬辞职，接替他的是卡洛斯 · 门迭塔（Carlos Mendieta）。② 在取得美国更多认可的同时，门迭塔政府巩固并强化了格劳的一系列目标，包括与新的罗斯福政府签约终结《普拉特修正案》。

在货币领域，门迭塔政府欲建立独立的货币体系，这实际上比格劳政府走得更远。在格劳政府提议的基础上，门迭塔政府扩大了白银在国内的使用范围，赋予其无限法偿货币的地位，它们可用于缴纳任何赋税或个人支付。1934 年 6 月初，当门迭塔政府首次引入货币控制时，它似乎是向非美元化的货币体系迈进。然而，在国内强有力的反对下，政府迅速撤销货币控制，拒绝支持那些大胆的计划。③ 但在随后的几年里，古巴政府继续扩大银币的使用范围，并且在 1935 年 83
发行了古巴纸币，上面印着古巴民族英雄的头像。④ 随着古巴纸币发行量的增加，人们开始以一定的折扣交易比索，这直接导致了美元于 1939 年（直到 1941 年食糖出口价格上涨，导致比索升值）在古巴国内流通领域几乎完全消失。⑤

与过去的政策相反，罗斯福政府非常支持这些货币改革。在格劳之后，为了

① “Notes on Conference Concerning Cuba,” p.3, October 9, 1941, CSF, 501.2-15. 亦可参见 Diaz-Alej-andro 1988, 194。

② Argote-Freyre 2006, ch.6-7; Pérez 1986, 322-333.

③ Wallich 1950, 75-87, 112; Diaz-Alejandro 1988, 196.

④ Museo Numismático del Banco Nacionale de Cuba 1980, 47-55.

⑤ Wallich 1950, chaps. 7-8.

实现古巴的政治稳定，1934 年 4 月，美国政府要求新成立的进出口银行为古巴铸造新型比索硬币。① 截止到 1936 年底，该银行帮助古巴铸币近 5000 万比索，产生的铸币税收益相当于政府收入的 15%。②1938 年，尽管面临着美国商界的反对，但联储委员会仍然关闭了亚特兰大联储银行在古巴的代理处。③ 与此同时，联储委员会和财政部官员们悄悄地同他们的古巴同事们讨论货币与银行改革，包括古巴政府关于成立新的由政府控制的中央银行和颁布货币法以终结美元法定货币地位的秘密计划。④ 此时正在讨论的关于中央银行的一些想法强力聚焦于发展事务。举例说：美国著名经济学家欧文 · 费雪（Irving Fisher）与其同事一道提出古巴中央银行计划，大胆要求“提高古巴人民的平均生活水平”，包括给予“特惠、鼓励工业发展和为国内生产消费品”，同时促进“农业和工业多样化以促进古巴的经济独立”。⑤

鼓励古巴经济多样化的目标得到了美国政府的支持。1938 年尤其关键，这一年糖业萧条导致经济出现下行情况，古巴又一次面临政治骚乱的威胁。⑥ 1940 年 9 月，当巴蒂斯塔领导的新民选政府支持就债务违约达成协议时，与美国就贷款和更广泛的经济合作进行的谈判就加速了。对美国而言，驱动力之一
84 是它意识到战争爆发后古巴在防务合作上的重要性。在谈判中，古巴当局提出，在推进货币和银行改革时欢迎美国提供协助，这其中包括成立中央银行。⑦ 古巴 1940 年的新宪法——格劳主持起草（在他的政党赢得选举之后，为大会拟定文件）——专门规定将成立新的中央银行：“货币与银行将服从于国家的规制和控制。”⑧

---

① Argote-Freyre 2006, 145.

② Adams 1976, 139.

③ Morrill to Welles, August 11, 1938; J.C. Rovensky to Robert Parker, August 19, 1938; H.C. Fazer to Robert Parker, August 19, 1938, all in CSF, 301.12（6）.

④ Glenn Goodman to Mr. Paulger, October 5, 1937, CSF 501.2-15; Gordon Murff to Mr. Paulger, March 4, 1938, CSF, 301.12（6）; White to Taylor, December 17, 1938, CFHDW, box 2, Chron. 12.

⑤ Irving Fisher, Robert Hemphill, and Hans Cohrssen, “Outline for Proposed National Bank of the Republic of Cuba,” p.4（undated but file date is April 16, 1938）, CSF, 301.12（6）.

⑥ Gellman 1973, 167, 184, 188, 232.

⑦ US State Department 1961, 790; 1962, 40, 146-147.

⑧ 引自 Wallich 1950, 275。

1941年春，美国进出口银行同意为古巴农业多样化和公共事业贷款2500万美元。美国官员私下告诉古巴政府，在详细的方案出台后，其中的500万美元可用于成立中央银行。[1]1941年8月，古巴政府正式请求美国技术专家为中央银行出台方案。古巴人说，他们曾经满怀希望自己出台方案，然后请美国专家给出意见，但现在，鉴于事件急迫、其本身的高技术性和“有关立法的大量问题”，他们必须请求美国的直接帮助。[2]

新型金融咨询使团

古巴的请求引起了美国政策制定者的重点关注。20世纪30年代后期，美国面向拉美地区的公共贷款急剧增加，这激起了向拉美重派金融使团的兴趣。此时，古巴是美国在该地区投资的最重要目标地，也是美国第六大进口国，美国第十一大出口国。根据美国大使乔治·梅瑟史密斯（George Messersmith）的报告：“与其他拉美国家相比，古巴在防务合作上的态度在许多方面对我们更为重要。”[3]并不意外，国务院的科拉多——“负责安排使团”的人——认为使团领导应是一位著名人物，以“使其政府认识到我们对其请求的重视”。[4]

很快，人们就明白了，这是许多年来首次备受瞩目的美国赴拉美金融使团。 85
由于睦邻政策新的价值观和优先权的不同，它与20世纪30年代之前的使团非常不同。首先，是由谁带领的问题。20世纪20年代，对外货币使团常常由美国社会中的著名人士率领，如普林斯顿大学的经济学教授埃德温·甘末尔（Edwin Kemmerer），常常得到国务院、纽约联储和（或）纽约私人银行家的非正式支持。[5]

---

① US State Department 1961, 779; 1941, 158–159.

② J.M. Cortina to US Ambassador, August 10, 1941, p.1, CSF, 501.2–15.

③ 引自 US State Department 1962, 131。关于古巴经济的重要性，见 pp.153–156。

④ 直接引用自 Gardner and Vest to Board of Governors, October 16, 1941, CSF, 501.2–15. 间接引用自 Gardner, reporting Collado’s views in Gardner to Goldenweiser, September 12, 1941, CSF, 501.2–15。

⑤ Drake 1989; Rosenberg 2003. Kemmerer一般译为凯姆勒，但此人曾于20世纪20年代末受聘中国政府任财政设计委员，以甘末尔之名为国人所知，因此本书对于其名的翻译仍维持旧有习惯。——译者注

但无论是睦邻政策更广泛的优先权方面，还是新政人士欲对货币与金融事务施加更强有力的控制方面，古巴使团都被认为更适合由公务人员率领。但这需要回答一个关键问题：哪一位公务人员？

新政的官僚竞争对手开始涌现。甚至在古巴请求之前，财政部官员就表明他们有兴趣在对外金融问题上提供建议，这在1937年到1938年间他们参与同古巴官员的会谈，与巴西官员关于成立巴西中央银行的非正式会谈中都有所体现。①1938年底，一名财政部官员甚至建议在全美主要城市设置“财政部金融顾问”，向外国政府提供金融咨询服务。②1939年5月，有人向怀特建议，财政部应引入项目，安排拉美官员到财政部短期工作，劝说怀特建议摩根索创办“培训学校”。③

对于金融咨询与新的睦邻金融伙伴关系之间的联系，联储委员会也同样产生了兴趣。1939年5月，在致主席伊寇斯的备忘录中，加德纳担忧通过贷款在拉美散播好意本没有问题，但如果他们违约，收获的将是苦果。他认为另一种赢得拉美支持的方式应该是“向发出请求的拉美国家派遣专家以改善他们的工作效率”。加德纳也向伊寇斯发出警告，联储委员会需要在金融咨询上掌握主动权，否则“财政部会把这块全部拿走”。加德纳还担心纽约联储会主动参与其中，挑战“联邦储备系统对外交往与对外关系是在联邦储备系统理事会的监督
86 和控制下进行的”这一原则。④20世纪20年代，理事会在对外交往中的角色非常被动，但新金融咨询使团提供了机会来加强它在新政立法中获得的新权威。

在为赴古巴使团挑选成员时，新政政治浮出水面。国务院完全拒绝考虑来自纽约联储的官员，也否决了大通银行副总裁路易斯·罗森塔尔（Louis Rosenthal）的建议案。⑤科拉多转而找财政部的怀特和联储委员会的加德纳寻求帮助。当怀特明确表示希望由他本人来率领使团时，加德纳力促理事会予以抵制，并推荐戈登韦泽（任团长），他认为不能让人们把古巴中央银行的成立视

① Gellman 1979, 42; Blum 1959, 493; White to Taylor, February 6, 1939, CFHDW, box 2, Chron. 12.

② Taylor to Morgenthau, November 1938, p.2, TSF, 450/81/20/07, box 28.

③ Schmidt to White, May 5, 1939 and White to Morgenthau, May 10, 1939, CFHDW, box 3, Chron. 14.

④ Gardner to Eccles, May 29, 1939, p.1, 3–4, ISF, box 236.

⑤ Bethea to Morrill, September 18, 1941, CSF, 501.2–15; US State Department 1962, 193–195.

为“财政部而不是联储系统的分内事”[①]。理事会最终还是把戈登韦泽留在了国内以完成他的工作，怀特实现了对该美国政府金融使团的领导。[②]但其成员分别来自联储和财政部：加德纳、乔治·维斯特（George Vest，联储）、乔治·埃迪（George Eddy，财政部）、弗兰克·索瑟德（财政部）和哈罗德·施皮格尔（Harold Spiegel，财政部）。稍后，来自农业信贷署的代表埃斯盖特（A.T. Esgate）也加入了使团。尽管加德纳一开始担心怀特在使团内过于专权，但理事会代表们成功地进行了抵制，并且很快就对团队的咨询工作及其热情表示满意。实际上，1939年11月初，使团为期4周的首次访问（怀特只参加了后半段）接近尾声时，加德纳向戈登韦泽报告说，怀特“表现好极了”，使团“规模虽小但意义非凡，似乎成为我们改善与财政部关系的一个渠道”。[③]

使团建议的内容也标志着美国新型货币诊治方案的出现。20世纪30年代之前，甘末尔和其他美国货币专家鼓吹金本位制度和独立的中央银行体系，这一建议则自来他们的新古典经济学：限制国家在经济中的作用，倡导自由贸易和国际投资的自由流动。历史学家埃米莉·罗森堡指出，他们视其金融学识为一种“普遍的和科学的产品”，将他们的咨询工作当作把现代进步带到世界贫穷地区的文明使命的一部分。许多美国专家实际上是从美国殖民地（尤其是菲律
宾）开始他们的职业生涯的。罗森堡指出，他们“认为美国的帝国主义是科学与 87
文明的载体，可以促进落后地区和人民的进步”。[④]

很快，使团成员内部的分歧就暴露无遗，但都还在新政学说范畴内。1942年4月22日公布的一份报告包含了使团的关键建议，他们力促古巴政府以公众名义创建受其控制的中央银行，其目标与20世纪20年代甘末尔给拉美提供的药方完全不同。[⑤]与被动反映某国的收支地位不同，中央银行会为该国“商务

---

① Gardner to Goldenweiser, September 12, 1941, p.1, CSF, 501.2-15.

② Carpenter to Goldenweiser, September 17, 1941, CSF, 501.2-15.

③ Gardner to Goldenweiser, November 2, 1941, pp.1, 3, CSF, 501.2-15.

④ Rosenberg 2003, 194, 24.

⑤ 1942年美国赴古巴技术使团。古巴政府等着任命中央银行行长以及理事会占多数的5名董事（另2名分别代表古巴和外国银行）。1939年11月底，使团发布首份报告，仅聚焦于古巴短期问题，并建议成立中央银行或设立黄金储备。1942年4月发布主要建议后，使团还分别于6月和7月发布了2份补充报告，为古巴立法草案推荐意见。

活动和就业的普遍水平”担负积极责任并“促成经济发展”。[①] 为履行职责，它将获授权引导公开市场行动，调整私营银行的储备金要求，以 25% 而非严格的 100% 储备担保纸币发行（使团的某些成员曾质疑储备条款是否必要）。[②] 使团还支持立法，在面临支付危机时允许调整汇率和实施汇率管制。使团成员注意到了古巴对于此类工具的需要，称之为“可调整机制”，因为古巴的收入“常常波动剧烈——与食糖价格相关”。[③] 他们同样指出，汇率管制有助于遏制资本从该国“逐步逃离”。[④]

另一项建议是中央银行应该“负责任地协助中央政府”[⑤]。使团承认这一观点的矛盾性，但注意到古巴政府“在借钱方面已经面临着难以克服的困难”，称“国内借贷常常以外币的形式进行”。“在特定条件下欢迎”中央银行保持对政府
88 融通的“适度规模”，“对于缓解贸易萧条期间该国的金融与经济形势，中央银行有必要提供更大规模的协助”。[⑥]

为加强中央银行对货币系统的控制，使团推荐废除美元的国内法偿地位，尽可能多地集中美元，成立新的稳定基金以帮助维持古巴货币的外汇价格，协助“进口、偿付外债，以及类似的活动”。另外，使团认为压缩美元在国内发挥作用有助于减少资本逃离，将有助于古巴保持该币种货币的储蓄。[⑦]

使团也强调了新的中央银行将扮演的最后借款人角色在发展问题上的好

① American Technical Mission to Cuba 1942, 783–784, 777.

② Wallich to Knoke, August 22, 1942, ISF, box 110.

③ 引自 Spiegel, “Factors relating to Cuban proposals,” September 30, 1941, p.2, CFHDW, box 5, Chron. 27。

④ Spiegel, “Factors relating to Cuban proposals,” p.2. 在 1938 年底的早期会谈中，怀特还支持了古巴提议，其中包含了资本控制；White to Taylor, December 17, 1938, p.3, CFHDW, box 2, Chron. 12.

⑤ American Technical Mission to Cuba 1942, 784.

⑥ American Technical Mission to Cuba 1942, 777, 784.

⑦ American Technical Mission to Cuba 1942, 776. 同时期纽约联储的亨利 · 沃利克（Henry Wallich）私下也曾提到限制美元作用的合理性：“将美元逐出古巴流通领域，我们将极大地缓解法西斯美元可能流入古巴而带来的问题。”国务院也因为同样的原因要求古巴政府严格限制美元流入国内，但他们也担心古巴不会限制来自美洲其他国家的美元流入；Wallich to Knoke, “Suggestions for Control of Dollars in Cuba,” July 1, 1942, p.2, ISF, box 110。关于此时在拉美美元化经济体中倾销法西斯美元的担心，亦可参见 Bernstein to White, March 11, 1942, “Meeting on the Control of American Currency Board,” CFHDW, box 7, Chron. 33。

处。作为对20世纪20年代古巴民族主义者诉求的回应，报告还指出中央银行的缺失是“阻碍古巴银行业发展的因素之一”①。在与美国官员会谈期间，古巴内阁成员强调中央银行理论，认为急需更多古巴本国的银行，以实现古巴经济多样化的目标。②梅瑟史密斯同样强调，由于外国银行缺乏推动古巴国内商业的兴趣，因而急需更多由古巴人所有的银行以实现该目标。③为降低国内贷款门槛，古巴政府还愿意与其他拉美国家展开竞争，这些国家早在20世纪30年代就建立了工农业公共借贷机构。怀特使团钟情于这一目标，称“古巴经济需要官方或半官方机构以扩大农业信贷”，还要考虑“以工业、公用事业和抵押为目标的机构”的建立。进一步地，中央银行“应被授权给予这些机构合理的帮助”，当正 89
常银行经营活动瓦解，银行被迫收回贷款并拒绝发放新贷款时，中央银行本身应被授权直接向公众发放紧急信用贷款。④

反 应

使团1942年4月的报告公布后，巴蒂斯塔总统很快就向古巴国会提案立法，这些提案与使团建议非常接近，但随后立法和美国的建议就产生了矛盾。外国银行联合会（包含美国和加拿大的银行）最反对建立中央银行。梅瑟史密斯早已预知他们的反对，1941年10月，他告诉使团：“对于使团的工作，银行不会开心。”他向赫尔建议，任何美国和古巴政府的决定都不应受到银行界反对的影响。⑤

外国银行家反对的原因之一是中央银行能够向公众借贷，从而与私营银行

① American Technical Mission to Cuba 1942, 775.

② “Meeting of Mission with Certain Members, October 8, 1941,” CSF, 501.2-15.

③ Messersmith to Hull, November 8, 1941, p.5, CSF, 501.2-15.

④ American Technical Mission to Cuba 1942, 784, 785.使团准备了一份报告，建议成立农业银行。但因为担心报告“可能导致这样一家银行的建立，即习惯于在危险的战时金融紧急状态下运转，从而危及该机构在长时段的成功”，所以最后推迟公布该报告。John DeBeers and L. Larry Leonard, “Cuba,” January 1943, p.6, CFHDW, box 9, Chron. 43.

⑤ “Conference of Mission with Ambassador Messersmith, October 8, 1941,” p.1, CSF, 501.2-15. 亦可参见 Messersmith to Hull, November 8, 1941, pp.6-7。

形成竞争关系。[1] 他们同样恼怒于要向中央银行缴纳储备金。[2] 外国银行家反对的主要原因是中央银行受政府控制，在他们眼中，这会出现为了政治目的而导致经营不善及自肥的现象。用一位联储官员的话说，美国银行家批评怀特使团“不能理解中央银行项目，只是为了满足某些古巴政客的期待，建立一个简单的金融工具以方便贪污而已”[3]。在一份关于使团和外国银行家的会议报告中，另一位美国官员记录了大通银行罗森塔尔的观点：古巴不可能建立良好的信用系统，因为古巴人“在某种程度上只能算是动物”。[4]

90 某些外国银行家看到中央银行的建立在政治上已属必然，一位美国官员报告说，仍有其他银行家“对于使团的报告是如此生气，以至于他们根本不想同使团任何成员做任何沟通”。[5] 最有名的反对者是伯吉斯，他的花旗银行那时是古巴最大的银行，他选择与使团直接对抗。8 月初，使团被迫用一篇正式的报告回应他（得到所有成员的认可），报告接受了伯吉斯的某些建议，如中央银行的票据和储蓄亦需储备，但在其他关键部分上拒绝让步。[6]

某些古巴人也反对使团报告。古巴商会反对由政府控制中央银行，倾向于更严格地控制银行对政府的借贷，因为政府很可能滥用银行以解决其财政困难。[7]新一些的古巴银行支持中央银行（它们的运行可以得到中央银行的帮助），老旧和更为保守的银行与哈瓦那清算所（Havana Clearing House）共同反对，理由类似于他们的外国同事。[8] 科拉多私下称，他们害怕一家中央银行，“因为它

---

① Wallich to Knoke, December 15, 1942, ISF, box 110; “Comments by American Technical Mission to Cuba on Memorandum Submitted by Mr. W. R. Burgess of the National City Bank of New York,” CSF, 501.2-15.

② “Conference of Cuba Mission with representatives of foreign banks in Cuba, April 2, 1942.” April 7, 1942, ITM, box 20; “Interview Havana August 27, 1942,” CSF, 501.2-15.

③ Wallich to Knoke, August 22, 1942, p.2, ISF, box 110.

④ “Notes on Conference Concerning Cuba,” p.9.

⑤ “Interview Havana August 28, 1942,” CSF, 501.2-15.关于必然性，参见“Conference of Cuba Mission”; Southard to White, July 2, 1942, CSF, 501.2-15。

⑥ “Comments by American Technical Mission to Cuba on Memorandum Submitted by Mr. W. R. Burgess of the National City Bank of New York,” CSF, 501.2-15.

⑦ R.W. Bean, “Analysis of the Cuban Chamber of Commerce Bank Proposal,” December 16, 1942, ISF, box 110.

⑧ 关于古巴银行家们的区别，详见 Henry Wallich, “Monetary Reform in the Caribbean Area,” December 28, 1945, ISF, box 221。

将加强古巴政府的力量，也因为古巴政府不再受第一等家族的驱使”。[①] 如果中央银行非建不可，清算所希望该机构设定更高的储备金，并且禁止向公众借贷。清算所还反对稳定基金，希望美元仍旧保留法偿地位。[②]

甚至有古巴政府官员认为政府在中央银行问题上施加了太多的影响。[③] 一些持反对意见的政客对此颇为认同，这包括领导了 1934 年激进货币改革的华金·萨恩斯（Joaquín Martínez Sáenz），当年他是财政部长（直到当年 6 月离开门选塔政府），现在则是反对党 ABC 党的党首。根据一名美国官员的说法，萨恩斯非常高兴地看到使团并没有保护美国银行的利益，而是反映了“一个自由和独 91
立的观点”。但是他担心对中央银行的政治控制这一点，因为他不信任巴蒂斯塔（两人曾经决斗）。萨恩斯显然识别出两类中央银行的反对者：“仍想保持古巴的殖民地地位”和“不相信巴蒂斯塔能胜任经济领袖及反对政府主导中央银行”。[④]ABC 党的另一名成员路易斯·马查多（Luis Machado）强化了这一论述，他认为过去建立中央银行的努力之所以失败，原因在于“人们普遍认为中央银行会成为政客的工具”。正因为如此，“他认为银行在早期看起来以及在实际上保守一些是非常重要的，毕竟银行需要赢得广泛的支持”。[⑤]

最后一波反对使团报告的意见来自斯普鲁伊尔·布莱登，1942 年 2 月梅瑟史密斯离开后，他继任美国驻古巴大使。如我们已经知道的，梅瑟史密斯支持创建中央银行。[⑥] 尽管他算不上新政派理论家（许多新政人士都不喜欢他），但梅瑟史密斯是一个接受国家应在经济中扮演更重要角色的改革派人士，用其传记作家的话说，他相信“保护主义和国家主义的替代选项将更为彻底，并且也更为愉快”。[⑦] 此时，他强烈支持美国援助古巴，对于两国防务合作和降低古巴政治

① “Notes on Conference Concerning Cuba,” p.5.

② “Memorandum Submitted by the Havana Clearing House to the Honorable Senate of the Republic,” August 28, 1942, CSF, 501.2-15.

③ “Interview Havana August 28, 1942,” CSF, 501.2-15.

④ 关于美国官员描述萨恩斯的观点，引自 “Interview Havana August 29, 1942,” pp.1, 2, CSF, 501.2-15. 关于他的决斗，见 Argote-Freyre 2006, 157。

⑤ 关于美国官员对其观点的总结，引自 “Interview Havana August 28, 1942,” pp.1, 2, CSF, 501.2-15。

⑥ 亦可参见 Gardner to Board of Governors, November 14, 1941, CSF, 501.2-15; “Conference of Mission with Ambassador Messersmith, October 8, 1941,” CSF, 501.2-15。

⑦ Stiller 1987, 271.

骚乱的风险，他认为美国的援助能扮演重要的角色。

布莱登则提出了非常不同的观点。用一位历史学家的话说，他是"彻头彻尾的共和党人"，是"新政不怎么需要的那类人，他认为本国知识界软弱，政策也愚蠢"。在他看来，"强硬的（西奥多）罗斯福对南美文明的积极承诺，在屈膝的睦邻政策下惨遭抛弃"。[①] 赴古巴就任之前，他是驻哥伦比亚大使，在那里他反对哥伦比亚轻工业化，称他们"会在商务领域培育不健康的民族主义项目"。其个人名声也是声名狼藉。实际上，根据一名学者所言："有一次，迪安·艾奇逊（Dean Acheson）评论说，布莱登是一头随身扛着瓷器店的公牛。"[②]

92 在回忆中，布莱登描述了赴古巴途中阅读使团报告的情形，"被吓到了"，他总结说，"时不我待"。第一次会面时，他极力敦促总理卡洛斯·萨拉德里加斯（Carlos Saladrigas）撤回立法提案。[③] 远在华盛顿的国务院官员认为，银行家们塑造了布莱登在这一问题上的观点。[④] 但是布莱登"憎恨被称作银行家们的工具"，他更喜欢说在与他们商谈之前就已经形成了自己的观点，当然，他也承认在哈瓦那的美国银行家们对他的赴任感到"欣喜"。[⑤]

在 1942 年 7 月 20 日致赫尔的一份备忘录中，布莱登简要说明了他的观点。他重点说明，废除美元的法偿地位和创建一家稳定基金会削弱汇率稳定性，并且"损害与美国的贸易"，尤其是这些措施可能导致汇率管制的实施。他还注意到政府从中央银行过度借贷的风险，这在其他国家如智利（他的家族企业布莱登铜业公司所在地）就发生过。尽管如此，他的主要观点是："政府控制的组织需要诚实和负责任的管理，但古巴没有……在这种条件下，启动一个从根本上非常重要的新体系，颇为冒险。"[⑥]

布莱登在回忆中写道，他给赫尔的备忘录"赢得了战斗"，"科德尔·赫尔看到备忘录后大发雷霆"。[⑦] 但档案里记载的却完全不是这么回事。几周后，8 月

---

① Stiller 1987, 231. 亦可参见 Rivas 2002, 55。

② 两者都引自 Friedman 2003, 80。

③ Braden 1971, 305.

④ Frederick Livesey to White, July 16, 1942, ISF, box 110; Southard to Gardner, July 14, 1942, CSF, 501.2-15.

⑤ Braden 1971, 306.

⑥ US State Department 1963b, 298-299.

⑦ Braden 1971, 306.

15 日，韦尔斯回复了布莱登的备忘录，简要说明国务院已经批准使团报告，因而此时无法改变立场。他指示布莱登支持使团的建议，国务院认为，古巴对于改革的期待"代表了一个独立国家的合情合理的抱负"[①]。韦尔斯回信后几天，索瑟德约大使长谈，大使重申了他对于古巴成立中央银行的担心。会谈使索瑟德确信布莱登的立场"没有受到当地持反对态度的银行家的影响"，尽管如此，索瑟德依然不能认同布莱登，称"即使中央银行有可能因政治腐败及不负责任而失败，古巴人也应该抓住机会进行一搏"。[②]

捍卫新路径 93

在给布莱登的回复中，韦尔斯还夹带了一份颇为详尽、措辞严厉的备忘录，这是由国务院财政司助理司长乔治・卢斯林格（George F. Luthringer）撰写的。备忘录逐一回复了布莱登提出的问题。[③] 对于美国对古巴金融政策的转变，相对于使团报告，卢斯林格的备忘录提供了更为直接的解释。值得注意的是，卢斯林格并非货币激进分子。早先，1931 年，他还是普林斯顿博士候选人时曾与甘末尔共事，他的论文聚焦于菲律宾的金汇兑本位制，认为这"对于菲律宾来说是经济、安全和令人期待的货币本位制度"[④]。

一开始，卢斯林格指出，使团推荐的汇率管制只有在发生支付危机时才会引入，在这样的情况下，他称："与大萧条期间古巴实施的极端和不受控制的紧缩相比，汇率管制的恶劣程度较小。"在限制中央银行向政府贷款方面，他也认为实际意义不大，因为这些限制很容易被推翻或无视。他也为过去拉美在这一问题上的做法辩护："无论是引用智利还是引用其他拉美国家的例子，你必须考虑到——在许多没有中央银行化解极端紧缩压力的例子中——可能已经出现的灾难性后果。在许多例子中，贬值货币无疑提供了安全阀和调整的途径来缓解难

① US State Department 1963b, 307.

② Southard to White and State Department Finance Division, August 19, 1942, CSF, 501.2-15.

③ US State Department 1963b, 301-307.

④ Luthringer 1931, 299.

以忍受的社会和经济压力。”①

卢斯林格还对布莱登关于政治控制中央银行的主要批评不屑一顾。他称，那种认为中央银行应独立于政府的观点，“在20世纪30年代货币理论家的论述和政治经济事件走马灯似的变换下，完全不足为信”。因为古巴缺乏一个强有力的银行部门，他指出，由私人银行家控制的古巴中央银行“将使外国银行家继续对古巴银行系统保持某种程度的控制，这是古巴人不愿意接受的”。另外，意识到许多拉美国家的中央银行曾犯过错误，他认为：“这样的论点很难站住脚，即从各自社会与经济需要的角度出发，如果他们接受了双重货币体系或仅使用
94 美元，而不是试图去控制货币和信贷，这些国家的经济就会出现繁荣。”②

卢斯林格的基本政治论断在这里结束，美国此时的政策如何与美国对古巴主权的尊重结合起来？

> 很难说明，在一个美洲国家行使有关货币和银行事务的主权时，为什么要树立一个例外？古巴本国货币体系的建立与其主权、军队的建立、警察力量和法院……一样都是其固有权力。我看不出，在古巴没有破坏我们对古巴的基本政策的情况下，为什么我们就能反对古巴建立其独立的货币体系。③

赞赏使团报告的政府部门并不只有国务院，在报告公布之前，怀特就征得了摩根索对报告的赞同。④ 同样地，被加德纳视为“政府之臂”的古巴中央银行方案在联储委员会讨论时亦没有遇到反对意见。⑤ 实际上，往前追溯到1938年与古巴的非正式会谈，戈登韦泽私下告诉古巴人，他同意中央银行的多数股权由政府持有。⑥

在挑战传统货币问诊方式的过程中，财政部和联储委员会官员扮演起领导角色越来越得心应手。研究20世纪30年代末和40年代初凯恩斯主义在美国

---

① US State Department 1963b, 302, 306, 305.

② US State Department 1963b, 303–304, 305.

③ US State Department 1963b, 305.

④ White to Miss Chauncey, April 28, 1942, SMHDW, box 14, file: D1–No.3.

⑤ “Excerpt from the Minutes of the Meeting of the Board held on February 6, 1942,” CSF, 501.2–15.

⑥ Goldenweiser to Eduardo Durrathy, January 13, 1938, CSF, 501.2–15.

传播的学者们都认同，财政部和联储委员会是最能接受挑战大萧条前正统经济学的新经济学的政府部门。[①]这些政府部门中的许多凯恩斯主义者与哈佛大学经济系联系密切。用加尔布雷斯（Galbraith）的话说，尽管许多教工学识保守，但哈佛经济系是“凯恩斯思想进入美国的通天大道”。[②]与拉美金融咨询相联系的关键人物都来自“哈佛大学—财政部—联储系统”圈。

需要注意的是，相对于纽约联储，联储委员会的官员们对新经济学说的态度 95
要开放得多。理事会主席马瑞纳·伊寇斯曾是犹他州的银行家，完全游离于纽约的圈子之外，在1934年底罗斯福任命他之前的大萧条期间，他就以原生凯恩斯主义赤字支出的主要鼓吹者的面貌出现。他同样是1935年《银行法》的强烈支持者，该法重建联储系统，将其置于更加集中的控制之下。如我们在前面章节看到的，理事会核心成员如戈德纳（Goldner）和戈登韦泽同样支持泛美银行项目中的某些创新型提议（尽管他们更愿意看到一个中央银行控制的机构）。

在9月9日致赫尔的备忘录中，布莱登回应了韦尔斯的信，称：“已经注意到国务院的指示，必将一如过去小心执行。”他也对早先的观点进行了澄清，“确保使团推荐的项目执行成功”。[③]他接着回应了卢斯林格在备忘录中提到的许多内容，并附带了哈瓦那清算所准备的文件，这是反对巴蒂斯塔立法的。国务院的劳伦斯·达根回复说，国务院已经非常明确布莱登在其7月20日备忘录中的立场，并写道：“我确信你非常了解国务院在货币与银行立法上的立场，我认为你也会同意，即国务院无须回复你的961号发文（9月9日的备忘录）。”[④]

后　续

在1971年的回忆录里，布莱登视达根和怀特在这一时期的活动为其苏联间谍角色的证据。他自夸说：“我在古巴做的第一件事情就是挫败潜伏于国务院

① Hirschman 1995, Salant 1989.

② Galbraith 1972, 49.

③ US State Department 1963b, 310, 311.

④ US State Department 1963b, 315.

和财政部的共产主义分子的阴谋。”[①]他接着说：“怀特沿着列宁主义经典路线前进，摧毁敌人就是扰乱他的货币，破产他的经济。在这里，破产将是打进古巴和
96 美国之间的楔子，（在华盛顿的充分帮助下）制造共产主义分子在菲德尔·卡斯特罗（Fidel Castro）好多年前就能夺取政权的好机会。达根和怀特的确下了很大的赌注。”[②]然而，如前所述，使团报告的支持者远不止有达根和怀特二人。更多的，我们将会看到，在整个 20 世纪 40 年代，给予其他诸多拉美国家与古巴相似的建议成为美国金融咨询使团的标准做法。对此，他们俩根本没有涉足其中，甚至纽约联储官员也为这一新的路径摇旗呐喊。

有趣的是，其后参加使团的美国官员们几乎没有提及堪称他们的先驱的古巴使团。反而是，他们经常把 1943 年到 1944 年的巴拉圭使团——由联储委员会的罗伯特·特里芬率领——当作先驱。对比之下，特里芬的建议迅速为巴拉圭政府所采纳，而古巴使团常常被视为一个失败，因为中央银行并没有被立即建立。在解释这场失败时，1944 年，特里芬称，可能是古巴使团做了太多的“宣传和夸大”之事，而不是“与当地人民密切合作，安静工作”以制定出政府能够全力执行的计划。[③]尽管如此，古巴政府没能成立中央银行的主要原因是，古巴国会在 1942 年 11 月和 12 月举行了迟迟没有结果的听证后，古巴政府仍然面临着来自国内的重重反对。

1945 年 8 月，特里芬闪电访问了古巴，并提供了进一步的建议。此时格劳已成为总统（前一年当选），但国内在这一问题上仍处于混乱状态。尽管中央银行方案已经得到古巴银行界、商界及反对派人物萨恩斯的支持，但特里芬仍然报告说：“中央银行计划已经成为某种形式的政坛足球，无论是政府还是反对派都想全赢。”[④]直到格劳的门徒卡洛斯·索卡拉斯（Carlos Prío Socarrás）当选为总统，《中央银行法案》才于 1948 年 12 月在古巴国会通过。古巴国家银行于 1950 年 4 月开门营业，菲利普·帕索斯（Felipe Pazos，曾在布雷顿森林会议上代

---

① Braden 1971，304. 关于达根卷入苏联间谍案，详见 Haynes，Kleher，and Vassiliev 2009，220–245；Weinstein and Vassiliev 1999，chap.1。

② Braden 1971，311.

③ Triffin to Arthur Schlesinger，May 13，1946，p.6，ISF，box 156.

④ Triffin to Governor Szymczak，August 14，1945，pp.1–2，ISF，box 221. 关于萨恩斯，详见 Triffin to Szymczak，August 21，1945，ISF，box 221。

表古巴）任行长。①

《中央银行法案》的最终版本遵从了1942年美国技术使团的设计大纲：银行由政府控制，理事会多数成员由政府任命；古巴国内和外国银行界各出一名代表；在严格限制的条件下可以贷款给政府；在紧急情况下可以实施汇率管制；包含一个农业信贷银行；纸币和储蓄由25%的黄金和外汇储备担保；创建一个货币稳定基金；私营银行服从储备要求；比索为唯一法定货币。②也有一些修改，比如，该法案允许多重汇率，删除了中央银行在紧急情况下可向公众贷款的条款。③在法案起草的最后阶段，古巴政府的顾问是纽约联储的亨利·沃利克（又一位哈佛大学毕业生）。如我们将要看到的，自20世纪40年代中期以来，沃利克与特里芬一起，在拉美其他地方致力于货币改革，并且在20世纪40年代初就参与了美国在古巴问题上的讨论。在1950年出版的一本书中，他简要列举了《中央银行法案》的例子，用来呼应怀特使团的思想，同情古巴工业化和经济多样化的支持者，此外，还有对于逆周期货币政策和汇率调整以及在面临外部冲击时实施汇率管制的需要。④ 97

1941年到1942年美国赴古巴技术使团标志着美国对古巴货币政策转换的顶点，这一转换从新政初期就开始了。这一转换还为美国在睦邻政策下同拉美国家建立积极的金融伙伴关系开创了先例，并在20世纪30年代后期加速发

① 1952年3月巴蒂斯塔发动政变后，帕索斯辞职，萨恩斯继任。当卡斯特罗于1959年夺取政权时，帕索斯一度重新上台，但稍后又辞职，为埃内斯托·切·格瓦拉（Ernesto "Che" Guevara）取代。在访问了古巴后，两位纽约联储官员记下了对格瓦拉的印象："并无任职资格，公开的左翼倾向是这位国家银行新行长的特点。一位年轻的（31岁）阿根廷医生，此前并无半点与金融事务打交道的经历，但很显然他与劳尔·卡斯特罗（Raúl Castro）一道是菲德尔·卡斯特罗最为亲密的战友之一。（如果不管他那一身"革命"装束：头戴贝雷帽，留长发，穿军装，背汤米枪）格瓦拉医生给我们留下的印象是聪明和热情，而且，他似乎已经开始学习古巴银行理论知识。" Horace Sanford and Richard Dosik, "Report on the Visits to Central Banks of Argentina, Paraguay, Bolivia, Costa Rica, Nicaragua, and Cuba, November–December, 1959," pp.19–20, January 1960, ISF, box 229.

② E. P. Schlesinger to Knoke, "New Cuban Monetary and Banking Legislation," March 3, 1949, ISF, box 110.

③ Wallich 1950, 292.

④ Wallich 1950.

展。[①]古巴使团还标志着美国乐于在金融咨询使团上试验新的路径，这在特里
98 芬的领导下更为明显，我们将在随后的章节中看到这种好意。这些新的使团由政府官员率领，他们提供了新型建议，钟情于拉美国家新的国家主导的发展目标。由于大萧条的缘故，这开始成为时代主流了。

该建议还与内嵌自由主义意识形态一道促成了布雷顿森林谈判期间美国政策制定者思想的形成。在《布雷顿森林协定》签订前两年，美国技术使团在双边背景下所支持的政策，即资本控制和汇率调整，很快就在国际基金条款的多边背景下得到了支持。不意外的是，反对古巴使团的美国人再一次成为《布雷顿森林协定》的批评者。甘末尔本人也加入他们，激烈批评协定从根本上背离了金本位制的金融传统。[②]

1943 年后，特里芬给予拉美国家与古巴使团类似的建议。他和其他美国官员常常特别指出，他们的建议是为了强化布雷顿森林的目标。拉美政府同样承认这一联系。怀特使团错过了布雷顿森林和这种新型金融建议之间的特别联系，原因很简单，即彼时布雷顿森林计划还处于孕育期。然而，有趣的是，许多参加该使团的官员同样参加了布雷顿森林谈判，不仅有怀特，还包括伯恩斯坦、科拉多、加德纳、戈登韦泽、卢斯林格和索瑟德。还应注意到的是，怀特的国际银行初稿很明显是他在 1941 年 10 月底和 11 月初访问古巴时完成的。[③]如我们在下一章要看到的，怀特关于布雷顿森林机构的早期版本的某些条款所反映的问题正是他当初在古巴遇到的，如稳定国际商品价格的需要、发展性借贷，以及为穷国控制资本流动的重要性。

---

① Benjamin（1997）称，从更普遍意义上说，在美国更为国际主义的新政对外经济政策的诞生问题上，美国对古巴政策扮演了先导者的角色。

② “Comments of E.W. Kemmerer on Joint Statement by Experts on the Establishment of an International Monetary Fund，” April 21，1944，EKP，box 264，folder 2.

③ Horsefield 1969a，11-12. 在 1967 年的一封信中，怀特的妻子向一位研究者（很可能就是霍斯菲尔德）报告了此事。详见 no author，“Twenty Years History，” p.13 n.2，first draft，July 1967，JVP，box 50，folder 4。很明显，在历史学家的记忆中，国际银行计划并无这一版本。

第4章

构筑基石：美国战后规划 99

美国对于战后国际金融秩序的规划正式始于其卷入二战后的1941年12月。经常有人说，参加此项计划的美国官员们对于发展问题和南方国家关心的问题不感兴趣。与这类传统观点相反，美国官员在其计划中优先考虑各种形式的国际发展目标，自20世纪30年代后期以来的睦邻金融伙伴关系正是其先导。鉴于美国在布雷顿森林谈判中的中心地位，这些计划在构建最终协定的发展基石方面发挥了关键作用。

1942年初，怀特与财政部内其他官员制定的美国计划初稿中所包含的国际发展目标尤为显著和大胆。由于已有论述常常忽略这一点，因此有必要深入分析这些早期计划的发展条款与怀特早先在美国-拉美金融关系中的经历之间的直接关系。实际上，这些条款直接针对拉美政府，美国政策制定者视他们为战后计划进程中的重要参与者。在布雷顿森林会议之前，美国再次更新了计划，怀特颇为大胆的发展思想被放弃了，但对于美国战后国际金融体系的目标来说，促进穷国发展的承诺仍处于中心位置。这一承诺得到了罗斯福及其政府官员——以
及许多有影响力的政府外人士的强烈支持，与促成睦邻金融伙伴关系的原因在 100
某种程度上是一样的。

怀特计划初稿中的发展内容

尽管美国有一些关于战后国际金融体系的讨论是发生于20世纪30年代

末和40年代的国务院，但最有影响力、也是最重要的战后计划则发轫于1941年12月7日珍珠港遭袭后的财政部。[①] 1941年12月14日为星期天。当天早上，摩根索给怀特——他刚任命后者负责财政部的全部对外事务——打了一个电话，要求他准备一个"盟国间稳定基金"计划。[②] 显然，怀特早就在准备了。他利用空闲时间，在这一年的早些时候埋头于战后计划，在夏末或初秋时曾将一个草稿（好像只有基金）向同事们展示。[③] 这些初稿没有拿去给学者们检验。那些仍在故纸堆中的各式草稿，供怀特与其他官员们商讨。在摩根索的过问下，1942年5月中旬，终于合成一稿并由他呈送罗斯福。在计划中，怀特设计出两个独立的机构——一家基金和一家银行——因为他相信它们各自的任务"特别专业，在行动中要求不同的资源、不同的责任和不同的程序及标准"。[④] 构建于泛美银行的基础之上，它们都是政府主导运行的机构，其条款与国际发展相关，是在美国-拉美金融伙伴关系基础上直接绘制而来。

银行早期草稿忽视了"发展"问题吗？

怀特早期方案中的发展内容有待强调，因为许多学者的叙述都忽略了怀特在布雷顿森林谈判中的作用。比如，最新非常详尽的关于世界银行的历史宣称：

> 哈里·怀特关于国际银行草案的初稿写于1942年初，没有提到
> 101 发展问题。原始方案简单提到了银行的重建功能，其设计"着眼于提供将为重建、救济和经济恢复所需要的巨额资本……"1942年4月的草稿呼吁"联合及联系国家复兴银行"，在一长串其他目标清单的最后，的确包含了涉及发展的内容，称银行将"提高生产力，继而提高成员国人民的生活水平"，该稿没有专门提到穷国或欠发达国家。[⑤]

当我们更为深入地查阅档案时，就很难接受这种认为怀特的早期草稿没有

① 关于国务院的讨论，见 Young 1950。

② "Note for the Secretary's Record," December 15, 1941, CFHDW, box 6, Chron. 30.

③ Oliver 1975, 110; 1985, 19 n.1; Horsefield 1969a, 11–12.

④ White, "Suggested Plan for a United Nations Stabilization Fund and a United Nations Bank," January 1942, p.4, BWA, box 44.

⑤ Kapur, Lewis, and Webb 1997, 57. 关于类似的论述，详见 Merei 1984a; Eckes 1975, 46; Benjamin 2007, 12–13; Urquidi 1996, 38。

关注发展内容的说法。为了支持他们关于怀特初稿的观点，研究银行的历史学家们引用理查德·加德纳于 1956 年出版的书中对于布雷顿森林谈判的分析。在那本著作中，理查德·加德纳在一个脚注中说：“在银行早期草稿中，‘发展’一词甚至没有出现于标题中。”但理查德·加德纳接着又说：“稍后，1942 年 3 月和 4 月的草稿将它添上了。”这是研究银行的历史学家刻意忽略了的。[①] 理查德·加德纳还限定他的说法，即“发展”一词仅仅是没有出现于首稿中的标题上。如他指出的，他的论断建立于三份草稿中的一份的基础上，这是他在普林斯顿大学斯利·马德（Seeley G. Mudd）手稿图书馆内的怀特文件中发现的。这份草稿——超过 100 页——标题是《关于一个联合国家稳定基金和一个联合与联系国家复兴银行的建议计划》。[②] 理查德·加德纳注意到该草案并无日期，但姑且认为“它应该是初稿”。[③]

尽管怀特文件中的这份草稿在封面上没有日期，但夹杂其中的一些纸稿上确有日期：4 月 27 日、28 日、29 日和 30 日。[④] 这一时期的财政部档案——理查德·加德纳初次出版该书时还不能利用——同样包含了非常类似的文件，与理查德·加德纳引用的那份草稿有着同样的标题，日期是 1942 年 4 月 29 日。[⑤] 鉴于这些日期的存在，一切似乎非常清晰，即理查德·加德纳引用的标注为 4 月 102
底的草稿并不是怀特的初稿。如理查德·加德纳所说的，有一份 1942 年 3 月的草稿同样超过 100 页，并且那份草稿标题中确实包含了“发展”：《初稿：联合国家稳定基金和一个联合与联系国家复兴与发展银行》。[⑥]

---

① Gardner 1980, 85 n.6.

② White, “Suggested Plan for a United Nations Stabilization Fund and a Bank of Reconstruction of the United and Associated Nations”(undated), HDWP, box 6, folder 9. 这份草稿有些页码缺失了，并且它的句子写到一半就突然在第 130 页终止了。

③ Gardner 1980, 74 n.1.

④ White, “Suggested Plan”(undated).

⑤ White, “Suggested Plan for a United Nations Stabilization Fund and a Bank for Reconstruction of the United and Associated Nations,” April 29, 1942, BWA, box 44. 与怀特文件中的其他草稿一样，该草稿同样有一些增补的页码（包括一些日期为 4 月 28 日和 30 日的）和铅笔修改的痕迹。

⑥ White, “Preliminary Draft· United Nations Stabilization Fund and A Bank for Reconstruction and Development of the United and Associated Nations,” March, 1942, HDWP, box 6, folder 6.Van Dormael (1978, 45) 称该草稿“明显更早”，因为它与怀特档案中打磨过的“1942 年 4 月”版本“几乎一样”。他并没有进一步的证据证明此观点，就算这是真的，对于本章的核心论点也意义不大，因为怀特在 1 月的第一稿中就涉及了银行的发展职能，这将在下文进行阐释。

更为重要的是，我们在财政部 1942 年 1 月的档案中能看到更早的草稿，显示了发展目标是如何走进怀特的头脑之中。例如：有一份草稿是篇幅较小的（双倍行距，7 页）概要，题为《联合与联系国家稳定基金》，1942 年 1 月 6 日。该计划曾向韦尔斯和伯尔（稍后会提到原因）出示，并与瓦伊那和伯恩斯坦讨论，但还未获得摩根索的同意。① 在草稿上的信笺中，怀特写道，他拟议中的基金"只是国际货币与银行领域所需工具的一种，同样需要的还有某种形式的国际性银行，它将为战后重建和发展提供所需资本"②。

财政部档案还包含了一份详细得多的草稿（双倍行距，47 页），日期是 1942 年 1 月。封面上有手写的句子"第一份油印草稿"，并针对怀特"联合国家稳定基金和一个联合国家银行"计划做了详细的描述。③ 在这第一部实际成型的草稿中，银行的名称并不包含涉及发展或重建的字眼，但它的目标包含发展内容，研究银行的历史学家这样引用：为了"提高生产力和联合国家人民的生活水平"。④

103 正如那些学者们所准确观察到的，后半部分没有专门提及穷国或欠发达国家。但在这份 1942 年 1 月的草稿（以及 4 月底的草稿）的其他部分，怀特一反常态，特别强调了在战后计划中忽视"穷"国利益的危险：

---

① "Memorandum on a Projected Stabilization Fund of the United and Associated Nations," January 6, 1942, CFHDW, box 6, Chron. 31. 见 Black 1991, 36; Southard to Undersecretary Bell, January 15, 1942, JVP, box 49, folder 7; "Meeting of American Delegates to Rio, State Department—Mr. Welles's Office, January 7, 1942," BWCC, box 11/5; White to Welles, January 6, 1942, CFHDW, box 6, Chron. 31。

② White, "Proposal for a Stabilization Fund of the United and Associated Nations," January 6, 1942, p.2, CFHDW, box 6, Chron. 31.

③ White, "Suggested Plan"（January 1942）. 尽管这份文件非常详尽，但更为深入的内容却被遗失了，这些条款出现于 3 月和其后的草稿中。

④ White, "Suggested Plan"（January 1942），17. 其实还有一份两页半的文件，时间是 1941 年 12 月 30 日，名称为《盟国间银行》和《盟国间稳定基金》。前者意味着"有充足资产和权力以提供必要的资本：（1）帮助盟国重建经济；（2）便利盟国由战时经济向和平经济快速平稳地转变；（3）提供必需的短期资本以增加对外贸易——而这不可能从私人渠道那以合理利率获得"（p.1）。White, "A Suggested Program for Inter-Allied Monetary and Banking Action" December 30, 1941, ALP, box 8/8, file: "International Stabilization Fund, Preliminary Draft Outline." 由于下文要讨论的"经济重建"术语在语义上存在的模糊性，围绕此时备忘录中银行在"发展"中扮演的角色来确定怀特的精确想法非常困难。但是如上所述，他于 1 月 6 日拟定的草稿清楚地表明了银行的发展功能。12 月 30 日的短备忘录只在怀特的货币研究司内分发给了数位职员（Mikesell 1994, 6）。

> 在相当长的时间里，富裕且强大的国家能够轻易且安全地忽视贫穷弱小的邻居或对手，但他们这么做无非是葬送了未来，并减少了维持繁荣的潜力。必须接受的教训是，繁荣的邻居才是最好的邻居；享有高水平生活的国家可以带动其他国家的生活走向更高水平，只有慷慨和广泛地分享时，高水平的贸易与商业才能唾手可得。[①]

对“邻居”的提及——以及本节更广泛的内容——引出了睦邻金融伙伴关系。在该草稿中，怀特还讨论了鼓励资本从“资本富余国家向资本贫乏国家”流动的重要性。[②]如下文将要指出的，他拟定草稿时，头脑中一直都装着拉美国家，他拟定了一系列的条款以满足他们的特殊需要，这些都是他在拉美工作的过程中认识到的。

那么，为什么怀特后来在4月的版本中就在银行名称中忽略了“发展”一词？有趣的是，对于怀特来说，从3月到4月换名称并不寻常。他3月草稿的名字全称是《重建与发展银行》，目录表（非其他位置）的一部分列举的银行简写为“重建银行”，描述银行详细条文的部分的开头也简标为“重建银行”。在草稿的序言中，怀特还在几页内前后移动，在某些部分，银行被写作“重建银行”，其他地方就写成“重建与发展银行”。[③]同样的不一致还出现于怀特文件4月的草 104
稿中。[④]

在国务院《美国对外关系》1942年卷中，这些不一致还出现于1942年5月中旬呈报罗斯福的版本中。这一版本是研究银行的历史学家在说明4月草稿涉及“重建银行”时引用的版本。它所包含的一份简短的（无日期）草稿摘要中也有两处使用了这一名称。[⑤]但是研究银行的历史学家选择无视，同样的摘要无论是在标题还是在内容中都包含了“重建与发展银行”的字样。[⑥]此外，基金和

---

① White, “Suggested Plan”(January 1942), p.33.

② White, “Suggested Plan”(January 1942), p.26.

③ 关于不一致之处，详见 White, “Preliminary Draft”(March 1942), pp.5, 6, 10。

④ White, “Preliminary Draft: Proposal for United Nations Stabilization Fund and a Bank for Reconstruction and Development of the United and Associated Nations,” April, 1942, HDWP, box 6, folder 7.

⑤ US State Department 1963a, 175, 177.

⑥ The title is: “Suggested Plan for a United and Associated Nations Stabilization Fund and a Bank for Reconstruction and Development of the United and Associated Nations.” US State Department 1942a, 172–177.

银行的 4 月版本被包含于呈送的材料中,其中仅使用了“重建与发展银行”,并且贯穿始终。[①]

在某些场合,怀特习惯于使用“重建银行”作为简写,以替代较长的名字。还有一种可能,此时他在名字上前后不一的变换反映了“重建”一词模糊的含义。在对于美国发展政策史的详细描述中,戴维 · 埃克布拉德(David Ekbladh)指出,二战之前,该词有更广泛的含义,其中就包含了发展之意。他举例说,战前美国推动菲律宾和波多黎各(Puerto Rico)提高生活水平的行动就是“重建”行动。在后一个例子中, 1935 年成立了新机构,目标是以计划促进经济现代化和实现更高的收入,该机构名为“波多黎各重建局”。正如埃克布拉德所指出的,彼时该术语得到广泛使用,以描述“通过基于‘科学’和‘理性’方法的改革,在社会上实现改变的各种努力”[②]。在世界上其他许多地方的政策圈内,包括中国和印度,都清楚该术语的广泛含义。[③]

在 1942 年早期草稿之前,怀特本人使用“重建”这一术语时取其广泛含义,
105 包含了对发展的关切。例如: 1941 年 9 月,他写给摩根索的备忘题目为“英帝国——美国在战后重建问题上的合作”,其中概括了澳大利亚在世界范围内提高生活水平的建议。[④] 在 1939 年大讨论的背景下,怀特的助手西蒙 · 韩森同样谈过拉美国家在“经济重建”上的需求,他在该地区做了“经济混乱和低生活水平”的演讲。[⑤]

埃克布拉德指出,正是在二战期间“重建”这一术语渐渐“与‘复兴’混淆了”。[⑥]然而,在怀特的早期草稿中,“重建”一词仍然包含了广泛的含义。例如:在 1942 年 4 月底的草稿中,使用了更为简化的标题“重建银行”,银行仍然含有广泛意义上的发展目标,如历史学家所引述的:为了“提高生产力以及联合国

---

① US State Department 1963a, 178-190.

② Ekbladh 2010, 17. 同样可见于 pp.19, 22-25,以及 Alcalde 1983, 63。

③ 比如,可参见 Anstey 1943, 339; Zanasi 2006, 15-17; Young 1963, 389-390. 英国(政府与智库)关于战后国际经济计划的讨论并不涉及战时恢复问题,但仍然使用了“重建”一词(见第 8 章)。

④ White to Morgenthau, “British Empire-American Cooperation on Problems of post-war reconstruction,” September 2, 1941, SMHDW, box 14.

⑤ Hanson to White, June 5, 1939, p.1, TSF, Entry67A1804, box 65.

⑥ Ekbladh 2010, 75.

家人民的生活水平”[①]。1 月草稿中出现的关于穷国需求的条款——下文会有概述——同样出现于这一版中。[②] 换句话说，标题中“发展”一词的缺失，并不意味着“发展”内容的缺失。

还有进一步的证据支持“怀特此时对重建的意义有更广泛的理解”这一观点。当摩根索于 1942 年 5 月向罗斯福呈送怀特计划时，他还附带了一份文件，建议召开会议讨论基金和银行，甚至做出了日程表草案、项目和邀请函。怀特出人意料地为会议制定了详细的计划，它将超过 22 天（讽刺的是，最终于 2 年后召开的布雷顿森林会议的会期就是 22 天）。[③] 他准备的日程草稿包括许多小组委员会，以及摩根索与英国、墨西哥和巴西官员们的发言。鉴于我们的目的，巴西人的发言内容让人尤感兴趣。它的标题是《巴西合众国关于需要战后重建银行的声明》。发言稿全文使用了“战后重建银行”名称，它的内容主要聚焦于发展事宜。例如：它涉及“致力于发展目标的资本稳定流动的必要性”，以及银行 106
在帮助巴西认识到“工业发展的额外潜力”中所扮演的角色。[④]

总之，怀特对于“重建银行”简称的间歇使用并不影响其计划对于发展内容的聚焦。实际上，怀特的助理伯恩斯坦后来回忆说，将“发展”插入银行标题中是他而不是怀特的主意。[⑤] 在布雷顿森林会议召开之时，该决定似乎在相当大程度上导致了“重建”这一术语含义的缩水。如我们将要看到的，在 1944 年会议上，代表们对于银行借贷是优先“重建”还是优先“发展”争得面红耳赤。但在这样一个早期阶段，怀特并没有意识到两个术语之间的区别。他从首个 1 月版本开始，就关注银行的发展职能，而不管其名称中是否包含了这一术语。

---

① White, “Suggested Plan” (April 29), p.100.

② 在更广泛的讨论中，该草稿也包含上文曾引用过的出自 1 月版本的同样的文字，即关于富国帮助穷国的需要。White, “Suggested Plan” (April 29), p.19.

③ 最初，1944 年会议只计划召开 19 天，但为了完成谈判而延期（De Vries 1986, 10）。

④ “Statement of the representative of the United States of Brazil on the need for a Bank for Post-war Reconstruction,” pp.2, 1, in “Conference on Agencies for International Monetary and Financial Cooperation,” BWA, box 47. 这份文件在“Conference of Finance Ministries of United and Associated Nations, 1942”中，但是没有日期，从内容看像是 1942 年 3 月到 4 月。Van Dormael（1978, 51）称怀特于 1942 年 5 月 8 日呈送给摩根索一个文件夹，标题是 *Conference of Finance Ministries of the United and Associated Nations*.

⑤ Eckes 1975, 292 n. 35. 亦可参见 Meier 1984a, 12; Kapur, Lewis, and Webb 1997, 57。

拉美受众

不能忽视的是，怀特和美国政策制定者从一开始就视穷国——尤其是拉美地区的这些国家——为他们战后计划极为重要的受众。当1941年夏罗斯福会见凯恩斯讨论后者最初的战后计划时，一位英国官员报告说，罗斯福“感觉其条款都太偏向欧洲了，他特别强调了拉美国家的极端重要性”①。当凯恩斯和怀特在1942年夏末会面并首次讨论战后计划的细节时，怀特同样拒绝了凯恩斯主张的英美双边谈判，称这会制造出英美“合伙”的印象。他希望包括拉美国家在内的多国的共同参与。②实际上，在怀特数月前完成的会议日程草案中，他计划邀请许多国家来参加，在全体大会上与美国、英国、苏联、中国和荷兰一道发表主旨演说的就有墨西哥和巴西。③

107 人们常常忘记了，怀特最初的基金计划问世于1942年1月15日至1月28日在里约召开的泛美国家外长会议上。由于美国已参战，美国意在利用该场合向拉美地区提供额外的经济援助以加强安全合作，并切断他们同轴心国之间的联系。摩根索12月要求怀特起草计划的动机之一就是因为这次会议，并且怀特会跟随韦尔斯（美国代表团团长）出席。④作为里约会议筹备的一部分，怀特1月6日向韦尔斯和伯尔出示了基金原始草案，该草案还呼吁召集会议以讨论这样一个基金的创建。怀特建议在里约传阅草案，同时向其他盟国出示。⑤

韦尔斯和伯尔喜欢这个草案，但同时又认为，与拉美政府进行口头讨论和交流，要比提供正式文件为好。如果拉美官员喜欢，则可以起草决议在大会上表决通过。⑥怀特也乐于这样做，如此之下，他就有更多的时间来完善草案。就会议本身来说，确实拟定了决议并得到通过，即召集美洲国家财政部长（或他们的代

---

① Viscount Halifax to Mr. Eden, May 28, 1941, p.1, UKT 247/85.

② 引自 Penrose 1953, 48。亦可参见 Oliver 1975, 126; 1971, 44。

③ “Conference on Agencies.”

④ Horsefield 1969a, 12; Mikesell 1994, 6.

⑤ White to Welles, January 6, 1942.

⑥ “Meeting of American Delegates to Rio, State Department—Mr. Welles’ Office, January 7, 1942,” BWCC, box 11/5; White to Morgenthau, January 14, 1942, JVP, box 49, folder 7.

表）参加“特别会议”，“考虑国际稳定基金的成立”。[①] 摩根索坚持决议不提联合国家，因为之前并没有与联合国家的核心成员如英国、苏联和中国讨论。[②] 但在会议上，怀特向代表们澄清说，这并不意味着要建立“一个泛美基金”，而是包含了“相对美洲货币圈来说大得多的范围”。[③]

决议的序言陈述了基金将会“致力于美洲外长会议（分别在巴拿马和哈瓦那召开）所议定的经济目标的实现”[④]。对于拉美代表来说，它非常明确地确认了战后计划和睦邻金融伙伴关系之间的联系。后者的目标同样明确，这次在里约 108 通过的其他决议支持该地区经济发展和人民生活水平的提高。会议还通过一个关于泛美银行方案的决议，如果还有政府没有批准，那么就要继续研究该方案。实际上，怀特此时清楚地看到，拉美地区对于泛美银行与他新提议的基金和银行的工作并行展开，并互相补充。[⑤] 泛美银行在美国政府内的支持者此时同样发起（不成功的）行动，以说服参议员格拉斯允许方案参议院投票表决泛美银行方案。[⑥]

怀特在完善基金和银行方案时，头脑中一直把拉美国家作为受众。如上文所提到的，他选择了一位巴西官员在其提议的 1942 年会议上发表关于银行优点的演说。当 1943 年 9 月（直到当年 11 月才向大众公布）银行方案在内部开始完善之际，他们向罗斯福呈送了一份备忘录，里面谈到银行的发展职能，这是怀特和他的同事们专门为“我们的拉美邻居”设计的。[⑦]

拉美受众的重要性还体现在美国早期布雷顿森林草案中随处可见的“联合与联系国家”上。“联合国家”是指 1942 年 1 月 1 日签署了联合国家宣言的 26

---

① Director General of the Pan American Union 1942, 44.

② Southard, “Further consideration of the resolution on exchange stabilization for the Rio Conference,” January 19, 1942, TSF, 450/81/20/07, box 29.

③ “Observations Made by Mr. H. D. White at the Subcommittee of II Commissions—Meeting Held Jan. 21, 1942,” p.1, TSF, 450/81/20/07, box 29.

④ Director General of the Pan American Union 1942, 43–44.

⑤ 可参见 “Observations,” p.1; “Meeting on Proposal for an International Stabilization Fund and a World Bank,” May 26, 1942, p.2, ITM, box 20; White, “Preliminary Draft”（March 1942）, II–36。

⑥ Green 1971, 70–73.

⑦ “Proposal for a United Nations Bank for Reconstruction and Development,” p.1（undated but context suggests September 1943）, NDWP, box 8, folder 3.

个国家。[①]但“联系国家”是指战时与轴心国外交关系破裂但仍保持中立的国家。正如伯尔向一头雾水的加拿大官员解释的那样，这一短语实际上指的是拉美国家：“一批南美国家在该条目下，他们应该被包含于体系之内。”[②]

109 特别发展条款

当怀特在起草基金和银行早期方案时，他的头脑中装有拉美国家，最后一项证据来自一系列特别设计的条款，它们服务于穷国的需要，而这直接基于此前几年他在处理美国-拉美关系时所积累的经验。第一个此类“发展”条款已经提及过：银行在动员国际发展金融资源上所扮演的角色。在1942年1月拿出首个详细草稿时，怀特称银行的主要行动将包含“为有价值的生产性项目提供长期资本”，这将“直接或间接服务于借贷国生活水平的持续提高”。[③]在5月份为罗斯福起草的一份备忘录中，怀特还强调其计划的目标之一是“为国外的救济、重建和经济发展提供巨额资本，而这对实现世界繁荣和更高的生活水平来说是必要的”。[④]

根据怀特1942年1月的详细草稿，银行不仅有权直接向政府贷款，而且能向政治实体和私营企业贷款（前提是贷款要得到国家政府的担保）。它还能担保私人贷款，当然需满足一定的条件：（1）此类贷款利率不能过高；（2）可担保不超过80%的本金和不超过50%的利息；（3）借款不能“用于偿还旧贷款”。相对于直接贷款，怀特认为银行的担保功能才是第一位的，称“只要可能，银行就应担保而不是直接贷款”。可能头脑中还记着美国银行界对于泛美银行方案的反对，怀特不同寻常地注明，银行“只有非常确定贷款者无法以合理的利息从

---

① 签字国中有9个拉美国家（哥斯达黎加、古巴、多米尼加共和国、萨尔瓦多、危地马拉、海地、洪都拉斯、尼加拉瓜和巴拿马），与之相伴的是澳大利亚、比利时、加拿大、中国、捷克斯洛伐克、希腊、印度、卢森堡、荷兰、新西兰、挪威、波兰、南非、英国、美国、苏联和南斯拉夫。其后在1942年，巴西和墨西哥同埃塞俄比亚和菲律宾加入了联合国家。1943年，玻利维亚和哥伦比亚与伊朗和伊拉克一道加入。到布雷顿森林会议召开时为止，以下拉美国家还没有加入：阿根廷、智利、厄瓜多尔、巴拉圭、秘鲁、乌拉圭和委内瑞拉。

② （No author），“Canada-United States Discussion of Stabilization Fund Proposals, US Treasury April 21-26, 1943，” p.2. NAC, RG 19, v. 3981.

③ White，“Suggested Plan”（January 1942），p.22, 23.

④ “Memorandum for the President，” May 14, 1942, SMHDW, box 14. 同样的描述见于摩根索给罗斯福的附信中（US Department 1963a, 172）。

私人借贷者那里借到款项时”，才能直接向其发放贷款。[①]

有关穷国的第二条，是拟议中的基金提供短期贷款，协助一国取得支付平衡的能力。在初稿中阐述收支金融补偿问题时，怀特并没有专门提及南方国家的需求。但数年后，伯恩斯坦强调，怀特正是在他拉美经验的基础上直接改进了基金初稿。国际基金只是简单地将怀特之前在该地区推行的美国外汇平准基金的 110
双边稳定贷款多边化了。[②] 其后，拉美的先例得到了国际货币基金组织首席法律专家约瑟夫 · 戈尔德（Joseph Gold）的强调，他说战后国际基金最初的借贷是以 1941 年 11 月的美国外汇平准基金对墨西哥贷款为样板的。[③] 1942 年初，当怀特的初稿开始在美国政策制定圈传阅时，曾从事拉美事务的其他美国官员同样强调，基金的借贷职能对于商品出口国将尤为有用。一份 1942 年 3 月的备忘录讨论了怀特的初稿，纽约联储的亨利 · 沃利克评论说：“鉴于拉美出口呈现出的季节性特点，有一些国家的外汇储备会出现有规律的波动，基金对此能够完美解决，甚至一些更大的失衡也能通过这种方式照顾周全。”[④]

第三，正如他在泛美银行谈判和出使古巴期间所做的那样，怀特注意到了穷国对于减少资本流出的需求。在 1942 年 3 月的草稿中，怀特讨论了投机性金融流动的破坏性特点，分析了这些国家所面临的特殊问题：“在某一发展阶段，某些国家的资本流动可能没那么狂热和剧烈，但从长远来看，危害甚至更大，即资本逐渐流出直至干涸。在这个过程中，这些国家却因为这样或那样的原因无力保持住足够的资本。”[⑤] 这段文字与怀特的随员发给他的备忘录中的一段话极为相似，那是数月前古巴使团描述如何实施汇率管制以帮助减少资本“逐步逃离”古巴的时候。[⑥]

---

① White, “Suggested Plan”（January 1942）, pp.23, 22.

② Black 1991, 35. 布雷顿森林会议开幕前两周，伯恩斯坦协助摩根索起草会议开幕式发言稿。在致摩根索的一份内部备忘录里，伯恩斯坦也提到了类似的一点（他还提到了 1936 年与法国和英国达成三方协定的历史）：E.M. Bernstein to Mr. Smith, June 12, 1944, MD, book 748, p.170。

③ Gold 1998. 亦可参见 Bordo and Schwartz 2001；Schwartz 1997, 152。Boughton（2004, 189–190）称美国外汇稳定基金于 1936 年给墨西哥的贷款是比 1941 年协定更早的先例。

④ Wallich to Knoke, March 10, 1942, p.6, ISF, box 247.

⑤ White, “Preliminary Draft”（March 1942）, p.II–49. 亦可参见 Horsefield 1969b, 67。

⑥ Spiegel, “Factors relating to Cuban proposals,” September 30, 1941, p.2, CFHDW, box 5, Chron. 27.

泛美银行方案曾计划以吸收私人存款的方式回流资本,但怀特拟议中的基金和银行并不这样,他是以美国赴古巴技术代表团 1942 年 4 月报告中所记载的方式来处理资本逃离问题的:针对国际资本的流动,实施边界控制。怀特 1942
111 年 1 月的版本包含了一项条款,基金所有成员国都需要“在加入基金后的 6 个月内,全面放开成员国间的外汇交易,放弃外汇管制,如有例外需取得基金批准”。但在此后的详细解释中,他清楚地表示希望基金能大量批准此类例外活动,包括资本控制,他还特地表示,那些对此类控制的批评“既不理性也不靠谱”。①

为了强化他对资本控制的强调,怀特甚至进一步提议新型国际合作,以提高效率。他提议基金所有成员国同意:“(1)如未得到成员国的允许,既不接受也不同意来自该国的存款或投资;(2)在任一成员国的请求下,其他成员国国民在该国持有的任何形式——存款、投资、证券和银行金库保管物——的财产都可加以利用。”② 该条款引进了新型国际义务,以对他国强制实施资本控制。在资本逃离的例子中,穷国在追踪资本非法流出方面存在困难,现在则可求助于资本接收国来加以控制。正如怀特在 1943 年中期所说,基金“从流出和流进两方控制资本的流动,也许这种双重控制会有效果”。③

第四,怀特授权基金和银行在国际债务调整上提供便利。在 1942 年 1 月的详细草案中,基金的目标之一是“便利国际公私债务的清算和调整”。清算债务的角色来源于一则条款,即成员国“在没有得到基金允许的情况下,政府、中央银行和政府代理均不得在对外债务上违约”。怀特称,相对于 20 世纪 30 年代的经历,该条文将使人们在解决债务危机时更有秩序,也更公平。正如他所说:“很难想象,违约国或从贷款延期中获得最大利益的国家能够就违约问题做出客观决定。欲求可行的方式,就必须得到一众国家的赞同,而且其中绝大多数国家都不会受到该决定直接的或即刻的影响。基金的赞同似乎能保证上述的客观或

---

① White, “Suggested Plan”(January 1942), pp.10, 34.

② White, “Suggested Plan”(January 1942), p.10. 非常类似的行文又出现于随后的早期版本中,如 White, “Preliminary Plan”(March 1942), p.II–48。

③ John Deutsch, “International Stabilization of Currencies—Informal expert discussions, US Treasury, June 15–17, 1943,” p.10, NAC, RG19, v. 3981. 20 世纪 30 年代末,怀特曾呼吁限制投机性资本流入美国(如 Acksay 200, 126)。

公正。”[1]1942 年早期的版本——包括 1942 年 3 月的版本——还保留了该条款，称在债务调整中，基金有实施“强制仲裁”的职能。[2] 112

正是在 1942 年 1 月的版本里，怀特还禁止银行贷款给那些外债违约的国家，除非“在银行任命的特别委员会协调的基础上，违约国同意重新履行还债义务”[3]。该条款与怀特曾于 1939 年 12 月在泛美银行谈判期间讨论过的一项条款非常类似。为了说明它的合理性，在 1942 年 3 月的版本中，他强调银行任命的委员会在“便利债务调整”方面能做得“相当好”。这是因为“相对于代表债权者的债券持有者委员会”，它“能以更为客观的态度处理问题，与代表债务方的委员会共事。”如他所说，委员会能够“从更广泛的层面出发，优先考虑国际而不是外国私人投资者的利益，这种安排将使债权国和债务国变得更好。相对于过去在某种政治压力的作用下达成债务调整，或是以提供新贷款的形式诱惑违约政府达成协议来说好得多。实际上，过去的做法也只有在调整条款得到债券持有者同意的情况下才能进行”[4]。

这些条款是 1933 年拉美方案和韩森 1939 年观点的重生，这也揭示了怀特在泛美银行方案基础上进行深化的真实历程。实际上，在 3 月的版本里为银行辩护时，怀特甚至公开其所遭遇的挫折，即 20 世纪 30 年代末美国推动向拉美国家发放公共贷款时，常常遭到债券持有者的阻挠。怀特强调，如果违约国家接受银行任命的委员会——不管债券持有者做什么——的建议，银行就会放贷，他说：“如今债券持有者常常阻挠政府扩大信贷，只因他们不满意违约国政府提出的调整方案。”[5]

怀特还提到其他两件非金融事务，这主要发生在 20 世纪 30 年代末和 40 年代初美国—拉美会谈期间。第一件事关乎国际商品价格稳定。在回应 1940 年中期罗斯福计划时，怀特的 1942 年 3 月草稿称银行将“组织并资助一个国际商

---

① White, “Suggested Plan”(January 1942), p.9, 11, 45.

② White, “Preliminary Draft”(March 1942), p.II–59. 亦可参见 Horsefield 1969, 71。

③ White, “Suggested Plan”(January 1942), p.23. 其他两个例外是：如果“违约发生于同一战争中的两个盟国”和如果“90% 的成员投票赞成贷款”(p.23)。

④ White, “Preliminary Draft”(March 1942), pp.III–12–13. 亦可参见 Oliver 1975, 303。

⑤ White, “Preliminary Draft”(March 1942), p.III–13. 亦可参见 Oliver 1975, 303。

113 品稳定公司，以稳定重要商品的价格”[①]。在有关基金1942年1月的详细草稿中，怀特还讨论了贸易政策，为穷国在幼稚产业上施加保护性关税大加辩护。他认为，那些认为贸易自由化将带来更高生活水平的信条假定“一个以农业为主的国家具有同以工业为主的国家或者一个工农业均衡的国家一样多的经济、政治和社会优势”。他补充道：“它假定出口多样化不会带来什么。它大大低估了一个国家提升自身的能力，只要它愿意付出一定的代价，它就能在一代人的时间内实现起飞。该观点还忽视了非常重要的事实，国家间的政治关系只有在塑造一国的经济结构而不是用最少的人生产产品时才极为重要。”[②] 怀特 1942 年 3 月的版本一再重复这一观点，称构成了自由贸易理论基础的前设假定“无效”且“不真实也不合理”。[③]

1941 年 12 月，在致副总统亨利·华莱士（Henry Wallace）的信中，怀特清楚地表明他关于贸易政策的观点受到拉美背景的影响。在评论华莱士起草的一则条文时，怀特写道：“如果许多国家的生活水平有待提高，那么我同意关于提高工业化水平的总体目标以及这么做的必要性。”他随后又预言了下个月在基金草案中要做的事情：

> 对于低工业水平国家来说，如果在其工业幼稚期没有关税机制的保护，那么扩大工业化的任何尝试都是极其困难的。很难想象，有哪一个拉美国家，举个例子说，在不追求工业保护政策的情况下，能对其工业扩展做有意义的工作。他们中的大多数，我相信，已经准备好了实施这一政策。工业化国家如英国、美国、德国、日本等在大规模生产工业产品方面的优势是如此明显，以至于非工业化国家若不实施关税保护或补贴就不可能培育出竞争性工业。[④]

① White, “Preliminary Draft” (March 1942), p.I–15.

② White, “Suggested Plan” (January 1942), pp.43–44.

③ White, “Preliminary Draft” (March 1942), p.II–56. 亦可参见 Horsefield 1969b, 70。

④ White, “Memorandum for Vice-President Wallace,” December 1, 1941, pp.3–4. SMHDW, box 14.

走向布雷顿森林会议 114

通过以上方式，我们能够看到怀特的最初方案如何反映了其在发展事务上的责任，而这正是在睦邻金融伙伴关系中孕育的。起初，方案只是在财政部的同事们手中传阅；1942 年 5 月起，怀特计划开始在他担任主席的部际“技术委员会”中传阅。虽然成员时有变动，但活跃的成员包含了一批参与美国-拉美金融伙伴关系的人，如伯尔、伯恩斯坦、科拉多、克莱顿、加德纳、戈登韦泽和约翰 · 杨格（John Parke Young）。①

技术委员会对于基金方案的态度，是怀特最初关注的内容。需要指出的是，这样的选择并不意味着银行就不重要（有时学者们会这样暗示）。当被世界银行口述史项目采访者问到“为什么美国官员更关注基金而不是银行”时，财政部律师安塞尔 · 勒克斯福德（Ansel Luxford）——密切参与了美国技术委员会，也是参加布雷顿森林会议的代表——这样解释：“相对于银行，作为一个技术问题，基金很明显是更具挑战性的问题……国际上都认可银行，我们内心里非常满意。”稍后，他在采访中强调了这一点（描述直接与序言中提到的皮特的话相悖）：“银行不是马后炮。它始于怀特的第一份文稿——它们总是被认为是一个组合，但是银行的复杂性与基金的并不完全相同。”② 在 1944 年 4 月初的一次会议上，怀特本人告诉同事们，因为“技术难度相对较小”及“很容易解决”的缘故，他并不担心银行的进度更慢一些。③

初期聚焦于基金工作也是一个策略性决定。如果美国官员过早向英国人传送银行方案，英国人就能以支持银行的方式换取美国人支持凯恩斯的国际清算同盟方案。既然怀特和其他美国官员们极为担心后者，那么这是一个可以避免的环节。④ 勒克斯福德稍后还说明了，美国官员非常清楚，相对于控制汇率的基

① Young 1950, 779, n.2; Mikesell 1994, 7.

② Oliver 1969a, 6, 8. 亦可参见 Mikesell（2000, 25），那时他与怀特保持着密切的工作联系。

③ E.M. Bernstein, “Memorandum of Meeting at State Department, April 1, 1944,” p.1, BWCC, box 6/9.

④ Oliver 1957, 388; Harrod 1951, 541.

115 金,英国和其他国家会更欢迎银行。他回忆起美国官员坚持只有基金成员才有资格加入银行,原因是:“基本上,我们很想让各国先同意货币领域的标准,然后才能享受银行的好处。”[1]鉴于这样的策略,两个方案的谈判顺序也就说得通了。

在美国技术委员会详细讨论之后,怀特拟议的“国际稳定基金”于 1943 年 4 月被公之于众,同时被公布的还有凯恩斯的国际清算同盟方案。1943 年夏,怀特与外国政府就此草案进行了充分的讨论和交流后,美国官员们才宣布他们已经准备好了完善银行方案。[2]从 8 月 31 日美国技术委员会的一次会议开始,美国大大加快了对于银行方案的讨论。委员会达成了一致,即他们需要该机构,并明确了它的主要特征。[3]1943 年 11 月,美国银行草案对外公布。

美国计划的演进

在怀特进一步修改其计划时,一些关于发展的条款消失了。一是关于幼稚产业保护的讨论。原因很简单,它属于战后国际贸易规则的范畴,是需要单独谈判的事项。[4]另一项消失的条款是银行将协助国际机构稳定商品价格。在 1943 年 6 月初技术委员会的会议上,怀特承认他关于商品稳定公司的方案“充满矛盾”,他对于在未来的会议上“只给其附属地位”感到忧心。[5]当 1943 年秋美国官员开始逐条讨论怀特的银行草案时,威尔·克莱顿也认为银行在金融和国际商品公司中所扮演的角色“政治上不可行”,该条款遂被放弃。[6]共和党人在 1942 年秋季选举中获得多数之后,怀特的某些大胆计划需要“瘦身”以获得国会的同意。[7]

116 怀特关于基金和银行国际债务调整的职能也放弃了。通过两个版本的对比

① Oliver 1961a, 7. 亦可参见科拉多的评论, McKinzie 1974, 13–14。

② Oliver 1957, 397.

③ White to Morgenthau, September 22, 1943, SMHDW, box 14.

④ 关于国务院对讨论商品价格稳定的反对意见,见 Oliver 1975, 158。

⑤ “Minutes of Meeting Held in Mr. White's Office,” June 3, 1942, p.3, ITM, box 20.

⑥ “Meeting in Mr. White's Office, Aug 31, 1943,” p.2, ITM, box 21. 亦可参见 “Minutes of Meeting Held in Mr. White's Office,” May 28, 1942, p.4, ITM, box 20。

⑦ 可参见 Oliver 1961a, 4。 怀特计划中的其他一些方面——如发行银行券、扩大黄金贷款,以及短期国际贸易金融,同样因为这一原因而被放弃(Oliver 1975, 157–158)。

可知，银行大约是在 1942 年 11 月 25 日和 12 月 11 日之间丧失了这一职能。[①] 在美国档案中，我没有找到关于这一具体时间段发生改变的任何解释，但是文件显示，在这一年早些时候，该问题已经表现出矛盾性。创建国际稳定基金的方案第一次被提交到泛美会议，是在 1942 年 1 月召开的里约会议上，原始草案决议的序言曾建议基金将能够“便利国际公私债务的清算”[②]。然而，摩根索坚决要求怀特在提交会议之前删除该条款。摩根索的理由与美国官员 1933 年在蒙得维的亚时提出的一样。根据索瑟德的说法，财政部长称：“他不想成为任何有关债务回收协约中的一方，不搞美元外交。”[③] 尽管怀特在里约遵从了这一指示，但他还是在国际货币基金的初稿中又加了进去，但在这一年的晚些时候又被迫将之删除。

当 1943 年秋开始认真讨论怀特的银行方案时，美国官员还非常迅速地删除了另外两项条款，即禁止银行贷款给违约国；把银行帮助解决债务违约问题作为借贷的前提条件。[④] 勒克斯福德和国务院的约翰·杨格担心，违约国家——尤其是位于拉美地区的国家——在解决债务之前不能从银行借贷，会减少支持银行的热情。[⑤] 不同的是，科拉多称银行在债务重组中的角色或许会鼓励一些国家违约，因为银行会帮助他们调整债务。[⑥]

怀特关于资本控制的条款既有削弱也有加强。削弱的一面是，关于控制资
本逃离的强制性国际合作方案最终被放弃了（尽管各国仍被要求在外汇管制规 117

---

① “Bretton Woods Institutions, IMF, Plans, US Treasury (White), 1942,” ISF, box 55.

② “Resolution on the Stabilization Fund of the United and Associated Nations,” TSF, 450/81/20/07, box 29. 这一短语同样可见于怀特 1942 年 1 月 6 日传阅给韦尔斯的关于基金的初稿大纲（White, “Proposal for a United Nations Bank,” p.1）。

③ Southard, “Further Consideration of the resolution on exchange stabilization for the Rio Conference,” January 19, 1942, p.2, CFHDW, box 6, Chron. 31.

④ 后一条于 9 月 3 日和 9 月 8 日之间首先被删掉，前一条消失于 9 月 24 日的版本中。见 ISF, box55。12 月，证券与交易委员会助理主任沃尔特·洛凯姆（Walter Louchheim，也是技术委员会成员），劝说怀特再次添加对于银行职能的说明，即银行本能有助于国际债务问题的解决，但没有成功。Louchheim to White, p.1, December 8, 1943, HDWP, box 8, folder 3.

⑤ Luxford to White, September 4, 1943, HDWP, box 8, folder 3; J.P. Young, “Some Points of Possible Difficulty in Proposal for a United Nations Bank for Reconstruction and Development, Sept. 14, 1943,” p.1, ISF, box 55.

⑥ “Meeting in Mr. White's Office, Sept 22, 1943,” p.2, ITM, box 21.

则上保持合作以提高效率)。美国本是一个资本外流接收国,如今却被要求配合外国政府以限制资本外逃,遭到纽约银行界的强烈反对。与此同时,成员国控制资本流动的权力加强了。怀特的最初方案要求此类活动要征得基金的同意,但后续的版本和基金最终宪章允许所有成员国在控制所有资本流动上有不容置疑的权力,而这无须得到基金同意。美国许多银行家反对该条款,但他们却无力削弱它。[①]

美国政策制定者同样保留了国际银行支持国际发展的承诺。正如怀特在1943年9月的银行草案中所说:“远东、南美、巴尔干和近东国家将需要大额投资以提高他们非常低的生产力水平。”[②]当银行草案于1943年11月首次公布时,摩根索就声明其发展职能优先。他注意到“联合国家的一个伟大的贡献是,为了生产上的目的,资本贫乏的国家能够以合理条款获得充分的资本”。他还专门强调富国在国际发展金融中的重要性:“我们有必要认识到,生产性资本投入到欠发达和需要资本的国家,不仅意味着那些国家能以更低的价格向世界提供食物,还意味着他们同时会为世界提供更好的市场。”[③]在1943年9月的银行草案中,怀特的表述非常类似,并称在世界范围内提高生活水平有助于“政治稳定和国际友好合作”[④]。

财政部于1944年6月给参加布雷顿森林会议的代表和记者们提供了一份银行草案,同样强调了发展性借贷的重要性。该文件记述了战后世界“经济落后地区对于发展性”资本的迫切需求。这也标志着美国在继续支持商品出口国利用贷款促进经济多样化:“过去,国际收支的巨大波动是一些债务国最为困难
118 的问题,这是过分依赖于某一种农作物引起的。贷款将给他们带来多样化的出口,而这必将有助于他们在收支方面更好地维持平衡。”[⑤]

发出1944年布雷顿森林会议的邀请后,美国政府的确发出声明,会议“将

① Helleiner 1994, chap.2. 施行资本控制措施无须经过基金批准的内容已经包含于1943年春公布的怀特计划中(Horsefield 1969b, 95)。

② White, “Proposal for a Bank for Reconstruction and Development of the United and Associated Nations,” September 3, 1943, p.1, ISF, box 55.

③ US State Department 1948, 1618.

④ White, “Proposal”(September 3, 1943), pp.4–5.

⑤ Schuler and Schuler 2013, 8, 26.

为一个国际货币基金，可能还有一个复兴与开发银行确定正式方案”。“可能”一词提出了一些问题，即美国对于银行的承诺在多大程度上是认真的。不过，这只是反映了邀请之时美国官员对于会议前景的不确定性，即关于银行的国际谈判能否在会议上取得一致的问题。[①] 因此，它不能反映出美国对银行缺乏兴趣。

会议讨论银行方案所用的时间较少，这也不能说明人们对该机构缺乏热情。正如科拉多（在会议上正是他领导起草了银行终稿）其后指出的，尽管花费的时间不多，但美国官员看到了对于银行的“巨大需求”。[②]1957 年，在采访了一批会议亲历者后，一位银行职员总结了他们的集体记忆如下：“对基金的强调并不意味着银行是次要的，而是基金角色的设定是为了监管世界货币体系，在国际饮食中给了它菠菜的位置，同时银行更多的像甜点。布雷顿森林方案的起草者们坚信事有先后，先事先为。众所周知，菠菜在甜点之前。”[③] 会议进行到一半，怀特还向他的美国同事解释，为什么他曾经鼓动会议先聚焦于基金：“基金是首先要解决的事情；它更为复杂，涉及更多工作，并且观点上的分歧也更多。”[④]

如果美国官员非常支持国际发展性借贷，那么为什么在这一部分中为一家公共机构确定具体职能被视为非常必要的事情？部分是由于怀特和其他美国官员预判到，私人投资者很有可能会被货币紊乱、外汇管制、政治混乱、“反外资”情感和违约的风险所吓退。[⑤] 银行之所以被设计出担保贷款的功能，主要是用 119
于帮助并鼓励复活私人借贷。但即便私人投资者愿意借贷，美国官员仍然视直接借贷为银行的重要职责，这是因为他们不相信私人市场具备充分资助发展目标的能力。举例说：哈佛大学经济学教授阿尔文·汉森（Alvin Hansen，技术委员会成员，随后参加布雷顿森林会议）注意到，银行能够资助那些看起来不会带来好的回报的项目，但“如果没有这些项目，私人投资、工业化和农业多样化也

---

① 例如，可参见伯恩斯坦的意见，Black 1991，42。亦可参见 Mason and Asher 1973，19；Fuchs 1974b，17。

② McKinzie 1974，17.

③ Boskey 1957，2.

④ MD，book 753，p.150. 亦可参见比利时代表的评论，Kapur，Lewis，and Webb 1997，59 n. 9。

⑤ White，“Proposal”（September 3，1943），pp.4–5. 引自 Viner，Norman Wait Harris Memorial Foundation 1941，95。

不可能出现,生产力和生活水平等基本发展项目也不可能得到提升”[①]。联储委员会官员阿瑟·布卢姆菲尔德(Arthur Bloomfield)同样认为,私人借贷者常常对“许多必要的社会经济项目,如公共卫生、自然资源保护和消除疾病等”缺乏兴趣,而银行能够“为更广泛的目标而非狭窄的利润和市场流通服务”。[②]

这仍然没有解释清楚为什么公共角色通过国际机构来实现的必要性。为之辩护的论点与之前对泛美银行方案的辩护类似。举例说,加德纳认为:“由于此类机构不会服务于任何国家的政治野心,它不能被谴责为是美元外交。”[③]汉森暗示:“一家国际性银行能够推动同行自律,将美国从单独承担合同和履行义务中解放出来。”[④]此外,布卢姆菲尔德称:“通过非私营的国际组织增加长期信贷,债权国与债务国之间,或债权国内部爆发政治冲突的危险性被极大地降低了。”[⑤]

罗斯福与新政价值观

此时美国官方在推动穷国经济发展上的兴趣之大也值得强调。罗斯福本人
120 甚至在参战前就把关于战后世界的发展目标置于优先位置。1941 年 1 月,罗斯福在赢得第三次竞选后发表国情咨文,提出“四大自由”,其中之一即“免于匮乏的自由——通俗易懂的说法即这是一种经济共识,无论在世界何方,各国都能确保其居民安居乐业”[⑥]。

这一宏大目标为罗斯福和丘吉尔在 1941 年 8 月 14 日发布的《大西洋宪章》所重申,历史学家视之为“官方首次勾勒出战争目标以及战后世界的面貌”(其

① Alvin Hansen, “International Development and Investment Bank,” p.2, November 13, 1943, CFR, box 300, folder 3.

② Arthur Bloomfield, “The Proposed United Nations Bank for Reconstruction and Development,” p.4, ISF, box 57.

③ Walter Gardner to Szymczak, “The International Investment Bank Proposed by the Treasury, Feb 15, 1944,” p.3, ISF, box 56. 亦可参见 Division of Economic Studies, State Department, “Proposal for an International Investment Agency,” September 28, 1943, p.4, ISF, box 55。

④ Hansen 1944, 33–34. 关于伯恩斯坦的评论,亦可参见 Wallich to Knoke, January 20, 1944, ISF, box 56。

⑤ Arthur Bloomfield, “The Proposed United Nations Bank,” pp.5–6.

⑥ 引自 http://docs.fdrlibrary.marist.edu/od4frees.html。

目标与原则都在 1942 年 1 月的《联合国家宣言》中得到确认）。[1] 宪章八条原则之一致力于保证“所有土地上的所有人在生活上有免于恐惧和免于匮乏的自由”。历史学家伊丽莎白·博格瓦特早已指出，罗斯福对于“免于匮乏的自由”原则的承诺此时如何成为更大胆的“新政国际化”的一部分。新政人士已经将个人的经济安全和更广泛的美国政治稳定联系在一起，罗斯福则把在全世界范围内支持生活水平的提高视为战后全球政治稳定的关键基石。他在看待它和《大西洋宪章》的其他原则时可谓豪情万丈。正如博格瓦特所认为的：“在他的数次新闻发布会上，罗斯福将《大西洋宪章》明确表达的理念与美国宪法、英国大宪章，甚至是十诫相提并论。”[2]

在罗斯福拿出“四大自由”讲稿（几乎由他本人独立完成）后，一名职员询问他是否真的要将“免于匮乏的自由”应用于“各地”，因为美国人可能并不关心爪哇人民。罗斯福明确回应：“恐怕某一天他们不得不要……世界越来越小，如今就连爪哇人民也正在成为我们的邻居。”[3]“邻居”一说并不是偶然的。金博尔（Kimball）称，罗斯福“相信他的睦邻政策为战后世界提供了一个范例”。[4] 正如我们看到的，在培育泛美反法西斯同盟的背景下，罗斯福于 1936 年在布宜诺斯艾利斯的重要演说已经强调了生活水平和国际政治稳定之间的联系。[5]

杰拉尔德·迈耶曾称，布雷顿森林谈判“在很大程度上保持了”对于罗斯福 121
“四大自由”的精神、《大西洋宪章》和《联合国宪章》的“免疫”。[6] 这种观点让人难以接受。怀特基金和银行初稿中非常清晰地涉及这些高尚的目标。他在 1942 年 1 月 6 日的备忘录中特别说明，他设计稳定基金是为了便于“实现大西洋宪章的经济目标”，成员资格只向赞同宪章目标的国家开放。[7] 在他更为详细

① Borgwardt 2005, 33.

② Borgwardt 2005, 3, 5. 关于大西洋宪章，见 p.304。

③ 引自 Rosenman 1952, 264。

④ Kimball 1991, 107. 亦可参见 Pike 1995, 22–23, 223, 226。

⑤ 罗斯福“免于匮乏的自由”的概念可能是受到 1940 年秋英国新闻界讨论的影响。讨论的是关于击败希特勒主义的需求问题，这意味着有义务降低生活水平，包括住房、食物、教育和医疗（Rosenman 1952, 265）。怀特此时同样密切追踪英国的政治发展。见 White to Morgenthau, “Recent Social Changes in England—Summary,” December 11, 1940, CFHDW, box 4, Chron. 18。

⑥ Meier 1984a, 11.

⑦ White, “Proposal”（January 6, 1942）, p.1.

的1942年1月草稿中，怀特还称，将要求银行成员公开赞同《联合国家大宪章》（*Magna Carta of the United Nations*）。[①]同一条款还存在于他的3月草稿中，他解释说，《联合国家大宪章》将构成“联合国家人民的权利法案”，树立了“那些同侵略国浴血奋战的人们所追求的自由典范，希望他们能够实现并对那些他们正在保卫的东西保持信仰”。[②]不仅如此，怀特还起草了《联合国家大宪章（草稿）》并附在他的方案后面（尽管这似乎已在历史记录中遗失）。怀特以下面的方式将之列为银行成员国的资格要求：“将该条文收录在内意在明确告知各地人民，这一新的机构已经远远超出通常的商业考虑和经济利己主义考虑。它们将是国际金融领域真正新秩序开始的证据，而这正是迄今为止我们一直缺乏的。”[③]

摩根索同样强调怀特早期草稿与罗斯福更广泛的思考之间的联系，他在1942年5月将怀特计划介绍给罗斯福时，称之为“国际经济领域的新政”。[④]摩根索头脑中的新政价值观之一部分在其布雷顿森林会议闭幕演说中体现得非常明显，他双手欢迎大会通过的新国际机构能够“限制私人银行家，他们过去控制
122 国际金融并凌驾其上”。[⑤]摩根索同样期待削弱中央银行的影响——在泛美银行方案的讨论上就已非常明显——在布雷顿森林会议上，他大力支持挪威对于“尽可能早地”废弃国际清算银行的呼吁。[⑥]但是同样重要的新政价值观是对于解决贫困问题的承诺。在1944年会议的开幕词中，他说目标是为“地球上所有

---

① White, “Suggested Plan”（January 1942）, p.20.

② 引自 White, “Preliminary Draft”（March 1942）, pp.III–4, III–40。亦可参见 Oliver 1975, 319。

③ White, “Preliminary Draft”（March 1942）, pp.III–41. 亦可参见 Oliver 1975, 319。

④ US State Department 1963a, 172. 怀特实际上写上了这些字：“Memorandum for the President,” May 14, 1942, SMHDW, box 14, file: D1–No.3。

⑤ 摩根索继续说道：“这绝不是要限制银行家进入投资圈。相反，它会极大地扩展这一领域，增加国际投资规模，并以极具效率的贷款稳定者和担保者的面貌存在。国际复兴与开发银行的主要目的是担保通过常规投资渠道产生的私人贷款。它只会在私人贷款不能以合理利率通过常规渠道获得时才会亲自发放贷款。结果就是以较过去为低的利率为那些有需要的国家提供贷款，仅将高利贷者逐出国际金融的大厦。”（US State Department 1948, 1118–1119）最后一句似乎是在引用罗斯福1933年首次就职演说中的话，总统注意到“货币兑换商从我们文明殿堂中的宝座上逃走了。我们现在得以按古老的真理去重建它。重建的措施取决于，相对于仅追逐货币利润，我们能在多大程度上实现更为高尚的社会道德”（Roosevelt 1933）。在摩根索日记（MD, book 757, p.97）中找到的摩根索的一份演说草稿中，很有意思的是，你能发现有人（推测就是摩根索本人）一开始就强化了这一短语，即删去“仅将高利贷者逐出国际金融大厦”的“仅”。但后来这个词又被用铅笔加上，最后出现于演说定稿中。

⑥ 特别参见 MD, book 755, pp.174–186, 211–213; book 756, pp.119–122, 134–136。

国家的所有人民确立满意的生活标准”[①]。他还称：“繁荣，如同和平一样不可分割。我们不能承受它支离破碎的后果，或以其他人为代价来享受它。贫穷，无论它在哪里，都是对我们全体的威胁，并会破坏我们每一个人的幸福。”[②]

摩根索的最后一句话，与两个月前国际劳工组织（ILO）的一次重要大会上的声明非常相似：“无处不在的贫穷构成了对普遍繁荣的威胁。”[③]罗斯福于会议结束时在白宫接见该组织代表，特地引用了这句话，表示赞许之外又补充道：

> 该原则是我们审议所有国际经济事务的指导……实际上，无处不
> 在的贫穷构成了对普遍繁荣的威胁。我想到了一个小殖民地，地球表
> 面的一小块土地，冈比亚（Gambia），我曾碰巧从巴西去过那里。那
> 里的人们友好平和，就像人们说的，穷的就像教堂里的老鼠……呃，
> 当我到了那里以后，我没有想着谁要为此负责，但是如果他们少一些
> 贫穷，那么也会给冈比亚之外的更多人们带去繁荣。他们越来越穷是
> 因为受到剥削。我想在国际劳工组织的下一次会议上应该会有个新名
> 词，它在我的后脑勺上停留过很长时间，它反对富人——政府以及个 123
> 人对于穷人的剥削。我想，如果我们能将此铭记在心，“反度”
> （agin）——我们说的爱尔兰英语——反对世界各地的剥削，我们就
> 能实现一些什么。这对我们所有人来说都是一件极好的事。[④]

在世界贫困地区提高生活水平是罗斯福的志趣，这在其他情况下也是如此。[⑤]布雷顿森林会议开幕前，他邀请各国参加一场会议——联合国家首次——1943年5月至6月弗吉尼亚州温泉（Hot Springs）会议，发表了被官员们称为“免于食物匮乏的自由”（freedom of want of food）[⑥]的演说。针对贫困地区的营养需求和人们的生活水平，会议进行了很多的讨论，为此成立了粮食及农业临时委

---

① US State Department 1948，82.

② US State Department 1948，81. 该短语“繁荣，如同和平一样不可分割”同样包含于对于怀特计划的一份简短的摘要中，它于 1942 年 5 月中旬被呈送给罗斯福（US State Department 1963a，174）。

③ 引自 Alcalde 1987，141。

④ Roosevelt 1944，1.

⑤ 亦可参见 Pruessen 2009。

⑥ 该短语来自 Frank L. McDougall，“Draft Memorandum on a United Nations Program for Freedom From Want of Food，” February 11，1943，RIIACR，Economic Group Paper 75，Group Papers 9/22d.

员会(委员会接着就起草了《粮食及农业组织宪章》,1945 年 10 月正式问世)。1943 年春,罗斯福同样要求一个部际委员会起草备忘录,表明“帮助他人提高生活水平‘对我们自己的钱袋和本国的安全是有好处的’”[①]。他头脑中想的全是拉美的形势。1943 年 6 月,在给洛克菲勒的一封信中,他写道:“我非常想解释清楚……巴西热苏斯・费尔南德斯(Jesus Fernandez)的经济和社会福利确实影响到了印第安纳特雷霍特(Terre Haute)的约翰尼・琼斯(Johnny Jones)的经济和社会福利。”[②]最后形成的《“国外生活标准”报告》——由艾奇逊、克莱顿、科拉多和洛克菲勒等人组成的部际委员会完成——称,在随后的十年里,低工业化国家可以引进使用 30 亿至 35 亿美元的外资,作为利率低和还款期长的公共贷款,其所占比例相当可观。

美国对国际发展的广泛兴趣

罗斯福的副总统亨利・华莱士同样热心于支持国际发展。1940 年访问墨
124 西哥后,他开始特别支持拉美工业化、农业改革、小农场的发展以及改善该地区的教育和营养水平的活动。[③]二战期间,华莱士认为免于匮乏的自由是罗斯福“四大自由”中最为重要的一条,他力促战后计划改善“世界上普通人民的生活条件”[④]。在他看来,世界上贫困地区生活水平的提高将会给美国出口带来市场,阻止法西斯主义和共产主义,构筑战后和平与民主的基石。为帮助贫困地区的发展,他呼吁“一家国际性银行和一家国际化的田纳西河流域管理局”,以及一个国际商品价格稳定机构。[⑤]

经济战委员会(以经济防御委员会的名义)创建于 1941 年 7 月,华莱士任主席,最初目的即用于加强同拉美国家的联系,怀特的技术委员会中也有其代表。建立伊始,经济战委员会就讨论创建一个国际机构以推动发展事宜。在此基础上,1941 年 10 月,温菲尔德・里夫勒——他曾参加对泛美银行方案的讨

---

① 罗斯福的话是引自 Rivas 2002, 58。亦可参见 Green 1971, 123–129。

② 引自 Green 1971, 129。

③ Walker 1976; Gellman 1979, 167–171; Woods 1979, 66–67; Cullather 2010, chap. 2; Rivas 2002, 54–57.

④ 引自 Walker 1976, 83。

⑤ 华莱士的话引自于 Ekbladh 2010, 85。亦可参见 Walker 1976, chap. 7; Rivas 2002, 56。

论——拟就长达 70 页的计划，名为《国际发展机构》。计划的目标是："为了论证，准确地说，民主国家现在可以实现和平目标即'免于匮乏的自由'的方式。"他拟议的机构将由美国和英国创建，旨在"推动不发达地区如加勒比、多瑙河谷地、中国、荷属东印度和拉美的经济发展"[1]。那些为当地政府许可的致力于发展性项目的跨国企业（公营、私营或公私合营）将会被授予特权。企业中的私人投资者将获得保证，他们可以交易持有的国际发展机构债券，并得到美英资本的支持。

里夫勒的方案迅速引起了贾各布·瓦伊那的注意，后者是摩根索的助理专员，并在数月后的 1942 年 1 月初就布雷顿森林草稿给怀特提出建议。1941 年 10 月，瓦伊那向阿尔文·汉森推荐了该方案，后者曾与瓦伊那讨论过他自己关于英美金融合作的最新计划。[2] 自 1939 年底以来，汉森与瓦伊那共同主持影响
力颇大的外交关系委员会（CFR）下属的一个研究小组（里夫勒是其中的一 125
员），他们专注于战后计划中的"经济和金融问题"。[3]1941 年 5 月，汉森提出"国际复兴金融公司"计划，这不仅能支持"英国和（欧洲）大陆的复兴与重建"，还能促进对"拉美和中国的投资"。[4] 在 1941 年 7 月的外交关系委员会备忘录中，他建议创建世界性金融机构，以"稳定货币，便利在落后和不发达地区进行建设性的投资"。[5]

1941 年 9 月，汉森访问英国，他同凯恩斯、其他英国经济学家和政府官员，甚至是内阁大臣们进行了无数次会面和讨论。[6] 他甚至草拟了一份一页的《合众国和大不列颠政府联合宣言》，两国政府将——与其他事务一起——向"国际金融公司"出资，向"世界各地的发展项目"投资。[7] 值得注意的是，1941 年 11

---

① Winfield Riefler, "A Program to Stimulate International Investment," p.1, October 4, 1941, JVP, box 109, folder 4. 亦可参见 Oliver 1975, 360–361 n. 21。里夫勒知道他不是要在论文中公开讨论金融投资问题，而是制订出方案。

② Viner to Hansen, October 24, 1941 and Hansen to Viner, October 28, 1941, JVP, box 13, folder 9.

③ 关于该小组的影响，见 Nerozzi 2009; Shoup and Minter 1977, chap. 4; Ikenberry 1992, 201–204。

④ 引自 Mehrling 1997, 122。

⑤ 引自 Shoup and Minter 1977, 166。亦可参见 Nerozzi 2009, 29–30。

⑥ Hansen to Viner, p.1, October 20, 1941, JVP, box 13, folder 9. 亦可参见 Mehrling 1997, 122。

⑦ 引自 "Tentative Draft of Joint Declaration by the Government of the United States and Great Britain," p.1（无日期，但最初由汉森在伦敦草拟，并在 1941 年 10 月 20 日前修订过），JVP, box 13, folder 9。

月初，瓦伊那就汉森的观点（这是他喜欢的，并认为与里夫勒的观点类似）发表看法，强调在国际借贷机构的管理中将小国涵盖在内的重要性，从而避免他所称的英美"金融垄断"现象的出现。如他所说："拟议中的机构欲要成功，就必须避免出现让人憎恶的英美两强帝国主义。"①1942 年 1 月，在美国国务院的支持下，田纳西河流域管理局的美国专家卢瑟·古利克（Luther Gulick）陪伴汉森回到伦敦。他们提出了一系列的建议，并于 1 月底递交给英国战时内阁，包括"国际发展公司"——股份由政府持有——的想法。② 凯恩斯改进自己的计划时直接吸收了这些想法。

在布雷顿森林谈判期间，汉森继续将促进国际发展事宜作为关键的优先事
126 项，即便怀特的银行方案比他设想的要弱，但他还是支持该机构（以及商品价格稳定机制）。③ 正如他和查尔斯·金德尔伯格（Charles Kindleberger，正在联储委员会工作）合写的文章（1942 年 4 月发表于《外交事务》）中所讲道："提高巴尔干农民、印度印度教徒和穆斯林，以及中国人的生产力水平，也许远远超出了许多美国人的兴趣；但是从长期来看，他们将为美国的经济和政治安全做出贡献。"④ 1942 年，金德尔伯格成为战略情报局（Office of Strategic Services）首席经济学家之后，仍然继续推动"大规模政府间发展性贷款"以提高"待发达地区"的生活水平。⑤ 他尤其热衷于帮助穷国实现工业化。通常而言，贸易条款对初级产品生产者会越来越不利，这是因为随着时代的变迁，人们的收入增加后会对工业制成品而非初级产品产生更多的需求。⑥ 金德尔伯格发表于 1942 年 9 月

---

① 引自 Nerozzi 2009, 59 n. 46 from a November 1, 1941 CFR document。亦可参见 Viner to Hansen, October 24, 1941, JVP, box 13, folder 9。在 1942 年 4 月致外交关系委员会的一份备忘录中，瓦伊那呼吁成立国际金融机构以安排资本"促进落后地区的发展"。同怀特一样，他还对该机构能否帮助处理债务问题感兴趣（Oliver 1975, 106–107）。亦可参见 Shoup and Minter 1977, 167。

② Horsefield 1969a, 13.

③ Mehrling 1997, 123; Nerozzi 2009, 47. 关于他对稳定商品价格的支持，见"Minutes of Meeting Held in Mr. White's Office," May 28, 1942, ITM, box 20; Hansen, "International Monetary and Financial Programs," December 11, 1943, JVP, box 45, folder 5。

④ Hansen and Kindleberger 1942, 474. 亦可参见 Mehrling 1997, 121–122。

⑤ Kindleberger 1943a, 353–354. 亦可参见 Kindleberger 1943b; "C.P. Kindleberger's Proposed International Development Authority," September 16, 1942, BWA, box 27。

⑥ Kindleberger 1943a. Love（1996, 118, 136）指出，他的观点是普雷维什—辛格假说（Prebisch-Singer hypothesis）的重要先导。1944 年，普雷维什引用了金德尔伯格的著作。

的一篇论文，吸引了怀特和伯恩斯坦的注意。相对于其他美国官员来说，金德尔伯格更加具体地论述了推动在国际发展领域产生新兴趣在政治上是当务之急：

> 然而，如今通过相似的生产要素取得的收入存在广泛的不平衡性，且没有人有意识地去纠正它，有人会质疑这种情况能否持续下去。当世界上占压倒性的多数人的肉身迁徙仍然受到限制时，思想却无所束缚，这包括关于由什么构成富足的生活水平的思想。思想交流的自由化是20世纪的平常事。尽管人们几乎没有意识到上述迁徙问题，但结果却是相似的生产要素开始向着带来均衡化的实际收入的方向靠拢。对生活水平更加均衡化的渴望以及随之而来的挫败都与20世纪国际收支失衡的底子紧紧联系在一起。①

1943年，彼得·德鲁克（Peter Drucker）在《哈泼斯杂志》（*Harper's Magazine*）
上发表文章，讨论凯恩斯和怀特计划，其政治观点更加尖锐。他称：“工业化意 127
愿的传播可能是最近国际经济领域最重要的事情。”他看到“每一个原料生产国都坚定地相信，当今世界只有工业国才能充分享有公民权，他们也普遍相信，在一个遍布坦克和飞机的世界上，除非自身拥有基础工业设备，否则只能失败”。德鲁克还认为，如果没有外资的流入，这些国家将会“被迫牺牲他们本国——本已可怜贫穷的——人民的生活水平来筹集资金，而且他们只能通过建立类似于战争经济的集权经济体系才能实现”。为了阻止这种日益增长的经济民族主义，他极力劝说怀特和其他美国官员利用国际发展性借贷支持穷国的工业化。②

此时，美国另一位支持国际发展的著名人士是经济学家尤金·斯塔利，他也是瓦伊那和汉森研究小组的成员。早在1939年，他就出版了一本外交关系委员会图书，呼吁建立“国际长期投资银行”，以在世界范围内支持“国际发展”项目。③他支持国际发展的想法源于两种思想的结合体，即人道主义和在世界范围内抵销共产主义者和法西斯主义者对于自由价值观的挑战。④海恩兹·阿恩

① Kindleberger, "International Monetary Stabilization," September 4, 1942, p.15, EBP, box 3/1, file: Miscellaneous Loose Materials. 详见 Bernstein to White, October 3, 1942, in same location。

② 引自 Drucker 1943, 179, 180。

③ Staley 1939, 278, 282.

④ Ekbladh 2010.

特称，斯塔利是“最能将经济发展主题带入美国进行讨论的人”。[①] 但斯塔利本人坦承，1939 年，他的思想只是简单地构筑于已有行动上，即美国官员们已经“在奔往美洲的路上”。[②]

外交关系委员会经济与金融小组的另一位成员本杰明·科恩（Benjamin Cohen）也值得关注，因为他曾作为白宫代表参加了怀特的技术委员会，而且还是布雷顿森林会议美国代表团的法律顾问。[③] 汉森也参加了 1944 年 1 月底的外交关系委员会会议，科恩（其后与联邦电力委员会一起）号召成立“世界重建金融和发展机构”。他指出，一个“日渐兴起的共识是，战后国际合作最重要和
128 最有影响的功能是投资于世界上的待发达地区，如拉美、中国和东南欧”。[④] 他也认为战后还需要一个国际机构以稳定商品价格。

此时，其他一些曾帮助制定睦邻金融伙伴关系的人也看好国际发展在美国战后计划中扮演的角色。在国务院，韦尔斯帮助撰写了《大西洋宪章》，在 1942 年 7 月至 1943 年 6 月间，他领导了一个委员会并且拟定了战后联合国的伟大蓝图，其中包含了一个关于经济委员会的提议，以推动国际商品价格稳定、全球投资和经济发展。[⑤] 伯尔从一开始就支持怀特的计划，在 1942 年和 1943 年的大部分时间内都积极参与了讨论。[⑥] 他特别赞同银行在发展问题上的职能；实际上，1943 年 9 月，摩根索告诉凯恩斯，伯尔“对推动银行有功”。[⑦] 正如前文所述，科拉多在国际银行的最后起草中同样发挥了关键作用。[⑧] 在 1944 年中期，他还为一个部际委员会撰写了一份详细备忘录，以说明帮助拉美发展和工业化的重要性。[⑨] 如我们将要在下一章看到的，1943 年以来，联储委员会对于发展事宜

---

① Arndt 1972, 26. 亦可参见 Ekbladh 2010; Alcalde 1987, 66–70。

② Staley 1939, 283.

③ 鉴于外交关系委员会成员在推动国际发展行动中的巨大影响力，因此需要说明的是，怀特并不是其成员。

④ “Second Special Meeting of the Economic and Financial Group, Council on Foreign Relations, January 24, 1942,” p.17, RIIACR, Economic Group Paper 46.

⑤ O’Sullivan 2008, 68–72. 关于韦尔斯对于四大自由更为广泛的支持，见 75–78。

⑥ Schwartz 1987, 213; Black 1991, 38; Keynes 1980b, 344; Harrod 1951, 340.

⑦ MD, book 664, p.30. 关于 1942 年 10 月他对以发展为导向的银行的支持，见 Berle and Jacobs 1973, 422。

⑧ McKinzie 1974, 12–13, 15–17.

⑨ US State Department 1967a, 45.

的兴趣通过其对拉美国家咨询委员会得到了很好的体现。

怀特在发展上的某些观点甚至得到了约翰·威廉姆斯的赞赏。威廉姆斯是哈佛大学经济学教授、纽约联储副总裁，为公众熟知是因为领导了对于怀特布雷顿森林计划的批评，他还是保守的纽约银行界的同盟军。有时人们忘记了他的“关键货币”计划——作为凯恩斯和怀特计划的替代——在设计上的特别之处，即强调承认处于不同发展阶段的国家的独特需要。[①] 20世纪30年代，他支持穷国将更为灵活的汇率作为工具使用，以帮助其国内经济摆脱对于外界的依赖，渐渐为人们熟知。[②] 1944年中期，他得出结论，认为对于这些国家来说，汇率管
制要比汇率调整更为有用。[③] 1944年5月，在一次致拉美听众的演说（他同伯 129
吉斯共享了平台）中，威廉姆斯还将他对汇率管制的鼓吹与对自由贸易理论的强烈批评结合在了一起。对于后者，他认为：“这是设计来维持现状——即让原料生产国只生产原料而不涉及其他，它只是给了他们一个殖民地身份……要想工业化，通过保护来对抗大工业国家已有的企业就非常必要。最现代和最全面的保护就是汇率管制。”威廉姆斯发言完毕，加德纳报告说：“一股同情的电波贯穿整个房间。代表们一个一个挪动他们的椅子，不住点头表示赞同。”比利亚塞尼奥尔曾是墨西哥呼吁泛美银行的领袖人物，甚至站起来赞扬他。[④]

美国商界一些著名人物同样成为支持南方国家工业化的国际信徒。比如：美国商会主席埃里克·约翰逊（Eric Johnson）在1944年5月解释巴西工业化如何能为美国产品提供更大的市场时说，这是因为“工业化将比其他方式更能提高人民的购买力”。[⑤] 战时，与美国大工厂有联系的重要的政策小组同样支持拉美工业化。[⑥] 值得一提的是，怀特强调了国际货币基金组织协定条款如何有利于美国商业，从收益中提取红利会被视为经常账户交易（这不会受到汇率管制

---

① Asso and Fiorito 2009.

② 例如，可参见 Williams 1947（1943）。亦可参见 Asso and Fiorito（2009）。他对核心—边缘动态的分析，以及对于经济贸易理论和金本位制度的批评与普雷维什类似。

③ Williams 1947（1944），xlxii–xlviii.

④ 加德纳概述了威廉姆斯的评论，见 Gardner to Goldenweiser, May 15, 1941, p.1, ISF, box 247, pp.1, 1–2。亦可参见汉森对拉美汇率控制的辩护，“Latin America and Exchange Control,” May 27, 1944, p.1, ISF, box 156。

⑤ 引自 Green 1971, 129–130。

⑥ Maxfield and Nolt 1990, 56.

的限制)。这是他在布雷顿森林会议第二天美国代表团闭门会议上的发言:“我们说,通用汽车公司在巴西建了一个工厂,如过去一样,他们赚的是当地货币。现在,他们完全不知道能否收回这些钱……但是在基金协定下,这些投资的收益必须被视为像进出口支付一样,不受汇率管制的制约……那就是说,你有巨大的动力去投资,这对于该国和我们都是最好的。”①

并不是每个美国人都能完全热心支持南方国家的工业化。1943年11月,
130 美国发表国际银行计划后,美国国际劳工大会国际事务部发表了署名艾伯特·豪洛希(Albert Halasi)的评论员文章,呼吁“年轻和落后国家的工业化”,但又说需要注意“它对老工业国家特定工业产生的副作用,并寻求对这些困难进行调整和解决”。②这种关切同样反映在美国参加布雷顿森林会议的代表团成员杰西·沃尔科特(Jesse Wolcott)的评论中,他是来自密歇根州的共和党众议员。在参加了讨论国际银行协定的会议后,他告诉其美国同事:“在与所有这些国家打交道的过程中,我感觉到他们都有一个远景,即他们的国家烟囱遍地,他们都渴望工业化。”他还注意到关于“我们是否要利用美国资本帮助其他国家实现工业化,进而有可能损害到美国市场”的讨论。怀特承认这一问题的存在,但认为它是可以解决的。当沃尔科特问“当阿拉伯的沙漠遍布工厂后会发生什么”时,怀特以其特有的幽默嘲讽说:“我们当中可能要有人活很久。”③

从布雷顿森林计划规划之初,美国官员们就致力于设计一个战后国际金融秩序,给予发展事务以非常突出的地位,而这是在美国-拉美金融关系中出现的。发展事务得到了优先考虑,这么说并非后知后觉。怀特的初稿在该问题上尤其大胆,包括了商品价格稳定、幼稚产业贸易保护、债务调整、资本外逃、补偿性国际收支平衡(compensatory balance of payments financing)和长期性国际发展信贷。这一国际经济改革议程表预示了南方国家在20世纪70年代的国际经济秩序讨论中所提出的诸多要求。

同样值得注意的是,怀特致力于同所有的联合及联系国家就战后计划开展

① MD, book 749, p.181.

② Albert Halasi, “The United Nations Bank for Reconstruction and Development: Comments on the Guiding Principles,” pp.11, 13, EBP, box 3/1, file: Miscellaneous Loose Materials.

③ MD, book 756, pp.20–21.

广泛的讨论，我们在稍后的章节中还会看到更多支撑史料。这一举动给予南方
国家以机会，在国际金融政策制定过程中发出重要声音，这也挫败了英国政策制
定者们企图推动英美排他性双边谈判的做法。其他美国官员同样高度评价这一
进程。正如伯尔在日记中所记载的——日记日期是 1943 年 6 月中旬在华盛顿
召集 18 国顾问会议之后——“会议的意义并非如其所言，但这大约是第一次使 131
用民主程序处理此类事情。”[①]凯恩斯主动提议建立美英共同主导的国际金融机
构，怀特则从一开始就钟情于一个多边机构。实际上，在 1942 年 1 月 6 日关于
基金的短小初稿中，怀特还特别写道，尽管投票权与认缴额大体一致，“但投票
权向成员国的分配会到得到仔细校正，会向较小的国家分配相对于其向基金认
缴的额度更大的份额”。[②]

当美国计划演变的时候，怀特最初的某些“发展”提议从议程表中消失了，并且我们也能看到其后南方国家试图重新找回它们但又失败的历程。但在最后的总协定中，美国对于国际发展的核心承诺仍然得以保留。美国官员对它的支持反映了与驱动睦邻金融伙伴关系类似的战略、经济和意识驱动的联合体。从战略层面看，改善生活水平的承诺帮助加强了战时联盟，为蓬勃而起的发展抱负预留了空间，并且为未来的和平投了资。从经济层面看，国际发展创造了新的投资机会，通过改进国外的生产水平降低了进口商品的价格，并且为美国产品开拓了市场。除了这些战略和经济利益以外，新政价值观同样意义深远，如对社会公平和穷人的关注，对国家在经济中扮演更积极的角色的赞同，对纽约金融精英和美元外交的憎恶，以及经济安全和政治稳定的联系。

不只是美国官员们将睦邻金融伙伴关系的经验带进了布雷顿森林谈判，美国在上次行动中的反对者也是如此。尽管怀特初稿中许多大胆的内容都被删除了，但布雷顿森林的最终协定仍然遭到各种经济保守主义者、孤立主义者和纽约银行家的抵制。[③]美国银行家协会主席伯吉斯依然是后者的领袖。《布雷顿森林协定》在美国国会内的反对者包括罗伯特·塔夫托和阿瑟·范登堡，他们同样

① Berle and Jacobs 1943, 437. 关于此次顾问会议，见第 7 章。

② White, “Memorandum” (January 6, 1942), pp.5–6.

③ 例如，可参见 Gardner 1980, 129–143; Eckes 1975, chap. 7; Van Dormael 1978, chaps. 18–19; Blum 1967, 427–436.

是泛美银行的强烈反对者，在美国参战以前反对向拉美借贷。在许多反对者的
132 眼中，基金条款从根本上打破了基于市场的原则和国际金本位制度。伯吉斯和其他批评者同样抱怨，当外国，如俄国、中国和其他拉美国家从基金借钱时，美国就被坑了（being soaked）。[①]也有批评的声音质疑是否需要长期的国际公共借贷，其他人更倾向于由美国控制的进出口银行安排此类借贷，泛美银行的反对者还提出了一个建议。[②]

尽管面临着这些批评，美国还是第一个批准了《布雷顿森林协定》。1945 年 6 月和 7 月，协定在国会参众两院分别以压倒性多数通过，与泛美银行的结果形成了鲜明对比。这一结果应归功于财政部组织的公关运动，它在战争结束后仍成功激起了美国国内对于国际主义的广泛支持。值得一提的是，这场运动仍然突出了布雷顿森林的发展特性。在 1945 年 5 月面向大众发行的卡通小册子里，美国出席布雷顿森林会议的代表们告诉来自穷国的代表："如果我们帮助你们实现繁荣，*你们就能从我们这里买更多东西*！"[③]在《外交事务》1945年初的一篇文章中，摩根索也强调："布雷顿森林道路是基于这样的认识，即国家如中国和印度，国家如英国和美国都具有经济和政治上的优势，前者的工业化和生活水平的改善需要后者的帮助和鼓励。"他说，对于穷国的投资不仅促进了美国出口，也提高了国外的劳工素质，避免了他们在这一进程中通过"无情压榨本国廉价劳工，革除具有较高劳工素质的国家的参与"的方式实现本国工业化。如先知一般，摩根索指出，在政治上，需要为南方的发展目标考虑出路，以在将来使富国与穷国之间的矛盾最小化："除非建立起满足两类国家的愿望可以共存的某种框架，否则发达国家和欠发达国家之间的经济与货币冲突就会接连发生。欠发达国家人口占据了世界多数，没有什么比他们迎难而上与那些工业更为发达但人口较少的西方国家进行经济上的对抗更能威胁世界安全的了。"[④]

---

① Burgess quoted in meeting with British officials; untitled and unauthored document from October 23, 1944 in UKT 247/63.

② Washington to FO, Viscount Halifax, No. 441 REMAC, June 9, 1944, UKT 247/29; Oliver 1975, 213–214, 218–219; Casey 2001, 46; Patterson 1972, 292–293; Kemmerer 1944.

③ "The Story of Bretton Woods"（undated, but May 1945）, p.15–16, MP, container 293. 斜体文字为原版标注。

④ Morgenthau 1945, 188, 190.

第5章

加固基石：巴拉圭 133

1943—1944年，联储委员会的罗伯特·特里芬带领金融咨询使团访问巴拉圭，他们的建议是对1941—1942年怀特古巴使团建议的继承和发展。这是美国官员在布雷顿森林谈判期间支持国际发展目标的另一条道路，也是更重要的一条道路。而这在布雷顿森林研究史上几乎被完全忽视了。这一次，美国的建议得到迅速执行，巴拉圭的改革立即被视为一个典范，为各个心怀发展抱负的南方国家所仿效。美国官员们视特里芬使团为帮助对象国完善全新的基金成员国资格的推手，基金关于可调节汇率和资本控制的条款还写进了巴拉圭的法律之中。如同在古巴一样，美国官员们也推荐巴拉圭国内改革以加强政府推进发展的能力，包括创设一个新的中央银行，发行国家货币，以及建立支持国内发展性金融的机制。

布雷顿森林谈判创造了一种多边机制，受到南方国家的欢迎，从中他们可以优先于国内的发展事务。特里芬使团则是加强了南方国家国内制度上的安排，从而使其优先权可以实现。如我们将要从后面的章节中看到的，在拉美和其他地方，特里芬和其他美国顾问为签署了《布雷顿森林协定》的国家提供了类似的建议。特里芬的巴拉圭使团值得关注，还因为它提醒我们应注意到美国此时支持国际发展事务的政治源头。当时，美国在巴拉圭的经济利益不值一提，在主导
美国对该国政策方面，战略关切却是意义重大。巴拉圭使团同样受到了新政价 134
值观的影响，尤其是美国官员们乐于向拉美政策制定者学习，后者是此时新的以发展为导向的金融政策的先驱。如我们将要看到的，这些政策制定者中最有影响力的是劳尔·普雷维什，特里芬在巴拉圭就是与他密切合作的。

使团的萌芽

联储委员会参与到古巴使团，代表了其业务首次向外扩展到拉美金融咨询工作。1942 年 8 月中旬，30 岁的特里芬组织并领导了委员会研究司的拉美部门，之后，委员会更多地参与到了拉美事务中。作为出生于比利时的经济学家，特里芬在政治上同情“中左翼”改革者。[①]他于1935年来到美国哈佛大学读书，在熊彼特（Schumpeter）、列昂惕夫（Leontief）、张伯伦（Chamberlin）等名师的指导下，于 1938 年获得博士学位。其间，他还在芝加哥大学待了一个夏天，在那里为芝加哥学派的自由市场理论所折服。[②]返回比利时不久，他接受了哈佛大学提供的从 1939 年到 1942 年为期三年的教职。从某些方面来说，特里芬不大可能为联储工作。他的博士论文【跟怀特的一样，获得了久负盛名的韦尔斯最佳论文奖（Wells Prize for best thesis）】研究垄断性竞争和一般均衡理论，理论性非常强。[③]彼时，他也从未去过拉美。但经济学家在战时非常紧缺，特里芬的学术能力有目共睹，况且他的西班牙语也很棒。

在训练特里芬方面，联储的加德纳扮演了主要角色。[④]正如我们所看到的，加德纳曾深度参与了泛美银行的筹划工作和古巴使团，他还是研究布雷顿森林计划的怀特技术委员会中的一员。早在 1939 年 5 月，他就极力劝说联储委员会在美国派往拉美的使团中发挥领导作用。作为同事，加德纳发现他与特里芬志同道合。被录用后第一个月，特里芬写了一份备忘录，明确表示支持加德纳和其他人已在推动的睦邻金融活动。备忘录极力呼吁向拉美提供大规模借贷，认为
135 这将有助于拉美工业发展和经济多样化，并且这一行动要延伸到战后。特里芬称该项目将减少拉美国家对于商品出口的依赖，并能在战后为美国资本设备出

① Triffin 1990.

② Triffin 1981.

③ Triffin 1940.

④ Triffin to Gardner, August 28, 1945, p.4, ISF, box 227.

口商提供新的市场。[1]

由于联储委员会无法获得有关拉美金融与货币事务的完整信息，特里芬立即着手工作，建立了一整套研究制度，收集拉美各个国家的货币与银行统计数据，分析他们的中央银行活动和货币与银行立法，目的是完成国别研究。在考察了拉美国家的中央银行之后，出版了名为《拉美国家中央银行与货币市场》的单行册。加德纳认为，如果泛美银行成立的话，这些数据会特别有用。即便它没有建立，该工作“也将终遂所愿，并且使委员会与拉美国家建立密切联系，对于那个地区的中央银行哲学产生影响，这是其他方式无法实现的”[2]。

1943年年中，特里芬完成了对哥伦比亚的首次研究并拿出了初稿，他也首次获得了去该地区旅行的机会。在怀特的安排下，他加入财政部的使团，赴洪都拉斯考察。除了被该国的贫穷所震惊外，特里芬还发现并向上级报告：“该地热烈响应我们的睦邻政策”，该政策“为洪都拉斯在国家进步和经济发展中出现的问题成功把脉，的确给当地带来了改变”的事实，都给他留下了深刻的印象。[3]洪都拉斯政府请求怀特帮助建立一家中央银行。如古巴一样，该国那时没有中央银行，人们普遍使用美元，尤其是北部海滩，那儿有两家美国水果公司（标准水果与联合水果）种植香蕉，贡献了该国大部分的出口份额。[4]使团建议成立一家新的中央银行，垄断货币发行，并以30%的储备来支持该货币；向各家银行施加储备要求并控制汇率。使团还建议，在中央银行内成立信贷部门，以帮助弥补农业信贷缺失的情况。现有情况已将农民，用特里芬的话说：“置于当地商人的怜悯之下，他们似乎要被压榨到极限。”[5]

洪都拉斯使团提出的建议与怀特古巴使团提出的建议遭遇了同样的命运， 136
直到1950年它们才得到落实。数年后，特里芬使人们注意到，强大的美国联合

① Triffin, "Notes on an Investment Program for Latin America," September 25, 1942, ISF, box 152.

② Gardner to Goldenweiser, July 24, 1943, p.3, ISF, box 148. 关于委员会对充分的有关拉美信息的缺乏，见 "Latin America Field," May 23, 1943, ISF, box 264。

③ Triffin to Szymczak, June 16, 1943, p.3, ISF, box 227.

④ 例如，可参见 Vinelli 1950。

⑤ Triffin to Szymczak, June 16, 1943, p.1. 关于使团的建议，参见 Julia Wooster to J. Burke Knapp, September 6, 1943, ISF, box 139。

水果公司一直和他们对着干。[①] 但正如我们将要在下文看到的，他同样感到使团的失败反映出怀特与洪都拉斯政府打交道的方式存在问题。此时，特里芬发现了以不同的方式做这件事的机会，这次是在另一个国家——巴拉圭。

处理巴拉圭的请求

早在 1938 年，巴拉圭官员就曾寻求美国信贷和技术专家帮助他们实现稳定货币的目标。[②] 鉴于巴拉圭在该地区战略上的重要性，国务院也担心纳粹在该国庞大的德意志人中争取广泛支持，遂强烈支持巴拉圭的设想。1929 年，纳粹就在巴拉圭建立了首个海外组织。1941 年，美国大使估计巴拉圭只有 20 名美国人，相比之下，德国人有 2600 名。[③] 1939 年，媒体曝出巴拉圭政府正与德国和玻利维亚谈判一项重大经济事务，他们计划在巴拉圭修建炼油厂，将油从玻利维亚运到布宜诺斯艾利斯，然后装船运往欧洲，美国对于轴心国影响的担心加剧了。[④] 很快，美国就同意了进出口银行的一笔贷款，以帮助巴拉圭建设公共事业，协助稳定货币。[⑤] 在进出口银行的坚持下，巴拉圭国家银行（the Banco de la República del Paraguay）聘请了纽约联储的统计学家埃里克·兰姆（Eric Lamb）。他具有拉美经历，在贷款期间任财政顾问。[⑥]

在兰姆任职期间，巴拉圭政坛经历了一场大地震。自 19 世纪末以来即主政该国的自由党面临着越来越大的挑战；20 世纪 30 年代以来，不断有政治集团要求国家更多地干预经济以提升国力，摆脱依赖外国的状况。[⑦] 在政府经过数次更迭以后，政局愈发不稳，1940 年 9 月，伊希尼奥·莫里尼戈（Higinio Morínigo）将军成为总统，他承诺实现更多的民族主义目标，一直主政巴拉圭到 1948 年。他推动的"独裁现代化与改革项目"包括建设新的公共事业、政府垄断、社会安全项目和国家推动工业化及农业发展。在 1940 年 12 月的一次演讲中，他列出

① Triffin 1990，25.

② Grow 1981，53.

③ Friedman 2003，21；Frost to Hull，April 7，1944，WFP. 更多请见 Grow 1981，Mora 1998。

④ 例如，可参见 O. E. Moore to Mr. Knoke，August 4，1939，ISF，box 101。

⑤ Grow 1981，53；US State Department 1957，759-761.

⑥ Adams 1976，216-217；US State Department 1957，764.

⑦ Grow 1981，44-51.

了目标："我们相信，国家的全面发展和生活的富足是我国真正和直接的目标，因此我们拒绝自由主义。由于拒绝承认只有国家干预才能积极地满足人民的需要，这个 19 世纪的产物无法完成使命。"①

许多在莫里尼戈政府和武装部队任职的人都同情法西斯。作为与巴拉圭改善关系的更广泛的努力的一部分，美国政府更换了敌视新政权的大使，新上任的韦斯利·弗罗斯特（Wesley Frost）更加支持巴拉圭的改革和工业化目标。② 1941 年年中，莫里尼戈决定接受美国军事援助，随后在 1942 年 1 月召开的里约泛美会议上，巴拉圭政府同意与轴心国家断交。③ 此后，美国政策的关键目标就是减少该国对于阿根廷的依赖。这正中莫里尼戈和巴拉圭其他民族主义者的下怀，他们非常忌惮南部强邻的影响，尤其是过去阿根廷还曾在巴拉圭煽动革命。④

1941 年年中，兰姆在离开巴拉圭之前简要制订了计划，改善国家银行的内部组织，使其运行有了显著的改观。现在银行不仅为农产品收购提供贷款，自 1941 年 2 月起还代表政府管理汇率。银行全盘接受了兰姆的计划，但是兰姆也看到银行职员在执行计划时缺乏信心。为改善这种情况，他建议美国政府伸出援手，为国家银行的某些成员赴美接受培训提供条件。国家银行同意了该建议，泛美事务协调办公室提供了经费。⑤

1942 年 7 月，3 名官员组成的巴拉圭银行使团来到华盛顿，其中包括国家 138
银行总经理阿莫迪奥·冈萨雷斯（Harmodio Gonzales），此时特里芬即将加入联储委员会。尽管最初财政部官员们为巴拉圭人制订了一整套计划，以学习研究联储和美国货币体系，但他们对于培训没有多少兴趣。⑥ 实际上，尽管怀特一直

① 引自 Grow 1981，62。

② Grow 1981，67–68，101，135–136. 关于弗罗斯特对于工业化目标的支持，参见 Frost to Allan Dawson，January 3，1944，WFP。

③ Grow 1981，66–76. 巴拉圭直到 1945 年 2 月才对轴心国宣战。

④ Frost to Hull，January 11，1943，April 8，1944，and Frost to Allan Dawson，February 1，1944，all in WFP. 亦可参见 "Summary Statement of United States Policy Toward Paraguay，" December 12，1944，DSDF，250/44/7/7，box 58.

⑤ Eric Lamb，"Memorandum for Mr. Duggan，" September 9，1941 and Duggan to Compton，September 12，1941，DSDF，834.516/104；Rockefeller to Lawrence Clayton，March 25，1942，ISF，box 264.

⑥ Triffin 1990，26. 关于学习计划，见 DeBeers to Glasser，August 11，1942 and Debeers to White，August 14，1942，TSF，Entry 66A0155，box 54。

对向拉美国家贷款充满热情，但对于进出口银行 1939 年中安排给巴拉圭的贷款，他还是打了个大大的问号，由于该国完全在“阿根廷的经济轨道之内”，他认为贷款不会产生“政治利益”。[①] 在指导冈萨雷斯方面，特里芬迅速发挥了主要作用，填补了真空。当冈萨雷斯暗示他希望能在国内改革货币、金融和中央银行时，特里芬拿出实例来培训他，这包括拉美国家和英国自治领中的农产品出口国的货币与银行经验。实际上，在 10 月到 12 月的大部分时间里，特里芬都在研究巴拉圭的局势以及帮助冈萨雷斯。加德纳指出：“两个人的联系被证明非常愉快。”[②]

特里芬乐于贡献海量时间与冈萨雷斯共事，源于他的一个看法，即兰姆没能说服国家银行按他的意见实施改革。“部分是因为他展现给巴拉圭人的改革是作为‘既成事实’而带来，这在行动上无法取得他们的合作，理念上对他们而言也是完全陌生的。”[③]他从财政部领导的古巴和洪都拉斯使团那里吸取了类似的教训。尽管这些使团曾与当地政府及各种利益集团沟通，但最终他们还是单方拿出方案，并且公开派发给当地政府。特里芬认为这同样是 20 世纪 20 年代甘末尔的方式，遭到拒绝并不意外。在特里芬看来，应该采取“灵活的程序，以确保拉美国家的全面参与，最终出台的方案应有拉美国家的责任在里面”[④]。

特里芬的付出得到了回报。12 月，冈萨雷斯询问加德纳能否去巴拉圭监督该国货币与银行体系的大改革。[⑤] 但加德纳太忙了，特里芬遂被挑中领导使团，
139 1943 年 5 月，联储委员会予以正式同意。这是由委员会领导的首个对外金融咨询使团，加德纳强调（一如之前的场合）此类使团应在目标地区发挥联储的影响力，就像在国内一样。[⑥] 财政部官员注意到，由于联储积极培育了与冈萨雷斯的

---

① White to Morgenthau, “Paraguay,” May 4, 1939, p.1, CFHDW, box 3, file 14.

② Gardner to Goldenweiser, December 19, 1942, p.1, ISF, box 231. 亦可参见 Triffin to Gardner, December 3, 1942 and Triffin, “Suggested Outline of Study for Dr. Gonzales,” December 12, 1942, ISF, box 259。

③ Triffin, “Suggested Outline,” p.2. 亦可参见 Triffin to Gardner, December 3, 1942。

④ Triffin, “The New York Federal Reserve Bank and the Latin America Work,” n.d. (but January 1944), p.1, ISF, box 229. 亦可参见 Triffin to Arthur Schlesinger, May 13, 1946, p.6, ISF, box 156。

⑤ Gardner to Goldenweiser, December 19, 1942, p.1, ISF, box 231.

⑥ Gardner, “Latin American Field,” May 25, 1943, and Gardner to Szymczak, November 11, 1943, ISF, box 231.

关系，才有了使团的出现，但对于未来的改革，他们并不在意，似乎对参与讨论就心满意足了。[①] 实际上，财政部某些官员认为使团是“一个错误”，因为“巴拉圭的政治形势非常糟糕……并且可能会阻碍采纳任何建议”。[②] 财政部的立场无的放矢，还因为巴拉圭财政部长罗赫略·埃斯皮诺萨（Rogelio Espinoza）对摩根索窝了一肚子火，在上次华盛顿之行中，他受到了后者的冷落。[③]

特里芬的两次出访：货币和中央银行改革

1943 年 8—10 月，在联储委员会布雷·哈蒙德（Bray Hammond）的陪伴下，特里芬首次访问了巴拉圭。在赴亚松森（Asunción）的路上，他们经停了玻利维亚、哥伦比亚、厄瓜多尔和秘鲁，与当地中央银行官员、其他部门官员和商人交流，为特里芬日益庞大的拉丁美洲研究项目收集资料。特里芬和哈蒙德对哥伦比亚之行的印象尤为深刻，他们不仅收到了该国对特里芬哥伦比亚研究草稿的有益反馈，还受到哥伦比亚银行助理行长恩里克·达维拉（Enrique Dávila）的接见。[④] 实际上，他们对达维拉的印象如此之好，以至于他们与哥伦比亚当局协商要求派他加入使团共赴巴拉圭 5—6 周。[⑤]

哈蒙德向联储委员会委员马特·希姆恰克（Mat Szymczak）报告说，在同各国官员讨论时，特里芬的背景被证明特别有用：

> 我观察到他极其适合这项工作，且不说他可以流利地使用对方的
> 语言交谈。你应该知道这儿的银行家、官员和商人们有许多甚至几乎 140
> 全都是在欧洲接受的教育。一位拥有他们所熟悉且珍视的欧洲文化背

① 引自 DeBeers to White, “United States Economic Advice to Latin America,” January 22, 1943, p.1, TSF, 450/81/20/07, box 28。亦可参见 DeBeers to White, December 2, 1942, TSF, Entry 66A0155, box 54。

② DeBeers to White, “United States Economic Advice to Latin America,” p.1

③ Hammond to Governor, September 21, 1943, ISF, box 231. 埃斯皮诺萨曾在伦敦经济学院学习经济学，弗罗斯特形容他是“美国的坚定朋友”；Frost to Hull, March 9, 1942, DSDF, 834.516/107。

④ Hammond to Szymczak, August 28, 1943, ISF, box 231; Hammond to Morrill, Goldenweiser, and Thurston, November 24, 1943, ISF, box 148.

⑤ Edmund Montgomery to Hull, October 21, 1943, DSDF, 834.51A/118.

> 景的美国代表使他们感到惊讶和兴奋。我曾屡屡看到一位官员在西班牙语和法语间灵活切换时，他的脸上如何变得柔和泛光。①

经过 10 天的旅行，他们到达亚松森时身体就“垮了”。特里芬和哈蒙德在国家银行里共用一间办公室。开始工作后，哈蒙德将之与哥伦比亚和秘鲁富足的中央银行做了鲜明的对比：“这儿没有黄金，没有油画、没有冰激凌。这是一间极其破败脏乱的办公室，在这儿我真是不知道能做什么。”② 特里芬与当地官员进行了长时间的会谈，意在制定新的货币法，设计发行新货币。因为巴拉圭的货币混乱已持续了很多年，阿根廷货币扮演了交换的主要媒介，许多大宗交易是以抽象的“金比索”记账，实际基础却是遭到废除的阿根廷货币单位。新起草的法律将加强国家发行纸币的能力，以新货币瓜拉尼（guaraní）取代金比索。作为国际货币稳定得以重建之前的临时措施，其价值将盯紧阿根廷、巴西、英国和美国的一揽子货币。

1943 年 10 月初，有关货币改革的建议很快就被采纳了。彼时，国家银行行长卡洛斯·佩德雷蒂（Carlos Pedretti）强调改革将在更大程度上提供稳定与便利，以促进经济发展，并且实现“我们货币独立与主权的恢复”。他还指出新货币的名字“是向不屈不挠的人民致敬，是关于我们民族的深刻印记”③。特里芬对佩德雷蒂和埃斯皮诺萨印象深刻，他特别指出佩德雷蒂“现在是一个非常好的朋友”，这段友谊促成了使团的成功。④ 对于政府，他更多的是批评其对于媒体的束缚，但他又加了一句：“尽管总体上来说是退步了，但与自由主义者比较，莫
141 里尼戈在两年时间里为该国所做的，却比自由主义政府在掌权的 30 年间做得更多。”⑤

从巴拉圭回国途中，特里芬和哈蒙德经停乌拉圭、阿根廷、智利、秘鲁和巴拿马，同样是为了扩展他们的拉美研究项目。他们回国后不久，巴拉圭政府询问

---

① Hammond to Szymczak, September 9, 1943, p.7, ISF, box 231.

② Hammond to Szymczak, September 9, 1943, p.7, and September 21, 1943, p.3, ISF, box 231.

③ 引自 Pedretti, “The Monetary Reform” (address to the Asunción Chamber of Commerce on October 13, 1943), pp.16, 5, ISF, box 162. 关于改革的细节，见 Triffin 1946。

④ 引自 Triffin to Captain Marion Allen Leonard, November 18, 1943, p.6, ISF, box 231。亦可参见 Triffin 1990, 27。

⑤ Triffin to Captain Marion Allen Leonard, p.5.

特里芬是否能再赴巴拉圭。于是,1944 年 4—12 月,特里芬第二次来到巴拉圭,最初是由克利夫兰联储的官员,后来则是由联储委员会的戴维·格鲁夫(David Grove,另一位哈佛大学毕业生)陪同。在第二次访问期间,特里芬与埃斯皮诺萨密切合作,帮助起草了新的《中央银行法》。[①]1944 年 9 月,巴拉圭立法院一致通过该法案,同时通过的还有一部新的《银行与外汇控制法》。[②]

这些立法措施的全部目的与更早的怀特古巴使团提出的类似。但是特里芬的建议在某些方面更进一步,制定了比怀特使团详细得多的实施路线。在巴拉圭使团长达 170 页的报告和此时的其他一些出版物中,特里芬大声疾呼:两战之间的经验证明,拉美货币管理再也不能遵循金本位制度下的自动调整机制。用他的话说:“该机制内隐含的国内混乱在不发达经济体中的表现尤为激烈,它对国际贸易与资本流动的依赖性极强。”[③]举例来说,20 世纪 20 年代末,巨额资本流入拉美使“中央银行内堆满了黄金与美元,引起了典型惯常的通货膨胀”。接着,在 1929 年到 1931 年间,国际借贷、商品价格和外部市场的崩溃所带来的通货紧缩又为传统的政策所加强,导致“这些国家经济与社会结构崩溃”。[④]

即便这些国内混乱在经济上和社会上是可以忍受的,特里芬质疑,他们是否如金本位理论宣称的那样实现了内外平衡。他指出,收支平衡“常常取决于谷 142
物收获量的奇怪波动或购买国的周期性变化,而不是国际价格和消费结构中出现的不一致”。在这样的例子中,“将国家强力附着于金本位制度上的做法,从根本上说是破坏性的,而不仅仅是失衡问题”。他总结说:“在依赖性极强的单一农作物国家,面对国际贸易和资本流动的波动时,它(金本位制度)使经济屈从于不可忍受的,常常也是不必要的混乱中。”[⑤]

① Triffin 1946, 113.

② 农业部长多斯·桑托斯(Dos Santos)不喜欢佩德雷蒂,在他的反对下,该法被搁置了一个夏天。为了调解二人矛盾,特里芬下了很大的功夫,最终成功说服前者不再反对。Grove to Gardner and Hammond, August 25, 1944, ISF, box 230; Triffin to Board of Governors, “Second Missions to Paraguay,” January 10, 1945, ISF, box 162.

③ Triffin 1946, 22.

④ Robert Triffin, “Address to the Pan American Society on Recent Monetary and Exchange Developments in Latin America,” April 11, 1945, p.3, ISF, box 156.

⑤ Triffin 1946, 22, 74.

政策自主与布雷顿森林

真正需要的，特里芬强调，是货币管理的新形式，需聚焦于“经济的内在需求”。[①]在向联储委员会描述其建议时，他指出：“大胆尝试的货币自动管理避免了金本位制度下僵硬的货币自适应性。新路径遵循了货币与银行组织的通常趋向，在拉美国家中尤为必要。”他继续讲道：“巴拉圭立法中最具创新的部分在于它的彻底性，这些新倾向融入了一个统一和逻辑化的系统结构中。”[②]

该“结构”利用强大的国内力量装备中央银行，从而实施积极的货币管理。特里芬观察到，巴拉圭国内金融市场不发达，银行体系被外国银行控制，而这些外国银行只对本国的货币发展做出回应，因而拉美国家的公开市场活动和贴现率的变化常常不能发挥作用。因为这个原因，中央银行的货币部门得到授权，对私营银行实施灵活的法定存款准备金要求，有权发行或回收债权“以取代公开市场活动”。[③]

但是特里芬走得更远。他认为，对于公众来说，中央银行应该是积极的银行家。相对于已在古巴辩论中引起巨大争议的紧急借贷，他头脑中想的要多得多。
143 特里芬提议中央银行成立两个部门负责银行日常活动：银行部门和储蓄抵押部门。就像洪都拉斯的例子，在主导了银行体系的外国银行专注于对外贸易的情况下，银行的此类活动在一定程度上能够满足“生产和发展性贷款不足”的情况。[④]但特里芬同样看到，中央银行两大部门的活动将提供一个直接机制来影响货币形势。他认为，这种对市场的直接介入“对于单一作物、对外贸高度依赖以及缺乏成熟金融市场的国家来说是绝对必要的”。[⑤]两大部门将由货币部门监督，以确保其借贷行为服从于货币政策目标。格鲁夫也寻求加强中央银行的研究与计算能力，并将其与政策工作相联系。[⑥]

---

① Triffin 1946, 79.

② Robert Triffin to Board of Governors, “Second Mission,” January 10, 1945, p.6.

③ Triffin 1946, 21.

④ Triffin 1946, 19.

⑤ Triffin to Board of Governors, “Second Mission,” p.5.

⑥ Grove to Board of Governors, January 11, 1945, ISF, box 230. 格鲁夫的著作很好地说明了米切尔(Mitchell)所说的更广泛的“流通政治”此时在世界范围内兴起的情况。根据格鲁夫的说法，在拉美中央银行中，只有阿根廷一家组织起了某种形式的统计与研究部门，从而帮助该国有效解决了核心经济问题。

除了这些加强中央银行国内权力的措施以外，还发展出了保护国内货币政策免受外国影响的规定。首先，允许使用两项“警告信号”指导货币事务，从而松绑准备金水平和国内货币条件之间的严格联系。两项信号是指：流通货币的增长率、国际储备净值与日常外汇需求之比率。特里芬同样强调货币准备金应用于“中和国际收支波动在总体上对于货币供应、信贷和经济活动的不利影响”[1]。

汇率管制和资本控制同样可以保护国内经济免受来自国外的冲击。前者需要立法支持，中央银行被授予自由裁量权以控制跨界资本流动。在他对于资本控制的辩护中，特里芬认可巴拉圭的外汇控制权，通过拍卖的方式向非必需交易分配外汇，在“一个自由的方向上”修正立法。[2] 新的外汇控制立法同样确保了这些限制将更直接地作用于货币政策上，它通过中央银行的货币部门行使管理责任。特里芬确保了由聚首于国务院的部际小组共同修订他的外汇管制方案并 144
取得一致。[3] 在其后的一份备忘草稿中，特里芬为美国接受外国外汇管制提供了说辞，他特别提到美国政策制定者对拉美经济特殊性的承认：

> 我们常常看不到，我们对于外汇控制的总体态度可能只与我们本国特有的经济环境有关，而没有从根本上考虑其他经济体的不同特性。他们更依赖于国际贸易，并承担着准单一农作物经济土崩瓦解的后果。换句话说，我们倾向于总结并视之为普遍适用的严谨原则，实际上是源自我们所熟知的美国或其他高度发达及均衡的经济体。[4]

在完善巴拉圭对外控制和汇率方面的立法时，特里芬小心保证它与布雷顿森林计划保持一致。[5] 1943年初，巴拉圭政府是首批响应美国邀请并派出技术专家赴华盛顿讨论怀特计划的37个国家中的一员。[6] 当时，冈萨雷斯就在华盛顿，他不仅与怀特进行了双边协商，还参加了6月中旬怀特所主持的18国多边

---

① Triffin 1946, 22, 78.

② Triffin to Board of Governors, January 11, 1945, p.3.

③ Triffin to Szymczak, “The Development of Exchange Control Policy for the International Monetary Fund,” Draft 3/1/45, RTP, box 7.

④ Triffin to Szymczak, “The Development of Exchange Control Policy,” pp.1–2.

⑤ Triffin 1946, 17.

⑥ White to Morgenthau, May 3, 1943, CFHDW, box 9, Chron. 47.

协商会议。[1]《巴拉圭货币法》于 1943 年 10 月获得通过，佩德雷蒂还表示了将巴拉圭新货币与凯恩斯和怀特计划中提出的“班克尔”（bancor）或“尤尼塔斯”挂钩的兴趣。[2]

从很早时起，美国官员就将他们在巴拉圭的工作与布雷顿森林计划联系在一起。1943 年 10 月，在首次赴巴拉圭时，哈蒙德致信联储委员会称，他和特里芬视其使命为怀特拟议中的基金草案的延伸。如他指出的：“你在任何国家确立和维持货币稳定局面，都是在降低基金稳定工作的难度。在巴拉圭，如果我们
145 在银行项目上成功了，我们就至少在某一个源头上抑止了不稳定状态，从而在某种程度上减少了维护国际稳定目标的困难。”[3]两个月后，加德纳同样强调，联储委员会拉美小组的工作对于“正在华盛顿讨论的国际金融机构”具有巨大的价值。[4]

在第二次行程中，特里芬写信给哈蒙德（正值布雷顿森林会议闭幕期间），称：“就拉美而言，将为货币基金的稳定这一使命做出有深远意义的贡献。”[5]自巴拉圭返回后，他向联储委员会进一步解释了这种联系：

> 我将当前我们在拉美的工作视为针对该地区的广泛的货币稳定计划的一部分。不需要我强调，国际货币基金的完善将在很大程度上取决于每一个国家对货币与中央银行更好的管理。如果后者失败了，恐怕对国际基金资源的浪费将是一个无底洞。尽管如此，现在拉美对于改进货币与银行机构有着深入和广泛的兴趣。鉴于基金只对各国国际层面的储备产生影响，它在这方面很难有所作为。为了稳定国内货币形势，在国内层面采取行动是必要的……最后，很明显这是痛苦的，基金不能明智地审视拉美国家的货币形势，并就复杂的形势给他们提出建议。因为当前他们需要的信息和数据都由华盛顿说了算。我们赴

① 关于与怀特的双边协商，详见 Ness to White and Mikesell, June 4, 1943 and Gonzales to White, June 10, 1943, HDWP, box 8, folder 2。

② Pedretti, “The Monetary Reform,” p.9.

③ Hammond to Governor, October 18, 1943, p.4, ISF, box 231.

④ Gardner to Szymczak, “Tentative program of the Latin American group for the year 1944,” December 1, 1943, p.2, ISF, box 148.

⑤ Triffin to Hammond, July 21, 1944, p.1, ISF, box 109.

> 拉美使团已同他们建立起良好的个人关系，在拉美统计与经济研究方面建立了更广泛的基础。①

布雷顿森林会议闭幕后，在讨论特里芬在巴拉圭的活动时，加德纳向联储委员会强调了最后一点。②在 1944 年 6 月初于巴拉圭致加德纳的一封信中，特里芬还提出，联储赴拉美使团的某些成员应尽快转到基金和银行的工作中去。③ 146
后来，特里芬本人于 1946 年转到基金工作，负责基金的外汇控制司。在巴拉圭使团任上，特里芬就特别注意外汇控制立法与新的基金规则保持一致，例如，长期管制仅限于控制资本流动时使用。④在 1945 年 3 月的一则通信中，特里芬表达了这样的期望，即巴拉圭所引入的外汇控制模式"也许能引起国际货币基金的兴趣，并为基金的未来政策提供某种借鉴"⑤。部际小组在国务院讨论他的草稿时也提出建议，应遵照巴拉圭的例子召开国际外汇控制大会——这得到了特里芬的高度赞赏。⑥

美国政治与巴拉圭使团

相对于古巴改革来说，巴拉圭改革并没有在美国掀起多大波澜。由于美国与该国的经济联系匮乏，美国银行也没有在该国运营，因而几乎很少有美国私营企业受到改革的直接影响。1944 年年中，特里芬发表了他的哥伦比亚研究（拉美地区流通了 500 册），纽约金融界的著名人物对其质量和有用性印象深刻，这也减少了反对的阻力。甚至伯吉斯在 1944 年 8 月写给哈蒙德的信中也说，他的

① Triffin to Board, "Questions on which Board decisions or guidance are needed," January 11, 1945, pp.3–4, ISF, box 230.

② Gardner to Triffin, August 24, 1944, ISF, box 230.

③ Triffin to Gardner, June 23, 1944, ISF, box 231.

④ Triffin to Board of Governors, January 11, 1945; Triffin to Szymczak, "The Development of Exchange," p.24.

⑤ 引自 Dosman 2008, 204。

⑥ Triffin to Szymczak, "The Development of Exchange," p.2.

银行职员认为研究做得极为优秀。① 由于研究含蓄地批评了甘末尔于1923年在该国建立中央银行的工作，联储官员为避免冒犯甘末尔，降低了批评的调门，因此以上赞扬让人印象更加深刻。②

当然，银行界对于巴拉圭改革仍然有些许杂音。1945年年中，特里芬报告
147 说：“美国最聪明务实的银行家之一最近跟我说，当甘末尔立法最终被认为是完全无用且对拉美国家的需求和环境一无所知时，那么巴拉圭立法同样冒着这样不切实际的风险，即它没有充分考虑该国在施政上的落后。”特里芬反驳了这一批评，称“完全夸大了风险，相对于纽约，你在巴拉圭可以发现更多的诚实和能力”。他还认为，相对于他的“某种程度灵活的系统”，唯一可供选择的就是更为严格的甘末尔道路，而在他看来是不现实的：“灵活也许会被滥用，但严格将在实践中被一扫而空。”③

后来据特里芬回忆，他在巴拉圭所做的一些工作遭到了财政部的激烈批评，而伊寇斯曾为他辩护。④ 他没有详细解释这些批评，我也没有找到档案资料来还原这段历史。财政部的反对不大可能是因为内容，因为这与之前财政部领导的古巴和洪都拉斯使团的内容类似。相反，对管辖权的警惕才是最可能的原因，更何况特里芬的工作还相当成功。实际上，特里芬在报告中说怀特一度想把他招入麾下。由于对“独立性的关切”，特里芬拒绝了怀特的邀约，他害怕自己妥协成为怀特“僵化的办事员”。怀特并没有很认真地对待这一回绝；特里芬报告说怀特“嘲笑了我的愚钝”，因为财政部拥有比联储更大的权力。⑤ 在第二次赴巴拉圭之前，特里芬点名财政部参与拉美事务的诺曼·内斯（Norman Ness），邀请后者参与联储对其建议内容的讨论，内斯对特里芬带往该国的所有立法草案都予以赞同。⑥

特里芬首访的成功似乎也得罪了纽约联储的一些官员，他们要求联储委员

---

① W. Randolph Burgess to Hammond, August 18, 1944 and Gerald Beal to Hammond, November 28, 1944, ISF, box 109.

② Hammond to Triffin, July 4, 1944, ISF, box 231.

③ Triffin to Prebisch, July 23, 1945, pp.1–2, ISF, box 162.

④ Triffin 1990, 27.

⑤ Triffin 1981, 243.

⑥ Triffin 1946, 113; Hammond to Triffin, May 24, 1944, ISF, box 231.

会未来派出使团前要先通知他们，并要求参加使团。加德纳提醒伊寇斯，实际上委员会事先曾询问纽约联储可否派人参加巴拉圭使团，但被告知没人去这个无足轻重的国家。如加德纳所说：“那时他们没有意识到巴拉圭项目具有远超巴拉圭本身的意义。”[1]加德纳还告诉伊寇斯，在未来的咨询工作中，他和特里芬乐于与纽约联储共事，但是仅限于在“委员会起领导作用且已发展出的与拉美国 148
家共事的方式不受阻碍”的情况下。[2]在第二次访问启程前，特里芬将所有有关使团的资料发给了纽约联储的亨利·沃利克并征求他的意见（大多都得到赞同）。[3]尽管如此，在1944年1月和2月于华盛顿召开的巴拉圭报告评论会上，沃利克并没有出现在正式的“技术委员会”中。委员会包括内斯和5位联储委员会官员【特里芬、加德纳、哈蒙德、乔治·巴赫（George Bach）和朱莉娅·伍斯特（Julia Wooster）】。[4]

正是由于特里芬的工作在财政部和纽约联储都遭遇了阻挠，因此联储委员会对于他的成功尤其感到高兴。在他第二次出访归来后，一名联储官员宣布新的中央银行法“无论从理论还是实践层面来说，都是拉美国家所实施的最先进且深远的立法”[5]。联储甚至赞同将关于巴拉圭改革的正式报告印制1000份。正如一位联储官员所说，改革“已经吸引了拉美地区的广泛关注”，“应被视为在该地区的开创性革新”。该官员还提道：“委员会对此表现出极大的兴趣，认为这一新的创举将会在国内外对中央银行学说产生影响。”[6]在1945年1月致委员会的声明中，特里芬还强调了巴拉圭使团后来带给委员会的特殊利益：“委员会在拉美收获了极佳的声誉和威望，它在各地都构成了我们睦邻政策中最受欢迎的部分。”[7]

这就清楚了。面对财政部和纽约联储，联储在其部门利益的驱使下扮演了

① Gardner to Eccles, “Relations with FRBNY,” January 23, 1944, p.2, ISF, box 148.

② Gardner to Eccles, “Relations with FRBNY,” 1–2.

③ Wallich, “Comments on Draft of Paraguayan Central Bank Law,” June 7, 1944, ISF, box 162.

④ Triffin 1946, 113.

⑤ Eduardo Montealegre to Mr. Hammond, August 2, 1944, p.1, ISF, box 162. 关于委员会对于特里芬工作的支持，详见 Triffin 1990, 26; Triffin 1981, 242。

⑥ Woodlief Thomas to Board of Governors, January 16, 1946, p.1, ISF, box 162. 亦可参见 Gardner to Thomas, July 24, 1945, ISF, box 162。

⑦ Triffin to Board, “Questions on which Board decisions or guidance are needed,” p.4.

鼓励巴拉圭使团的角色。但是联储官员们也非常清楚地知道,他们的工作与美国对外政策目标紧密相连。如哈蒙德在1943年10月的一封信中观察到的:"如果我们在巴拉圭做好了,就意味着我们国家的对外政策加强了。"① 驻亚松森的一名英国官员向他的上级报告说,特里芬对于其拟议中的巴拉圭改革的解释常
149 常包含"将巴拉圭民族主义情绪导引到摆脱阿根廷上去"②。国务院同样赞扬特里芬的工作是"在真正执行睦邻政策"③。当战争平息和该地区对德国的恐惧慢慢消逝的时候,美国的战略积极性也消退了,取而代之的是对于美国一般国家利益的强调。在1945年3月的一份文件中,委员会解释使团(如巴拉圭)如何"减少对我们国内信贷形势的扰乱,这些扰乱来自外国经济体","还要致力于提高美国的威望以及培育友好和互助的国际关系"。④

除了部门目标和对外政策目标,巴拉圭使团同样奉行了新政价值观。在离开巴拉圭之时,哈蒙德以人道主义例子说明了美国为什么要帮助这个国家:"他们不如我们富有,他们是数不清的厄运的受害者,他们的形势糟糕至极,然而,给他们一些帮助也不会让我们损失什么。"⑤ 在真正的新政潮流下,可以看到,特里芬享受于挑战旧的国际货币思想中的自由传统。他特别说明巴拉圭新货币和中央银行法的非传统特性,形容它们为"完全非传统的""革命性的"。⑥ 自巴拉圭返回数月后,特里芬在泛美学会上致辞,强调:"我们致力于国际经济稳定的努力是成功还是失败,在很大程度上取决于我们是否愿意放弃陈旧及教条的放之四海皆准的公式。"⑦ 这与甘末尔及其同事的观点完全不同,后者认为他们给出的金融建议集普适性与科学性于一体。⑧ 与甘末尔向各个国家提供了非常类似

① Hammond to Governor, October 18, 1943, p.3.

② F. F. J. Powell, September 22, 1944, p.1, BOE. OV 167/1.

③ Stettinius to Eccles, January 31, 1944, p.1, DSDF, 834.51A/119. 亦可参见 Willard Beaulac to Secretary of State, October 3, 1944, ISF, box 230。

④ (No author), "Foreign Missions of the Federal Reserve System," March 29, 1945, ISF, box 218.

⑤ Hammond to Governor, October 18. 1943, p.2. 亦可参见 Hammond to Szymczak, September 9, 1943, ISF, box 231。

⑥ Triffin 1946, 23, 25.

⑦ Triffin, "Address," p.6.

⑧ Rosenberg 2003, 194.

的建议不同，特里芬特别强调就各国不同的情况量体裁衣。[①]

从拉美国家学到的

特里芬的金融咨询有一部分是源于新政价值观更为深入的一点：主动学习
拉美经验和思想的意愿。特里芬渴望将其方式与20世纪20年代的甘末尔区分 150
开来，如他所说："传统但完全外来的中央银行改革试图将旧的金融中心的那些货币与银行机制完全移植到拉巴斯（La Paz）或基多（Quito）。"[②]与之相反，特里芬广泛研究，并且从拉美中央银行的经验——如20世纪30年代的汇率管制、积极的货币政策和中央银行资助农工项目等非传统政策——中获得灵感。

与拉美有影响力的货币思想家的交流，同样对使团给予巴拉圭的建议有所贡献。其中，最为重要的是特里芬与劳尔·普雷维什的会谈。彼时，普雷维什是拉美最为知名的中央银行家之一。他在1935年阿根廷中央银行的创建中扮演了主要角色，该银行被赋予了极大的权力，包括规制各种银行、实施外汇控制、通过公开市场寻求积极的货币管理政策，以及调整本国汇率等。作为首任行长，普雷维什一直任职到1943年10月。当年6月发生的军事政变迫使他去职。接着，1944年1月后期到3月末，他在墨西哥银行发表了一系列引人注目的演说，进一步奠定了他作为拉美地区最重要货币思想家之一的地位。演说在墨西哥银行内小范围传播，受众包括行长比利亚塞尼奥尔（曾提出泛美银行设想），但部分内容也刊登在了报纸上。[③]一位名为维克多·乌尔基迪的官员其后评论这些研讨会时，称其为"不同凡响的时刻"。[④]

此时，普雷维什正在更广泛的层面上完善其经济思想，这使他很快成为该区域之外众所周知的人物。他最有名的一个论断是国家支持工业化，从而有助于穷国避开外部冲击，以及与商品出口相联系的贸易衰落。此时，普雷维什思想的核心是追求国家在政策制定上的更大的自主权。这一诉求回应了凯恩斯。普雷维什批评凯恩斯忽略了贫穷的农业出口国所面临的独特环境与困难。在普雷维

---

① 关于甘末尔对各个地区的类似建议，参见 Drake 1989，25。

② Triffin，"Address，" p.2.

③ Dosman 2008，188–193.

④ Urquidi 1996，34.

什看来,这些国家需要将本国与来自工业国强有力的冲击隔绝开来,开拓政策空间以促进国家支持的工业化和经济发展。[①]

151 1944年初,特里芬访问墨西哥时第一次遇到了普雷维什。甚至在他们见面之前,特里芬就已认为1935年阿根廷中央银行法是"准备巴拉圭银行法的最好起点",因为它"既精确又灵活",且体现了"现代银行改革绝大多数的重要特征",同时也因为两国"无论在经济还是法律背景上"都非常相似。[②]墨西哥会面之后,特里芬和普雷维什很快建立起了亲密的私人友谊,带有智慧上相互启迪的特征。[③]特里芬在著作中常常对普雷维什的"先导性工作"表达感谢。[④]特里芬引用的不只是普雷维什的一般货币思想,还有他在阿根廷实施的某些非常具体的政策创新。例如:巴拉圭的外汇控制直接源自阿根廷的经验,后者通过一个拍卖系统向非必需交易分配外汇。

在巴拉圭改革被通过以后,特里芬安排普雷维什在巴拉圭待了3个月,从1944年12月初开始,以协助进行改革。[⑤]特里芬告诉联储委员会,如果没有普雷维什,"我们无法确保使团的最后成功",因为他们"在巴拉圭的货币、银行和外汇组织等实质性问题上完全一致"。[⑥]鉴于美国彼时对于阿根廷的怀疑,普雷维什的角色可能会有些问题。但是二战爆发后,他又成为一个积极呼吁阿根廷与美国建立更紧密联系的人物。实际上,他与美国的密切联系正是他被从中央银行行长职位上赶下来的原因之一。[⑦]普雷维什在联储内部也得到了认可,戈登韦泽形容说:"毫无疑问,在他的领域,他是拉美最杰出的人士,在世界上也是最杰出的几位之一。"[⑧]在许多新政银行家的心目中,普雷维什同样有着极佳的

① Dosman 2001; 2008, 218–219; Love 1996, 126–127.

② Triffin to Gardner, April 9, 1943, p.1, ISF, box 162.

③ 比如,可参见 Triffin to Prebisch, July 23, 1945, p.4。

④ Triffin 1966(1947), 141, n.2.

⑤ Triffin to Board of Governors, "Second Mission"; Dosman 2008, 197–202.

⑥ Triffin to Board of Governors, "Second Mission," p.4.

⑦ Dosman 2008, chaps. 6–8. 还有埃德加·胡佛和其他美国官员对其忠诚提出疑问(Dosman 2008, 151–152)。

⑧ Goldenweiser to Roger Evans, February 23, 1945, ISF, box 156. 亦可参见 Dosman 2008, 132, 233; Gardner to Federal Reserve Board, August 18, 1944, p.1, ISF, box 230。

声誉。1940 年底，普雷维什访问美国，伯尔与其会晤后，称他“才华横溢”。[①]

鉴于战后美国对于普雷维什观点的批评，有必要说明他的许多关于发展的
学说不仅同特里芬类似，还同我们在上一章中谈到的其他美国主流经济学家类 152
似。举例来说，他关于——在面临不利贸易条款的情况下——工业化需求的论断就是响应了金德尔伯格的思想（普雷维什当时就读过）。[②]金德尔伯格的许多思想使人们想起约翰·威廉姆斯的工作，包括普雷维什关于金本位制度对于外围地区的不稳定影响的论断，对于外汇控制的呼吁，对于古典贸易理论的批评，以及他对于穷国不同经济需求的强调。[③]我要说的是，普雷维什对于威廉姆斯的工作非常熟悉，曾翻译后者 1920 年出版的关于阿根廷战后贸易的书，并在随后几年里与其会过面。[④]

对于 1944 年底特里芬邀请其协助实施巴拉圭改革的举动，普雷维什持欢迎态度。原因不仅在于阿根廷艰难的政治形势。当年早些时候，普雷维什在墨西哥告诉听众，怀特 1942 年的古巴使团报告给了他极大的鼓舞，美国政府如今终于承认国际支付面临大幅波动的国家控制汇率的好处。[⑤]那时，他表达出愿与美国官员就该问题进行更多讨论的期待。当他与特里芬会晤时，这个机会就出现了。他赞赏特里芬的观点。例如，1945 年 6 月，在阅读了后者关于巴拉圭工作的总结后，他写信给特里芬：

> 你已经在你的项目中制定出了货币原则，极其适用于与我们类似的国家。我慎重地将阿根廷包含在内：如果我要为我的国家准备一个新项目，我将采纳你提议的绝大部分内容。巴拉圭已经建立了有效的机制以稳定本国经济。在联储要人的支持下，如果审慎经营并做出正确的判断，改革将成为我们国家新的货币传统的开始。我亲爱的朋友，我们将会从除魔行动中解放出来，而外国顾问本希望我们借此行

① 关于伯尔，详见 Berle and Jacoby 1973, 353。关于银行家们，可参见 1945 年他们赞助他访问哈佛大学；Szymczak to Nelson Rockefeller, February 5, 1945, ISF, box 156。

② Prebisch（1991 [1944], 197–198）引用了金德尔伯格 1944 年初在墨西哥研讨会上的成果。

③ 关于威廉姆斯的这些观点，参见 Asso and Fiorito 2009。

④ Dosman 2008, 36, 122, 131.

⑤ Prebisch（1991［1944］), 200–201. 普雷维什在 1940 年底访问美国时曾与怀特会晤。

动在不远的将来净化外汇政策。[①]

特里芬回信感谢普雷维什寄来了“最好的一封信,我很久都没有收到这样
153 的信了”,并感谢他“为巴拉圭改革的成功做出的杰出贡献”。特里芬称:“如果改革成功了,我觉得功劳应该属于你。你真的是在努力实干,而我仍然或多或少地必须限于学术理论层面。”[②]

在拉美思想家中,特里芬并非只请教过普雷维什。最初特里芬还对赫尔曼·马克斯(Herman Max)的观点产生了兴趣。后者是在圣地亚哥大学(University of Santiago)执教的智利教授,还是智利中央银行的顾问,同时也是1936年哥斯达黎加、1939年委内瑞拉和1940年秋尼加拉瓜货币改革的顾问。经历大萧条后,马克斯开始严厉批评金本位制度,称各国需要汇率调整权以应对国内外的发展,从而保持国内的稳定。他还主张实施积极的货币管理政策,建议中央银行可直接向公众放贷,部分是因为这样有助于与商业银行共同维持利率的有效性。[③]

在巴拉圭使团赴美期间,特里芬鼓励冈萨雷斯了解马克斯的观点。[④] 当第一次访问巴拉圭归来时,特里芬与马克斯在圣地亚哥会面。在1944年4月返回途中,他还去智利与马克斯讨论他即将拿给巴拉圭人的立法草案。[⑤] 特里芬认为马克斯领导的改革,相对于甘末尔曾经做的,更适合这些国家的基本经济和金融特性。然而,他最后总结说:马克斯过于细致的立法并不适用于巴拉圭,因为“迄今为止巴拉圭还没有最为基础的银行法,银行监督机制也只能缓慢地建立”。[⑥]

特里芬关于巴拉圭中央银行创设货币、银行和储蓄与抵押部门的提议,则是直接来自哥斯达黎加中央银行的经验。[⑦] 1943年中期,特里芬在华盛顿数次与

---

① Prebisch to Triffin, June 17, 1945, p.2, ISF, box 162.

② Triffin to Prebisch, June 23, 1945, pp.1, 2.

③ 例如,可参见 O. E. Moore to Sproul, “Dr. Herman Max,” October 29, 1940, and Jack Corbett to Sproul, “Monetary Views of Dr. Herman Max,” November 4, 1940, ISF, box 180。

④ 例如,可参见 Triffin, “Suggested Outline of Study for Dr. Gonzales,” December 12, 1942, ISF, box 259。

⑤ Triffin 1946, 113.

⑥ Triffin to Gardner, April 9, 1943, p.1.

⑦ Triffin 1946, 74–75; Triffin to Gardner, March 15, 1944, ISF, box 231; Triffin to Board of Governors, January 11, 1945.

该行行长胡里奥·培尼亚（Julio Peña）会面，并于1944年初向其询问关于巴拉圭中央银行草案的建议。[1]1944年5月，在特里芬赴巴拉圭途中经停哥斯达黎加时，哈蒙德同样建议由美国资助巴拉圭官员到哥斯达黎加中央银行学习管理 154
工作。[2]实际上，特里芬和哈蒙德都热切地鼓励拉美国家的金融专家，在他们与达维拉和普雷维什共同建立的模型上开展跨国交流。他们的出发点是，拉美官员彼此之间学到的要比从美国官员那里和实际操作中学到的多得多。[3]如特里芬所说："经验显示，一个巴拉圭人或一个小而落后的国家的任何银行雇员，若来到美国受训，那么他们更容易收获到困惑而不是有效的训练。"[4]

在睦邻金融伙伴关系中，特里芬赴巴拉圭使团是一段重要的篇章。它率先提出金融咨询的新方式，支持巴拉圭地区的发展目标，在拉美引起了广泛关注。不过既然怀特的古巴使团是真正的先驱，特里芬使团的名声就不那么名副其实，但是相对于古巴使团的经历，巴拉圭使团的建议被立即采纳了。巴拉圭使团受到更多的政治重视也反映出，特里芬耗费了更多的时间和努力向公众解释及证明这一新的方式。另外，他还特地引导拉美政府参与到巴拉圭改革进程中去。

尽管其很重要，但是特里芬的巴拉圭金融咨询使团几乎没有得到研究美国对外经济政策的历史学家的关注。[5]这很令人诧异，因为这一使团是联储随后派往拉美的使团的标杆，也是此时睦邻政策最有影响力和最受欢迎的部分。1941年12月美国参战之后，美国对拉美的金融援助由关注广泛的地区性发展目标转为直接服务于美国的防务需要，这使拉美官员们感到沮丧。[6]在这一背景下，巴拉圭使团——以及它的发展内容——是20世纪30年代末以来美国对

① Peña to Triffin, March 3, 1944, ISF, box 231.

② Hammond to Gardner, May 19, 1944, ISF, box 264.

③ Triffin to Board, January 11, 1945; Triffin and Hammond to Board of Governors, January 11, 1945 and Hammond to Morrill, October 9, 1944, ISF, box 22; Hammond, "Exchange of Personnel for Foreign Study," August 7, 1946, CSF 001.411.

④ Triffin to Szymczak, "The Mexican Invitation to an Inter-American Conference of Central Banks," p.3, January 11, 1945, RTP, box 3.

⑤ 甚至Michael Grow（1981）的令人着迷的美国—巴拉圭关系史中关于这一时期的部分，以及Mora（1998）对于那些关系的重要考察也忽略了使团。

⑥ Green 1971, chap.4.

155 睦邻金融伙伴关系持久承诺的一个重要象征。

对于巴拉圭使团的忽视同样发生在研究布雷顿森林的历史学家身上，这是极为不幸的，因为使团揭示了布雷顿森林目标中发展内容的深层维度。正如我们已经看到的，美国和巴拉圭官员起草巴拉圭立法时，明确注意与基金关于有弹性的固定汇率和资本控制的规定保持一致。为与内嵌自由意识形态保持一致，这些条款对于保护巴拉圭政策自主性极为重要。与保护福利国家和凯恩斯全面就业政策（如在北方国家）不同，对于有弹性的固定汇率和资本控制的设计是用来保证巴拉圭政府的权力，以追求某种形式国家主导的发展目标，而这是自20世纪30年代在拉美地区流行开来的。为了加强这一点，美国金融顾问比国际货币基金组织走得远得多，他们支持国内机构改革以加强巴拉圭国家追求这些目标的能力，包括发行国家货币、改革中央银行和成立新的贷款机构以更有效地服务于本国经济。这样，巴拉圭使团将新的布雷顿森林框架与拉美发展意向非常直接地联结在了一起。

联储最初对于巴拉圭使团的支持源于两方面，即部门竞争和抵消轴心国影响的战略驱动。后者类似于睦邻金融伙伴关系其他方面发挥的作用。此外，美国给巴拉圭的建议内容受到新政价值观的影响，这些价值观包括帮助穷国、挑战自由主义经济传统，以及乐于向拉美国家学习并与该地区的改革者合作。这些新政价值观在美国中央银行家中是如此有影响力，以至于这一事实应该得到强调。彼时，中央银行家常常被描绘为保守的思想家，抱守20世纪20年代的自由传统，怀疑布雷顿森林框架中内嵌的国家干预思想。但如我们已经看到的，联邦储备委员会拥有独特的智力环境。在拉丁美洲，同样有一批具备领导作用的中央银行家如普雷维什——常常通过环境的力量——来挑战传统政策和思想。中央银行家联盟致力于以发展为导向的内嵌自由主义思想的做法，很快会得到进一步加强。

第6章
拉丁美洲支持布雷顿森林会谈 156

美国政策制定者制定战后国际金融秩序计划,是直接建立于美国—拉美睦邻金融伙伴关系及其发展目标之上。拉美官员和分析家们更为直接地帮助塑造了布雷顿森林谈判的结果。大部分关于布雷顿森林谈判的成果聚焦于美英协商,很自然地,英美谈判在决定最终结果时至关重要。但是,美国和英国同样与众多国家展开协商,这其中有许多是穷国。在这一阵营中,拉美国家(不包括阿根廷)占了绝大多数。

拉美国家视布雷顿森林谈判为加强国际援助实现其发展目标的机遇。它们对银行在发起长期的发展性贷款中所扮演的角色尤其感兴趣,它们在布雷顿森林会议上帮助保护和强化这一角色。它们还推动加入了一项条款,针对依赖于商品出口的国家在国际支付上出现波动的情况,允许国际基金对其提供更大规模的短期金融支持。另外,拉美官员们支持国际基金总协定中允许汇率管制和资本控制的条款,以及能够为他们的政策自主权提供某种保障的条款。他们成功地促成会议形成一项决议,号召未来就商品市场和价格达成国际协定,这是在某种形式上复活了怀特初稿中所提出的商品价格稳定方案。

在他们向正式的谈判贡献才智之余,拉美政府还以另一种方式表达了对布 157
雷顿森林发展内容的支持。因为布雷顿森林会议的缘故,特里芬收到该地区政府的一系列请求,希望特里芬能将在巴拉圭的工作复制到他们国家。像巴拉圭政府一样,这些政府认为特里芬的建议将强化其发展意向与参加布雷顿森林体系之间的联系,甚至那些没有向特里芬寻求建议的拉美政府也对特里芬的工作表示了兴趣和支持。

拉丁美洲和布雷顿森林谈判

大多数的历史记叙都没有给予拉美政府的角色以较大的关注。如我们已经看到的，早在1941年美国就明确告诉凯恩斯，他们视拉美国家为制订战后计划的重要伙伴。为此，他们选择在泛美会议——1942年1月的里约会议——上宣布对于规划战后国际金融秩序的兴趣，从而加强了拉美国家的重要性。1942年7月，美国官员决定就怀特计划与一小批国家集团开始非正式协商时，他们把巴西和墨西哥拉进这一小圈子内，与英国、俄国、中国、加拿大和澳大利亚并列。[1]

1943年4月，摩根索邀请37个国家派技术专家赴华盛顿讨论怀特的首个关于稳定基金的方案，拉美国家占据了其中19个（阿根廷是唯一未获邀请的拉美国家）。[2] 其中有许多国家派代表来到华盛顿与美国进行双边协商。少数国家（巴西、厄瓜多尔、巴拉圭和委内瑞拉）还参加了为期3天的多边协商会议。
158 从6月15日到17日，共有18个国家参加该会议，怀特亲自担任主席。[3] 少数没有派代表到华盛顿的拉美政府也就怀特计划提交了书面反馈。[4]

英国政府此时同样承认拉美国家的重要性。1943年春，关于国际清算同盟的凯恩斯计划公布之后，驻华盛顿的英国大使馆将它派发给了所有参加怀特协商会议的拉美官员们。[5] 这段时间，英国官员还特地穿梭在拉美国家之间，以推销国际清算同盟计划。[6] 当英国官员提起相对于怀特计划，普雷维什更喜欢凯

---

① White to Morgenthau, July 21, 1942, CFHDW, box 8, Chron.8.

② US State Department 1948, 1574. 此处提供的名单少了6个国家，但他们随后的确收到了邀请。其中，有许多参加了1943年的协商：埃及、法国、冰岛、伊朗、利比里亚和菲律宾。关于他们的受邀和参加，见 White to Morgenthau, May 3, 1943, CFHDW, box 9, Chron. 47; J. Deutsch, "International Stabilization of Currencies—Informal expert discussions, US Treasury, June 15–17, 1943," NAC, RG19 v. 3981。美国最终邀请参加1943年协商的全部43个国家与下一年邀请到布雷顿森林会议的名单一致。

③ 参加会议的其他美国官员是伯恩斯坦、加德纳、戈登韦泽、汉森和瓦伊那。伯尔也参加了会议。

④ 见 HDWP, box 8, folders 1–2。

⑤ Skidelsky 2000, 249.

⑥ E.W.Playfair to E. Ashton, May 4, 1943, UKT 247/36.

恩斯计划时，凯恩斯特别开心，宣称该消息“特别重要”，以及“不得已疏远阿根廷是最大的不幸”。[①] 根据一位英国官员的说法，普雷维什认为怀特计划“实际上是设计用于在战后货币事务中给美国以完全主导的地位”。[②] 我们已经看到，1943年10月，普雷维什被免去阿根廷中央银行行长职务后曾与特里芬共事，其后他对于美国目标形成了更积极的印象。然而，在稍早时期，对于美国拒绝邀请阿根廷参加华盛顿协商，他在态度上非常怀疑，而且在心情上明显非常愤怒。他明白无误地告诉英国人：“阿根廷没有债务违约记录，中央银行组织完备，竟然被排除于对所有国家利益至关重要的协商之外，着实令人诧异。”[③]

在走向布雷顿森林会议的岁月里，美国和英国官员们不断认识到拉美国家的重要性。1944年4月22日，美英就基金计划草案公布了专家联合声明，他们一致确定同时发表声明的地点不仅包括华盛顿、伦敦、莫斯科、重庆和渥太华，还包括里约、墨西哥城和哈瓦那。巴西、墨西哥、古巴和智利同样位居16国之列。
6月底，他们被邀请来美国大西洋城参加布雷顿森林会议正式召开前的起草会 159
议。[④] 怀特任会议主席，他任命了泛美银行谈判的老兵——墨西哥的安东尼奥·蒙特罗斯担任他的四名副主席（并列的还有凯恩斯，以及来自苏联和中国的官员）之一。[⑤]

在布雷顿森林会议上，墨西哥财政部长爱德华多·苏亚雷斯被赋予提名摩根索“大会永久主席”的角色，并被选为大会三委员会之一的主席（另两位主席是怀特和凯恩斯）。[⑥] 另外，苏亚雷斯和巴西财政部长阿图尔·索萨·科斯塔（Artur de Souza Costa）受邀在大会开幕式上（与摩根索和加拿大、中国、捷克斯

---

① Keynes to Catto and Eady, “The Argentine and the Clearing Union,” May 26, 1943, p.1, UKT 247/36.

② Meynell, “From Buenos Aires to Foreign Office,” No. 320, May 8, 1943, p.1, UKT 247/36.

③ Meynell, “From Buenos Aires to Foreign Office,” 1. 在布雷顿森林会议上，美国代表团中的一位银行家爱德华·布朗（Edward Brown）私下也表示，阿根廷大概是南美洲金融最为健康的国家（MD, book 755, p.220）。

④ 另外12国为澳大利亚、比利时、加拿大、中国、捷克斯洛伐克、法国、印度、荷兰、菲律宾、英国、美国和苏联。约75人出席了会议（MD, book 740, p.95; book 749, p.2）。

⑤ General Meeting, June 24, 1944, BWCC, box 1/12.

⑥ 怀特和凯恩斯分别任起草国际基金、国际银行的委员会主席，苏亚雷斯为“国际金融合作及其他方式”委员会主席。

洛伐克以及苏联代表团团长一道）做正式致辞。① 在美国1944年6月30日的一次规划会议上，怀特坚持为这两名官员保留有影响力的角色，称“我们需要南美国家的支持”。②在大会首日给予美国代表指令的内部会议上，怀特重申：“南美国家于我们而言是重要的。”③

拉美国家的重要性体现在这样一个事实，即在44个代表团参加的会议中，他们占了19个。④ 这种数量上的优势使英国人担忧，他们认为拉美国家在许多事务上都与美国站在一起。实际上，因为这个原因，英国人甚至希望会议不要出现需要正式投票的情况。如会议中期一名英国官员写给上级的信中所说：“如果某事项到了投票阶段，而每个国家都有一票，那么这样的结果就是拉美票数多到可以按美国意愿摆平任何事务的程度。”⑤ 怀特看出了英国的担忧，他私下说，英国努力推迟会议决定基金总部地址的做法，反映了凯恩斯所遭遇的挫折，因为
160 “哥斯达黎加的票与英国的一样（重要）”。⑥ 会议上的拉美代表常常毫不犹豫地提醒其他代表，他们代表了“差不多一半的参会国家”⑦。他们有团结意识并且努力作为一个团队工作，这一事实增强了他们的影响力。⑧ 正如会议期间一位美国官员指出的：“拉丁美洲国家真的是作为一个单位在行动……他们是一架相当坚定的机器。”⑨

拉美国家因而有许多机会为布雷顿森林谈判加入他们感兴趣的内容。他们提供了哪些观点？已有历史常常提及：以墨西哥为首的几个拉美国家致力于发表一个模糊的声明，以进一步研究白银在国际货币体系中的地位问题；拉美要

---

① US State Department 1948, 8.

② MD, book 748, pp.226.

③ MD, book 749, p.3.

④ 包括玻利维亚、巴西、智利、哥伦比亚、哥斯达黎加、古巴、多米尼加共和国、厄瓜多尔、萨尔瓦多、危地马拉、海地、洪都拉斯、墨西哥、尼加拉瓜、巴拿马、巴拉圭、秘鲁、乌拉圭和委内瑞拉。

⑤ “From Bretton Woods British Delegation（Monetary Conference）to Foreign Office,” p.12, No. 50 REMAC, July 10, 1944. UTK 247/29.

⑥ MD, book 753, p.160.

⑦ 古巴的路易斯·马查多引自“Informal Minutes: Commission I, United Nations Monetary and Financial Conference at Bretton Woods, July 1944,” p.121, BWCC, box 13/1。

⑧ Suárez 1977, 277.

⑨ Luxford in MD, book 752, p.5.

求在基金内拥有更多的配额（有助于决定投票权和借贷额度）和代表，尤其是他们的总配额无法确保其在基金执行委员会内锁定一个席位的时候。①这些要求带来的结果是，基金委员会12席中的2席被作为保障席位留给了拉美国家（美国支持了古巴的提议），这是其他地区没有的待遇。②实际上，中东的埃及、伊朗和伊拉克也想获得这样一个保障席位，但在投票时没有通过。③

在这一过程中，除了以上具体事务，拉美国家普遍大力支持美国的计划。例
如，在1943年中期的华盛顿会议期间，许多拉美官员告诉怀特，他们喜欢拟议的
基金条文。④这些支持甚至来自那些不能确信基金必然对他们有用的国家，如
巴拿马政府称他们没有货币稳定的问题，因为该国的货币体系已经美元化。⑤
在布雷顿森林会议上，拉美联盟领袖人物，如古巴的路易斯·马查多和墨西哥的 161
安东尼奥·蒙特罗斯，与美国官员密切合作。⑥在7月10日的某一刻，勒克斯福
德告诉他的美国同事，马查多已经"向我保证，在任何我们中意的事项上，他都
会支持我们一票"。⑦会议结束之际，怀特私下里写道，古巴"给我们的帮助比其
他国家加起来都多"，他坚持在闭幕仪式上给古巴一个发言机会。⑧其后，勒克
斯福德回忆起，因为"他们并肩处理各种问题已经持续了数年"，怀特受到拉美
代表们的"欢迎"，他们对他"有信心，这个人了解我们的问题，如果他看到了我

---

① 例如，可参见 Van Dormael 1978，166，178–181。

② MD，book 750，p.131，263；book 751，pp.293–297；book 752，p.5. 拉美国家在银行委员会没有得到保障席位。

③ 当古巴提议被表决时，有一些反对票。Schuler and Rosenberg 2012，102–105，229–231，235，239，276–280.

④ 详见 HDWP，box 8，folders 1–2，4，以及 ITM 双边会议中的各种备忘录（especially boxes 20 and 21）；and CFHDW。作为拉美国家，萨尔瓦多宣布其财政地位并不是她促成怀特拟议基金的原因；R. Samayoa，"Re：Stabilization Fund of the United and Associated Nations，" May 31，1943，HDWP，box 8，folder 2.

⑤ Oscar Muller，"Memorandum on the Proposal for a Stabilization Fund of the United and Associated Nations，"（undated but US translation of June 28，1943），HDWP，box 8，folder 2.

⑥ Eckes 1975，154. 参加了会议的戈登韦泽同样认为蒙特罗斯和马查多是拉美官员们的关键领袖（E. Goldenweiser，"Bretton Woods，" p.2，CSF，001.411）。勒克斯福德也把马查多看作领袖（MD，book 752，p.5）。关于拉美国家在会议上支持美国的倾向，亦可参见 Mikesell 2000，43。

⑦ MD，book 752，p.5. 根据其后苏方的一个解释，怀特私下里与苏联官员开玩笑说，他可以发动并取得拉美国家在表决上的支持以确保其决定（Steil 2013，249），但是该来源的可信度存疑，因为它宣称怀特欲动员"22个拉美共和国的票数"，而实际上参加会议的拉美国家只有19个。

⑧ MD，book 756，p.273. 其他受邀演讲者来自巴西、英国、加拿大、法国、挪威和苏联。

们的问题就会战斗，并且他不惧怕战斗”。[①] 对于蒙特罗斯来说，1939 年到 1940 年间，他曾与怀特在美洲财经委员会下设的泛美银行提议研究小组委员会中密切合作，这一经历加强了彼此之间的信任，更不用说私下里他们也一直保持联络。他和怀特是哈佛大学同学；实际上，怀特在布雷顿森林会议上以“托尼”（Tony）称呼他。[②]

在布雷顿森林谈判中，许多拉美代表希望怀特帮助他们处理的关键问题是其国民的低生活水平。苏亚雷斯在大会开场白中强调，希望大会能帮助提高“全人类的生活水平”。[③] 7 月 18 日，在哥伦比亚广播公司（CBS）的一场特别采访中，他重申：“我的祖国墨西哥已经贫穷了几个世纪……我们要使我们的人民健康、强壮和快乐。倘若所有的联合国家代表也是如此，那么本次大会的结果将大有不同，它将使全世界人民活得更好。”[④] 对于美国自 20 世纪 30 年代末以来在该地区帮助提高生活水平的举动，苏亚雷斯和其他拉美代表表示赞赏。然而，到 1944 年为止，许多拉美国家政策制定者们逐渐意识到美国协助该地区发展的
162 兴趣变小了，这是由于轴心国家威胁的减弱以及关键性人物如萨姆那・韦尔斯的离职。[⑤] 布雷顿森林谈判提供了美国继续支持拉美提高生活水平的机制。[⑥] 1942 年 1 月，怀特和其他美国官员在里约曾明确将美国战后计划与睦邻金融伙伴关系联系起来，这一事实从侧面支持了这一说法。

增进银行的发展性借贷职能

国际银行发放发展性贷款的潜力是拉美国家尤感兴趣的，墨西哥官员们在这件事上发挥了领导作用。1943 年 5 月，与怀特进行双边协商期间，蒙特罗斯和墨西哥银行的罗德里戈・戈麦斯（Rodrigo Gómez）力促怀特的基金应有“提供长期资本的其他机构”相伴。[⑦] 由于 1939 年泛美银行提议的失败，墨西哥官

---

① Oliver 1961a, 18–19.

② Urquidi 1996, 50 n. 5.

③ US State Department 1948, 76.

④ MD, book 755, p.263.

⑤ Whitaker 1944, 44; Rivas 2002, 63; Gellman 1979, 179. 韦尔斯于 1943 年 9 月辞职。

⑥ Inman 1944, 3.

⑦ “Memorandum of a Meeting on the International Stabilization Fund in Mr. White’s Office, May 25, 1943,” p.1, ITM, box 20.

员长期以来都有一种挫折感，他们视战后计划进程为协助其实现某些目标的途径。泛美银行的主要推动者之一，墨西哥银行行长爱德华德·比利亚塞尼奥尔亦深入地参与了战后计划的讨论。战后墨西哥需要外国财政援助支撑其庞大的发展目标，这包括与基础设施建设、道路、电力、灌溉和广泛的农工业增长相关的计划。[①] 因此，墨西哥对这一事务的兴趣持续增强。普雷维什于1944年初在墨西哥银行举行的著名研讨会影响广泛，也增加了墨西哥高层官员对于布雷顿森林计划中以发展为导向的观点的兴趣。

在准备布雷顿森林会议的过程中，墨西哥官员们仔细研究了美国1943年11月的“国际银行方案”，并将之与泛美银行早期计划比较。[②] 他们发现美国草案鼓励并希望确保银行对发展目标提供充足的支持。如参加布雷顿森林会议的一位墨西哥代表维克多·乌尔基迪其后所言，墨西哥代表团“来到布雷顿森林就是准备为谈判注入经济发展的内容”[③]。除了乌尔基迪，代表团成员还包括蒙特罗斯、戈麦斯、苏亚雷斯和墨西哥银行经济研究部主任科西奥·比列加斯
(Daniel Cosío Villegas，他也是1933年蒙得维的亚会议墨西哥代表团的一员，普 163
伊格在会议上提出了矛盾重重的债务方案)。[④] 尽管乌尔基迪只是代表团的技术秘书，也是大会上最年轻的代表，但他一口流利的英文(他在伦敦经济学院获得学士学位)助其为墨西哥代表团扮演了有意义的角色。[⑤]

其后，从布雷顿森林回国时，乌尔基迪复制了他交给哈佛大学的毕业论文，很好地体现了当时墨西哥官员心中的“发展”观念。在研讨会上，他称拉美的发展迟迟没有开展，引自科林·克拉克著作中的数据显示该地区(阿根廷和乌拉圭除外)生产力水平和资本回报率极为低下。为改善形势，乌尔基迪告诉研讨会，若提高农业生产力水平，扩大国内市场，需要计划，以及“以发展为目的的投资”，从而为工业化奠定基础。在他看来，该项目需要外国公共部门——而不是私人——的协助，因为私人投资者“将会追逐利润或寻求较低的公司税”，并且

---

① Urquidi 1994; 1996, 40, 50 n.24.

② Urquidi 1996, 35.

③ Urquidi 1996, 40.

④ 关于科西奥·比列加斯，详见 Babb 2001, 30; Urquidi 1996, 50 n.6。

⑤ Meier(1984a, 13)说乌尔基迪是最年轻的代表。

对于“我们寻求的发展或整体工业化”不感兴趣。①

在布雷顿森林会议上，乌尔基迪和其他墨西哥官员们建议改变关于银行目标的措辞，以确保它能提供上述支持。一份英美两国形成于大西洋城的最初草案，其目标为协助“成员国的重建与发展”和“鼓励对于成员国开发生产性资源的国际投资”。墨西哥代表建议以一个直接声明作为银行首要的正式目标：“通过推动生产性资本投资——包括恢复被战争破坏或毁灭的经济、将生产设施重新转向满足和平年代的需求以及鼓励欠发达国家生产性设施的建设和资源的开发，协助成员国在其领土范围内重建和发展。”②

针对银行的一般借贷条款，墨西哥代表团还推动其在措辞上更倾向于发展。
164 在“银行的资本和设施将专门服务于成员的利益”这一句之后，墨西哥建议添加：“银行将对发展性项目和重建性项目给予公平考虑，其资源和设施将对各类项目一视同仁。”③在由乌尔基迪准备的声明中，墨西哥政府称它不想“强加给银行一个严格的五五分规则”，但认为新句子对于确保银行专注于发展事务是重要的。如乌尔基迪所言：“从短期来看，对于整个世界来说，也许重建事务更为急迫，主席先生——如果我可以这么说，在我们太老之前——如果我们要维持并增加各地的实际收入，发展必须处处开花。”乌尔基迪还称墨西哥和其他国家“拥有仍未开发之资源”，并且“我们人口中还有很大一部分未达到富裕的生活水平”。他继续说：“如果我们抓住这个——我们需要这些在国内无法募集到的资本——那么毫无疑问，获利的不仅是我们，也是全世界，尤其是工业国，这样我们将为他们提供市场和更好的顾客。”④

乌尔基迪还直接向拉美国家强调对于银行的支持。他注意到墨西哥和其他许多拉美国家被要求向银行认缴资本，用于“进口资本货物以满足我们的发展”。因为这个原因，他们需要确保其“为发展目的提出的对资本的请求”应同那些重建贷款一样得到公平的考虑。⑤实际上，对于会议上的拉美代表团来说，

① 引自他最初的笔记，Urquidi 1996，43.

② US State Department 1948，366–367，485，1049–1050.

③ US State Department 1948，373–374. 亦可参见 Urquidi 1996，41。

④ US State Department 1948，1177，1176，1176–1177. 亦可参见 Urquidi 1996，42。

⑤ US State Department 1948，1177.

这是颇具政治化的事情。在听到国际银行的资源大多要流向欧洲用于重建后,一些拉美官员公开谈论拒绝认缴银行股本。巴西的索萨·科斯塔努力阻止这一结果的发生,称国际银行会逐渐增加向欧洲以外地区的借贷,以服务于发展目标,并且拉美也能从欧洲重建中增加出口,从而直接获益。[①] 拉美的关切也在加拿大和中国代表团的行动上得到了部分体现,他们增加银行认缴额,以使拉美国 165
家能够减少银行认缴额。[②] 巴西、墨西哥、古巴、秘鲁和哥伦比亚同样愿意多认缴一点,以承担其他拉美国家减少的份额。[③]

尽管如此,特别有助于拉美国家支持银行的事件则是《墨西哥修正案》的通过。在古巴支持墨西哥提议后,一位荷兰代表指出,如果大会采纳了墨西哥的措辞,当重建需求消失的时候,发展性借贷将在实质上减少(因为银行资源需在发展与重建之间平均分配)。[④]凯恩斯赞同墨西哥所提议“精神”的同时,建议对措辞稍做修改,墨西哥立即表示欢迎,经起草委员会润色后,如下:“银行资源与设施将专门服务于成员国的利益,并对类发展性项目和类重建性项目给予公平考虑。”[⑤] 2天后,波兰企图将“重建性借贷”优先纳入其中,在句末加上:“有鉴于战争毁坏地区战后重建的极端迫切性。”[⑥]但是,凯恩斯和美国处理此事的负责人迪安·艾奇逊钟情于平等对待重建性及发展性贷款,他后来报告说:“拉美代表团团结一致将球踢给了我们。”[⑦]随后,起草委员会的文字得到正式认

---

① Otávio Gouvêa de Bulhões, “A Conferencia de Bretton Woods ante os problemas da estabilidade das moedas no câmbio, a concessao de recursos a prazo curto e os investimentos a prazo longo,” August 19, 1944, pp.47-49, FGV, SC mf/dG 1944.05.08 II-10. 亦可参见 Souza Costa 1944。

② Mikesell 1994, 41; Bittermann 1971, 74.

③ MD, book 756, pp.4, 8.

④ Howson and Moggridge 1990, 180.

⑤ 引自 US State Department 1948, 496。亦可参见 Schuler and Rosenberg 2012, 528-530。

⑥ US State Department 1948, 581. 会议开幕之前,捷克斯洛伐克官员也力推重建性借贷优先权;“Meeting on the Bank in Room 218, April 29, 1944,” HDWP, box 8, folder 4。

⑦ Acheson 1969, 84. 关于拉美更广泛的支持,亦可参见 Oliver 1961b, 3。艾奇逊称怀特不同意他和凯恩斯的观点但并没有详细说明。他指的可能是,之后他与怀特针对一个方案(用于安抚苏联)而起的争执。该方案对于那些遭受敌国占领或侵略并被毁坏的国家,允许银行放宽贷款条件。基于拉美国家会认为这削弱了“凯恩斯妥协”(MD, book 755, p.208)的认识,艾奇逊强烈反对该方案。但怀特认为他过分渲染了此类担心,该方案得到通过(MD, book 755, pp.203-209; US State Department 1948, 827-828, 923-924, 988)。

可。[①] 尽管会后乌尔基迪本人仍然担心银行可能依然“不会强调发展”,它的活动“将主要支持私人投资者……而不是借出自己的钱”。[②] 但通过这些方式,墨西哥和其他拉美国家帮助银行巩固和加强了它对于发展的关注。

166 补偿性国际收支平衡:弃权条款

许多拉美官员同样非常热心于国际基金提供短期贷款的能力,这有助于弥补危急时刻的支付困难。1943 年中期,在与美国协商的过程中,巴西官员对基金的这一功能特别有兴趣。协商中代表巴西的是财政部官员奥塔维奥・布良斯(Otávio Gouvêa de Bulhões),20 世纪 30 年代后期他是怀特在美国大学的学生,这一次任命正是应怀特要求而来。[③] 布良斯还是后来参加大西洋城会议和布雷顿森林会议的巴西代表。在 1943 年年中的协商中,布良斯称,对于在国际支付上存在季节性波动的国家,基金在贷款上需要更为灵活。[④]

协商会议之后,布良斯就凯恩斯和怀特计划拟定 48 页的报告,认为怀特提议中的基金能够帮助巴西和其他农业出口国抵消其国际支付中出现的短期波动。[⑤] 布良斯看到,相对于工业品出口国,依赖于原料和农业出口的国家(如巴西)在国际收支上面临严重得多的季节性和周期性短期波动。与金本位制度比较,怀特拟议中的基金可以提供贷款,使各国在“季节性或周期性出口萧条并暂时经历外汇短缺”时“避免通货紧缩”。尽管各国可以使用大额黄金储备保护国内经济,但布良斯注意到“维持此类储备的代价很大,大概就像保险费由被保险人独自承担一样”。怀特计划将允许巴西和其他国家减少此类自我保险的花费。布良斯喜欢怀特计划的一个事实是,相对于凯恩斯计划,它在界定国际收支*波动*

---

① US State Department 1948, 593-594.

② 引自他最初的笔记, Urquidi 1996, 43。

③ Bulhões 1990, 46. 在(Illegible name)to Keynes, September 13, 1943, UKT 247/36 中提到怀特教过他。

④ “Memorandum of a meeting on the International Stabilization Fund in Room 394, June 17, 1943,” p.5, BWCC, box 11/15.

⑤ “Relatorio Octavio Bulhões Sobre Os Planos Keynes e White e Seus Debates,” FGV, EUG/Bulhões, G.pi0000.00.00/2. 关于英文翻译,见 Bulhões, “Report on the Keynes and White Plans and Discussion Thereon,” n.d (but August 1943), Rio de Janeiro: Ministério da Fazenda, Gabinete do Ministro, Secção de estudos econômicos e financieros, HDWP, box 8, folder 2.

时更为明确，这是基金对外金融的基础。[1]

凯恩斯计划没有专门关注国际收支波动问题，这一事实使布良斯担心清算 167
同盟可能会给赤字国提供过多短期贷款，从而阻碍它进行必要的国内调整。正如 1943 年 6 月中旬布良斯在华盛顿协商会议上所说的："南美国家必须时刻确保阻止通胀的刹车闸状态良好。"[2] 巴西政府顾问（后为布雷顿森林会议巴西代表团成员）、新古典经济学家欧热尼奥·古丁（Eugênio Gudin）亦存在这种担心。[3] 智利的赫尔曼·马克斯（同样也参加了布雷顿森林会议）于 1943 年 5 月对英国官员说过类似的话，他认为凯恩斯计划对于债务国的惩罚太迟也太弱了。[4] 比利亚塞尼奥尔在泛美银行谈判中也曾表达过此类担忧，他认为可能不会有什么惩罚。[5] 实际上，需要指出的是，怀特在 1943 年与拉美官员协商时，泛美银行经常出现于对话中。举例来说，当 1943 年 5 月怀特与布良斯和欧里科·彭特亚多（Eurico Penteado，作为巴西在美洲财经委员会的代表曾参加泛美银行谈判）会面时，曾就两个机构做过比较。[6] 在与古巴官员举行的一场会议中，尽管同意"可能仍有空间设立一家专门银行处理美洲事务"，但也指出基金可以执行过去泛美银行的许多职能。[7]

在准备布雷顿森林会议期间，巴西官员一方面赞美基金借贷在抵消商品出口国所面对的各类季节性和周期性国际收支波动中所扮演的角色，另一方面则继续强调借贷过度的风险。在 1944 年 5 月的一次演说中，索萨·科斯塔警告说基金不应援助那些"国内政策不健康的"国家，但强调出口原料和农产品的国家

---

① Bulhões, "Report," 10, 3, 13–14. 亦可参见 D. H. Robertson to Octavio Bulhões, May 25, 1943, UKT 247/36. 同时，他也喜欢凯恩斯计划对于国际收支盈余国负有调整责任的说法。

② 引自 Deutsch, "International Stabilization," p.48. 亦可参见 Robertson to Bulhões, May 25, 1943。

③ Gudin, "Reflexões Que Me Ocorreram ao Ler o Relatorio Bulhões Sobre os Planos Keynes e White" (n.d.), FGV, EUG/Bulhões, G.pi0000.00.00/2. 关于古丁作为新古典经济学家的声望，参见 Love 1996, 149–150。

④ G.M. Watson to Frederick Philipps, May 2, 1943, UKT 247/36.

⑤ Villaseñor 1941, 170–171.

⑥ "Memorandum of a Meeting on the International Stabilization Fund in Mr. White's Office, May 14, 1943," BWCC, box 4/7.

⑦ "Memorandum of meeting on the International Stabilization Fund in Mr. White's Office, Aug. 23, 1943," BWCC, box 5/1.

尤其对针对季节性和周期性波动的协助感兴趣。像布良斯一样，他将基金形容为“保险系统”，它将允许巴西和其他商品出口国既能“无须像过去那样以寻求
168 条件苛刻的贷款的方式”获得信贷，又能释放国内硬通货储备以用于发展项目。[1] 因为同样的原因，其他拉美国家如墨西哥和古巴的官员们也钟情于基金的潜在借贷功能。[2]

在布雷顿森林会议上，对于依赖商品出口的国家，代表们详细讨论了他们在国际收支上所面临的特殊问题。澳大利亚代表团提议，允许此类国家从基金配额限度内借出更高比例的资金。这得到了巴西代表的同情，但他们不愿意将借出额度提高太多，也看到美英反对这一提议。作为可供选择的方案，巴西领导并组织了“弃权条款”，针对不同国家的需求，允许基金突破其常规借贷限制进行差异化处理。[3] 1944 年 4 月的英美联合声明已经包含了非常模糊的语句，授权基金放弃对借贷常规条件的裁量权，该提议正是建立于这一事实之上。

一个专门委员会——包括墨西哥和巴西在内——成立了，以解决该问题。委员会支持弃权设想，但提议另附语句，指示基金“考虑成员国的常规或超常需求”，给“那些没有过度或持续使用基金资源的国家”以优先弃权的安排。[4] 美国官员视弃权条款为“无伤大雅的”，他们选择支持，以化解来自澳大利亚、巴西和其他国家（如法国和新西兰）的压力。[5] 正如怀特所指出的：“如果我们有选择，就不会这样做。对于这个难题而言，这是个皆大欢喜的结局。”[6]委员会的提议随后得到大会的认可，这是巴西政府为更好保护农产品出口国利益而取得的胜利。该政府还宣布，由于他们在国际收支中经历的波动，像巴西和其他拉美国

---

① Souza Costa, “Translation: The Currency Problem in the International Field,” p.8, 9 (speech from May 8, 1944), HDWP, box 8, folder 1. 亦可参见 Souza Costa 1944, 13–15。

② Urquidi 1994; McKinzie 1974, 13; US State Department 1948, 429–430.

③ Pinho Barreiros 2009; MD, book 752, p.25; Bulhões, “A Conferencia de Bretton,” pp.44–46.

④ 委员会随后还接受了蒙特罗斯的一条建议：“基金同样会考虑成员国并行抵押黄金、白银、证券或其他可接受资产的意愿。” US State Department 1948, 487.

⑤ 引自 Walter Gardner in MD, book 752, p.25. 关于各国不同的立场，见 US State Department 1948, 30, 120; Schuler and Rosenberg 2012, 364–371。

⑥ MD, book 752, p.26.

家那样的农业国应在基金内获得更大配额。①

商品价格、贸易保护和政策自主性 169

在此次讨论的中途，古巴代表团发表正式声明，宣布赞同对基金资源做更多灵活运用“以满足原料生产国更多特殊需要”。尽管古巴支持巴西的提议，它也看到基金资源并不能够完全解决古巴和其他商品出口国所面临的支付难题。②与其扩大基金规模，古巴代表称，不如为商品建立“国际价格稳定机制”。他们坚定地认为，“如果主要商品的价格不稳定，那么货币稳定的目标也不能实现”，并呼吁召开“一次国际会议”以建立一个“国际机构”实现该目标。③

早在1943年，乌尔基迪和马克斯两人就坚定地认为，除非国际商品价格得到更为有效的规制，否则拉美国家不可能维持稳定的汇率。④在布雷顿森林会议上，巴西代表团响应了古巴的号召，提出召开名为“促进国际主要商品价格稳定的会议”的正式建议。巴西官员指出，美英两国的战后计划都曾表达对于国际商品价格稳定的支持，提议中的会议可就建立新的国际组织以实现该目标进行讨论。⑤在该问题上，玻利维亚、智利、古巴和秘鲁也提出了方案。其中，玻利维亚的最为详细，号召参加布雷顿森林会议的国家缔结国际商品协定，对商品合同的终止须安排更有秩序的方式以保护供应方，主张天然产品优于人工合成和替代品。玻利维亚认为，这些措施将激发国内生产力、购买力和促进商品出口国的发展。⑥经过讨论，这些提议最终被合并进一个决议案并经大会通过，建议各
国政府就“对生产者和消费者皆公平的价格有序销售主要商品”的方式或方法 170

---

① Press release, July 16, 1944, pp.2-3, FGV, SC mf/dg1944.05.08 I-54; Pinho Barreiros 2009. 关于大会的支持，见 US State Department 1948, 949。

② 引自 US State Department 1948, 429–430. 古巴在大西洋城做过同样的表示；“General meeting, June 26, 1944,” BWCC, box 1/12。

③ US State Department 1948, 430. 古巴官员曾于1944年初询问国际商品事宜；“Meeting in Mr. Bernstein's Office, February 24, 1944,” HDWP, box 8, folder 4。

④ Eckes 1975, 91–92; Watson to Philipps, May 2, 1943. 关于大会前拉美国家在该问题上的施压，亦可参见 Bernstein 1996, 91。

⑤ US State Department 1948, 482–484.

⑥ US State Department 1948, 431–432; Schuler and Rosenberg 2012, 573–574.

寻求共识。[①] 尽管玻利维亚和秘鲁希望有更为具体的建议，布良斯希望巴西的主张在大会上得到更多的关注，但该决议仍然是正中拉美国家的关切。[②]

相对于怀特最初的“发展”清单，商品价格稳定并不是拉美国家在大会上尝试复活的唯一一项。哥伦比亚代表卡洛斯·雷斯特雷波（Carlos Lleras Restrepo）呼吁未来订立贸易协定，以允许“新生国家对幼稚产业做必要的保护，就像今日的发达国家在其工业发展的第一阶段所做的一样”。秘鲁的胡安·查韦斯（Juan Chávez）感同身受，呼吁“新生国家的经济多样化，从而它们也会成为工业国”，他强调国际银行“也许能在这一领域做很多好事，但年轻的工业需要一定程度的保护，以免于来自强大的工业中心的大工业的不正当竞争，这些竞争会阻止它们在最初阶段的发展”。查韦斯还不无悲哀地表示：“人们往往看不到大工业国和新原料生产国在经济上的基本差别。”[③]

许多拉美政府的最后一项诉求亦值得注意，那就是他们期望保留政策自主权。据此，他们曾于 20 世纪 30 年代使用过汇率调整和对外控制的手段。在泛美银行谈判期间，拉美政府曾明确表态，在涉及汇率政策和使用对外控制方面，他们希望避免承担任何义务。因为人们已经提前知道怀特的基金计划将会在这些领域限制各国，拉美政府现在就要减少这些限制。

在汇率政策领域，许多拉美政策制定者在 1943 年中期的协商中施压，要求在规则中保留一定程度的灵活性。正如智利的马克斯告诉英国官员的：“相对于常常面临大幅波动的南美初级产品生产者，工业国同意维护汇率稳定要容易
171 得多。”[④] 在某种程度上，拉美对可调整的汇率的偏爱符合英美联合声明中允许汇率在 10% 以内的调整无须基金批准的精神。在布雷顿森林会议上，秘鲁继续施压，强调基金应允许调整汇率，以使“小的原料出口国”避免承受紧缩政策带

---

① US State Department 1948, 1098.

② Bulhões, “A Conferencia de Bretton Woods,” pp.54–55. 关于玻利维亚和秘鲁，见 US State Department 1948, 731。

③ US State Department 1948, 1186, 746.

④ Watson to Philipps, May 2, 1943, p.2. 在 1943 年中期的协商中，墨西哥和哥斯达黎加同样向怀特施压，要求在成为基金成员前继续保留调整汇率的权力。Deutsch, “International Stabilization,” p.7; Mexican Government, “Memorandum on Changes in Rates,” May 28, 1943, HDWP, box 8, folder 2; “Memorandum of a Meeting”（May 25, 1943）; “Memorandum of a Meeting on the International Stabilization Fund in Mr. White’s Office, July 20, 1943,” ITM, box 21.

来的痛苦，他们中的某些国家在大萧条期间曾因不能贬值货币而有惨痛的经历。[①]墨西哥甚至力推修正案，以允许小国（定位为配额不及总配额10%的国家）调整汇率的幅度达到20%，但没有争取到充分的支持。[②]

在1943年年中与怀特的协商中，一些拉美政策制定者想知道加入基金后能否继续保留外汇管理机制。甚至没有实施外汇管制的国家，如墨西哥，也强烈支持怀特最初设想的利用国际合作控制资本流动的动议。[③]拉美的偏好再一次得到部分满足。尽管怀特设想的强制性合作管制消失了，但是成员国获得了在国内无条件实施资本流动管制的权力。正如怀特于1943年向拉美国家解释的那样，只要目标是控制资本流动且没有限制经常账户交易，那么他们就能尽可能长时间地实施外汇管制。[④]

美国官员也非常清楚拉美对多重汇率的偏好。1943年，当拉美政府首次提出该问题时，凯恩斯告诉英国官员，多重汇率与他的计划以及怀特计划的精神相
悖，应该予以抵制。[⑤]怀特1942年1月的早期版本也明确了基金的目标是“清 172
除多重货币行为”。[⑥]布雷顿森林会议召开期间，当委内瑞拉等国要求某种程度的灵活性时，他们的立场软化了。[⑦]会后，美国官员立即暗示说，如果他们“不歧视且不干预贸易”，基金非常有可能同意此类行为，随后国际基金确实接受了这些行为。[⑧]

---

① US State Department 1948, 744.

② US State Department 1948, 95–96, 225. 巴西同样钟情于灵活的汇率制度；Pinho Barreiros 2009。

③ “Memorandum of a Meeting”（July 25, 1943）. 关于更多拉美国家对控制资本流动的支持，可见Eckes 1975, 92; Pinho Barreiros 2009; “Memorandum of a Meeting”（July 20, 1943）。

④ 比如，可参见“Memorandum of a Meeting on the International Stabilization Fund in Mr. White’s Office, July 8, 1943,” and “Memorandum of a Meeting”（July 20, 1943）; “Memorandum of a Meeting on the International Stabilization Fund in Mr. White’s Office, May 17, 1943,” BP, box 69。

⑤ Keynes to Waley and Eady, May 11, 1943, Keynes to Playfair, “The Currency Arrangements of Latin America” May 21, 1943, Keynes to Playfair and Waley, “South America and C. U.,” June 2, 1943, UKT 247/36.

⑥ White, “Suggested Plan for a United Nations Stabilization Fund and a United Nations Bank,” January 1942, p.9, BWA, box 44.

⑦ Maffry and Mikesell to White, July 7, 1944, ALP, box 7/6, file: “Fund—Bretton Woods Conference, Discussions by other nations.”

⑧ E. Arnold to Mr. Luxford, August 25, 1944, p.4, ALP, box 9/5, file: “John Laytin Material（Drafts）.” 关于其后国际货币基金组织对于多重汇率的接受，见De Vries 1986, chap. 3。

从结果上看，尽管布雷顿森林接纳了拉美在这些领域的偏好，但基金协议仍然比泛美银行宪章在更大程度上限制了拉美的政策。国务院官员威廉·布朗（William Brown）在会议上告诉一位英国代表，如果没有对拉美的政策制定施以某种束缚，国会对于整套机制是存疑的。[①] 曾参与泛美银行谈判的美国官员如科拉多担心，面对这些束缚，拉美国家可能会踌躇不前。基于获得国际银行贷款的前景会鼓励拉美国家接受基金义务，他支持怀特的条件，即欲加入银行，须先加入基金。[②] 然而，最后可以看到，对于拉美是否参加的担心被证明是多余的。1946 年底，除海地（1953 年加入）外，所有的拉美国家都加入了布雷顿森林体系。

巴拉圭模式的吸引力

美国的战后计划不是为了过度限制拉美国家的政策自主权，拉美国家能清楚地意识到这一点，要归功于 1943 年到 1944 年间的特里芬赴巴拉圭使团，他们发挥了特别重要的作用。特里芬不仅支持可调整的汇率和外汇管制，也为巴拉圭政府推荐能实际加强其国家能力以干预国内货币和金融体系的方式。此外，特里芬还以翔实的理由支持该地区 20 世纪 30 年代萌发的许多发展意识。换句
173 话说，特里芬的巴拉圭使团使拉美官员们相信布雷顿森林秩序不仅与他们的新发展目标兼容，而且积极地支持后者。

从巴拉圭使团对该地区所激发的兴趣看，使团的重要性显而易见。其他拉美国家的请求迅速被摆到特里芬的办公桌上。作为加入布雷顿森林体系的一部分，这些国家请他按巴拉圭模式帮助他们重塑货币与金融法律。第一份请求来自哥斯达黎加中央银行的胡里奥·培尼亚，此时正是 1944 年 3 月，特里芬甚至还没有完成他在巴拉圭的工作。培尼亚请求特里芬帮助加强货币与信贷控制工具，并将其现存货币与外汇管制立法与新的《布雷顿森林协定》保持一致。[③]

① Howson and Moggridge 1990, 176.

② McKinzie 1974, 13–14.

③ Peña to Triffin, March 3, 1944, ISF, box 231; Triffin to Gardner, November 15, 1944, ISF, box 109.

1944年12月,在回国途中,特里芬为哥斯达黎加准备了与《布雷顿森林协定》保持一致的外汇管制和货币立法草案。外汇管制方式遵循了巴拉圭模式。《货币法》将哥斯达黎加货币与黄金重新挂钩,但允许中央银行在特定条件下——遵从国际基金“根本失衡”的说法——调整货币平价。为了使该术语更适用于当地语境,特里芬对其做了界定。哥斯达黎加立法允许汇率调整,以应对最能影响经济的主要商品(如出口谷物)在价格上的波动或纠正因国内外价格和产品成本上的不一致所带来的根本的和持续的国际收支失衡。[①]1944年12月,培尼亚致信伊寇斯,就特里芬的工作向他表示感谢。培尼亚认为,改革准备了“与《布雷顿森林协定》一致的国内货币立法”。[②]

1945年1月,玻利维亚政府也请求联储委员会派特里芬协助改革中央银行和货币法。由于已有承诺在先,特里芬告诉委员会不要接受邀请。[③] 1943年9月,特里芬和哈蒙德在赴巴拉圭途中曾在玻利维亚停留4天,该国以及中央银行给他留下了消极的印象,影响到了他的选择。此时,他告诉一个朋友,他“从未
在任何地方见过贫富差距如此极端的情况”,以及政府“似乎是掌握在外国矿业 174
公司手中,贪污是公开且肆无忌惮的”。[④] 但特里芬还是给了中央银行经理安特萨那·帕斯(Franklin Antezana Paz)——此前在旅行中结识——一份巴拉圭的改革文件。[⑤] 1946年初,帕斯写信给特里芬,玻利维亚最近对中央银行的重组——这是该行自1929年由甘末尔帮助建立以来的首次大型改革——在很大程度上是受了巴拉圭范本的启示。[⑥]

然而,1945年5月,特里芬接受了多米尼加共和国独裁者特鲁希略(Trujillo)的邀请,后者请求——用加德纳的话说——“特里芬先生能否为他们

① Triffin, “Preliminary Project of Monetary Law and of Regulation of International Transfers: Prepared for the National Bank of Costa Rica,” December 1944, EBP, box 3/1: “Miscellaneous Loose Materials”; Triffin to Szymczak, “The development of exchange control policy for the International Monetary Fund,” Draft 3/1/45, RTP, box 7.

② Peña to Eccles, December 15, 1944, ISF, box 230.

③ Triffin to Board, January 11, 1945, ISF, box 230.

④ Triffin to Captain Marion Allen Leonard, November 18, 1943, ISF, box 231. 亦可参见 Triffin to Gardner, September 10, 1943, and Hammond to Szymczak, September 9, 1943, ISF, box 231。

⑤ Triffin to Antezana Paz, April 13, 1946, ISF, box 101.

⑥ Antezana Paz to Triffin, February 1, 1946, ISF, box 101.

做一些他为巴拉圭所做的工作”。根据加德纳的说法，多米尼加官员的动力是他们“想在布雷顿森林机制内发挥其作用，但在建立起本国银行与货币体系之前，他们很难有效发挥作用”。[①] 彼时，多米尼加共和国的货币系统在很大程度上参照了美国的货币与银行系统，为两家加拿大银行分行和一家政府银行所控制。政府希望发行新货币，并将其银行转为一家中央银行。[②] 实际上，当怀特 1943 年请求各国评论他的基金草案时，多米尼加官员就已明确提出，拟议的基金成员国应该有自己的货币体系以保障其利益，避免使用外国货币时带来的“偏见”。[③]

多米尼加使团的重要性体现在联储委员会首次吸纳了一名纽约联储的成员亨利·沃利克进入使团。让纽约联储主席受挫的是，联储坚持由特里芬监督沃利克，与其 1945 年 3 月“联储系统对外交往应由委员会统筹把握”的决定一
175 致。[④] 美国联储委员会和纽约联储的争斗不仅反映了他们在联储系统控制权上的部门之争，也反映了认识上的不同。更为保守的纽约联储官员如斯普劳尔警告——与布莱登在古巴所做的如出一辙——委员会成员不应该鼓励拉美做“超出其行政能力及损害其【如拉美国家的】人民诚信”的改革。[⑤] 从另一方面说，特里芬和委员会内的其他人对纽约联储与纽约银行界的亲密关系感到警惕，对斯普劳尔和威廉姆斯在 1944 年会议（尽管委员会努力闭口不谈该会议）召开之前公开批评政府的布雷顿森林计划的行径感到愤怒。[⑥]

---

① Gardner to Governor Szymczak, May 12, 1945, p.1, ISF, box 221.

② Dominican Government, “Memorandum on Banking Reorganization in the Dominican Republic,” n.d.(but sent on May 23, 1945), ISF, box 221.

③ Office of the Secretary of State of the Treasury and Commerce, Dominican Republic, “Memorandum in Regard to the Plan for the Establishment of a Monetary Stabilization Fund by the United Nations and Associates,” April 4, 1943, p.2, HDWP, box 8, folder 1.

④ (No author), “Foreign Missions of the Federal Reserve System” March 29, 1945, pp.2, 1, ISF, box 218. 关于就该问题进行的辩论，参见 Hammond to Szymczak, June 29, 1945, p.1, ISF, box 221; Eccles to Sproul, November 25, 1945, and Sproul to Hammond, November 26, 1945, ISF, box 218; Szymczak to Board, February 26, 1945, and (no author), “Memorandum of Conference on Foreign Missions, May 4, 1945,” ISF, box 230; Eccles to Secretary Snyder, April 9, 1948, ISF, box 273。

⑤ Sproul to Szymcak, July 13, 1945, p.1, ISF, box 221.

⑥ 关于特里芬的观点，“The New York Federal Reserve Bank and the Latin America Work”(no date, but 1945), ISF, box 229。关于后者，详见 Asso and Fiorito 2009, 210–211, and Eccles to Sproul, November 25, 1945。

7月底，特里芬和沃利克来到多米尼加共和国，特里芬待了两周，沃利克待的时间稍长，以协助起草详细的立法。对于沃利克，特里芬向委员会报告说："当然，他的哲学与我们不同，但我们轻松地就基本建议达成一致。"① 他们建议发行新货币，废除美元的法定地位以及建立一家中央银行——这些建议很快在1947年付诸实施。② 建议大多追随巴拉圭和哥斯达黎加的已有范式，但该国在国际收支中强大的地位使其无须通过外汇管制保护新货币（尽管如此，控制的可能性仍然保留）。由于该国政治气候的保守以及提升公众对新货币信心的需要，特里芬和沃利克还推荐中央银行不直接向公众贷款，也不严格管制现有的外国银行借贷活动。③ 在向多米尼加官员解释他给出的建议为何与别处不同时，特里芬指出了多米尼加共和国在国情上的差别，并且相当好地总结出他的哲学："你知道我不认为同一项法律能服务于拉美所有国家。"④ 如在巴拉圭一样，特里芬同样邀请普雷维什参与改革的发展部分，1946年9月，普雷维什访问该国数周。⑤

危地马拉和厄瓜多尔 176

对于几个月后来自危地马拉的请求，特里芬有兴趣得多。在多米尼加共和国，特里芬被迫与一个政权合作，他形容该政权为"漠视人民生命或财产的，极其无法忍受"，"总统一帮人榨取了该国本来就非常低的国民收入的大部分"。⑥ 危地马拉的使命提供了完全不同的政治环境。1944年底，一场民主派起义驱逐了自1931年就主政的独裁者豪尔赫·乌维科（Jorge Ubico y Castañeda）。流亡中的哲学教授胡安·阿雷瓦洛（Juan José Arévalo）在随后的选举——该国历史上首次真正的民主选举——中取得决定性胜利。在遭到该国精英阶层抵制的情况下，新政府发起了广泛的改革，从改善社会安全到改变劳动法，扩大选举权至

① Triffin to Szymczak, August 21, 1945, p.3, ISF, box 221.

② Wallich, "Preliminary Report on Mission to the Dominican Republic," December 28, 1945, ISF, box 221.

③ Wallich to Sproul, October 22, 1947, ISF, box 221; Triffin to Gardner, May 17, 1946, ISF, box 113. Triffin to Board of Governors, October 2, 1945, ISF, box 221.

④ Triffin to Alfonso Rochac, January 7, 1946, p.1, ISF, box 221.

⑤ Triffin to Prebisch, September 25, 1945, ISF, box 138; Dosman 2008, 204, 215.

⑥ Triffin to Thomas, Knapp, and Gardner, July 23, 1946, p.2, ISF, box 221.

所有成年人。新政府还承诺改革货币与银行，并邀请特里芬提供建议。

特里芬从多米尼加共和国赶到危地马拉，从 1945 年 8 月 20 日停留到 9 月 18 日，他此行的终点是对古巴进行为期 5 天的访问，在那里他为该国实施怀特 1942 年报告提供建议。如同在巴拉圭一样，此行他和同事戴维·格鲁夫（将很快接替他任委员会拉美司司长，特里芬 1946 年 9 月赴国际货币基金组织工作）一起。特里芬对此使命热情颇高，提前告诉普雷维什："鉴于危地马拉现政府的结构，这项工作极大地吸引了我。"[①] 首访之后，他再次给普雷维什写信（力劝他前来协助改革）："在我曾经工作过的那么多国家里，危地马拉是我最感兴趣的一个。""该国完全沿着民主路线，在社会和经济改良的伟大精神的指引下，极其努力于国家发展和重建的事业。"[②]

抵达后，特里芬访问了该国的许多地方，为公众设定每日会面时间，在各种场合向大量听众发表讲话，这些场合包括国会特别会议和大学公共讲坛。[③] 他非常自豪于能与"各行各业的人"讨论改革事宜，这与巴拉圭不同。[④] 特里芬对
177 危地马拉的工作充满热情还因为当地有高水平的专家，尤其是经济部长曼努埃尔·诺列加·莫拉莱斯（Manuel Noriega Morales），他曾在哈佛求学，也是该国参加布雷顿森林会议的唯一代表。[⑤] 由于乌维科政权几乎破坏了全部银行体系，特里芬感到"获得了重建一个完整的货币与银行体系的生平难逢的机会"。[⑥] 危地马拉没有内外债务，其货币有大额外汇储备的支持，从而有助于改革的成功。

正如在巴拉圭和哥斯达黎加一样，特里芬的立法支持有弹性的固定汇率，并为资本和外汇控制制定了条款，用他的话说，"完全与《布雷顿森林协定》保持一致"。[⑦] 这些条款预示着危地马拉可能的改变。在过去 20 年的时间里，它是拉美地区对美元汇率保持完全稳定的极少数国家之一，并且从未引入外汇控制。

---

① Triffin to Prebisch, July 23, 1945, ISF, box 162.

② Triffin to Prebisch, September 25, 1945, pp.1, 3.

③ Triffin to Board of Governors, October 2, 1945, ISF, box 221.

④ Triffin to Prebisch, September 25, 1945, p.1.

⑤ 在会议上，尤其在他建议会议应该处理英镑（结存）余额问题而遭到一名英国代表的斥责后，莫拉莱斯几乎不再发言（Urquidi 1994）。关于特里芬对于该国专家的印象，详见 Triffin to Grove, November 29, 1945, p.2, ISF, book 138。

⑥ Triffin to Prebisch, September 25, 1945, p.1.

⑦ Triffin to Board of Governors, October 2, 1945, p.6.

如特里芬向国际货币基金组织执行委员会所言："这种稳定是以极高的代价换来的。由于实施了严格的紧缩措施，该国经济发展和社会进步陷于停滞，对于来自外部市场的周期性波动的打击也毫无防御能力。"同时，鉴于该国独特的历史，特里芬强调汇率今后保持稳定的好处：

> 在拉丁美洲，保持对于货币的信心是一笔巨大且稀有的无形资产。它是刺激国内储蓄，以及为国内经济发展而投资的主要前提条件。它还是创建有效的货币政策工具的必要条件，而货币政策的设计是用于保护国内经济，尽可能地使其免受源自主要工业国周期性波动而引起的巨大的通胀或紧缩压力。[1]

特里芬也强调了危地马拉在其他方面与他国的不同。在特里芬与格鲁夫赴危地马拉前，该国政府已经拿出货币与银行法草案，几乎完全以他早期的巴拉圭和哥斯达黎加改革为范本。但是，特里芬警告诺列加："巴拉圭法律中的许多条款是针对巴拉圭特有的问题，并不适用于危地马拉。"[2]举例来说，鉴于危地马拉 178
有巨额的外汇储备，因此没有必要引入外汇管制措施。由于该政府拥有较为健康的财政状况，特里芬相信可以迅速开设一家政府债券市场，并更加强调在中央银行法下开设自由市场的可能性。由于缺乏金融机构，特里芬观察到，"该国对于发展性信贷计划的需要与对货币稳定计划的需要一样急迫"，他对"研究资助一批印第安社区——部分是在半公社的基础上运转——的可能性"表达了兴趣。[3]与当地官员的会谈促使特里芬提议创建一家独立的公共商业和抵押银行（当然仍然处于中央银行的监督之下）向公众借贷，从而避免如在巴拉圭一样由中央银行承担该职能。此外，对于中央银行面临的国际收支困难和通胀或紧缩态势等问题，特里芬也被鼓励勾画出更为清晰的货币政策路线。[4]

---

① Triffin, "Initial Par Values—Guatemala," November 16, 1946, p.1, RTP, box 6, file: "Latin America—Guatemala."

② Triffin to Noriega, April 14, 1945, p.3, ISF, box 138. 亦可参见 Triffin to Noriega, October 30, 1945, ISF, box 138。

③ 引自 Triffin to Prebisch, September 25, 1945, p.1; Triffin to Szymczak, August 28, 1945, p.3, ISF, box 227。

④ Triffin to Prebisch, September 25, 1945.

回到美国后，特里芬与不同的政府单位讨论了他的建议，受到一致赞赏。[①]危地马拉国会随后通过了《货币与银行法》，在绝大多数方面与特里芬的建议一致（尽管如此，政府拒绝接受外汇管制不得用于歧视性目的的建议）。[②]诺列加成为中央银行的首任行长，一直任职到1954年政变被解职为止。后来，一位联储官员形容他是该国少有的在发展目标上具有雄心的“有才能的领袖”之一。[③]

1947年，特里芬领导了赴厄瓜多尔使团。对此，他也感到特别自豪。[④]此时，他已进入国际货币基金组织以组建外汇管理部门。[⑤]在面临严重的外汇危机的情况下，厄瓜多尔政府请求基金的协助，特里芬使团建议立即引入控制措施，允
179 许实施多重汇率。这遵循了1947年初基金执委会的一项决定，该决定允许在基金宪章临时性条款下实施多重汇率。[⑥]

特里芬使团还建议厄瓜多尔改革货币法和中央银行。此建议遵循了巴拉圭和危地马拉使团的一般模式，但在某些方面非常不同，以适应厄瓜多尔的国情。例如：由于“厄瓜多尔公共财政无序混乱的历史”，相对于危地马拉和巴拉圭，其中央银行货币委员会被赋予更多自主权，9名委员中只有3名为政府任命。[⑦]与危地马拉不同，由于已有的政府抵押和发展银行并不能很好地发挥作用，厄瓜多尔中央银行被授权可以直接向公众贷款。该借贷职能受到严格限制，只有在需要抵消紧缩的情况下才能实施。此外，中央银行还被赋予发挥独特的指示器的作用，以有助于在需要调整政策时发出警告。厄瓜多尔政府于1948年3月实

① Triffin to Noriega, October 30, 1945; Triffin to Szymczak, Morrill, Carpenter, Hammond, Thomas, Gardner, October 29, 1945, ISF, box 221.

② David Grove to Triffin, November 24, 1945, ISF, box 138.

③ 引自 Adler to Moore, July 23, 1949, p.1, ISF, box 226。

④ Triffin 1990, 30. 关于细节，详见 RTP box 4。

⑤ Triffin 1981, 243.

⑥ Grove to Board of Governors, “Report on Mission to Ecuador,” August 21, 1947, ISF, box 113. 哈里·怀特——1946年5月任国际货币基金组织美方执行委员——同样参加了国际货币基金组织最初赴厄瓜多尔的旅行以讨论其使命，但1947年2月底他心脏病发，因为健康问题于1947年3月辞去在国际货币基金组织的职务（Boughton 2009, 7, 19 n. 2; Craig 2004, 368 n. 31; Triffin to Bernstein, February 26, 1947, RTP, box 4）。另一位参加人是菲利普·帕索斯，他曾在布雷顿森林会议上代表古巴，时任国际货币基金组织拉美部主任。

⑦ 引自 M. Kybal, “Ecuador's New Monetary and Central Bank Legislation,” July 1, 1948, p.12, ISF, box 113。

施了使团建议。①

拉美全境更广泛的关注

这一时期，其他拉美国家的官员们同样对特里芬的改革思想表达了兴趣。举个例子：在他的第二次巴拉圭之行中，特里芬到里约与巴西财政部长会面，财长对他在巴拉圭开展的工作印象深刻，希望为巴西创建一家中央银行，但他也知道巴西银行（Bank of Brazil）一直以来都反对该设想。② 特里芬还于 1944 年底访问了乌拉圭。他报告说，当地官员"对巴拉圭改革表示出特别的兴趣"，并且要求他帮助将乌拉圭共和国银行（Banco de la República del Uruguay）改造成一
家成熟的中央银行。③ 然而，1946 年，银行经理做出决定，认为乌拉圭还没有为 180
现代中央银行做好准备。他明确告诉纽约联储官员："于其工作环境而言，特里芬的银行太过超前。"④

在哥伦比亚，银行系统负责人赫克托尔·瓦加斯（Hector José Vargas）注意到了联储专家的新意见，在其 1945 年初的年度报告中写道："到了大胆面对我国中央银行重组的紧急时刻了。金本位制度已遭废弃，我们应使货币与信贷适应新思想，将之拖出甘末尔一派的泥潭。"他还强调了寻求联储帮助的兴趣："我非常支持使货币变成可管理的，它将把我国直接导向工业发展和进步的方向……这些观点既不是革命性的也不是原创性的；我只想说，我期待联储技术人员作为顾问参加我们中央银行的重组，这一趋势在拉美国家各家中央银行重组的过程中都得到了认可。"⑤

最后，值得提及的是，此时墨西哥期待与特里芬密切工作。墨西哥人并不寻求他亲临国内帮助改革，而是发起促进本地区中央银行之间密切合作的行动。在 1944 年初普雷维什访问墨西哥城和拉美集体见证了布雷顿森林会议后，墨西哥官员们就计划召开美洲中央银行家会议。他们希望会议能鼓励非正式的会

---

① Kybal, "Ecuador's New Monetary and Central Bank Legislation"; Grove to Knapp, June 16, 1947, ISF, box 222.

② Triffin to Gardner and Hammond, November 8, 1944, ISF, box 230.

③ Triffin to Board of Governors, January 10, 1945, p.1, ISF, box 178.

④ 引自 Milic Kybal of FRBNY; M. Kybal to Mr. Sproul, August 26, 1948, p.4, ISF, box 178。

⑤ 引自 Triffin to Szymczak, February 24, 1945, p.1, ISF, box 109。

谈，促进研究人员的互相访问，甚至有可能创建一家泛美中央银行机构。墨西哥方面最热情的人是乌尔基迪，他要求特里芬在会议上讲讲巴拉圭改革。①

特里芬非常支持乌尔基迪的会议设想，视之为能够“聚焦整体利益，为详细阐释新理论、实践及其实际执行提供必要的力量和支持”的动议。②布雷顿森林会议结束后，乌尔基迪就访问了联储，他早已对联储官员（如加德纳）有很好的
181 印象。后者告诉特里芬：“对于乌尔基迪以我们的语言讨论经济，我们都印象深刻。”③自巴拉圭返回后，特里芬寻求乌尔基迪的建议，以及其他墨西哥银行官员对于他在巴拉圭、哥斯达黎加、哥伦比亚和危地马拉工作的建议，很快他就和乌尔基迪一起起草日程表，会议最终于 1946 年 8 月在墨西哥城召开。④

几乎所有美洲国家都派专家参加了会议，包括关键人物如普雷维什（非常支持这一活动）、布良斯、马克斯和比利亚塞尼奥尔。⑤会议暂定成立该地区永久性的中央银行委员会，以共享信息、便利交流和训练技术人员。这最终导致 1952 年拉丁美洲货币研究中心的成立，在 20 世纪五六十年代，它都是该地区非常有威望的中央银行俱乐部。⑥

在 1946 年会议上，普雷维什是关键人物，他强调“边缘”国家如何受到“核心”国家的深刻影响，在拉美代表中取得了广泛共识。⑦在会议上，大人物中间同样也有一些有趣的分歧存在。特里芬和普雷维什力主通过外汇管制解决国际

---

① Grove to Triffin, October 17, 1944, Hammond to Triffin, August 22, 1944, ISF, box 230; Triffin, “Federal Reserve Participation in a Conference of Central Banks in Mexico City,” January 11, 1945, ISF, box 230; Hammond to Morrill, October 9, 1944, ISF, box 22. 特里芬注意到墨西哥最初的计划只是纯粹的拉美国家间会议，并无美国和加拿大的参加；Triffin to Szymczak, “The Mexico Invitation to an Inter-American Conference of Central Banks,” January 11, 1945, RTP, box 3。

② Triffin to Hammond, October 30, 1944, p.1, ISF, box 22.

③ Gardner to Triffin, August 24, 1944, p.4, ISF, box 230.

④ Triffin to Urquidi, January 26, 1945, and Banco de Mexico to Board of Governors of FRS, December 17, 1945, ISF, box 22; Triffin to Board of Governors, “Mexico,” October 2, 1945, RTP, box 3.

⑤ 除古巴、海地、洪都拉斯和巴拿马外，所有美洲国家（包括加拿大在内）都派代表出席了。关于普雷维什的支持，参见 Triffin to Hammond, October 30, 1944, ISF, box 22。

⑥ Coates 2009.

⑦ Grove, “Report on Mexico City Conference of Central Bank experts,” September 25, 1946, ISF, box 21.

收支平衡问题，马克斯却偏好弹性汇率。[①] 在与特里芬的早期通信中，乌尔基迪也曾提出这个问题，即对于拉美国家来说，一个更为灵活的汇率要比通过外汇管制维持的固定汇率更为合适，毕竟后者难以管理。[②] 这些分歧并不是质疑拉美新布雷顿森林内嵌自由主义的范例，但的确关系到——在不过多牺牲国内政策自主权的情况下——以最合适的制度来调整国际收支失衡的问题。没人要求重返金本位制度，即便是纽约联储经济学家也认识到调整收支赤字再也"不大可能通过紧缩通货来实现"。[③] 这样来看，墨西哥中央银行会议意味着新知识框架 182
的胜利。当欧洲人支配的国际清算银行仍然是这一时代自由传统的堡垒时，包含了新内嵌自由主义意识形态的、作为南方先锋的中央银行家在内的新泛美集合体则支撑起了《布雷顿森林协定》的大厦。

拉美政策制定者在布雷顿森林体系创设过程中扮演了重要的角色。除了在布雷顿森林谈判正式开始前他们就发起建立了睦邻金融伙伴关系以外，对于谈判本身他们也积极参加，对于战后计划如何帮助实现发展目标也表达了特别的兴趣。

国际银行被很多人视为泛美银行提议的接替者，在保护和推动其发展性借贷功能方面，他们扮演了重要的角色。他们也协助加强了国际基金的"弃权条款"，这为商品出口国获得更大规模的短期补偿收支金融服务提供了可能性。此外，从他们在会议上的公开评论中可以看到，对于怀特初始计划中提到的国际贸易日程表，他们提醒要注意其中的两点"发展"事宜：穷国对幼稚产业贸易保护条款的需要和稳定商品价格的需要。关于后者，他们寻求会议通过决议，建议各国政府达成国际协议以处理商品销售和价格问题。拉美国家还赞同布雷顿森林

---

① Grove, "Report on Mexico City Conference."

② Urquidi to Triffin, February 17, 1945, p.2, ISF, box 148. 关于类似的批评，参见 Triffin to Haberler, May 20 and June 27, 1946, CSF, 500.721; James Nelson to Triffin, March 10, 1945, ISF, box 101; William Neiswanger to Triffin, May 28, 1945, ISF, box 109。关于特里芬对于弹性汇率的批评，参见 Triffin to Szymczak, "The Development of Exchange Control Policy for the International Monetary Fund," p.8, Draft 3/1/45, RTP, box 7。

③ L. W. Knoke and H. Wallich, "Final Report on Tour of Six South American Central Banks, April 3 to May 24, 1947," August 8, 1947, p.9, ISF, box 229.

方案中通过汇率调整和资本控制保护其政策自主权的条款。

美国官员从他们的角度也视这些条款与拉美相关。无论是在布雷顿森林谈判中,还是布雷顿森林会议后特里芬在该地区广受欢迎的金融咨询活动中,他们的支持都是显而易见的。通过积极帮助拉美国家追求国家主导的发展政策的方式,这些使团确保了拉美官员支持布雷顿森林秩序。

当为布雷顿森林议程表上的这些条目游说之机,拉美官员强调他们作为
183 “欠发达国家”(国际银行宪章中使用的词语)在需求上的差异。美国政策制定者同样认识到并强调这一点。美国和拉美官员对于布雷顿森林发展内容的支持直接建立在睦邻金融伙伴关系基础之上。尽管这种支持服务于美国和拉美政府各种不同的利益,但它也产生出拥有共同价值观的跨国专家共同体,他们中有许多人出席了 1946 年的墨西哥城会议。在布雷顿森林史上,这一共同体受到的关注比凯恩斯和怀特领导的英美轴心少得多,可能是两位关键领袖——特里芬和普雷维什——缺席布雷顿森林会议的缘故。1944 年 7 月,特里芬在亚松森深陷于巴拉圭改革的立法条文中。没有任何政府职位、来自一个甚至没有参加会议的国家的普雷维什同样只能远观,羡慕像乌尔基迪这样居于事件中心的官员。①尽管位于会议边缘,但特里芬和普雷维什在帮助创立跨国专家联盟以支持布雷顿森林秩序的发展基石上的贡献应该得到承认。

① Dosman 2008, 197.

第7章

东亚的发展抱负 184

《布雷顿森林协定》中的国际发展条款远不止是得到了美国—拉美伙伴关系的支持，还包括两个参加了布雷顿森林会议的东亚国家：中国和菲律宾。实际上，他们是东亚地区参加会议的仅有的两个国家。会议开始前数周，中国官员曾询问朝鲜能否参会，或至少能以观察员身份参加。怀特喜欢这个提议，但认为需与国务院协商，此后不了了之。①

在荷兰提出调用其殖民地贸易数据以在基金内获取更大配额时，美国代表团在会议上的确研究了荷属东印度（印度尼西亚）参加会议这一有趣话题。②为避免给人们带来任何支持荷兰殖民统治的印象，一名美国代表——纽约民主党参议员罗伯特·瓦格纳（Robert Wagner）——提出能否给荷兰及其殖民地分别确定配额。然而，其他人则认为，这一设想——同样与其他殖民宗主国相
关——将导致严重的政治争端，科拉多意识到美国已经通过邀请荷兰而不是殖 185
民地的方式做出选择。考虑到像荷兰和比利时这样的国家，其配额离开殖民地来看完全是不合理的，故而会议有提案讨论为成员国拟定专门条款，在其丧失殖

① "Meeting in Mr. White's Office, June 9, 1944," ITM, box 21; T. L. Soong and Hsi Te-mou to Kung, June 9, 1944, AYP, box 78.

② 在邀请荷兰参加大西洋城会议的正当性上，凯恩斯为之辩护时提到"荷兰及其帝国"的重要性；Keynes, "The Monetary Conference," p.3, to Sir D. Waley and Sir W. Eady, May 30, 1944, UKT, 247/28. 参加布雷顿森林会议的一位荷兰代表丹尼尔·约（Daniel Crena de Iongh）是位于美国的荷属印度、苏里南（Surinam）和库拉索（Curaçao）委员会主席。

民地后，配额亦同步下调。① 然而，这引起了政治上的关切，艾奇逊建议无视这件事，因为“只要我们不提，没有人会为之烦恼”②。最后，摩根索坚持代表团不对讨论发声，并且他们同意寻求第二方案，但这一努力很快就被中止。

尽管只是东亚地区参加谈判仅有的代表，中国和菲律宾在南方国家政策制定者支持布雷顿森林发展内容方面却演绎出了两种非常独特的方式，这些内容中的每一项我们都在拉美方面见证过。在中国的例子中，这一支持主要通过代表中国的国民党政府在谈判中发声表达。已有的学术成果几乎没有关注到中国在创建布雷顿森林体系过程中所扮演的角色。③ 实际上，中国甚至没有出现在理查德·加德纳关于布雷顿森林谈判的经典著作的索引中。④ 鉴于中国代表事实上积极参与了谈判，这种忽略令人费解。中国甚至是 1943 年少数对凯恩斯和怀特计划提出正式替代方案的国家之一（其他国家是加拿大、法国和挪威），她还带来了仅次于美国的人数第二多的代表团。⑤ 对于本书的目标而言，中国在
186 布雷顿森林谈判中所扮演的角色——由于她对于国际发展目标的拥护——意义尤为重大。

菲律宾政策制定者对于布雷顿森林发展内容的支持采取了不同的方式，在实际谈判中他们很少发挥作用。尽管如此，会后菲律宾官员明确表达了他们对于以发展为导向的货币改革的热情，这种改革正是特里芬在拉美推动的作为布雷顿森林秩序的一部分进行建设的工作。像许多拉美同事一样，菲律宾政策制

---

① 此案由勒克斯福德提出，得到怀特和摩根索的赞赏。爱德华·布朗认为讨论言过其实了，毕竟它主要适用于荷兰和比利时两国。他认为，这与英国的配额情况不甚相关，因为英国配额本就已经不大，而且英国的非洲殖民地不大可能独立。他对法国也使用了类似的逻辑，称阿尔及利亚的“独立没有一丁点儿可能性”（不过他相信摩洛哥和突尼斯可能会独立）。艾奇逊同意这一分析，认为即便在比利时的例子中，比属刚果独立的可能性也是“微乎其微”。怀特指出，这些分析既忽视了法属印度支那，又没有考虑条款以应对未来的需求问题。勒克斯福德表示同意，认为当荷属东印度走向独立之时，没有国家能够制止荷兰保留已有配额。关于整场讨论，见 MD, book 751, pp. 280–290。布朗和艾奇逊的话引自第 286 页和第 287 页。

② MD, box 75, p.289.

③ 我找到的最为详尽的讨论是在 Young 1963, 377–381; 1965, 310–312。尽管本章引用的档案来源广泛，但主要限于英文文献，缺乏中文档案。因此，我的讨论仅限于初步填补已有研究的空白。

④ Gardner 1980.

⑤ 代表团包括 9 名正式成员、1 名秘书长、4 名顾问、7 名技术专家、2 名技术顾问和 9 位秘书。关于加拿大和法国方案，见 Horsefield 1969b。关于挪威方案，见 HDWP, box 8, folder 2。

定者视这些改革为对他们国家主导发展和工业化目标有益的行动。如在拉美一样，美国联储官员同样支持这一改革并将之与更广泛的布雷顿森林框架联系在一起。

中国与布雷顿森林

毫无疑问，在很大程度上，学术界之所以忽视中国在布雷顿森林谈判中的作用，是因为 1949 年后中国大陆（mainland China）停止作为布雷顿森林体系的一部分，并且到 1980 年才恢复在布雷顿森林机构中的席位。尽管如此，在谈判期间，中国被视为战后国际金融秩序构建中的不可忽略的参加者，罗斯福将中国与英国和苏联一起看作四大国之一，承担协助管理战后世界的责任。[①] 因而，当 1942 年 7 月美国官员选择一些内环国家（inner circle of countries）就怀特计划的早期版本征求意见时，中国即位列其中。[②] 档案还显示美国官员最初希望中国和苏联成为 1944 年 4 月联合声明的签字国，然而当时并无充足的时间与两国协商。[③] 在布雷顿森林会议上，中国同样获得了布雷顿森林机构第四大配额和投票权（排在美国、英国和苏联之后），这就确保了她在这些机构执委会中获得了 187
一个席位。

中国政府绝不是一个消极的布雷顿森林谈判参加者，其官员在战后国际金融秩序问题上表达了强有力的观点。尤为突出的是，他们期待在其中看到关于国际发展的承诺。我们已经看到拉美对于以发展为导向的国际金融机构的方案早于布雷顿森林谈判。在他们对于布雷顿森林会谈的贡献中，中国政策制定者

① 例如，可参见 Bagby 1992。对于扶植中国，英国远没有美国那样的热情，特别是蒋还支持印度独立（O'Sullivan 2008）。在布雷顿森林会议上，英国代表莱昂内尔·罗宾斯在日记中写道："当然，中国在会议上的地位被夸大了，他们被美国外交官委派的高位建立于幻象之上——要走到我们的光景，无论如何也需要 50 年的时间。"同时他又写道："虽然如此，根本的事实依然是，他们很文明，而且坚韧不拔……你可以跟他们坦诚和亲切地交谈，如同与英国人一样。这与我们贫穷的印度公民同胞相比，是多么强烈的反差。"（Howson and Moggridge 1990，171）

② 见第 6 章。

③ 例如，可参见"Meeting in Mr. White's Office, March 13, 1944,""Meeting in Mr. White's Office, April 5, 1944," BWCC, box 11/5. Acksay（2000，280–282）称其原因是苏联回复晚了。

是从更早的思想中汲取灵感，而那是由中国著名的政治领袖孙中山提出的。

孙中山的思想

在泛美银行谈判之前20多年，孙中山写就《实业计划》一书，较为详细地制定出有关“发展”的大纲：通过一个“国际发展组织”，利用外资、技术和专家提高中国人民的生活水平。[①]孙中山的方案是值得注意的，它使人们注意到泛美体系并不是国际发展机构设想的唯一孵化来源。实际上，由于时机占早，相对于本书中提及的任何人物，孙中山都配得上“‘国际发展’概念先行者”的称号。他的观点同样重要，因为它们构成了中国参与布雷顿森林谈判的基础。

经过漫长的努力，最终通过辛亥革命推翻皇帝并短暂任临时大总统后，孙中山成为中国政治中的大人物。在政治动乱接连发生的背景下，他在中国不同地区建立了政府，之后又被迫流亡，但接着于1917年作为重要政治人物重返中国，并重建他的政党，即中国国民党。1920年，孙中山于上海出版《实业计划》一书。[②]

孙中山长期视经济现代化与中国的强大为其支持“民生”（people's livelihood）的更广泛的哲学的一部分。这一术语来自中国古典经济思想，孙将
188 之与政府责任相联系以协助实现“人民的四大基本需求——衣食住行”。[③]用历史学家玛格丽塔·扎纳西的话说，“民生”原则“最终是一个社会主义目标，它要求国家干预、节制私人资本和壮大国家资本”。[④]

但孙中山认为，离开国际协助，中国不能实现现代化。在欧美完成第二次工业革命的时候，中国连第一次工业革命也没能赶上，因此面临的挑战巨大。如他所言：“中国须毕其功于一役。”为了跳跃到现代，他认为中国需要外国资本、专家和机器以协助发展铁路、公路、运河、港口、拥有公共事业的现代化城市、水力、灌溉、造林、钢铁厂、水泥厂、采矿、农业，以及“殖民满洲、蒙古、新疆、

① Sun 1922, 219.

② Wilbur 1976.

③ 引自 Zanasi 2006, 38。

④ Zanasi 2006, 34.

青海和西藏”。[1]

具体来说,孙中山支持“各资本供应国政府必须同意集体行动,采取统一政策以成立一个国际组织”,制订计划,并与中国政府谈判达成正式合同,投资发展事业。合同将明确注明外国贷款的偿还方式,但同时它也说明“创造的财富将为国家所有,并服务于全体人民的利益”。鉴于他对外国银行家过去常常“完全无视中国人民的意志”所持有的批评态度,他认为应在谈判开始前就获得人民的“热情支持”。如他所说:“在我的国际发展机制下,我倾向于使中国所有的民族工业成为由中国人民拥有的大托拉斯,在互利的基础上使用国际资本。”[2]

1913年,孙中山曾与鲍林伦敦公司(Pauling Company of London)洽谈一个铁路修筑合同,他的思想正是建立于这一经历基础上。通过政府间组织接洽外国支持,孙中山认为,过去折磨中国的帝国主义竞争和势力范围可以休矣。实际 189
上,孙中山暗示,他提议的“国际发展机制”将以阻止中国未来爆发战争的方式促进世界和平,并成为“国际联盟拱形门的基石”。[3] 孙中山称中国的发展亦将使富国受益,他们的剩余资本可以在中国找到出路,当他们的战争工业转向和平目标时,中国可为其产品提供日益增长的市场。

已经有数名学者注意到孙中山设想的创新性。在他的发展思想史中,阿恩特称孙中山是第一个呼吁现代意义上的“经济发展”的人。[4] 马丁·威尔伯(C. Martin Wilbur)同样视孙中山的计划被“富有远见和现代化的内容所托起:通过国际合作实现不发达国家的现代化”。[5] 在某种程度上,孙中山的“国际发展组织”方案可以被视为泛美银行和国际银行的先驱(forerunner)。尽管如此,他所设想的政府间组织仅由“资本供应国”组成。在这个层次上,该计划实际上更接近里夫勒1941年的计划,他提议美国和英国创建机构,向致力于发展项目的企

---

① Sun 1922, 5, 8. 在讨论“殖民”(colonization)一词时,他引用了美国、加拿大、阿根廷和澳大利亚的例子,并写了关于将外国机器用于划给中国劳动人民的小块土地上进行农业生产的事情。在另一个例子中,他写道:“移民之数为1000万,由人满之省徙于西北领土”(Sun 1922, 24)。需要注意的是,此处的“殖民”,其意为取中国废弃之人力,与夫外国之机械,施于沃壤,以图利益昭著之生产(孙中山:《实业计划》,外语教学与研究出版社2011年版,第18—19页)。——译者注

② Sun 1922, 9–10, 11, 236.

③ Sun 1922, 231, 9.

④ Arndt 1987, 16.

⑤ Wilbur 1976, 100.

业发放特许状（见第4章）。

尽管孙中山的思想是先驱，但同样太超前了。尽管他向1919年巴黎和会，以及美国、英国和意大利官员寄送了他的计划，但却没有盼到他所希望从国联得到的帮助。[1] 由于美国是第一次世界大战后（以下简称“一战后”）世界主要债权国，所以美国政府对孙中山的态度就尤为重要。当孙中山第一次接触美国官员时，由于他没有政府职务，后者并没有把他太当回事。当1921年5月成为中国南方政府（驻地广州）的首脑后，他与美国的关系不仅没有变好，反而更坏了，因为他被美国政府视为他们所承认的北京政府的反叛者。美国政策制定者甚至极力阻挠孙中山在美国接洽私人经济援助的努力。尽管孙中山对于马克思主义并无热情，但当他向其他西方国家的求助遭拒后，1922年，孙中山将求助的目光转向苏联。[2]

尽管孙中山到1925年逝世时也没能获得来自西方的官方援助，但他的思想
190 在国外受到关注并帮助后者激发了对于国际发展的兴趣。美国著名的国际发展呼吁者尤金·斯塔利称孙中山的书是其关于需要联合国发展机构的设想的模板。[3] 孙中山的思想可能还鼓励了20世纪30年代国联向中国派出技术援助使团，使团聚焦于农业发展、公共健康、教育和交通。[4]20世纪20年代末，在孙中山的继任者蒋介石的领导下，国民党政府重新统一了中国大部分地区，并与国联签订协议，这些使团即是在协议基础上派出的。[5] 实际上，孙中山关于经济发展的思想得到蒋介石及其政府的热烈支持。如扎纳西指出的，他关于人民四大基本需求的理论成为20世纪30年代“国民党人所喜欢的关于政治合法性的表达之一”。[6]

当二战期间国民党政府制订战后中国经济计划时，它同样直接建立于孙中山计划的基础上，这些计划提倡在外国资本、技术和专家的支持下，由国家主导经济发展。1943年9月，一次重要的国民党中央执行委员会会议通过决议，政

① Sun 1922, 233, appendices 2-5; Wilbur 1976.

② Wilbur 1976, 102-108, chaps. 4, 5.

③ Ekbladh 2010, 74.

④ Zanasi 2007.

⑤ 本章内中国地名与人名的英文拼写，与我在历史资料中所看到的一致。

⑥ Zanasi 2006, 38.

府承诺寻求国际合作以实现孙中山的经济项目。① 如一位英国观察家1945年指出的，孙中山1920年的书“经常为彼时的中国经济学家和官员们提起”。② 如同世界其他贫困地区的人们一样，中国的分析家和官员视工业化为特别的必经之路。如经济学教授（其后成为中国参加布雷顿森林会议代表团的成员）李卓敏（Choh-Ming Li）1943年所言：“只有通过工业化，人民的生活水平才能有明显提高，国家的经济实力才能得到迅速发展。”和孙中山一样，李卓敏也强调：“战后所有的外国投资都必须被剥除‘帝国主义’动机。外国贷款作为经济或政治上的压榨手段，在中国将不会再有任何市场——或者，就地域来说，我们希望，是在世界上任何地方。”③

中国人在布雷顿森林

孙中山的思想深深塑造了中国政府关于布雷顿森林谈判的政策。该政策由国民党内占少数的上层精英制定。20世纪40年代初，在日本入侵中国的背景 191
下，他们尝试着治理中国。在日本人的侵略压力下撤退后，国民政府在1937年临时定都重庆。布雷顿森林会议召开之际，适逢日本人于1944年4月发动一号攻势（Ichigo Offensive）。作为侵略者的日本人占领了中国大片土地，并威胁攻下重庆，这极大地削弱了蒋介石的势力。

在这种形势下，中国需要美国的支持，这也帮助解释了中国派往布雷顿森林代表团的规模为何如此庞大。鉴于亚洲的安全形势，自1938年底以来，美国已向中国政府提供财政援助，美国参战以后又向中国增加了5亿美元无条件贷款。然而，到1944年，美国政策制定者对蒋介石政府的信心动摇了，军事形势依然严峻，但他们日益关心蒋介石政府的浪费与腐败现象，这些与美国贷款和美军在华开支息息相关。④ 怀特自20世纪30年代以来就是美国财政援华的有力支持者，

① Li 1943, 221; MD, book 663, pp.200–201. 亦可参见 Wu 1943。

② “The Future Economic Development of China, Record of a Private meeting held at Chatham House on 31st October 1945,” p.1, RIIA, file 8/1167.

③ Li 1943, 218–220.

④ 亦可参见 US State Department 1967b, 1060; Bagby 1992, 65; White and Jacoby 1946, 115。

此时也位居怀疑者之列。①

作为中国参加布雷顿森林会议的代表团团长,孔祥熙非常清楚培育美国好感的必要性。此时,孔祥熙掌握着实权职位,身兼财政部长和中央银行总裁。他在美国欧柏林(Oberlin)和耶鲁接受教育,长期以来都是蒋介石的亲密同事,也是他的连襟(也是孙中山的连襟,因为他们三人娶的都是宋耀如的女儿)。在中国,孔祥熙及其家族被普遍认为是腐败成性。美国官员观察到,由于各种敌人的存在,孔祥熙在会议上需要表现良好,压力极大。②在大西洋城会议和布雷顿森林会议上,孔祥熙指示他的下属官员们不要在特定问题上向美国施压,以免触怒怀特或其他美国政策制定者,因为中国需要美国的支持。③实际上,在布雷顿森林会议期间,他甚至与美国官员谈了美军在华军事开支这一颇具争议性的问题。④

布雷顿森林会议开幕前,孔祥熙强调中国的发展目标,并将它们与更广泛的会议目标相联系。在给新闻界的正式声明中,他宣布:“中国期待战后经济大发
192 展和繁荣时代的到来。在农业发展和现代化之外,还包括大规模的工业化项目。我坚定地相信,一个经济上强大的中国是维持和平及改善世界民生的必要条件。”孔祥熙接着提醒听众注意孙中山的计划:“一战后,孙中山博士提出名为‘实业计划’的方案。他强调与友好国家合作的原则,利用外资开发中国资源。孙博士的教导构成了中国政策的基础。我希望,美国和其他联合国家将在援助战后中国发展中发挥积极作用。”⑤几天后,孔祥熙在会议上发表演说,向听众保证说中国富有雄心的发展计划不是用来“与其他工业国竞争,而是意在提高我国人民的生活水平”。像孙中山一样,他称中国的发展将“提供新的贸易机会,从而有助于世界繁荣”,同时也有助于中国“在稳定远东和世界局势中发挥重要作用”。⑥

---

① Craig 2004, chap. 8. 早在1940年初,怀特就关心无条件贷款给蒋介石政府的问题(Boughton 2004, 187)。

② MD, book 755, p.103. 亦可参见 Pakula 2009, 505–506。1944年11月,在国民党内部反对的情况下,孔祥熙辞去财政部长职务。

③ Fuchs 1974a, 109–110, 114.

④ MD, book 755, pp.13–64.

⑤ US State Department 1948, 1156.

⑥ US State Department 1948, 1165–1166.

鉴于以上目标，不难理解为什么中国官员从一开始就强烈支持布雷顿森林谈判。1943年，中国政府甫一收到怀特和凯恩斯计划，就将之当作潜在的财政援助表示欢迎。[①] 但1943年4月，中国财政部长也指出“两个方案都没有给予弱工业国的发展以足够的考虑”，这一论断受到中国其他分析家的认可。[②]5月21日，在一次讨论国际货币计划的会议上，中国银行的贝祖诒（中国参加布雷顿森林会议的代表）认为，在美英最终方案出炉前，中国应该提出本国及其他弱国的看法。除非中国获得弱国的支持，否则很难如此作为，他认为“作为四大国之一，中国也许有必要成为不发达国家的领袖”。孔祥熙表示同意，称中国“应该为弱国说话”，任何议题都应在最终协议达成前提出。[③] 这一建议迅速得到响应，
人们支持中国提出替代方案，既强调本国的特别关切，也有助于完善凯恩斯和怀 193
特计划。

中国的国际基金方案

有趣的是，起草这一计划的主要任务落到一个美国人身上，他是阿瑟·杨格，甘末尔的学生，1929年起受聘于中国政府任财政顾问。他受命研究凯恩斯和怀特计划并提出建议，1943年5月18日，他就国际货币协定提交了一些建议。[④] 由于杨格之前参与了一战后国联对奥地利和匈牙利的稳定贷款，5月初，他即对怀特计划做出最初反应，认为：“在一开始就确定固定汇率完全错误，这还不如在外界的援助下通过内部施政改善国内形势。”[⑤] 他与孔祥熙和许多中国专家朝夕工作，以在6月9日拿出关于国际基金的正式方案。它将吸收此前中国内部讨论中提出的一系列想法。[⑥] 6月15日，尽管附带备忘录警告说中国

---

① Young 1963, 377.

② 引自“Summary of Comments on International Monetary Plans,” Chungking, May 25, 1943, p.7, AYP, box 78, summarizing “Memorandum from the Ministry of Finance, April 21, 1943.” 关于类似的评论，亦可参见后一份文件的第2页。

③ “Summary of Conference, Chungking, May 21, 1943,” pp.2, 10, AYP, box 78. 在会议上支持联系其他穷国设想的官员还有财政部副部长顾翊群（Y.C. Koo）（p.5）。

④ Fuchs 1974a, 107; Young to Kung, May 18, 1943, AYP, box 78. 上文出现的约翰·杨格与阿瑟·杨格为兄弟两人，为便于区分，本书中杨格单独出现时指阿瑟·杨格。——译者注

⑤ Young（1963, 378）引述他本人1943年5月4日的日记。亦可参见 Fuchs 1974a, 72–73, 107–110。

⑥ 关于中国人的各种讨论和提议，见 AYP, box 78。

政府并“不严格遵守”它，但孔祥熙仍要求将计划送往美国国务院。[1] 该计划与备忘录还构成了孔祥熙给四名中国官员指示的底本，他们是席德懋（Te-mou Hsi）、郭秉文、李国钦和宋子良（亦是后来赴布雷顿森林的中国代表），他们 6 月中旬参加了怀特在华盛顿举行的协商会议。[2]

中国的这些文件非常好地强调了其发展目标和战后国际金融体系计划之间的联系。备忘录开头即满意地指出，无论怀特计划还是凯恩斯计划都注意到了对国际发展性贷款的需求问题。怀特认识到：“中长期资本条款可在货币协定
194 之外充分讨论。”中国政府称：“会强调资本条款对中国的极端重要性，并期待任何有助于货币复兴和稳定的方案。”[3] 1943 年 6 月 18 日，他们与怀特展开双边会谈，中国官员称：“孔博士感觉关于国际银行和国际基金的讨论应同步进行，这将在某种程度上确保长期资本需求与短期经常账户需求得到同等的考虑。”[4] 这一时期，其他中国官员甚至独立提出创建国际发展借贷机构的设想。例如：在中国 5 月 21 日的会议上，中国官员和专家讨论了国际货币计划，财政部副部长顾翊群（同样参加了中国布雷顿森林代表团）提议创建一个“国际复兴金融公司”，以鼓励对于“相当落后的不发达国家”的投资，控制商品“以避免世界商品价格出现大幅波动”。[5]

在关于货币基金的具体方案中，中国也强调了对于外部金融援助的特别需要。他们提出纲要清晰的《联合及联系国家货币复兴与稳定基金》草案。[6] 基金的“稳定”角色与凯恩斯的国际清算同盟和怀特的稳定基金类似，“复兴”职

---

① “Preliminary Draft of a Proposal for a United and Associated Nations Fund for Monetary Rehabilitation and Stabilization,” and “Memorandum As Submitted by Chinese Experts Giving General Observations on American and British Plans for International Monetary Organization,” June 9, 1943, HDWP, box 8, folder 1. 关于孔祥熙对转送的要求，见 Kung to Wei Tao-ming（Chinese ambassador in Washington），June 15, 1943, AYP, box 78。

② H.H. Kung, “To the Chinese representatives appointed to confer at Washington regarding international monetary arrangements,” June 15, 1943, AYP, box 78.

③ “Memorandum As Submitted,” p.3.

④ “Conference in Mr. White’s Office, June 18, 1943,” BP, box 69.

⑤ “Summary of Conference,” p.5. 标注日期为 1943 年 5 月 11 日的一份 4 页的方案专门阐述该机构，见 AYP, box 78，由中国农民银行的一位中国人拟定。

⑥ “Preliminary Draft.”

能则相对独特，反映了中国对于争取外援稳定其货币的迫切需要。实际上，杨格
曾警告中国政府，中国有可能无法成为拟议中的多边基金的完全成员，因为战后
中国很可能无法立即确定并维持黄金平价。在他看来，中国迫切优先考虑的应
该是解决其严重的通胀压力，而不是描绘其富有雄心的发展计划。中国官员不
愿放弃他们的发展抱负，但他们同意杨格的部分说法，即应修改英美计划以解决
中国的货币复兴问题。① 在中国计划下，那些货币体系被“战争严重破坏的”国
家将——遵从理事会协议——设置一个“过渡期”，期间他们可以从基金请求贷 195
款，但无须承诺按固定汇率实施货币兑换。②

计划的其他许多方面是源于凯恩斯和怀特计划的核心内容，或直接引用，或稍稍修正，这是中国人大方承认的。③ 举例来说，与怀特提议类似，货币价值需用黄金定值（由此中国第一次用黄金标价其货币），未经基金理事会同意，汇率不得更改（只有那些逆差额度较大且持续2年以上的国家可以单方面将其货币贬值一半）。④ 中国专家将他们对于稳定汇率的支持与其发展目标相联系，指出中国需要稳定的货币以吸引外资。⑤ 响应凯恩斯的方案，中国方案同样确保调整的压力不仅施于赤字国，也要施于债权国如美国。积累了大额债务的国家须向基金支付一笔费用并接受基金提出的建议以恢复收支平衡。但是收支净盈余国亦须交一笔（少一些的）费用，并且须与基金协商减少盈余的办法，包括增加“国际借贷”。⑥

中国官员同样赞赏美英计划中关于资本控制的部分，关心可能会帮助中国控制外逃资本的关于合作的条款。在中国方案中，基金各成员国将被要求“一俟被请求，将就规制国际资本流动事宜与任何成员国保持合作”。响应怀特计划，各成员国将被要求：“（1）在其管辖范围内，对于实施资本流动限制的成员国

① Young 1963, 377–381, 385, 391–394, 446–447; Fuchs 1974a, 72–73, 107–109.

② “Preliminary Draft,” p.2.

③ “Memorandum As Submitted,” p.6.

④ “Preliminary Draft,” p.5.

⑤ Dr. S.Y. Liu, “Memorandum,” May 15, 1943, p.1, AYP, box 78. 刘是杨格在准备方案期间咨询过的中国官员之一。

⑥ “Preliminary Draft,” p.6. “如果他们判定，世界经济作为一个整体处于超出预期的增长阶段”，委员会同样可以选择豁免债权国须交纳的费用，并增加债务国的费用。

公民取得存款或其他资产的任何行为，除非已经得到该成员国的授权，否则一律禁止；(2)一俟收到请求，应向成员国政府提供关于此类存款或其他资产的全部
196 信息；(3)考虑理事会可能推荐的其他建议。”[①] 尽管其后合作控制条款从美国方案中消失了，中国对该款的兴趣仍在，尤其是考虑到战时有人将金钱转移到国外，公众的关切亦在增长。这促成了国民党第六次全国代表大会于 1945 年 5 月通过决议，请求美国政府提供在美国持有资产的中国公民的姓名及其资产额。该请求后来被拒绝。[②]

中国的进一步行动

尽管孔祥熙要求 6 月中旬将计划正式递交美国，但是由于战时交通困难，国务院和怀特直到 9 月初才收到。[③] 在阅读之后，一位美国官员告诉怀特，主要的新意是在国际货币复兴一节。他还认为，关于战后转型期特别待遇的设想，如果不是从基金获得重建贷款的幌子，则有一定价值。[④]9 月 14 日，摩根索回信孔祥熙，称美国技术专家“对方案中表达的观点极有兴趣，尤其是关于特别考虑中国及处于类似地位的国家的需求”问题。[⑤]

1943 年秋，席德懋和宋子良又同怀特举行了数次会谈，他们对于国际银行的进展格外感兴趣。在 11 月底收到美国的首个公开方案后，他们建议银行应该接受存款以增加可用资金，这是怀特在其泛美银行早期版本中的建议，但现在不被接受了。[⑥] 中国新闻评论员号召为促成战后长期发展性借贷做更多的事情。在这儿举个例子，1943 年 9 月 5 日，经济学家谷春帆(Chun-fan Ku)在重庆一家报纸上发表评论文章称：“《大西洋宪章》的高尚理想，极可作为战后人类共同

---

① “Preliminary Draft,” p.9.亦可参见 “Memorandum as Submitted,” p.4, and Kung, “To the Chinese,” p.3。

② Young 1963, 387–388.

③ Hsi Te–mou to White, p.1, September 2, 1943, HDWP, box 8, folder 1. 复印件于 10 月中旬被送交英国和苏联驻华盛顿金融参赞；Hsi Te–mou to Kung, October 22, 1943, AYP, box 78。1943 年 7 月，杨格还将他的观点列出纲要非正式地发给美国国务院(他的哥哥约翰 · 杨格正在这里埋头于战后计划)(Fuchs 1974a, 110; Young 1965, 311, 375–377)。

④ Friedman to White, p.1, September 10, 1943, HDWP, box 8, folder 1.

⑤ Morgenthau to Kung, p.1, September 14, 1943, HDWP, box 8, folder 1.

⑥ A. Lipsman, “Meeting in Mr. White’s Office, October 29, 1943” and “Meeting in Mr. White’s Office, December 3, 1943,” HDWP, box 8, folder 4.

建设开发富源之鹄的。全面经济合作，投资国应当是各尽其能，接受投资之国应当是各取所需。"① 197

1944年4月，当关于基金的联合声明在重庆发表时，宋子良表达了满意之情。中国所主张的转型期——英国和其他国家也在推动——被接受了。② 在公开评论中，顾翊群也将拟议中的基金与发展目标相联系，称它的最终目的是联结货币和"提高所有人民的生活水平"。他指出，基金的建立"必将促进外资流入中国，应用于开发自然资源、发展对外贸易等活动，从而自然地提高中国人民的生活水平"。③ 但中国新闻界仍在询问，为何没有进一步争取长期发展性借贷。④ 当孔祥熙收到关于基金的联合声明草案时，他同样询问关于银行的声明将于何时发出。⑤

几周后，在一次会议上，席德懋转交给伯恩斯坦一份来自重庆的备忘录，宣布国际银行方案"对于中国极其重要"，并询问银行是否有权为了"货币复兴"发放贷款，此时已知基金"对此力不从心"。⑥ 怀特的早期版本允许此类借贷，但是由于美国国内的反对，该条款被移除了。⑦ 尽管伯恩斯坦告诉席德懋，银行只能为特定项目贷款，但在布雷顿森林会议上，银行宪章中加了一句："银行发放或担保的贷款，*除了特定情形以外*，应用于重建或发展性的特定项目。"⑧"除了

---

① Ku Chun-fan, "International Post-war monetary planning," *Ta Kung Pao* (Independent), Sept. 5, 1943, translation in NAC, RG19, v. 3982, M-1-7-3.

② "Establishment of International Monetary Fund Favourably Commented on by Chinese Experts," *Central Daily News*, Chungking, April 26, 1944, HDWP, box 8, folder 1. 关于英国对于转型期的施压，可见 Mikesell 1996, 27-28, Moggridge 1992, 743。并不是所有代表都希望设置转型期。例如：印度代表担心英国利用它继续维持英镑区和外汇控制，甚至将英镑贬值，从而削减印度英镑储备的价值（e.g. Mukherjee 2002, 167）。

③ Central News Agency, "Y.C. Koo Comments on International Monetary Fund," April 28, 1944, p.1, AYP, box 78.

④ 例如，可参见"The International Monetary Fund"（Editorial from the *Sin Ming Pao*, Chungking, April 24, 1944）, pp.1-2, HDWP, box 8, folder 1。

⑤ A. Lipsman, "Meeting in Mr. Friedman's Office, April 20, 1944," BWCC, box 11/5.

⑥ "Memorandum, Proposal for a United Nations Bank, April 17, 1944," p.1, BWCC, box 11/5 (presented to Bernstein on May 8); "Meeting in Mr. Bernstein's Office, May 8, 1944," BWCC, box 11/5.

⑦ Oliver 1957, 370, 439; Mikesell 1994, 31; Mason and Asher 1973, 25.

⑧ 引自 Mikesell 1994, 40。斜体是保留资料原貌，意在强调。在6月的大西洋城会议上，一批国家推动银行提供黄金贷款应用于黄金储备，但自始至终遭到美国的反对（Mason and Asher 1973, 20）。

198 特定情形以外”这一短语打开了“例外”之门，1946 年 3 月，银行理事会同意银行能够在特定情形下为重建货币体系提供贷款，包括致力于稳定货币的贷款。①

国际银行在布雷顿森林会议上通过后，中国代表团实现了其关键目标之一。一些外国分析家也响应他们的中国同事，认为这实现了孙中山的 1920 年设想。正如奥斯丁·格雷（Austin Grey）基于《远东概览》（*Far Eastern Survey*）的记叙，会议一结束他就在美国写道：

> 有趣的是，银行的目标、宗旨和操作方法都与已故的孙中山博士在《实业计划》中提议的由经济上较为发达的国家提供贷款给较不发达的国家的模式极为吻合。促进外国投资和国际贸易，开发生产性资源和提高生活水平，如国际银行协定第一条所呈现的，与三民主义第三条民生主义完美匹配。二战“结束之始”，世界在紧急状态中制订出具体计划，它是循着中华民国之父对一战走向结束之时的世界经济形势的把握以及对中国和西方工业国不同需求的妙手诊断而来，这足以令孙中山的外国仰慕者和所有中国人自豪。②

和平组织问题研究委员会（the Commission to Study the Organization of Peace）是一个有影响力的美国国际游说团，它更直接地形容布雷顿森林机构——与粮农温泉会议及联合国家善后救济总署一道——为“实现中国伟大的领导人孙中山曾提出的‘民生’——我们现在称之为‘免于匮乏的自由’所需的国际机制”③。

199 基金总协定还包括与中国意志相一致的条款，如接受资本控制及稳定但可调整的汇率。④ 在布雷顿森林会议上，杨格（任中国代表团“技术顾问”）和贝祖诒甚至成功争取到给予敌方占领国在决定原始平价时的某种灵活度。⑤ 中国政策制定者对于中国在布雷顿森林机构中获得第四多的配额尤为感到高兴，这

---

① Mason and Asher 1973, 24–25.

② Grey 1944, 167.

③ 引自 Borgwardt 2005, 133–134。

④ 在阐明侨汇也应被视为经常项目交易的讨论中，中国同样做出了贡献。这得到其他南方国家，如希腊、印度、埃及和萨尔瓦多（但遭到玻利维亚等国的反对，因为他们是移民接收国）的支持（Schuler and Rosenberg 2012, 253–256, 284–287）。

⑤ Young 1963, 380.

是他们从一开始就努力争取的目标。因为这一地位很难从经济的角度判定，美国官员们暗中用非常武断的方式调整了配额，这使像法国一样的国家极其愤怒。[①] 摩根索私下告诉他的美国同事，中国的配额“最难解释得通，我们之所以这么做，是缘于他们过去七年所进行的波澜壮阔的战斗（magnificent fight）！”[②]

尽管中国官员在布雷顿森林会议上达成了许多目标，但他们到底发挥了多大的作用？毫无疑问，他们积极参加了谈判。如奥斯丁·格雷当时所说：“远东地区的人们越来越多地成为历史进程中的主体而越来越少地成为客体。这一趋势在布雷顿森林得到承认并得到加强。”[③] 在许多事件中，由于他们支持的条款同时也得到其他代表团的支持，因此其精确影响难以判断。然而，我们可以明确得出结论，中国加强了将发展事务纳入布雷顿森林谈判中的观念。在更深的层次上，认识到孙中山的思想帮助构建了国际发展的知识维度同样重要。尽管睦邻金融伙伴关系在促进布雷顿森林发展议题方面发挥了十分关键的作用，但孙中山的思想和行动在早 20 年前就为这些奠定了基石。

最后一点，值得注意的是，中国对于孙中山勾勒的国际发展项目的政治承诺并不局限于国民党领导层。布雷顿森林会议闭幕后，美国官员发现毛泽东也持有相同的看法。1944 年 7 月，美国军事顾问团（美军观察组）访问位于延安的中国共产党总部，这是中共与美国政府的首次官方接触，布雷顿森林会议正是在 200
这个月份召开。当时，毛泽东认识到战后美国将在中国扮演主要角色，他希望通过各种方式建立信任，从而帮助限制国民党的权力。[④] 根据一位国务院官员的描述，1944 年 8 月 23 日，围绕中国的经济发展目标，毛泽东表达了战后同美国保持经济合作的强烈支持：“中国*必须*工业化。在中国，这只有通过自由企业和外资援助才能实现。中美利益相互联系且类似……我们能够也必须共同工作。”[⑤]

1944 年 11 月 14 日，美国财政部驻华官员欧文·弗里德曼（Irving Friedman）收到了共产党领袖周恩来的邀请，此时后者正在美国的保护下秘密访问重庆，希

① Mikesell 1994，22–23，36–37. 关于中国对这一结果的赞赏，见 Young 1963，381。

② MD，book 755，p.8.

③ Grey 1944，166.

④ Jian 2001，23–24.

⑤ Service summarizing Mao’s comments in MD，book 796，p.253。

望向摩根索转达一封类似的信件。根据弗里德曼的说法，周认为："鉴于中国的战后形势，她在经济上最大的需求即是外资……更进一步，中国欲迈过当前的落后状态，就必须参加国际经济和金融组织。"[①]周恩来的陈述似乎是确认了中共对于布雷顿森林机构发展职能与中国参加该机构的支持。与毛泽东的观点一道，它证明孙中山在1920年勾勒的愿景在当时中国的政治光谱中拥有广泛的支持。

菲律宾的货币改革

毋庸置疑，菲律宾官员对于布雷顿森林谈判的影响微乎其微。布雷顿森林会议召开之时，菲律宾正处于日本占领之下，这是自1942年5月以来就持续的状态。出席布雷顿森林会议的菲律宾代表由位于华盛顿的以奎松（Quezón）为总统的流亡政府任命。在19世纪与20世纪之交兼并这个群岛之后，美国于1934年将菲律宾转变为自治联邦，并计划于1946年使其完全独立。日本的占领促使美国承诺菲律宾解放之后立即独立，并将其流亡政府与独立国政府一视同仁。[②]

201 尽管如此，对于1943年中期的华盛顿协商，摩根索最初将邀请扩大至37国政府时，并没有想到菲律宾政府。坐在位于华盛顿肖雷汉姆饭店（Shoreham Hotel）的房间内，总统奎松从报纸上读到了关于邀请的消息，他立即给摩根索写了一份充满火药味的备忘录，提醒他菲律宾是"联合国家的完全成员"，未来的菲律宾共和国将"对影响其货币的事务拥有全权"。[③]摩根索很快为这种无视行为道歉，并向菲律宾财政部长安德烈斯·索里亚诺（Andrés Soriano）发出邀请函。[④]

索里亚诺是一名菲律宾精英和商人领袖，生力啤酒（San Miguel Brewery）和菲律宾航空方面都有他的利益。他还是亲佛朗哥的长枪党运动（pro–Franco

---

① MD, book 801, p.272.

② O'Sullivan 2008, 141.

③ Manuel Quezon to Morgenthau, April 7, 1943, p.1, TSF, Entry67A245, box 26.

④ Morgenthau to Quezon, April 10, TSF, Entry67A245, box 26.

Falange movement)的著名支持者,这是很多美国官员都知道的。[①] 鉴于怀特和摩根索强烈的反法西斯主义态度,很难想象他们能有多大兴趣去倾听他的观点。1943年5月,他与怀特及其他美国官员进行了首次会面。索里亚诺表示,尽管菲律宾因为其货币的坚挺不大可能需要财政援助,但菲律宾政府还是非常赞赏美国的基金方案。[②] 索里亚诺还参加了怀特1943年6月中旬与18国代表共同举行的协商会议。尽管邀请函再次姗姗来迟,但菲律宾还是受邀参加了大西洋城会议。这次是在其他国家都收到邀请后,奎松写信询问是否还有名额后争取到的。[③] 在布雷顿森林会议上,索里亚诺领导的小规模菲律宾代表团对于讨论贡献甚少。

菲律宾推动货币改革

在国家独立且曼努埃尔·罗哈斯(Manuel Roxas)于1946年5月当选总统后,菲律宾官员对于布雷顿森林发展愿景的追求就更清晰了。罗哈斯强烈认可快速进口替代工业化,他的政府视国内货币改革为实现该目标的重要工具。在被美
国兼并后,菲律宾货币体系实行金本位制(由甘末尔于1903年协助建立),并于 202
1933年美国脱离金本位制以后实行美元本位制。[④] 现在菲律宾独立了,罗哈斯政府的核心官员——尤其是财政部长米格尔·夸德尔诺(Miguel Cuaderno)——希望成立中央银行,更积极地管理国家货币和信贷,以服务于国内需要和更好地利用外汇储备,包括应对赤字金融。[⑤]

实际上,早在20世纪30年代,夸德尔诺就对创建中央银行感兴趣,它可以促进菲律宾的经济增长和工业化。在长年研究世界上多个国家的中央银行的基础上,他认为危地马拉中央银行——在特里芬的协助下建立——可作为菲律宾的模板,因为两国的社会和经济条件类似。[⑥] 夸德尔诺在20世纪30年代就对

---

① Cullather 1994, 12, 25, 93, 203 n.11.

② "Memorandum of a Meeting on the International Stabilization Fund in Mr. White's Office, May 12, 1943," May 19, 1943, TSF, Entry 67A245, box 26. 亦可参见 Soriano to Morgenthau, May 15, 1943, BWCC, box 5/3。

③ D.W. Bell to Quezon, June 14, 1944, TSF, Entry 67A245, box 26.

④ Nagano 2010.

⑤ Cullather 1994, 63; Cullather 1992, 81.

⑥ Fajardo et al. 1987, 7.

中央银行产生兴趣并不足奇。1939 年 6 月，菲律宾国民大会通过了一项成立中央银行的议案，只是在明确了罗斯福不会同意之后才予以撤回。在日本占领期间，1944 年 2 月，菲律宾立法机关通过了创建政府控制下的强有力的中央银行的议案，但没有任何后续进展。[1]

1946 年到 1947 年间，利用所担任的著名的美国菲律宾委员会联合主席的身份，夸德尔诺再次推动创建中央银行。[2] 委员会包括 3 名菲律宾人和 3 名美国人，主要讨论政府日益增长的财政赤字（已经超过美国援助的额度）问题和货币改革方案。[3] 夸德尔诺和另外两名菲律宾人——皮奥 · 佩德罗萨（Pio Pedrosa）和韦森特 · 卡蒙娜（Vicente Carmona）支持创建中央银行。总统罗哈斯极力劝说委员会建立一家这样的机构。[4]

两名美国成员——财政部的阿瑟 · 斯图亚特（Arthur Stuart）和美联储的约翰 · 埃克斯特（John Exter）也非常支持。[5] 埃克斯特（又一位哈佛经济系毕业生）尤其热情，他的观点响应了他的联储同事对于拉美的看法。在他看来，中央银行能够扮演的最重要角色是“缓解国际支付中突发的和极端的波动对于经济
203 的冲击”。[6] 他认为菲律宾政府应该松绑 100% 的储备本以支持货币发行，有权调整汇率甚至施加外汇管制（一开始菲律宾官员显然没有考虑后者）。[7]

埃克斯特花了大量时间说服委员会内更为保守的美国联合主席埃德加 · 克罗斯曼（Edgar Crossman）支持改革。克罗斯曼曾是纽约的一名律师，20 世纪 20 年代末任美国驻菲律宾总督法律顾问，现在则代表美国国务院。他曾与伦道夫 · 伯吉斯在纽约会谈，并受到他的影响。来到菲律宾以后，他又受到他的老朋友——花旗银行菲律宾分行经理的影响。从这些谈话中他逐渐意识到，任何对于货币体系的干预——且不用说当地政府正在经历财政赤字——都会打消美国

① Exter to Board of Governors, September 2, 1947, ISF, box 232.

② Cullather 1994, 63–67.

③ Knapp to Governor Ransom, September 6, 1946, ISF, box 232.

④ Exter to Board of Governors, September 2, 1947, Knapp to Goldenweiser, August 6, 1947, ISF, box 232; Arthur Stuart to Orvis Schmidt, January 31, 1947, TSF, Entry 67A245, box 30.

⑤ Arthur Stuart to Harold Glasser, April 1, 1947, TSF, Entry 67A245, box 30.

⑥ Exter to Edgar Crossman, November 7, 1947, p.3, ISF, box 232.

⑦ Exter to Knapp, January 31, 1947, ISF, box 232.

投资菲律宾的念头,并引发资本逃离。[1]

然而,克罗斯曼在最后一刻妥协了。委员会在 1947 年 6 月的报告中建议任命“中央银行委员会”筹划中央银行的建立。委员会的许多具体方案都借鉴了联储对拉美的建议。实际上, 1947 年 3 月,埃克斯特就请求将一份危地马拉法律副本寄给他。[2] 委员会建议中央银行为政府所有,并有权向政府发放贷款,将贷款导向特定部门以促进工业增长;它还力促授予中央银行广泛的权力,以管理货币体系,从而服务于国内需求;货币本身应得到灵活的外汇储备要求的支持。为与布雷顿森林规则保持一致,委员会还建议该国实施可调整的汇率,中央银行应该有权引入外汇管制措施,以限制资本外逃。[3]

美国支持改革

委员会的建议引起了一些强烈的反应。伯吉斯和美国银行界的其他代表激烈反对这些建议。[4]甚至数年后,美国商界还在批评该报告:“这项工作,一方面, 204
是来自美国的‘新政’计划者和官僚;另一方面,是来自菲律宾官员,他们为政府对财政和经济的操纵所吸引,而这些操纵受到凯恩斯经济学派的鼓励。”[5] 在国务院,一些官员也担心外汇管制、贬值和政治上对货币的不恰当干预等发生的可能性。[6]

但联储主席伊寇斯非常赞赏委员会的建议。在 1947 年 4 月致财政部长约翰·斯奈德(John Snyder)的信中,他称:“完全不认同某些对伯吉斯观点的猜测和假设。”在他看来,鉴于菲律宾有很多赚大钱的机会,美国商人在该国的投资不会因灵活的货币体系而受阻。他还从政治角度强调:“我们必须认识到,如果我们不能进一步清除菲律宾经济自我管理之路上的障碍,那么我们赋予其政治独立的努力就完全无用了。我们必须记住此类行动最好在菲律宾——以及其他

---

① Exter to Board of Governors, September 2, 1947. 关于伯吉斯的观点,见 Burgess to Snyder, March 26, 1947, TSF, Entry 67A245, box 30; Exter to Knapp, February 27, 1947, ISF, box 232。

② Knapp to Exter, March 18, 1947, ISF, box 232.

③ Exter to Knapp, January 31, 1947.

④ Knapp to Goldenweiser, August 6, 1947, ISF, box 232.

⑤ Hartendorp 1958, 255.

⑥ Cullather 1994, 66, 77.

地区，尤其是亚洲国家——出现，毕竟我们曾公开拒绝接受维持殖民帝国主义体系。”从更广泛的层面，伊寇斯强调：

> 我的基本立场是，对任何外国来说，管理一个直接以美元为基础的货币体系，无论是将美元作为唯一流通媒介，还是以100%美元为储备发行新货币，通常来说代价极其昂贵——可以说是奢侈的。且不说这样一个系统要冻结极其宝贵的外汇资产，这本可为了发展目标而将其有效应用于进口，它还剥夺了一个政府管理国内货币事务的自由。它导致了货币政策的僵化，使该国完全依赖国际收支中的资金流动过活。在萧条时期，该国也无法有效开展克服增长停滞和浪费资源的行动。进一步说，具体到菲律宾，它正因重建困难而忍受预算赤
> 205 字，这迫使该国承担沉重的外债以满足纯国内开支的需要。[①]

联储委员会的一些委员如伯克·纳普（J. Burke Knapp）认为伊寇斯热情过头了，他没有完全意识到中央银行在一个不发达经济体（如菲律宾）的局限性（以及滥用职权的可能性）。[②] 但他和其他联储同事，以及委员会，依然支持美国菲律宾委员会的建议。埃克斯特仍然深深地致力于委员会目标的实现。1947年11月，他写信给克罗斯曼，称伯吉斯和其他美国银行家的菲律宾货币问题解决之道“如鸵鸟般回避现实，震惊了我”。[③] 他报告说，当地许多银行同样非常赞赏中央银行方案，中央银行会给他们提供保护并“增加贷款的机会”。[④]

最后，总统杜鲁门如财政部长斯奈德所做的那样，掷出了他对于委员会建议的支持。一个关键原因是创建中央银行且以较低的储备支持其货币能为菲律宾政府立即提供资金援助，此时美国国会不大可能会批准新的援助计划。用历史学家尼克·卡拉西（Nick Cullather）的话说，该方案允诺给予“菲律宾政府迫切需要的短期援助，且没有损害美国的利益”。[⑤] 出于战略上的关切，美国

---

① Eccles to Snyder, April 11, 1947, pp.1, 3, ISF, box 232.

② Knapp to Goldenweiser, August 6, 1947.

③ Exter to Crossman, November 7, 1947, p.1, ISF, box 232.

④ Exter to Knapp, February 27, 1947, p.1.

⑤ Cullather 1992, 80. 委员会成立时，这一理论就已经在美国政策制定圈内流行；e.g. Knapp to Governor Ransom, September 6, 1946, ISF, box 232.

官员还经常鼓励给菲律宾安排特惠：特别是鉴于中国日益增长的不确定性，该国为美军提供了一个重要的基地。政治学家西尔维亚·马克斯菲尔德（Sylvia Maxfield）和詹姆斯·诺尔特（James Nolt）还强调了此时美国商界部门、具有国际导向的美国制造公司涌现出来，大力支持美国促进菲律宾进口替代工业化的行动。如在拉美一样，这些公司视进口替代工业化政策为增进其产品的海外市场的方式，并为在关税墙内获得保护性补贴提供机会。①

当夸德尔诺请求联储帮助创建中央银行时，埃克斯特和格鲁夫被迅速派到
菲律宾，协助打磨立法草案。夸德尔诺报告说，他的草案是以特里芬和格鲁夫为 206
拉美国家拟定的模板为范本，因为他“对于两位先生——关于从南美国家那样不大且经济欠发达的国家获得的信息的务实看法——印象极其深刻”。② 立法定稿完成于 1948 年 3 月，尽管中央银行的最低储备需求被取消，取而代之的是针对信贷政策——与货币供应或生活成本相关——的更为宽泛的纲领，但在许多方面与巴拉圭和危地马拉模板一致。③

同拉美改革的事例一样，菲律宾立法中关于汇率调整和资本控制的条文与《布雷顿森林协定》保持了一致。在最终报告中，格鲁夫和埃克斯特同样以非常好地体现了布雷顿森林内嵌自由主义导向的语言评价改革：“……很难想象，如果一个货币体系过于僵化以至于可能阻碍菲律宾实施重建或发展性项目，或可能解除菲律宾对于世界经济波动对其国内经济所产生影响的任何有效防御，菲律宾政府还会保留这样的货币体系。”④ 对于旧货币机制导致的紧缩后果，他们还发起了更广泛的以发展为导向的攻击：“当一个增长型经济体针对其纸币发行实施 100% 储备原则时，有理由相信它会经历更严重的通胀。”为了提供更大的货币供应量，就应有更多的人口和不断发展壮大的国内贸易，该国就有必要持续维持支付平衡，这对于一个不发达经济体来说，代价极其高昂。⑤

毫无疑问，特里芬赞赏这些观点，菲律宾政治家也是如此。在格鲁夫和埃

① Maxfield and Nolt 1990, 62–68.

② Cuaderno to Eccles, December 9, 1947, p.1, ISF, box 232.

③ Knapp to Board of Governors, March 10, 1948, ISF, box 232.

④ Grove and Exter 1948, 939.

⑤ Grove and Exter 1948, 939.

克斯特提交了立法草案后，他们立即同意了中央银行立法。1948 年，立法通过；1949 年 1 月，中央银行开门营业。夸德尔诺成为首任行长。

两个出席布雷顿森林会议的东亚国家政府是布雷顿森林发展内容的强烈支持者。像许多拉美政策制定者一样，中国官员视谈判为获取国际上支持他们发
207 展雄心的机会，这种雄心尤其专注于工业化，是实现更高生活水平的方式。拉美的愿望部分是因为睦邻友好伙伴关系的存在才得以塑造，而中国对于国际发展的兴趣则源于孙中山思想的深层次遗产。在国联成立的年代，孙中山没能为他的先锋方案寻找到国际支持。然而，到了 20 世纪 40 年代初，中国官员发现美国和其他外国伙伴非常愿意支持他们的目标，即构建着眼于发展目标的国际金融秩序。布雷顿森林会议结束之时，美国官员发现这些目标甚至得到了中国共产党领导层的支持。

菲律宾对于布雷顿森林谈判的参与远没有那么活跃。但该国独立且罗哈斯当选总统后，菲律宾政策制定者明确表示要在特里芬拉美实践模板的基础上引入货币改革，以实现他们惊人的发展计划。在拉美地区，美国政策制定者——在联储官员的领导下——协助策划并实施了金融改革，将之作为全新的布雷顿森林框架的一部分。联储官员迅速在其他亚洲国家做了同样的事情，如 1950 年在锡兰（Ceylon，埃克斯特扮演了领导角色）和韩国（阿瑟 · 布卢姆菲尔德扮演了关键角色，早前已说明了他对于发展的支持）。[①] 如我们即将看到的，在布雷顿森林会议召开前后，哈里 · 怀特和其他美国官员还协助埃塞俄比亚实施了以发展为导向的货币改革。这一系列事件说明：在构建布雷顿森林发展基石的进程中，睦邻金融伙伴关系创举已经超出美国—拉美背景而走向全球范围。

---

① Alacevich and Asso 2009，Karunatilake 1973.

第8章

冷淡且矛盾的英国 208

发展问题在英国关于战后国际金融体系的规划中同样占据一席之地，只是不如在美国的方案中那样突出或坚定。关于布雷顿森林谈判研究的传统史学称，凯恩斯和其他英国官员对国际发展问题几乎没有兴趣，甚至英国支持国际复兴与开发银行的行为，也被一些分析家说成是会议前几个月才冒出的，这在很大程度上是由于英国希望它能帮助重建。[①] 然而，这些论断并没有陈述实情。实际上，谈判期间英国就对国际发展保有承诺。起初，凯恩斯本人考虑国际金融协定时也包含了对国际发展借贷的支持，并且他的兴趣一直贯穿于通往布雷顿森林会议开幕的整个谈判阶段。他对国际发展的支持同样为英国官员们广泛知晓。

与此同时，相对于参加布雷顿森林谈判的美国政策制定者来说，许多英国官员对该问题的态度冷淡，表现矛盾。尽管英国官员对国际发展借贷感兴趣，但在国际银行计划的初始阶段，他们巧妙地躲在美国官员背后，最终在弱化其公共借贷职能方面发挥了作用。对于怀特在初稿中列出的其他发展事宜，英国官员基 209
本没什么兴趣，他们也不像美国官员那样对于南方国家参与布雷顿森林谈判进程那么着迷。英国还反对像埃塞俄比亚这样的国家追求以发展为导向的货币改革，这正是同时期拉美国家正在做的事情。另外，持有大额英镑（结存）余额的南方国家憎恶英国在布雷顿森林会议上关于债务的立场，将之视为反发展的举动。

---

① 比如，可参见 Kapur, Lewis, and Webb 1997, 58，他们引自 Oliver 1961a, 7。关于凯恩斯所宣称的迟来的兴趣，亦可参见 Meier 1984a, 12。

凯恩斯的初始计划

欲分析英国在布雷顿森林计划中的地位，必须先明确凯恩斯在其中发挥的主导作用。尽管形式上他是英国财政大臣的无薪兼职顾问，但彼时他是英国最为知名的经济学家，在英国财政部拥有罗伯特·斯基德尔斯基（Robert Skidelsky）所说的至高无上的“个人权威”。[①] 1940 年底，凯恩斯初次涉足战后国际金融秩序问题，是由于他被要求参加英国发起的反制德国在这一主题上的宣传活动。1940 年 11 月，他的第一版广播稿出炉，强调在国际层面加强社会安全的需要：“最近，贝文（Ernest Bevin）先生说社会安全必须是战后我国内政的首要目标，而为所有欧洲国家人民谋取社会安全是我们对外政策的目标，这一点也不弱于前者。实际上，一方离不开另一方；因为我们是同一个家族的成员。”[②] 这已经说得足够明白。然而，此刻凯恩斯的关注点是欧洲，而非更广阔的世界。

凯恩斯提到贝文的观点是非常有趣的事情。欧内斯特·贝文曾是英国久负盛名的工会领袖，后来丘吉尔于 1940 年 5 月组织新联合政府，贝文出任劳工与兵役大臣（Minister of Labour and National Service）。10 月，当德国入侵的风险日益增加时，他受邀加入战时内阁，在处理英国工业界劳资关系时发挥了关键性作用，而这些工业对于战争非常关键。像罗斯福一样，贝文相信，由于“社会安全”
210 的缺失，大众在战前就已转向独裁体制。10 月和 11 月，他发表演说，说明战后世界和平应建立于各国承诺为本国公民提供此种安全的基础上。[③]

对此，贝文称，国际关系需要新路径，应更多地关注普通人的经济与社会利益并支持国际经济计划。与凯恩斯不同，从一开始，贝文就将远景置于相对于欧洲更广阔的背景下进行考虑。1940 年秋，他私下致外交大臣哈利法克斯

---

① Skidelsky 2000, 135.

② Keynes to Wilson, November 25, 1940, p.1, UKT 247/85. 亦可参见 Keynes, “Proposals to counter the German ‘New Order,’ December 1, 1940,” p.3, UKT 247/85。关于英国沿着这些路径所做的其他思考，见 Carr 1939, 238–239。

③ Bullock 1967, 39–42.

(Halifax)爵士的备忘录是这样写的:

> 有必要明白,尽管对和平有约束力的形式可能出现于关税同盟或经济集团中,但却不能仅在其中找寻,它在全人类——无关国籍——拥有共同利益的那些事项中。这就是以安全对抗贫穷、扶助病患和陷于困难之人、以保护对抗伤害、供养老年人,所有这些都努力帮助人们实现其巨大而又迫切的期望:拥有一个家、在体面和独立的环境中养育家庭,过上工作和休闲合理搭配的生活。长话短说,国际政策不应建立在提高并保障贸易总量和各国收入的基础上,而应建立在着眼于人类个体需求的国际合作基础上……英国人、波兰人和智利人等都被视为人类之一分子,他们的福祉相互依存……以上概念将导引到针对国际资源和资本使用的定向计划,它取代以盈利为目标的国内或国际金融投资,将人类幸福视为主要目标而非仅仅是一个副产品。[①]

1941 年 5 月底的一份演说广为流传,外交大臣安东尼·艾登(Anthony Eden)重述凯恩斯的观点,称“社会安全将是我们的对外政策,一如国内政策”,
并且将英国目标与罗斯福“免于匮乏的自由”联系起来,后者发表于 1941 年 1 211
月的演说中。[②]当 1941 年 8 月英国政府签署《大西洋宪章》时,这一联系就正式且普遍化了。通过《大西洋宪章》,英美两国承诺保证:“所有土地上的所有人民都应过上免于恐惧和免于匮乏的生活。”[③]英国人在他们自己的《大西洋宪章》初稿中呼吁:“不仅是在本国领土疆界内,同样也在世界各国中,公平并且充分分配必需品。”[④]这一条在终稿中消失了,但贝文最初拟定的一条得以保留,即号召“所有国家在经济领域保持全面合作,以追求劳工标准的改善、经济进步和社会安全等目标”。[⑤] 1942 年 4 月,贝文告诉听众这一短语“真正意味着我们在

---

① Bullock 1967, 201–202.

② 艾登引自 Broad 1955, 154。如在第 4 章所说明的,罗斯福发表于 1941 年 1 月的“四大自由”演说可能受到英国 1940 年秋关于社会安全的辩论的影响。

③ 引自 Borgwardt 2005, 304。在英国,这一承诺随着 1942 年底《贝弗里奇报告》(Beveridge Report)的发表而得到进一步加强。报告在推荐关于社会安全的国内计划时明确援引了《大西洋宪章》。

④ 引自 Borgwardt 2005, 23。

⑤ 引自 Borgwardt 2005, 27。亦可参见 p.23 and Bullock 1967, 69。

19 世纪所熟悉的压榨模式的结束”。[①] 他的传记作家还形容贝文如何在战争期间继续对“解决欧洲和北美之外不发达地区的贫困和低生活水平的需要”保持兴趣，一如他对国内改革的态度。[②]

如历史学家伊丽莎白·博格瓦特所说，丘吉尔视宪章为：“只是说给欧洲听的，意在支撑住英国日益下跌的声望以及使欧洲被侵略国保持希望。”[③]然而，罗斯福和韦尔斯坚持将其应用于全世界，丘吉尔的副首相克莱门特·艾德礼（Clement Attlee）和贝文也持同样看法。[④]1941 年秋和 1942 年初，凯恩斯在制定国际清算同盟更为具体的方案时，也拥有了更为宽广的全球视野。在一份草稿中，凯恩斯称，在国际清算同盟内积累债权的国家将被鼓励“为落后国家的发展提供国际贷款”，以此作为重建收支平衡的四种可能的方式之一。他还指出，他的计划可用于促进包括一家“国际田纳西河流域管理局”在内的“世界普遍目标”的实现。在他眼中，国际清算同盟将与阿尔文·汉森提出的“国际投资或发展公司”一道工作，并为后者提供支持。[⑤]基于他此前在商品价格稳定问题上的经验（以及长期以来他在商品投机上积累的经验），凯恩斯提出，他的计划能够
212 向国际机构透支，从而有助于为“商品协定融资”，继而控制缓冲库存，关键商品的国际价格遂得以稳定。[⑥]

对国际发展更广泛的兴趣

大概在 1942 年 4 月初，凯恩斯将其方案提交给英国内阁，其他英国官员也

① 引自 Bullock 1967, 203。

② Bullock 1967, 278.

③ Borgwardt 2005, 34. 鉴于他是“所有土地上的所有人”（pp.28–29）这句话最有可能的提出者，这实在是非常讽刺。

④ Patrick 2009, 187; O’Sullivan 2008, 138; Borgwardt 2005, 34.

⑤ Keynes 1980b, 80, 94, 94, 91. 亦可参见 pp.47, 59, 91; Skidelsky 2000, 218; Harrod 1951, 527–528。

⑥ Keynes 1980b, 94. 亦可参见 Dimand and Dimand 1990; Moggridge 1992, 680–681; Skidelsky 2000, 234–239. 如第 4 章所述，对商品事宜的进一步讨论发生在布雷顿森林谈判之外。关于英国的参与，亦可参见 Penrose 1953, chap. 4。

表达了对国际发展借贷的兴趣。例如:4 月 1 日,内阁办公室的艾尔弗雷德·赫斯特(Alfred Hurst)请凯恩斯和理查德·霍普金斯(Richard Hopkins)为战时内阁出谋划策,探讨如何“投资于落后国家以促进他们的发展,同时还能偿还外债,避免已有债务出现不可承受之重”。① 几个月后,战时内阁办公室的罗伊·哈罗德(Roy Harrod)也游说凯恩斯,希望他的国际清算同盟方案补充一个国际金融机构,鼓励富余国借贷给包括穷国在内的其他国家,以“提高生活水平”。如伯尔和其他美国官员一样,哈罗德称,在 1942 年夏,私人资本流动无法为这一任务提供保证,因为“对于不发达国家的社会福利,投资者可能偏向保守”。他还插入一句:“帝国主义‘压榨’不会是新系统的一部分。”但是,相对于美国新政人士,哈罗德关于国际借贷和技术援助的设想在促进发展问题上面临的限制要大得多。哈罗德不去支持他所说的“不成熟的工业化”,称:“推进的最为自然的方式是教导人们将他们正在做的事情做得更好。我理解,在落后地区改进发展方式并不缺乏空间。”②

此时,富有影响力的英国皇家国际事务研究所(RIIA)也表达了将国际发展目标融合进战后计划中的兴趣。1941 年初,研究所组建了重建委员会讨论战后经济计划,它的经济小组——将许多著名经济学家拉进政府和凯恩斯的圈子中,如丹尼斯·罗伯特逊(Denis Robertson)、詹姆斯·米德(James Meade)和休伯
特·亨德森(Hubert Henderson)——迅速投入到从某种程度上来说极为细致的 213
讨论中,讨论如何落实美英政策制定者在世界范围内提高生活水平的承诺。1941 年 6 月,小组得出结论:欲明晰各种战后国际经济计划的好处,应该看他们能在多大程度上将各民族从贫困及其不幸的后果中解放出来,首先是通过每个人都期待的经济安全条款,其次是通过提高生活水平,(必须承认)此类进步将坚持以此为条件:(1)确保军事上的安全;(2)确保繁荣从国内开始。③ 1943 年初,他们开始讨论更为详细的目标,阐明“在既定目标中所要求的最低

① Alfred Hurst to R. Hopkins, April 1, 1942, p.2, UKT 247/115.

② Roy Harrod, “Foreign Lending, Industrialization and the Clearing Union,” p.13, 7, 13 (n.d. but around August 1942), UKT 247/33. 亦可参见 Harrod, “Three Immediate Questions,” pp.1, 2, October 9, 1942, UKT 247/11。

③ June 1941 document quoted in A. A. Evans, “Objectives,” February 4, 1943, p.1.

实质性需求条款要以世界范围为基础”；他们称需要一个计划，“无论受众有能力支付与否，世界性生产资源应首先满足食品、衣物、住所、教育和健康等实质性需求”。[①] 如我们在下一章还要看到的，该小组——头脑中装着这些目标——亦参与了 1943 年到 1945 年为中欧和东欧国家的发展制订详细计划的行动。

其他一些涉及殖民地管理的英国官员，特别关注提高英国殖民地生活水平的行动。早在 1929 年，英国政府就通过《殖民地发展法案》成立小型基金，以帮助殖民地的经济发展。彼时主要目的是为英国商品培育海外市场，从而为英国增加工作岗位。20 世纪 30 年代后期，英国官员对殖民地经济“发展”和改善殖民地人民的生活更有兴趣了。1940 年 3 月，内阁批准了新的（拨付更多资金的）《殖民地发展与福利法案》，这是转变的标志。这一转变受到与工党有关人士的强烈支持，主要驱动力量则是 1937 年到 1938 年发生于加勒比地区、非洲和亚洲数个殖民地的政治动乱，同时，英国对于殖民地的统治还受到来自德国和日本的挑战。[②]

英国提倡新政策的领导者是黑利（Hailey）爵士，他是印度高官，同时也是国联常设授权委员会（Permanent Mandates Commission）的成员。1941 年，黑利
214 受命领导一个委员会调研战后殖民地政策。4 月，他们首次开会；10 月，他发表了一个演说，宣布在殖民地生活水平上实践“新哲学”，这被视为一个转折点。[③] 如他在 1942 年初所说，如今英国殖民地管理的关键在于：“我们的政策能否确保最大限度地支持发展，或确保最能提高殖民地人民生活水平的那类发展。”他称，发展之所以成为新的优先项，部分是由于对殖民地状况的认知，但也受到“对国家职能新认知的影响，即国家是推动社会福利的机构。这一认知迫使他们由国内政策扩展至殖民地政策”。他承认殖民地部门在发问：“在他们资源允许的范围内，我们要在多大程度上确保最充分的经济进步？它在多大程度上能实

---

① A.A. Evans, “Objectives,” February 4, 1943, pp.6–7.

② Havinden and Meredith 1993, chaps. 7, 9; Lee 1967; Alcalde 1987, 30–32, 45–49, 70–74, 117–119. 通过 1942 年 3 月成立的英美加勒比委员会，美国也迫使英国采取措施推动其加勒比殖民地的经济发展（Howard 2003, Alcalde 1987, 131–134）。

③ 引自 Lee 1967, 16–17。亦可参见 Alcalde 1987, 117–119; Havinden and Meredith 1993, 215。

质性改善社会生活水平？”①实际上，20世纪30年代末，殖民地的许多抗议者要求在他们的土地上实施促进工业化的政策。②

黑利称新的殖民地经济政策需要服务于这些目标：“如果我们的主要意愿是改善殖民地人民的生活水平，我们国家干预经济事务的老一套教条就必须得予以修正。”黑利同样支持通过提高商品价格以帮助改善殖民地生活水平的国际行动。另外，不同于哈罗德，黑利看到了鼓励殖民地发展某些形式的工业化的必要性。他的理由与美国和拉美的那些类似：“如果我们要确保殖民地拥有更为均衡的经济，保护他们免受价格萧条周期的最坏影响并危及其经济发展，就有必要在殖民地设立次级工业部门。”然而，黑利的下一句话表明他对于工业化的支持也没有走太远：“他们必须始终主要依赖于农业。”③

殖民部官员接受新观点还面临着其他限制。在英国官员忙着抨击纳粹德国
种族主义的同时，殖民部却拒绝雇佣非欧洲人。④然而，1941年，黑利雇用了伦 215
敦经济学院的一个年轻经济学家阿瑟·刘易斯来研究经济事务，他来自加勒比殖民地圣卢西亚（St. Lucia）。刘易斯积极参与了有色人种联盟运动，挑战殖民部的种族性雇佣政策。随后，1943年到1944年，他在殖民地经济咨询委员会研究殖民地战后计划时发挥了非常重要的作用。但是，刘易斯对于工业化和国家扮演更大角色的努力遭到了更为保守的殖民地官员的反对，并最终导致了他于1944年底的辞职。刘易斯继续进行他卓越的学术生涯，作为发展经济学的先驱之一，他后来成为诺贝尔经济学奖获得者。⑤

最后，值得提及的是，对于提高世界上贫困地区生活标准的问题，英国商界同样表示了兴趣。1942年夏，代表英国商界的5个不同组织就战后计划发表报告，全都乐于推动该目标的实现，他们认为这是增加商品需求的方法。例如：伦敦商会呼吁“提高落后国家人民的生活水平”的政策。类似地，英国工业联合会呼吁发起“提高世界人民的购买力”的行动，宣布“地球上有广阔的空间，个人

① Hailey 1942, 111. 亦可参见 Cowen and Shenton, 1996, 294–295; Arndt 1987, 22–29。

② Farrell 1980, Bose 1997.

③ Hailey 1942, 112–113.

④ 种族问题上的虚伪不仅仅存在于英国。例如，可参见韦尔斯的观点（O'Sullivan 2008, xviii, 138–139, 178）。

⑤ Tignor 2006, chap. 2. 亦可参见 Farrell 1980。

生活水平的一点进步都对世界经济有深刻的影响”。它还建议,战后针对世界贫困地区的国际投资不仅要受商品协议的引导,也要朝着鼓励“为满足本地人民的需求而在当地建立初级工业和提供服务”的方向前进。再一次地,英国对于工业化的支持很是矛盾。例如:英国工业联合会对于国外工业化会否伤害英国出口一事表达了关切,英国工业联合会强调,本地工业在国外的投资应确保不会过度伤害到“既有利益”。[①]

走向布雷顿森林

1942 年秋,就“凯恩斯计划”和“怀特计划”与美国谈判之时,英国官员对于国际发展借贷的兴趣仍在。然而,凯恩斯决定,针对关系到国际投资的特别计
216 划,“让美国人发起更好”,因为美国将是战后世界上的主要债权国。[②] 实际上,这次凯恩斯非常在意战后英国提供金融援助的能力。当英国 1942 年底讨论向中国提供一笔较大的战后贷款计划时,凯恩斯评论说,这“只能说是对战后前景极其无知的表现”[③]。

当怀特推迟了美国在国际借贷方面的工作时,凯恩斯日益焦虑。1942 年底,他问英国官员:“哈里·怀特还能让我们喘口气吗?”[④]1943 年 4 月,他再次询问:“美国有任何关于国际投资计划的新闻吗?”在与欧洲盟国协商时,凯恩斯听到了类似的关切。如他 1943 年 4 月告诉英国同事的:“一些欧洲盟国强烈认为,如果没有国际投资组织,那么无论是清算同盟,还是稳定基金都是不够的。只是在稍微了解了在投资领域的意图后,他们才勉强同意了货币计划。”[⑤]

① 全部引自(no author),“British Business Men on Post-war Reconstruction,” July 6, 1942, p.3, RIIACR, Economic Group Paper 49。

② Keynes 1980b, 200. 亦可参见 p.196 and Harrod 1951, 533。

③ Keynes, “Mr. Harcourt Johnstone on Post-war Loans to China,” December 17, 1942, p.1, UKT 247/3.

④ Keynes 1980b, 200. 怀特也报告说,1942 年底,英国人询问国际银行计划。“Interdepartmental Subcommittee meeting in Mr. White's office, December 1, 1942,” in “Memorandum: Treasury Meetings, Fund and Bank 1942-1944,” BWCC, box 11/5.

⑤ 两者都引自 Keynes 1980b, 243。如我们在下一章将要看到的,此时凯恩斯也非常支持波兰人提出的与国际田纳西河流域管理局类似的面向中东欧的借贷计划。

与此同时，凯恩斯甚至建议荷兰人，在这件事上他们应该考虑采取主动行动。[①] 在 1942 年 12 月底写成的备忘录里（随后就送交凯恩斯），荷兰流亡政府财政顾问约翰·拜恩（Johan Willem Beyen，从 1937 年到 1940 年任国际清算银行行长）为促进"落后国家发展"的国际借贷机构辩护，明确"发展意味着生活水平的提升"。[②] 像其他人一样，他也非常关注规范商品价格和提供国际短期信贷的行动，这些行动对于主要商品出口国非常重要。1943 年 5 月，荷兰财政部长就美英计划给怀特发去正式反馈时写道："调整针对落后国家的政策，应在促进而非阻碍这些国家发展的基础上发放长期信贷。"[③]

凯恩斯可能也非常清楚加拿大人对于该问题的兴趣。那时，他曾经的学生 217
罗伯特·布赖斯（Robert Bryce）任职于加拿大财政部。1941 年 12 月，他在一份备忘录中对发展性借贷大加强调："在两次大战之间那狂暴的 20 年时间里，我们远远没有达到我们现在所承认的人类新权利之一的免于匮乏的自由。如果我们的文明要延续，那么战后我们必须要做得更好。我们必须实现免于匮乏的自由，范围如罗斯福所言，'在世界的任何角落'。"[④] 鉴于中国的人口和领土规模，布赖斯对长期投资中国所能实现的成就尤其乐观，他称："相对于修复欧洲，开发中国这一挑战似乎更能满足美国的幻想。"他继续说：

> 这似乎是人们最近常常听到的新帝国主义的开场白——如果不是真正的社会主义的，那也是一个仁慈的、自由的和富有远见的帝国主义——一个田纳西河流域管理局式帝国主义。在目标上，新帝国主义者们并不追求资本上的高额回报，而是在资本接收国人民日益提高的生活水平的基础上追求贸易繁荣。更远大的目标则是确保

① Keynes 1980b, 243.

② J.W. Beyen, "Notes on Monetary Conditions After the War," December 30, 1942, p.4（但是 1943 年 4 月 24 日才提交给美国财政部），HDWP, box 8, folder 2。亦可参见 Beyen 1949, 148; Bittermann 1971, 63 n.9.Li（2007）也指出，20世纪的头几个十年里，荷兰政府对于改善其荷属东印度殖民地（印度尼西亚）人民生活水平的兴趣日渐增加。

③ J. Van Den Broke, "Remarks Concerning the American and British Plans for International Stabilization of Currencies," May 20, 1943, p.7, HDWP, box 8, folder 2.

④ R.B. Bryce, "Basic Issues in Post-war International Economic Relations," December 1941, p.2, NAC, RG19 vol. 3977 E-3-1-2.

> 债权国的和平与战略上的安全。这主要通过政治稳定而不是政治影响力获得。政治稳定足以确保债权国的贸易繁荣、经济发达和社会进步。①

与荷兰不同，1943 年中期，加拿大政府正式发布了与凯恩斯和怀特货币计划不同的方案。虽然方案聚焦于弥合那些计划的鸿沟，而不是建立于布赖斯关于发展性借贷设想之上，但是它提到了对“一些关于国际长期投资的持续和稳定的协定”的需要，以及呼吁在“主要商品价格的波动问题”上有所行动。② 同年，布赖斯还在一本著名的美国书中发表了他的观点：“如果我们战时盟国关于团结和改善所有人民生活水平的宣言要执行的话……我们就必须使大额贷款由联合国家中的富国流向穷国……数以十亿计的美元须投资于亚洲、波利尼西亚、
218 南美和非洲，如果这些土地上的广大人民变得富有生机，就能最终实现健康和体面而不只是舒适所需的最低标准。”③

澳大利亚驻伦敦高级专员（前总理）斯坦利 · 布鲁斯（Stanley Melbourne Bruce）和他亲密的顾问弗兰克 · 麦克杜格尔（Frank McDougall，同样也是英国皇家国际事务研究所经济小组的成员）亦游说英国人优先于发展事宜。20 世纪 30 年代，他们两人都在国联积极呼吁改善营养和生活标准。④ 二战爆发后，他们力促英国官员在讨论战后计划时更多地关注此类事务。1940 年 5 月，布鲁斯在英国皇家国际事务研究所演讲时说：“我们必须面对的最大问题是贫困——其他人民的贫困以及某些国家的贫困。在任何尝试提高人民生活水平的行动上，我们都应保持国际合作……这并不仅仅是如某些人想当然的对一个社会改革家的人道主义期待，这是最合理的经济共识。如果我们要重建世界繁荣，我们就必须提高人民的生活水平，以及人民大众的消费能力。”他还用战略术语阐述该问题：“有必要为所有国家提供机会追求经济平等。”“事实上，过去我们没能正视不同国家在发展机会上的不均等这一问题，从而铸就了整体上的动荡局面，导致

---

① Bryce, “Basic Issues,” 5.

② Horsefield 1969b, 104.

③ Bryce 1943, 364.

④ Lee 2010, 105, 112–113, 122–124; O’Brien 2000.

了当前战争的发生。”[①]

除了参与英国的辩论以外，布鲁斯和麦克杜格尔还试图影响美国战后计划。在1941年夏的华盛顿之行中，麦克杜格尔与美国高官会谈，极力劝说他们优先追求罗斯福“免于匮乏的自由”，尤其是为所有人提供充足的食物这一目标。他认为后者是可以实现的和受人欢迎的目标，它有助于农业部门的发展并能刺激国际贸易。但当8月份麦克杜格尔就英美合作提高战后生活水平致信（与布鲁斯合写）摩根索时，财政部长告诉怀特他不想讨论该问题：“我见过麦克杜格尔 219 这个家伙，他差点儿把我烦死，现在我对战后没什么兴趣……为了打赢这场战争我有太多的事要做，之后我们才能谈战后做什么。”[②] 一年后，1942年9月，在埃利诺·罗斯福（Eleanor Roosevelt）安排的晚宴上，麦克杜格尔非常幸运，找到了机会直接游说罗斯福总统本人。1943年初，当罗斯福宣布首次联合国家会议聚焦食品和农业事务时，麦克杜格尔极为高兴，他深度参与了1943年5月温泉会议的筹备工作。[③]

由于专注于战后货币计划，凯恩斯本人没怎么参与温泉会议的筹备工作。实际上，在战后联合国家计划方面，他恼怒于罗斯福决定“从维生素”而不是从国际货币事务开始。[④] 但当凯恩斯1943年4月发布他的国际清算同盟计划时，他在序言中指出，战后世界同样需要“投资援助，无论中期还是长期，对于那些需要外部援助的国家的发展非常重要”。如同之前的版本，国际清算同盟内有较大信贷余额的国家被鼓励重建收支平衡，方法包括对外发放“国际发展贷款”。

---

① “‘The League and Economic Reconstruction’ by Rt Honourable S.M. Bruce, Record of Meeting Held at Chatham House on Thursday May 9th, 1940,” pp.8–9, RIIA, file 8/630. 布鲁斯和麦克杜格尔同样非常清楚的是，在国际范围内改善营养和饮食将有助于澳大利亚的农产品出口（e.g. O’Brien 2000）。实际上，1939年夏，布鲁斯在他任主席的国联特别委员会上发表演说，建议加强国际经济与社会合作。尽管委员会的最终报告没有专门提到“发展”，但却号召人们关注为世界贫困地区提高生活水平的愿景（League of Nations 1939, 9）。布鲁斯的观点强调了在国联范围内促进发展的信条是如何从国联盟约家长式的“文明使命”（见第2章）转向对于世界繁荣与和平的聚焦的（同样可见 Zanasi 2007, 148–150; Nurkse 1944, 203; Love 1996, 116–117）。

② MD, book 437, pp.35–36. 亦可参见 White to Morgenthau, “British Empire–American Cooperation on problems of post-war reconstruction,” September 2, 1941, SMHDW, box 14; Stirling 1974, 205, 258。

③ Lee 2010, 169–170; O’Brien 2000, 173–174.

④ 引自 Skidelsky 2000, 300。

国际清算同盟还被设计服务于更广泛的国际目标，包括与其他机构如“国际投资委员会”和“国际投资或发展公司”保持合作。①

当英国官员非正式地收到怀特的标记日期为1943年8月4日的国际银行草案时，他们对美国最终涉足该领域表示赞赏，但对于草案内容持批评态度。②由于英国政府在财政上陷于窘境，英国政策制定者特别警惕怀特在银行问题上关于政府承担资本义务的设想。他们更喜欢那些推动国际私人投资的行动。例如：他们讨论了对于“国际发展委员会”的需求问题，这有助于发起、协调和监督国际投资项目计划。私人投资者被鼓励注资此类项目，国际发展委员会还会同国际投资公司密切合作，通过在债权国——在国际清算同盟内的收支余额超出其配额的国家——发行证券的方式，提高私人借贷给国际发展委员会的额度。③

220 1943年11月和1944年4月中旬，英国政府持续向美国的国际银行计划提出官方意见，极力劝说美国官员，应使银行担保私人借贷而非直接从事借贷活动，并建议不能强制各国缴纳资本，如果他们确有能力（即在国际收支上有盈余）则可以缴纳。④英国政策制定者抵制对银行资本做出实质性承诺，反映了他们对于自身财政状况的担心。1944年5月中旬，凯恩斯在一份措辞强硬的备忘录中表达了这种担心。他称，鉴于英国严峻的财政形势，以及英镑区成员可能于战后提取他们存于伦敦（战时为英国冻结）的英镑，英国政府关于战后外国贷款的各种计划是完全不现实的。用他的话说，这些计划代表了“一个在过去很富有的女施主的慷慨行为，做慈善对她来说压根算不上是一种牺牲。如今，她还是习惯于给人发钱，但却忽视了自己正处于极端的财政困难之中，并且还有一大笔债务等待偿付”。⑤

英国的财政形势不只迫使凯恩斯坚守对银行做出的代价高昂的承诺，还推动英国官员支持尽快成立国际银行。如凯恩斯所说：“如果不建立银行，就会有

① Horsefield 1969b, 19, 24, 34.

② Keynes 1980b, 338–339.

③ J.E.M., “International Investment,” September 9, 1943, UKT 247/76.

④ “Comments on the United States Proposals,” April 13, 1944, UKT 247/21.

⑤ Keynes, “Our Financial Problem in the Transition,” May 16, 1944, p.22, UKT 247/55. 亦可参见 W. Eady to Richard Hopkins, April 3, 1944, p.1, UKT 247/27。

远超我们能够担负的压力落到我们头上。”[①] 在大西洋城会议上，凯恩斯清楚地表明英国政府赞赏创立银行的立场，并进一步提出建议，包括限制各国原始资本缴存额。[②] 美国政策制定者大多理解英国的偏好，从而搭好了在布雷顿森林正式讨论银行的台阶。

在布雷顿森林会议上，由凯恩斯任主席的委员会起草银行总协定，他在开幕辞中强调发展职能。在说明银行最初将专注于重建之后，他又补充说：“在尽可能快的情况下，随着时间的推进，将越来越强调其第二主要的职责，即开发世界资源和发展生产力，对于不发达国家则给予特殊关照，致力于提高各地生活水平和劳工条件，使世界资源为全人类充分利用，从而促进和维持所有成员国的国际收支平衡。”[③] 如我们所见，对于墨西哥确保银行给予发展和重建项目以同等考 221
虑的努力，凯恩斯还做了一个重要干预以表达支持。在会议上，在界定银行职能问题上，英国官员莱昂内尔·罗宾斯（Lionel Robbins）坚持描述它的角色为：“协助提高成员国的生产力、生活水平和劳工条件。”罗宾斯告诉其他代表，如果这一句被移除，贝文将“非常不高兴”。[④]

在布雷顿森林，南方国家官员们一方面赞赏凯恩斯对于国际银行发展职能的支持，另一方面他们非常关心英国对其存放于伦敦的英镑（结存）余额的政策。那些持有冻结英镑的国家希望解冻这批资金，他们也担心英国将英镑贬值或战后无法全额偿付这笔债务。[⑤] 在布雷顿森林会议上，两个持有英镑最多的国家——印度和埃及——极力敦促会议代表允许国际基金协助清算英镑。他们将此反映于发展条款中。如印度代表阿尔德希尔·什罗夫（Ardeshir Darabshaw Shroff）所言：“我国对大规模工业发展抱有希望和期待，以提高我国 4 亿人民的生活水平。因此，我们不能无限期等待英国有能力将英镑自由兑换为其他货币的那一天。”[⑥] 几天后，什罗夫发表公开声明强化了这一点：“如果你不接受我们的立场，你就置我们于这样的境地，打个比方，如一个人虽在银行坐拥百万美元

---

① Keynes, “The Bank for Reconstruction and Development,” June 9, 1944, p.1, UKT 231/354.

② Mason and Asher 1973, 20; US State Department 1948, vi; Bernstein 1993, 196; Mikesell 1994, 40.

③ Keynes 1980c, 73.

④ 罗宾斯引自 Urquidi 1996, 36。

⑤ 后一种担心处处可见；见 Penrose 1953, 55。

⑥ Shroff in US State Department 1948, 426.

的存款，但却没现金付的士费……摩根索先生在他非常华丽的开幕辞中说‘贫困无论在哪儿都是一个威胁’，如果允许一些大国受这种贫困的折磨，你如何期待基金能够实现它的主要目标？”[①]

英国官员对印度和埃及的行动非常焦虑，予以激烈反对。[②] 他们得到了美国的支持。尽管怀特在其计划的早期版本中包含清算遭到冻结的外汇余额的条款，但其后英镑（结存）余额规模增长得非常快，用戈登韦泽的话说，此时美国官员意
222 识到“涉及的规模是如此之大，以至于远超基金的整体能力”。[③] 最后，凯恩斯做了公开承诺：“我们将往好了看，到了那一天，我们将毫不犹豫地、体面地解决这些曾经在体面和慷慨中产生的问题。”之后，印度和埃及撤回了他们的提议。[④]

凯恩斯和国际发展

尽管凯恩斯支持将发展内容置于布雷顿森林目标中，但是他对此事的兴趣与许多美国官员并不一样。卡普尔（Kapur）、路易斯（Lewis）和韦勃（Webb）敏锐地指出，上文引用的凯恩斯在布雷顿森林会议第二委员会的开幕辞使得“发展似乎是国际稳定的路径而非目标”。[⑤] 如我们看到的，这一倾向在他于 1941 年底完成的非常详细的初稿中就很明显了。凯恩斯在开幕辞中提到使世界资源“更多地为全人类所用”同样贬低了穷国的需求。忆及英国为全世界开发殖

---

① US State Department 1948, 1173. 关于埃及，参见 US State Department 1948, 128, 185。

② 例如，可参见 Howson and Moggridge 1990, 172–174, 179。这种对于英镑（结存）余额的担心也有助于解释英国坚持反对基金对于资本交易账户拥有裁决权（James 1996, 40）。英国人确保了 1944 年 4 月的联合声明不会提及英镑（结存）余额一事（Mikesell 1994, 24）。

③ Schuler and Rosenberg 2012, 323. 亦可参见 Steil 2013, 218; US State Department 1948, 1168–1169. 会议之初，就英印在该问题上的争执，怀特告诉美国代表，美国需要置身事外（MD, book 749, pp.14, 19）。在会议上，也有其他国家反对印度和埃及的行动，主要有中国、法国、波兰和巴西（Schuler and Rosenberg 2012, 325, 348–349; US State Department 1948, 1173–1174）。

④ Schuler and Rosenberg 2012, 72. 埃及亦寻求英国承诺，以邀请埃及人到伦敦“就该问题寻求满意的解决”（Schuler and Rosenberg 2012, 572）。

⑤ Kapur, Lewis, and Webb 1997, 62.

民地资源，从而使人想到早期英国为殖民主义所做的辩护。[1] 诚然，凯恩斯的确说到给予“不发达国家”以特别关照，以及提高各地生活水平（在下一章中我们可以看到，他对于战时东欧人士在英国制定的国际发展机制是多么地喜欢）。但是，对于这样一位口才了得的人物，无论是在布雷顿森林还是在他早期关于战后计划的文件中，对于在穷国改善贫困状态或提高生活水平的目标说得如此之少，着实令人诧异。

除早期作品关注印度货币和金融外，凯恩斯在职业生涯中几乎很少研究经济发展问题。[2] 不同于怀特、韦尔斯、特里芬或伯尔等美国官员，除在突尼斯和埃及度过假之外，凯恩斯几乎没有去发展中国家旅行过。相对于许多新政人士，凯恩斯关于帝国主义的观点也温和得多。如昌达瓦尔卡（Chandavarkar）所言： 223
“凯恩斯描绘的英国对印统治图景是一种家长式机制，保护印度农民免受贪婪的中间货币借贷者和城市商人的压榨；给印度一个健康的货币体系；以法律和秩序带来道德上的进步和物质上的发展；以及简短来说，引入一个好的政府。”昌达瓦尔卡还看到，与怀特不同，凯恩斯还“令人惊异地对幼稚产业理论无动于衷”，该理论认为发展中国家应实施关税保护；他还“怀疑印度的工业化，以一种重农主义的口吻称‘她的未来繁荣几乎全系于更多技术、知识，尤其是更多资本在农业上的运用。’”[3]

许多学者批评凯恩斯无视发展中国家在布雷顿森林会议上可能做出的贡献。1944 年 5 月底，在仔细研究了会议计划后，凯恩斯写信给财政部的两个同事：“有 21 个受邀国肯定没有什么可贡献的，他们来了也是纯挡道，这些国家是哥伦比亚、哥斯达黎加、多米尼加、厄瓜多尔、萨尔瓦多、危地马拉、海地、洪都拉斯、利比里亚、尼加拉瓜、巴拿马、巴拉圭、菲律宾、委内瑞拉、秘鲁、乌拉圭、埃塞俄比亚、冰岛、伊朗、伊拉克和卢森堡。这个巨丑的猴子屋已经搭建了几年了。这个名单也许还可以加上埃及、智利，以及（当前情况下）南斯拉夫。”接着他又对布雷顿森林会议之前的大西洋城会议起草委员会成员资格评论了几句。美国已经为会议提名了 10 个国家——美国、英国、苏联、中国、加拿大、比利时、捷克

---

① 关于英国的早期观点，可参见 Alcalde 1987，29；Hodge 2007，118。

② Chandavarkar 1989，146；Arndt 1972，17；Johnson 1978；Alcalde 1987，29.

③ Chandavarkar 1989，2，182，136，135.

斯洛伐克、法国、巴西和墨西哥——凯恩斯称，美国官员曾暗示不会反对将澳大利亚加入这个名单，但当他还想加上希腊和荷兰时，美国官员说，他们只能接受荷兰且要划掉比利时。美国则想加上古巴，这惹恼了凯恩斯："一方面排除荷兰及其帝国，另一方面将古巴这样的一系列对国际金融一窍不通的国家加入委员会，这极其离谱，虚伪得毫无希望。在怀特博士的起草委员会里，苏联、中国、巴西、墨西哥和古巴对国际金融要么略知一二，要么一无所知。"[①]

显然，凯恩斯无视来自他列举的这些国家的官员的国际金融学识以及他们
224 对于布雷顿森林谈判进程的贡献是错误的。但凯恩斯的评论与先前他本人的言论也是矛盾的。比如：1943 年 11 月，他曾告诉一个同事，中国对于凯恩斯和怀特计划的评论"极佳，显示重庆有人完全明白这是怎么一回事"。[②]凯恩斯还与这些国家（如巴西和墨西哥）的一些官员通信，明确知道他们对于这些问题有深刻的理解。长期以来，就战后计划的实现方式，凯恩斯与美国打交道时屡遭挫折，此时他的评论恰恰反映了这种状态。早在 1941 年，凯恩斯就提出战后国际金融秩序应通过英美双边谈判来设计，在规则确定后再邀请其他国家参与。[③]如我们曾看到的，美国官员始终拒绝这一理念，坚持无论国家大小，联合及联系国家都有机会经过非正式协商和多边会议表达观点。

卡普尔、路易斯和韦勃认为凯恩斯对于美国方式的抵制可能反映了"一个帝国对于国际协定民主幻象的反感"。[④]值得说明的是，凯恩斯援引"猴子屋"作为批评大规模正式国际会议的隐喻并非首次，这是他的一贯做法。远溯至一战期间，他曾用此短语形容他于 1917 年底参加的盟国委员会（Inter-Ally Council）；委员会成员包括英国、美国、法国和意大利，在合适的时机下也会吸收其他战时盟国加入。[⑤]但是，凯恩斯反对美国对大规模正式国际会议的偏好，也有对其国家利益的考虑在内。从英国官员的视角来看，这一模式存在削弱英国

---

① Keynes, "The Monetary Conference," to Sir D. Waley and Sir W. Eady, May 30, 1944, pp.2, 3, UKT 247/28.

② Keynes to Mr. N.E. Young, November 11, 1943, p.2, UKT 249/3.

③ Keynes 1980b, 45, 54.

④ Kapur, Lewis, and Webb 1997, 62.

⑤ Steil 2013, 69. 1942 年，他在反对怀特召开大规模会议的设想时也使用过"猴子屋"这一短语（Penrose 1953, 49）。关于 1943 年 2 月的又一次使用，见 Steil（2013, 164）。

影响力的风险。我们已经看到，在布雷顿森林会议上，英国官员担心一众拉美国家代表将成为美国的盟友，从而使他们在关键问题的投票上占据主导地位。凯恩斯所忽视的国家主要地处拉美地区（其他国家此时也都与美国保持着紧密的关系）。当他1942年7月第一次看到怀特计划时，凯恩斯就对投票机制表达过深切的疑虑，该机制将允许拉美国家以多数票击败英国或欧洲。[①]

在援引凯恩斯的这些文件时，当代的分析家们有时也会引用怀特的评论，以 225
证明他同样不怎么关注南方国家的声音。在凯恩斯评论的前一周，英国官员雷德弗斯·奥佩（Redvers Opie）正与美苏官员（中国同样涉及其中，但没有参会）洽商大西洋城起草委员会的成员资格问题。一个议程之后，奥佩向凯恩斯报告说，他和怀特私下里深入讨论了一些事情，其中一件是："怀特说，如果有人建议古巴，他希望你不要强烈反对。他们将是静悄悄的代表，主要作用就是把雪茄带来。"[②]如果我们从奥佩版本的对话来看，那么怀特必然是没怎么关注南方国家的。但面对英国的偏见，怀特在会议上提升拉美代表的地位以抵消英国影响的努力到了何种程度？对于英国努力将其自治领和盟国堆积于大西洋城会议的行为，怀特其实非常介意，他视希腊为"无用的，不过是英国的一条走狗"，以及荷兰"几乎就是走狗"。后来，他告诉摩根索，他曾在与奥佩的会晤中告知对方。[③]如我们所看到的，怀特与古巴人有很深的交情，知道他们在国际货币与金融事务中有明确的观点。实际上，在布雷顿森林会议上，古巴远未保持沉默，而是扮演了拉美集团的关键领导角色，支持了美国的许多目标。如我们已经知道的，会议闭幕之时，怀特甚至单独表扬了他们所发挥的重要作用。

关于凯恩斯对于发展问题的看法还有最后一个问题：在针对穷国以发展为驱动的新型货币诊治中，他是否同怀特、特里芬和其他美国官员一样热情？20世纪40年代中期，英国政府在许多殖民地设立货币委员会，担保当地货币与英镑按固定比率兑换，并且100%受到存储于伦敦的英镑的支持。对此，凯恩斯的

① Keynes 1980b, 162.

② Opie to Treasury, Viscount Halifax, No. 391 REMAC, May 24, 1944, p.2, UKT 247/29.

③ 引自MD, book 740, p.84; book 749, p.145。对于他坚持更多的拉美代表参加大西洋城会议以抵消英国盟国的影响，也可见下一章的讨论。

确发挥了非常关键的作用。1945 年,缅甸被从日本占领状态下解放后,立即实施货币改革。他评论道:“我们现存的货币委员会系统已经极其过时,实际上,即便从我们自身的利益出发,也是极不合理的。任何的自治国家都不会坚守它。
226 过去曾有信条,一个国家,只有在 100% 利用外国资源时才能扩大国内的购买力;如今我确信,这已经永远过时了。”① 在另一份备忘录里,他形容 100% 的需求是在“欺骗殖民地”,并且宣布:“我们利用权力,以如此站不住脚的方式从其他殖民地持续掠夺金钱,无论是否正当,都是一个事关良心的问题。”② 对于缅甸,他建议削减 100% 的英镑储备,发行基于信用的纸币,从而为缅甸政府提供更多的资源。他认为这也可以减少缅甸对于英国援助的需求。

早在职业生涯初期讨论印度货币与金融时,凯恩斯就乐于挑战传统的殖民地货币理论。在 1913 年出版的第一本书中,他呼吁印度创建国有中央银行,这在当时的英国政界中并不流行。他还称,新银行宪章的筹划者应该“完全抛开头脑中充斥的英格兰银行的信条”,“在欧洲国家银行,尤其是德国,抑或荷兰或俄国的那些中”寻找更合适的模板。③ 那些国有银行,他极力主张,较少遵从金本位下的自动约束机制,这允许他们给予国内目标更大的优先权。凯恩斯还希望印度的中央银行能发挥商业银行的职能,以鼓励印度银行业的普遍发展。如昌达瓦尔卡所言:“将新兴经济体中的中央银行作为一个发展机构,而不是像与英国类似的发达国家那样仅作为货币体系的控制者而发挥作用,才能推动金融业的发展和为经济注资。凯恩斯是第一个提出该经济原理的经济学家。”④ 通过这些方式,凯恩斯的思想成为 20 世纪 40 年代初期那些美国和拉美官员的先导(不过我没有发现后者学习前者的任何证据)。

尽管如此,凯恩斯的这一思想并没有在布雷顿森林谈判中寻到一个出口。对于当时其势力范围内的发展中国家,英国官员仍然死守传统的货币政策。这些地区的政策制定者被来自殖民部、外交部和英格兰银行——不是凯恩斯所在的财政部的——更为保守的官员所主导。英美官员在该问题上意见相左的一个

① Keynes to Rowe-Dutton, “Burma Currency,” July 10, 1945, p.2, UKT 247/5.

② Keynes to D. Waley, “Burma Currency,” June 7, 1945, pp.1-2, UKT 247/5.

③ Keynes 1980a, 168.

④ Chandavarkar 1989, 138.

极为典型的例子体现于埃塞俄比亚——她是出席布雷顿森林会议的少数非洲国家中的一个。

英美在埃塞俄比亚“货币诊治”上的较量 227

由于1944年时几乎整个非洲大陆都处于殖民统治之下，非洲只有很少的代表出席布雷顿森林会议。埃塞俄比亚与埃及、利比里亚和南非是仅有的4个受邀参会的国家。在会议上，扬·史末资（Jan Smuts）领导的南非保守政府对发展事宜没有表现出多少兴趣，利比里亚代表对于讨论几乎没有贡献（他们甚至迟至1962年才加入国际货币基金组织）。埃及代表较多地参与了关于发展的辩论，与印度一起要求在英镑（结存）余额问题上采取行动，强调支持南方对于工业化目标的需求。[1]

会议的官方记录并没有记载埃塞俄比亚的小型代表团有多少贡献，但是代表团主席布拉塔·梅德恩（Blatta Ephrem Tewelde Medhen，埃塞俄比亚驻美公使）给一些美国官员留下了非常好的印象，以至于他们努力将他加入最后的庆祝仪式上的发言人队伍中（没有成功）。[2]1944年7月18日，哥伦比亚广播公司特别广播秀做了一档关于布雷顿森林会议的节目，只有少数外国代表受邀，他位居其中。在那儿，他抓住机会告诉美国听众，他的祖国在“提高生活水平”上的抱负。[3]尽管这是发生于会议之外的事情，但埃塞俄比亚政府与美英官员就货币改革所做的讨论，是将发展目标与布雷顿森林联系起来并带入非洲世界的最清晰的例证。

埃塞俄比亚被解放时已被意大利自1941年起占领5年。在1942年1月的协议中，英国政府承认埃塞俄比亚的独立，但坚持——在很大程度上是由于皇帝海尔·塞拉西（Haile Selassie）和其他埃塞俄比亚人的失败——在某些事务上保

① 关于埃及对于南方工业化的支持，见 US State Department 1948，1194。关于印度的支持，见第9章。

② MD，book 756，p.273.

③ MD，book 755，p.266.

留最后决定权，包括那些与货币有关的事务。[①]货币改革问题很快就成为英埃官员发生摩擦的主要根源。彼时，埃塞俄比亚货币体系极其混乱，流通着一系列外国货币，其中，玛丽亚·特里萨泰勒（Maria Theresa thaler）银币长期以来都是埃塞俄比亚的主要货币。在1942年4月发送给埃塞俄比亚官员的一项计划中，
228 英国提议发行新的国家货币——埃塞俄比亚镑，其管理以英国东西非殖民地为榜样。货币将盯紧英镑，以100%的储备作为支持，由位于伦敦的货币委员会管理，委员会由两名英国官员和一名来自埃塞俄比亚政府的代表组成。[②]从出口中赚取的外汇将继续上交至英国外汇控制委员会，即便埃塞俄比亚还没有被正式承认为英镑区的成员国。[③]

埃塞俄比亚政府拒绝了英国计划。如果非要有个货币委员会，他们希望它位于亚的斯亚贝巴（Addis Ababa），并处于他们自己的全面控制之下。[④]但实际上，就像他们的拉美同事一样，埃塞俄比亚官员希望创建一家中央银行，以便为国内的发展目标更积极地管理货币供应和发放信贷。他们认为，一个货币委员会将能根据国际收支状态交替调节通货膨胀和通货紧缩。另外，他们还认为对货币100%的储备支持锁住了宝贵的外汇，而这本可用于发展目标，如进口资本货物。他们还反对英国外汇控制所施加的限制。从更广泛的层面讲，他们认为英国提议的以英镑为基准的货币委员会是要把埃塞俄比亚变成保护国或殖民地。[⑤]

面对英国的不妥协，1942年8月，埃塞俄比亚政府选择单方面重开埃塞俄比亚银行，这是塞拉西在意大利占领之前就建立的。[⑥]尽管最初只是简单地设定其目标是提供工业贷款，并作为政府的财政机构而存在，但最终目标则是将其转变为一家现代中央银行，以管理埃塞俄比亚的新货币。[⑦]为实现该目标，政府

① Degefe 1995.

② 关于英国的计划，见 Degefe 1995, 237, 242-243 and Deressa to White, July 21, 1943, TSF, Entry 67A245, box 2。

③ William Cole, "The Current Banking and Exchange Situation in Ethiopia," February 28, 1944, DSFS, Ethiopia, Classified and Unclassified General Records 1943-1955, box 3.

④ Deressa to White, July 21, 1943, TSF, Entry 67A245, box 2.

⑤ Degefe 1995.

⑥ Schaefer 1992.

⑦ 关于银行的最初目标，见 Degefe 1995, 236-238; Mauri 2010。

高级财政官员、在英国受教育的经济学家伊尔马·德雷萨(Yilma Deressa)决定向美国寻求支持。[①]1943 年 5 月到 8 月,在代表埃塞俄比亚赴温泉会议期间,德雷萨会见了众多美国官员,并将致力于实现埃塞俄比亚发展目标的国际财政与技术援助说成"《大西洋宪章》的应用"。[②] 1942 年底,埃塞俄比亚即享有租
借资格,而后美国官员便非常乐意提供帮助,阿道夫·伯尔承担了协调帮助的 229
任务。[③]

彼时,美国在该国只有"微小"的战略和经济利益。[④] 美国支持埃塞俄比亚的主要兴趣源于该国在更广泛层面上具有象征意义的重要性。正如美国派驻埃塞俄比亚的一位著名顾问其后所言:"埃塞俄比亚是第一批反对轴心国侵略的国家之一,并且即将获得解放。美国渴望在那儿实施复兴项目,以鼓励那些仍在敌人占领下的人民。"[⑤] 罗斯福尤其关心的是,英国在 1942 年协定中牺牲埃塞俄比亚的做法与《大西洋宪章》不符,他担心英国将对"被解放之首国"强加保护。[⑥]作为一个独立的非洲国家,长期以来,埃塞俄比亚"作为黑人权力、骄傲和可能性"的象征对于许多非洲国家来说非常重要。[⑦] 对意大利 20 世纪 30 年代中期入侵该国与美国决定不卷入冲突的做法,非洲裔美国人非常积极地进行了抗议。[⑧] 在这种情况下,美国官员非常清楚地意识到帮助埃塞俄比亚所能体现出的象征性价值。如 1942 年底国务院的一份内部备忘录所说,美国的援助将以

---

① Norberg(1977, 83 n. 39)提到了他的英国教育背景,但我没找到其他细节。

② Deressa to US Secretary of State, June 24, 1943, p.3, DSFS, Ethiopia, Classified and Unclassified General Records 1943–1955, box 1; MD, book 654, pp.170ff.

③ "Proposed Export–Import Bank Loan to Ethiopia," July 19, 1943, DSDF, 884.51/7–2944. 关于伯尔的角色,可参见 Berle to Mr. Pierson, August 4, 1943, and Morgenthau to Berle, August 6, 1943, DSDF, 884.51/66.

④ 引自"Memorandum of Conversation: Monetary Problems involved in American Supplies to Ethiopia," June 6, 1944, pp.6–7, DS, Lot File No. 56 D 418 Office of African Affairs, Subject File, 1943–1955, file: Middle East–Financial Pool–1944 Ethiopia. 美国在欧洲和中东的努力受益于从埃塞俄比亚收购的谷物、机器和广播通信设施。一些美国公司对该国的石油特许权和民用机场运营权感兴趣(Spencer 1984, 104, 113; Marcus 1983)。

⑤ Spencer 1984, 103; 亦可参见 Marcus 1983。

⑥ Spencer 1984, 104.

⑦ Gramby–Sobukwe 2005, 784.

⑧ Scott 1993.

一种坚定的方式显示:“美国与黑人在这场战争中的利益一致。”①

作为他寻求美国人帮助的一部分,德雷萨与哈里·怀特和美国财政部其他官员讨论了埃塞俄比亚的货币问题。乔治·布洛尔斯(George Blowers)参加了其中一些会议。6月份,在没有通知英国人甚至现任行长[一位拥有英国公民权的加拿大人查尔斯·科利尔(Charles Collier)]的情况下,德雷萨将埃塞俄比
230 亚银行行长之位给了他。② 布洛尔斯是德雷萨的得力盟友,他将与梅德恩和秘书海伦·威拉德(Helen Willard)一起代表埃塞俄比亚参加布雷顿森林会议。除了“强烈反英”以外,③ 布洛尔斯此前曾工作于蒙罗维亚(Monrovia)银行(利比里亚唯一的银行),1942年中,他帮助该国政府游说美国财政部支持利比里亚的一项计划,以美元取代了英国货币。④彼时,怀特曾建议,也许避免冒犯英国的最好方式是让美元随着美军在利比里亚消费的增加而自然增长。⑤ 但德雷萨向怀特出示埃塞俄比亚的货币改革计划后,怀特就更乐意去挑战英国的影响。

1943年7月,在与德雷萨和布洛尔斯(其后又与国务院进行了协商)会面

① 引自 Spencer 1984, 103-104。1946年,当来自许多国家的知名财政官员们来到佐治亚州参加萨凡纳(Savannah)会议以创建国际货币基金组织时,当地民众对于埃塞俄比亚代表团的到来表现出的兴趣,同之前他们欢迎著名的凯恩斯时一样热烈。然而,事实是,该国由埃塞俄比亚银行的美籍白人行长乔治·布洛尔斯作代表,用一位美国官员的话说,他“令人大失所望”(McKinzie 1972, 45)。

② (Illegible name) to Secretary of State in Washington, December 28, 1943 and Caldwell to Secretary of State, October 22, 1943 and (Illegible name) to John K. Caldwell, December 6, 1943, DSFS, Ethiopia, Classified and Unclassified General Records 1943-1955, box 1. 关于最初的雇佣邀请,亦可参见“Memorandum of Conversation: Governor of the State Bank of Ethiopia,” June 22, 1943, DSDF, 884.516/15。布洛尔斯于11月中旬正式就任。

③ Source 1067, “Anglo-Ethiopian Relations.” August 20, 1945, p.1, DSFS, Ethiopia, Classified and Unclassified General Records 1943-1955, box 6.

④ 在1937年加入蒙罗维亚银行之前,布洛尔斯在新加坡和中国为花旗银行(后来由它印制埃塞俄比亚货币可能不仅仅是巧合)工作。Source 1067, “American Advisers with the Ethiopian Government,” August 20, 1945, DSFS, Ethiopia, Classified and Unclassified General Records 1943-1955, box 6. 关于花旗银行印制纸币,见 W. Doll to Lord De La Warr, December 15, 1944, FO 921/358。

⑤ 例如,可参见 Southard, “Liberian Currency Problem,” July 13, 1942, CFHDW, box 8, Chron.37; White to Bell, April 23, 1942, CFHDW, box 7, Chron.34。关于怀特卷入利比里亚这一事件,亦可参见 Boughton 2009, 15。1944年1月,利比里亚政府确实就将美元定为该国唯一法定货币。

后，怀特表达了支持埃塞俄比亚新货币的意愿。[1] 他建议新货币使用十进制体系（德雷萨曾在 8 月的一次会议上报告埃塞俄比亚将使用美元 [2]）；埃塞俄比亚应该发行信用货币券，价值约等同于现在流通中的东非货币（将要退出流通）的一半；剩余的纸币 100% 由外汇和黄金担保。他还建议美国外汇平准基金向埃塞俄比亚贷款以帮助其获得发行新货币所需要的储备；当然，他又补充说，1942 年英埃协议到期前，美国什么也做不了。

1944 年 5 月，布雷顿森林会议开幕前两月，埃塞俄比亚政府发布公告，称将
终止 1942 年的协议。12 月，英埃签订新协议，埃塞俄比亚获得完全主权，为引 231
入新货币计划扫清了道路。在 1944 年 5 月发布公告之时，该国新纸币和硬币已经在美国秘密印刷和铸造。尽管梅德恩在布雷顿森林接受哥伦比亚广播公司采访时并无隐瞒，“我们希望战后拥有自己的交换媒介”，但英国直到 1944 年 12 月才知晓德雷萨和布洛尔斯的埃塞俄比亚新货币计划。[3] 英国知悉计划全貌后，觉得“新货币毫无希望”，当然，他们也承认：“无论我们认为这有多疯狂，也无法阻止新机制的到来。”[4] 但是，当 1945 年 7 月皇帝生日当天埃塞俄比亚货币终于发行的时候，英国官员也被迫承认新货币“迅速取得了成功”。[5]

美国官员则对于新货币欢迎得多，称埃塞俄比亚新货币法“使自己很好地融于国际货币基金组织”。[6] 联储官员认为，1945 年的货币改革是“埃塞俄比亚通往经济解放的一步”。他们还高度赞扬了埃塞俄比亚在发展上的抱负与参加布雷顿森林机构之间的广泛联系，国际基金将为其脆弱的国际收支提供支持，国

---

① “Memorandum of a Meeting in Mr. White’s Office, July 9, 1943,” ITM, box 21; Glendinning to White, July 16, 1943, TSF, Entry 67A245, box 2. 亦可参见 J.W. Gunter to Mr. White, “Meeting in Mr. White’s Office with Representatives of Ethiopia on May 15, 1943,” May 22, 1943, CFHDW, box 9, Chron. 47。

② C.D. Glendinning, “Meeting in Mr. White’s Office, August 12, 1943, with the Ethiopian Minister of Finance,” ITM, box 21.

③ MD, book 755, p.266.

④ 引自 W. Doll to De La Warr, December 15, 1944, p.3, FO 921/358; and Miss Evans, December 22, 1944, p.1, FO 921/358。

⑤ “Economic Report,” p.5, J2264/210/1, FO 371/53461. 亦可参见 Spencer 1984, 166。尽管政府希望立即在流通领域废除玛丽亚·特里萨泰勒银币，但该币种的流通仍然持续了数年（e.g. H.D. Jellinek to Knoke, February 11, 1947, ISF, box 114）。

⑥ Wasserman 1946, 361.

际银行则会提供非常关键的资本以“支持长期发展项目”。[①] 实际上，当埃塞俄比亚政府请求美国对其1945年7月实施的立法提出意见时，财政部官员就提出了若干修正，从而使该国货币体系能更好地服务于发展目标。出于树立人们对于新货币信心的需要，埃塞俄比亚政府最初确定担保储备由最少75%的黄金、白银和外汇，以及最多25%的帝国财政部债券组成。[②] 怀特的一个参谋准备了一份备忘录，建议降低黄金、白银和外汇至75%以下的水平，以“允许政府扩大
232 财政支出或在国内组织更高水平的生产活动”。备忘录还建议埃塞俄比亚立法，就政府向中央银行出售债务的能力提供更多描述，因为“如果埃塞俄比亚政府坚持直接注资国内工业发展”的话，很可能需要实施赤字财政。另外，关于外汇管制的条款是缺失的，备忘录鼓励予以添加。[③]

这些建议与怀特给古巴和洪都拉斯的建议，以及特里芬给拉美其他地区的建议是一个调门。怀特赞同这些设想，但他也非常明白这与英国心中合适的埃塞俄比亚货币政策相去甚远。为了避免与英国冲突，他建议通过非官方渠道将备忘录递交埃塞俄比亚当局。[④] 美英官员在埃塞俄比亚改革上的观点的确非常不同，在对南方国家的货币政策上，他们的对比更为强烈。美国人热情地派出发展性使团协助南方国家创建中央银行，英国则在其势力范围内积极反对南方国家这一举动，偏向于维持由英镑支持的货币委员会协约。

英国的偏好部分反映了该国许多官员在金融上的保守性，以及通过英镑支撑的货币委员会支持其脆弱的国际收支这一事实。但是，英国的政策同样为其帝国的态度所影响。在埃塞俄比亚，当地的英国官员极为厌恶布洛尔斯和其他美国官员，用一位英国外交部官僚的话说，他们“迎合最差的埃塞俄比亚人的直觉而不是根据英国经院传统提供建议”。[⑤] 当地英国政策制定者也形容主管金融和经济事务的埃塞俄比亚人为“不合格的、不称职的、贪婪的、业余的”。作为

---

① H.D. Jellinek to Knoke, May 17, 1946, p.1, 5, ISF, box 114.

② Wasserman 1946, 360.

③ REH, “Ethiopia’s Plan for a new monetary system,” October 15, 1945, pp.1, 2, TSF, Entry 67A245, box 2.

④ 不清楚最后是否递交了备忘录。见 Frank Coe to Glendinning, November 23, 1945; Coe to White, December 10, 1945, Coe to Gunter, December 13, 1945; TSF, Entry 67A245, box 2.

⑤ D. Riche, January 20, 1945, p.1, FO 371/46049.

对比，美国官员常常视英国对于埃塞俄比亚官员的抱怨为“夸大的”和“贬抑埃塞俄比亚人自主处理政治和经济事务的尝试”。[①] 通常，美国官员也抱怨埃塞俄 233 比亚的英国顾问为“粗鲁的帝国思维所主导”，并且“没做什么促进该国发展的事”。[②]

毫无疑问，布雷顿森林谈判期间，英国政府支持对于国际发展的承诺，但英国官员在该领域也确实没有扮演任何形式的领导角色。凯恩斯在其详细的初稿中对于发展性借贷的安排大多源于美国的设想，他还故意将国际银行的改进工作留给了美国人。在承诺将公共资金用于发展性借贷方面，他也非常勉强。他造成了国际银行直接借贷功能的缩水，主要职能转向担保私人借贷。对于怀特在其初稿中列出的其他发展事项，如规范资本流动和债务重组，英国官员也较少表现出兴趣。他们也不大支持进口替代工业化和美国支持的新货币诊治路径。另外，英国政府冻结英镑（结存）余额的立场也没有得到重要的南方国家的欢迎，在吸收南方国家参与设计战后国际金融秩序方面，英国官员也远比不上美国人热心。

英国人在发展问题上的观点受到形形色色因素的影响，如该国的财政限制、帝国的和保守的态度、对于英国在战后计划上施加最大化影响的期望，以及凯恩斯本人的志趣。需要肯定的是，一些英国官员——特别是那些“左翼”人士，如贝文——与美国许多新政人士一样，非常热衷于国际发展事宜。同样需要注意的是，世界其他地方的许多官员，不只是埃塞俄比亚的政策制定者，还有像刘易斯、布赖斯、布鲁斯和麦克杜格尔这样的人士，试图影响英国的政策。如我们将要看到的，英国不得不面对其最重要的殖民地——印度对于国际发展的强烈支持，同样的情况也发生在战时生活在伦敦的一群东欧人士的身上。

---

① Glendinning to Glasser, July 9, 1946, p.1, TSF, Entry 67A245, box 2. 英国引自 W. Doll to Del La Warr, November 6, 1944, p.1, FO 921/358. 亦可参见 Scrivener, “Ethiopia,” memorandum to Secretary of State, August 9, 1945, FO 371/46053。

② James Landes, “American Policy in the Middle East,”（n.d., but stamped October 11, 1944）, Annex E, p.1, DSFS, Ethiopia, Classified and Unclassified General Records 1943–1955, box 2.

第9章

234 东欧和印度的热情

在布雷顿森林会议上，尽管许多英国官员对于融合国际发展目标并不上心，但他们肯定感受到了来自世界其他地方的热情。对英国人来说，上述支持者中有两个地区源头离他们的家特别近。首先，一批战时居于英国的东欧分析家和政策制定者制订了详细的计划，致力于战后利用国际援助，通过国家主导工业化的方式改善其低生活水平。[①] 他们的观点非常类似于美国—拉美背景中产生的那些。实际上，后者的政策革新甚至为东欧人所用。这些东欧人贡献给英美战后计划谈判和布雷顿森林谈判进程的观点是直接通过其官方代表进行的。

其次，在布雷顿森林谈判期间，英国人同样非常清楚其殖民地对于发展的要求。那些参加殖民地政府的英国官员如黑利曾在关于战后计划的讨论中强调这一点。但是，绝大多数英国殖民地（除非他们有人任职于殖民部，如阿瑟·刘易
235 斯的例子）没有机会直接参与战后计划的讨论。尽管如此，印度是个重要的例外。英国管理下的印度政府在战后国际金融计划方面征求了印度人的意见，还派出了包括印度人参加的代表团出席布雷顿森林会议。印度官员和分析家在他们的发展意向和布雷顿森林谈判之间建立了强有力的联系，他们极力推动在战后国际金融秩序中纳入国际发展目标。

---

① 我在本书中使用“东欧”一词，是由于它频繁为本章中与我的分析密切相关的人所使用。当然，在我的讨论中，该词有时也关联到“东南欧”“东欧和东南欧”“中欧”“中欧和东南欧”“中东欧”等地区。

东欧人的观点

历史学家约瑟夫·洛夫已经证实东欧智慧在现代发展经济学诞生过程中的重要性。[1]早在1929年，思想家，如罗马尼亚的米哈伊尔·马诺伊利斯库（Mihail Manoilescu），已经开始探讨进口替代工业化理论的先决条件。该理论明确构筑于19世纪的李斯特的观点之上。在更广泛的政治话语下，围绕"普罗"国和"富裕"国之间的国际斗争以及对于一种"国家的社会主义"的需要，马诺伊利斯库讨论了商品生产国在国际贸易中面临的不利处境。[2]如洛夫所说："他因此想到了 20 世纪 70 年代第三世界提出的国际经济新秩序要求。"洛夫还强调了这些观点是如何漂洋过海到了拉美并被普雷维什和其他人所知晓，他们随后引领了美洲"结构主义理论"思想的出现（尽管普雷维什否认其思想受到马诺伊利斯库的影响）。[3]有趣的是，20 世纪 30 年代初，尽管对马诺伊利斯库持批评态度，但哈里·怀特还是通读了其于 1929 年出版的关于国际贸易的著作。[4]

20 世纪 30 年代末 40 年代初，东欧国家发现，与拉美相比，它们处于非常不同的国际政治形势之下。当怀特和其他新政政策制定者日益支持拉美的发展目标时，东欧国家所面对的地区性支配国家——德国有着非常不同的观点。在德国控制的经济区内，纳粹为东欧国家安排了农产品出口国的角色，而无视他们对 236
于工业化的期待。20 世纪 30 年代末，马诺伊利斯库开始转向亲法西斯主义的政治立场，赞同罗马尼亚扮演这样的角色，放弃了他早期提倡的进口替代工业化理论。[5]

当英国官员表示有兴趣将国际发展事务吸纳进战后计划时，许多与东欧有联系的分析家和官员——大多在 20 世纪 30 年代和战争期间搬迁到英国——将

① Love 1996, 5.

② 引自 Love 1996, 84。

③ Love 1996, 84, 135. 墨西哥银行的官员同样受到马诺伊利斯库和罗森斯坦-罗丹思想的影响（Gootenberg 2004, 247）。

④ Rees 1973, 39.

⑤ Love 1996, 78, 94–95.

之视为一个机会，他们终于能够为家乡的发展抱负寻找国际支持。他们在英国皇家国际事务研究所的经济小组中发挥了尤其关键的作用。该小组在1941年中期关于战后计划目标的初稿中，强调“将所有人从贫穷中解放出来”和“提高生活水平”。从一开始，经济小组就对东欧的发展问题表现出特别的兴趣。在1941年5月的早期计划中，该小组优先考虑“国际公共事业”，并强调在“资本投资”术语下进一步讨论“东欧需求”的必要性。①

经济小组的关键成员，德国流亡者海恩兹·阿恩特稍后解释说，小组对该地区的兴趣部分反映了“从捷克斯洛伐克、波兰和南斯拉夫流亡到伦敦的几个政府和经济学家的存在”。② 实际上，1941年6月，小组曾就该地区问题恳请波兰国家银行前行长列昂·巴兰斯基出席会议。巴兰斯基的出席在一些东欧政策制定者中激起了对国际发展的兴趣。他说，该地区战后将需要“外国资本的流入以确保这些国家的经济发展和工业化的实现”。③ 外国官方财政援助可提供从西方大国购买机器和设备的外汇，并为其国内市场的大众消费建立生产设施。他认为，外援项目和进口替代工业化将能纠正这些国家的“经济失衡”。他哀痛德国将这一地区变成了“德意志帝国的粮仓”，称他们的未来不能建立于农业出口之上，因为无论如何，他们无法与美国、加拿大、阿根廷和澳大利亚的低成本生
237 产者竞争。他也强调对于工业化的战略需求。他的计划将“创造强大的经济单位，使之能够保护自己”，以及“在欧洲确立权力上的政治平衡”，“以帮助避开帝国主义征服以及剥削与掠夺的经济政策”。④

巴兰斯基认为，西方大国将从帮助东欧工业化的行动中获益，且并非只有这一条战略上的理由。经济上，他们的机器出口会获得新的市场。响应美国新政官员，他称：“落后国家的工业化不会减少而是增加他们的对外贸易。”⑤ 他将该

① “Draft Syllabus for Group Discussions, May 8, 1941,” p.4. RIIACR, Economic Group, Group Papers 9/22b.

② Arndt 1987, 47. 亦可参见 Rosenstein-Rodan 1984, 207。

③ “Discussion Meeting: Problems of the Economic Reconstruction of Poland and Central Europe,” June 13, 1941, p.2, RIIACR, Economic Group, Group Papers 9/22b.

④ “Problems of the Economic Reconstruction of Poland and Central Europe, Address by Dr. Leon Baranski,” June 10, 1941, pp.7, 9, RIIACR, Economic Group Paper 6, Group Papers 9/22b.

⑤ “Discussion Meeting,” p.3.

论断与一个新的战后劳动分工的远景相联系:“一些国家应该为全世界制造生产工具,其他国家则利用这些生产工具为其本国市场制造大众消费品。”[①] 有趣的是,巴兰斯基以美国对拉美的公共借贷为例说明他的计划:“在这儿我很想提一下进出口银行资助南美国家工业化的机制。在信贷方面,该机制和类似的机制在很大程度上足以解决中欧国家的工业化问题。”[②]

罗森斯坦-罗丹的英国皇家国际事务研究所研究会

1941 年 10 月,英国皇家国际事务研究所雇用保罗·罗森斯坦-罗丹为经济小组的秘书,以引导对于战后东欧地区经济事务的研究。罗森斯坦-罗丹出生于波兰,移居英国前居住于维也纳,1930 年他成为一名英国公民。[③] 他在伦敦大学学院经济系任教时加入英国皇家国际事务研究所,一直到 1947 年初才离开该所。1942 年 8 月,罗森斯坦-罗丹注意到盟国对讨论战后计划日益增加的兴趣,他提议,创建由英国和东欧经济学家组成的研究小组,准备详细的材料去支持战后计划的拟定。[④] 在为小组制定目标时,他称,应该查明“东欧低生活标准的原因”,以及如何“改革东南欧经济结构(被视为国际萧条区的一个例证),从 238
而适应于世界经济的需要。在设计上,后者是通过国际劳动分工确保产量最大化”。为列出该地区国际投资的可能形式,他还提到成立“多瑙河流域田纳西河流域管理局”和“国际重建金融公司”的可能性。[⑤]

研究小组——名为“英国及盟国经济学家经济与统计研究会”——成立于 1943 年,聚焦于整理希腊、南斯拉夫、阿尔巴尼亚、保加利亚、罗马尼亚、匈牙利、捷克斯洛伐克和波兰的统计数据,并制订相应计划。[⑥] 研究会包括一些英国经济学家和官员,如休伯特·亨德森、罗宾逊(E. Robinson)和多琳·瓦林

---

① “Problems of the Economic Reconstruction,” p.7.

② “Discussion Meeting,” p.3.

③ Meier and Seers 1984, 205.

④ Rosenstein-Rodan to Wilson, August 24, 1942, RIIACR, Group Papers 9/23a.

⑤ “Syllabus of Inter-Allied Economic Seminar, August 1942,” pp.2, 1. 附于 Rosenstein-Rodan to Wilson, August 24, 1942 之后。

⑥ “Notes of a Meeting held on Friday October 8th, 1943, at 3 p.m., Economic and Statistical Seminar, Technical Sub-committee,” RIIACR, Group Papers 9/23c.

娜（Doreen Warriner）。但研究会被东欧人所掌握，他们包括一批与流亡政府有关的人或前官员，如鲁道夫·比查尼奇（Rudolf Bićanić，南斯拉夫国家银行副行长）、拉吉斯拉夫·法伊尔阿本德（Ladislav Feierabend，捷克斯洛伐克流亡政府财政部部长）和塔德乌什·拉霍夫斯基（Tadeusz Lychowski，来自波兰商务与贸易部）。[①] 尽管保加利亚是敌国，但小组还是接纳了一位保加利亚前部长莫姆切洛夫（N. Momtchiloff）。对于东欧人，罗森斯坦－罗丹对研究会工作在政治上的重要性说得非常清楚：

> 美国已经为中国准备了或多或少详细的投资计划。当国际发展性投资问题出现时，东欧和东南欧也应有相应的计划，这至关重要。否则，极大比例的投资基金将会流向已经制定出详细方案的地区。此类计划应该详细到将不同工业的相关份额和成本具体列出的程度。[②]

尽管罗森斯坦－罗丹暗示东欧仅是国际萧条区中的一个例证，但在1944年2月的一份名为《经济不发达地区的国际发展》的文件中，他极力为东欧应优先得到国际发展援助辩护。他认同5个“经济上不发达的地区”或“国际萧条区”
239 分别是：远东（印度和中国）、帝国殖民区（尤其是非洲）、加勒比、中东、东欧及东南欧。他认为，在远东地区的国际投资可能不会提高生活水平，因为那儿的人口增长太快了。针对在殖民区如非洲和加勒比的国际投资，他预测认为，将主要集中于提高农业生产力。如果中东的前景都是有希望的，他认为东欧的会更好，毕竟其生活水平在5个地区中是最高的。[③]

在1943年和1945年之间，研究会整理出了海量的资料，包括详细的统计数据和对战后东欧十余年发展计划的研究。初始计划本是利用研究会的工作为经济小组出台报告打下基础，但在1943年6月，阿恩特提议小组应该从更广泛的层面着手研究编纂卷册，并“包括概述了管理国际‘萧条区’（如东欧和东南欧）

① 小组成员名单可见于RIIACR，Group Papers 9/23a。

② “Memorandum VI：The Problem of Financing Development in Central and South eastern Europe，” May 25，1944，p.1，Economic Research Group，RIIACR，Group Papers 9/23a.

③ “Chapter 1：The International Development of Economically Underdevelopment Areas，” February 1944，in “Analysis and Method in the Study of Economic Development：Selected Papers Relating to eastern Europe，Compiled by Dr. P. N. Rosenstein-Rodan，edited and with an introduction by A. L. Minkes，” RIIACCR，Group Papers 9/23qq. 该章内容与罗森斯坦－罗丹1944年出版的书中的内容非常相似。

经济重建的经济计划总原则的序言章节”。他称:“关于此类问题的信息对于所有关心这些经济问题的地区如英国殖民地、加勒比和远东都极具价值。”[1]

罗森斯坦-罗丹的确编纂了这么一卷,但却从未出版。作为替代,他于1943年到1944年间在《经济杂志》和《国际事务》上发表了两篇文章,总结了小组的核心观点。[2] 第一篇文章聚焦于“东欧和东南欧的工业化问题”;第二篇文章更多地考察了“经济落后地区的国际发展”。后者是基于一篇演说写就,该演说后来被阿恩特形容为“号召发达国家立即正视不发达地区的需求的宣言,也是经济分析技术应用于不发达问题的一个例证”。[3] 阿恩特认为,一起来看的话,两篇出版物“完全可以看作现代发展经济学的开端”,他还将罗森斯坦-罗丹视为 240
“发展经济学结构主义学派的创始人”,呼吁人们注意穷国所面临的独特的结构问题。[4] 如罗森斯坦-罗丹本人其后在讨论其研究会的组织时所说:“我认识到不发达国家有特殊的经济问题。今天这样想没问题,但在1942年,这在某种程度上被认为是异端。”[5]

罗森斯坦-罗丹的出版物——以及研究会更多的未出版作品——的核心观点是穷国的工业化应得到国际大规模公共投资的帮助。对于这些地区提高生活水平而言,工业化被认为是至关重要的,但同时它也被认为是服务于一个广泛的国际政治目的。罗森斯坦-罗丹指出,国家间的财富分配相对于100年前拉大了,世界上29%的人口坐拥超过2/3的全世界财富。他认为,这种不平衡既是一个道德问题,也是一个政治问题:“由于我们可以假设,人民永远都愿意为了更美好的前景去打拼,而不是无动于衷,如果我们要确保一个稳定及繁荣的和平,我们就得采取某种国际行动改善这些人的生活状况,他们只是在19世纪错过了工业化的‘公共汽车’而已。”[6]

---

① Arndt to Miss Cleeve, June 15, 1943, p.1, RIIACR, Group Papers 9/23a.

② Rosenstein-Rodan 1943, 1944. 关于未出版的卷册,见“Analysis and Method in the Study of Economic Development”。关于英国皇家国际事务研究所研究会进一步收集整理的材料,见“Material on Economic Development of Eastern and S.E. Europe”两卷本,LSE, Charles Webster papers, COLL MISC 324。

③ Arndt 1972, 29.

④ Arndt 1987, 47-48; 1996, 1.

⑤ Oliver 1961c, 1. Rosenstein-Rodan(1984, 207)其后称“不发达国家”这一术语“首次”出现于他的英国皇家国际事务研究所研究会,但鉴于我们对于泛美国家的考察,这是不准确的。

⑥ Rosenstein-Rodan 1944, 158.

作为对斯坦利·布鲁斯强调各国间“平等机会”的回应，罗森斯坦-罗丹称：“纠正失衡需要国际行动，并且国际萧条区亦需要，我不说是公平的收入，而是公平的机会。”他写道：“关于重新分配财富的职能，发达国家有此类国家性机制，但国际体系没有。”[①]然而，促进贫穷地区的工业化将是“实现世界不同地区更为公平的收入分配的方式，它能够以更高的速率——相对于富裕区——增加萧条区的收入”。[②]他总结说：“世界上经济不发达地区的发展是我们在缔造和平时所面临的最为重要的任务。”[③]

241 罗森斯坦-罗丹认为，支持穷国工业化符合世界的经济利益。离开国际援助，贫穷的地区将只能靠本国的储蓄实现“自给自足”（如苏联一样）。该战略会降低甚至牺牲生活水平，并且从一个全球经济视角来看极为浪费，“因为各地区须专注于某些特别适合于它的产品”。如果他们接受了国际援助，他们能“更容易地融入世界经济，从而发挥出国际劳动分工的优势，并且，实际上也能为每个人创造更多的财富”。[④]与巴兰斯基一样，他称，国际投资在初期能够支持劳动密集型产业的发展，富国只需提供必要的设备。

罗森斯坦-罗丹还认为，鉴于国际借贷领域存在的政治风险和任务的规模之大，上述目标的实现有赖于国际公共借贷。他还指出，私人投资者没有动力去投资“许多在‘社会边际净产值’（social marginal net product）名义下利润丰厚而在‘私人边际净产值’（private marginal net product）下似乎没什么利润的项目”。[⑤]他提议创立政府主导的国际信托即东欧工业信托，债权国和债务国各占50%的股份。当英国皇家国际事务研究所经济小组讨论这件事时，他们也认为公共借贷是必要的，这是由于20世纪20年代私人对东欧的贷款并没有得到很好的整合，也没有推动这些国家生产力的发展，从而导致了20世纪30年代违约行为的出现。为了避免重蹈过去的覆辙，经济小组称：“有必要确保根据协调好的计划利用和分配进口资本。”[⑥]

---

① Rosenstein-Rodan 1944, 158-159, 158.

② Rosenstein-Rodan 1943, 202. 原本就强调了。

③ Rosenstein-Rodan 1944, 159.

④ Rosenstein-Rodan 1944, 161-162.

⑤ Rosenstein-Rodan 1943, 206.

⑥ “Memorandum VI,” p.8.

罗森斯坦-罗丹并没有提到布雷顿森林国际银行计划，但在1961年的一次采访中，他称，他的方案“在某种方面是对它的一个贡献，并且原本它也是这样设计的”。彼时，他称他的第一篇文章发表时，银行“还没有影子”，他与凯恩斯保持联络，后者（与休伯特·亨德森一起）“立即着手这一为不发达国家设计的项目”，并且“对该设想产生了极大的热情”。采访者问，他的建议是否帮助说服了凯恩斯，使他认为银行方案是个好设想，他回答：“毫无疑问，他早已心中有 242
数。”他又继续说：“历史学家，在考察关于这一设想的历史时，应该放眼寰宇，看看是谁第一个明确提出了它。在我看来，这是非常偶然的事。我碰巧第一个明确提出了它。一些人认为它是随着现代经济学的发展而出现的。我的意思是，谁碰巧明确将之写在纸上不应被宣扬太多，因为这是他的时代及其思维方式的产物。”① 鉴于1939年到1940年的泛美银行提议和1942年之前美国关于发展性借贷的许多方案（包括汉森影响到凯恩斯的方案）的存在，罗森斯坦-罗丹没有过分夸大他的作用是对的。但是他和研究会的设想对于强化支持国际发展仍然是重要的，尤其在英国的圈子里面。

与罗森斯坦-罗丹的英国皇家国际事务研究所研究会有关的人物亦在其他机构中推动国际发展目标的建立。其中一个是牛津统计研究所，吸纳了一批流亡经济学家，他们在波兰经济学家米哈尔·卡莱斯基（Michal Kalecki，也是罗森斯坦-罗丹研究会的成员）的领导下开展工作。1940年，卡莱斯基受雇于研究所，他支持凯恩斯思想，还在1938年的一篇评论中支持马诺伊利斯库对于贸易保护主义的倡议。② 在1943年的一篇文章中，卡莱斯基及其在德国出生的同事舒马赫（E.F. Schumacher，同样参加了罗森斯坦-罗丹研究会）讨论了凯恩斯的清算同盟计划，对于发展事务给予特别关注。在他们看来，凯恩斯的清算同盟太专注于防止发达国家出现外贸盈余。因为这些盈余可以非常有效地为流向穷国的投资所回收，他们称：“任何对盈余的阻止只会放慢不发达地区的发展。”为了替换针对债权国和债务国的惩罚，他们提出建议，要求在国际清算同盟下建立国际投资委员会，以鼓励向波兰和中国等“工业化路途上的国家”提供长期“发展

① 引自Oliver 1961c，51，52，53。

② Love 1996，92–93.

性贷款”。[1]

卡莱斯基牛津研究所圈子中另一位埋头于发展事务的经济学家是德国流亡者库尔特·曼德尔鲍姆（Kurt Mandelbaum，也是罗森斯坦-罗丹研究会的成员）。
243 作为其关于战后世界经济更广泛的工作的一部分，牛津研究所分配给曼德尔鲍姆研究东南欧战后重建的工作任务，将他过去的工作带到了计划上。曼德尔鲍姆将他分得的工作转换成一个富有雄心的项目，即在国际帮助下，将该地区从农业经济发展为工业经济。[2]1945 年，他的名为《落后地区工业化》的著作出版，这是发展经济学中的经典著作。曼德尔鲍姆将其基于“不发达条件下”的著作看作建构和改进 19 世纪经济民族主义者李斯特和亨利·凯里（Henry Carey）的思想的集合。[3]

1944 年 7 月，英国著名智库“政治与经济计划组织”（Political and Economic Planning）也发布了由“来自相关国家的人士”准备的名为《东南欧经济发展》的报告。报告称：“对于政治上的不安全和经济上的落后状况——他们在战前就是这样的宿命，战后再谴责他们将是极为过分的。”报告聚焦波兰、匈牙利、罗马尼亚、保加利亚、南斯拉夫和希腊，称：“除非根据长期经济发展计划，这些地区的人们的生活水平得到极大的改善，否则，他们将永远无法获得经济上的安全。”来自这些地区的研究者“并不只是苦心想出一条道路，而是为地区经济发展设计一种实用模型，从而能够适用于世界其他几大落后地区”[4]。

东欧与布雷顿森林谈判

谈判期间，这些观点得到了东欧官员的响应。如同他们的美国同事一样，1942 年下半年，英国官员开始同其他国家就战后国际金融计划展开协商。这些

---

① 引自 Kalecki and Schumacher 1943，31，32，31. Schumacher（1943，160）已经有了一些类似的设想，1941 年 9 月，凯恩斯在完成国际清算同盟方案初稿后即拿出了那篇论文的早期版本（Keynes 1980b，21 n.5）。1942 年 7 月，舒马赫的作品同样在美国财政部得到宣读，1942 年 9 月，戈登韦泽还将它发给了怀特；见 BWCC，box 14/6 and “United Nations Stab. Fund and Bank：Kindleberger Memo and Various Proposals” BWA，box 27。

② Mandelbaum 1979，511.

③ Mandelbaum 1961（1945），4.

④ “Economic Development in South-East Europe，” pp.2，1，in *Planning*，no. 223（July 21，1944）.

协商最初从英国自治领（加拿大、澳大利亚、新西兰和南非）和印度开始，迅速扩展至来自欧洲盟国政府的财政官员们，代表们来自波兰（如巴兰斯基）、捷克斯洛伐克（如法伊尔阿本德）、南斯拉夫和希腊。在1943年2月底的一次会议上，凯恩斯第一次向这些国家介绍国际清算同盟方案。希腊代表——希腊银行行长 244
基里亚科斯·法弗莱瑟斯（Kyriakos Varvaressos，在布雷顿森林会议上代表希腊）称除非聚焦于战后国际金融援助，否则计划无法实施（他于1943年中期也向怀特发出同样的信息）。[1]

波兰的一名代表亨德里克·施特拉斯布格尔（Hendryk Strasburger）也表达了他的期望，即由英国发布一个关于战后国际投资计划的声明。[2] 在这期间，巴兰斯基强化了施特拉斯布格尔传达的信息，他交给凯恩斯一份文件，列出了名为“按田纳西河流域管理局打造一个国际经济机构”的计划大纲，“对于在该地区进行一些重大投资可能是有用的，如它在其他类似领域一样”。他的文件列出了中东欧关税同盟计划和地区性经济计划，以促进该地区的工业化。如他所说：“中东欧作为一个整体的工业化是提高其人民生活水平的首个先决条件。”[3] 他还认为，对于该地区国家在政治上更加独立于德国和俄国来说，工业化也是必要的。

凯恩斯在回应中告诉巴兰斯基，这是“一篇极为重要的文件”：“我个人发现我对方案的主要部分和结论抱有强烈的同情。”他警告说，巴兰斯基的方案会遇到很多政治障碍，但也称：“必须试着推进该项工作，以确保排除那些干扰并去做任何可能的事情来鼓励它。”[4] 随后，凯恩斯将文件及其评论转给了同事，表明他给巴兰斯基的评论：“并非空洞的赞扬，它是一项令人钦佩的和有趣的工作。”[5] 在下一个月给另一位英国官员的信中，他评论道：“除非你仔细聆听，否则

---

① “Meeting of Finance Ministers, 26th February, 1943,” NAC, RG19 v.3981, M-1-7-1. 关于他致怀特的备忘录，见 K. Varvaressos, “The Proposal for a United and Associated Nations Stabilization Fund: The Position of Greece Under the Proposed Plan,” July 13, 1943, HDWP, box 8, folder 2。在后一个备忘录中，法弗莱瑟斯还强调了汇率管制对于希腊的重要性，极力敦促怀特设立转型期。

② “Meeting of Finance Ministers, 26th February, 1943.”

③ Baranski, “East-Central Europe,” p.5,（无日期，但凯恩斯回复于1943年3月15日），UKT 247/97.

④ Keynes to L. Baranski, March 15, 1943, p.1, UKT 247/97.

⑤ Keynes to W. Eady, H. Henderson, and D. Waley on cover of Keynes to L. Baranski, March 15, 1943.

老巴兰斯基讲话的语气和口音会使你昏昏欲睡。但实际上他的话非常值得去听。我想，没有哪一个盟国代表的洞察力能比他更深刻。”①

几个月后，1943 年 6 月中旬，作为波兰代表，巴兰斯基参加了怀特就美国稳
245 定基金方案与盟国在华盛顿召开的协商会议（捷克斯洛伐克的法伊尔阿本德也参加了）。当波兰代表向怀特强调战后他们对于外国金融援助的需求时，怀特称：“我们充分理解像波兰这样的国家的需要。”他还说，这一需求的解决还应考虑其他方式，而不只是基金渠道。②在接下来的一周，巴兰斯基继续与怀特接触，讨论其富有雄心的计划，即通过对工业、农业、住房和交通业大规模的投资，在 9 年时间内使波兰国民收入翻一番。③ 在其后完善国际银行计划及与其他美国官员讨论时，怀特将波兰和其他东欧国家（如希腊、罗马尼亚、阿尔巴尼亚、保加利亚和捷克斯洛伐克）一起划入将会受益于银行借贷的国家之列。④1943 年 11 月，美国公布国际银行计划时，波兰财政部部长予以热烈支持。⑤

巴兰斯基和法伊尔阿本德分别代表波兰和捷克斯洛伐克参加了布雷顿森林会议，继续施压争取外部财政援助。波兰代表团极力敦促国际银行给予重建性贷款以优先地位，该动议常被看作与拉美谋求国际银行将“发展”角色同等看待的目标相冲突。然而，值得说明的是，波兰代表团推动国际银行优先于重建性贷款的时候，同样强调它在促进经济发展上的重要性：“我们全面认识到创设一个致力于所有国家的发展、生产力的扩展和生活水平的提高的国际机构的必要性。我们完全意识到这一事实，因为我们的未来同样取决于在提高本国生产力时所受到的帮助。”⑥ 如我们已经看到的，这一对布雷顿森林国际发展目标的承诺是非常诚恳的。

---

① Keynes to Philips, April 16, 1943, in Keynes 1980b, 241.

② John Deutsch, “International Stabilization of Currencies—Informal expert discussions, US. Treasury, June 15–17, 1943,” p.55, NAC, RG19 v.3981.

③ Baranski, “Notes on Poland’s Economic Plan,” June 25, 1943, HDWP, box 8, folder 3.

④ “Meeting in Mr. White’s Office, November 10, 1943,” HDWP, box8, folder 4.

⑤ Grossfield to Morgenthau, February 4, 1944, BWCC, box 5/4.

⑥ 引自 US State Department 1948, 593。

印度和布雷顿森林

像许多东欧官员和分析家一样,许多印度人也热切盼望着将发展目标包含于战后国际金融计划之内。许多关于布雷顿森林谈判的研究几乎没有注意到印 246 度在这次会议中扮演的角色。[①] 学者们有时提到其对于英镑(结存)余额的提议,如已经说明的,该动议投射于发展性条款上。有时还讨论印度的配额问题,本来印度欲得到与中国一样大的配额,居于五国之列,从而可以获得基金执行委员会内的一个保障性席位,但这些努力都失败了。[②] 印度人同样是通过一个发展透镜来看待该提议的。按照当时印度一些商界领袖所言,同时为印度和中国保留席位可以确保考虑"经济上落后或工业上不发达"国家的"特殊需求"。[③] 尽管这些提议很重要,但实际上,在将发展性内容注入布雷顿森林谈判的路上,印度走的要远得多。

由于印度在 1947 年才获得独立,因此布雷顿森林谈判期间它由英国主导下的印度政府所代表。[④] 最初,印度政府参加谈判主要是通过英国政府主持的英国—自治领—印度协商会议,从 1942 年底持续到 1944 年初。印度政府不仅直接受邀参加了 1944 年 6 月的大西洋城会议,它还与美国谈判代表发生了更多的直接联系。即便如此,怀特最初拒绝印度单独参加会议,要求他们加入英国代表团。他说:"向美国公众宣布,印度也像加拿大和澳大利亚一样,在议程委员会中有代表,这很困难。"[⑤] 最后,从西半球新加入两个国家作为平衡条件,怀特同

① 更多关于印度角色的详细研究可见 Simha(1970, chap. 14), Chandavarkar(2001, 1989, chap. 6)and Mukherjee(2002, 161-172)。本部分内容建立在他们的研究之上,并加入了新的档案资料。

② 五大国是指美国、英国、苏联、中国和法国。后来,苏联没有参加该机构,印度遂进入五大国行列。显然,印度代表曾非正式地告诉美国官员,他们实际上并不奢望能享有同中国相等的配额(MD, book 749, p.14, book 750, p.87)。

③ 引自 Mukherjee 2002, 169。

④ 印度还是 1942 年 1 月《联合国家宣言》的签字国之一。

⑤ Telegram from Washington to Foreign Office, Viscount Halifax, No. 429 REMAC, June 3, 1944, p.1, UKT 247/29. 亦可参见 MD, book 740, pp.84-85。

意了。① 印度政府参加大西洋城会议的3名代表外加后来的5名代表参加了布雷顿森林会议。②

247 印度观点的重要性

起初，为了协调谈判立场，印度政府高层于1942年底和1943年初进行了讨论，讨论对公众保密。但是政府官员很快就意识到需要与更广泛的印度人进行交流，这与此时英国对印度的有争议的统治有关。印度政府在1939年加入二战时并未与省一级政府领导层协商，自1937年大选以来，他们绝大部分由印度国大党控制。作为回应，国大党要求所有当选代表离开政府现职，一些人甚至公开号召反抗英国的统治。1942年，鉴于日本在亚洲取得的军事胜利，印度对于英国的战略重要性提高了。印度的贡献体现于为战争提供军队及其储存于伦敦的日益增加的英镑（结存）余额上。1942年3月，英国政府派出克里普斯（Cripps）使团访问印度，讨论给予印度某种程度上更大的自治（甚至独立）地位，以加强印度对于战争的支持。但克里普斯使团没有达成任何协议。很快，国大党发起“退出印度”运动，并威胁要求英国立即从印度撤退，否则它将掀起广泛的非暴力不合作运动。

在气氛如此紧张的政治环境下，针对印度政府关于布雷顿森林谈判的政策，印度人要求发出更大的声音毫不令人意外。1943年3月，正值凯恩斯和怀特计划开始在各国政府传阅之时，殖民地中央银行委员会——印度储备银行（RBI）提出了第一个要求。在这个过程中，印度储备银行处于领导地位，不仅由于它在金融事务上的专业性，也由于它的组织架构。当银行于1935年建立时，英国坚持让它采取半私营的形式，银行委员会12位有投票权的理事中，有8位由股东选出（总督任命行长、副行长和其他4名理事）。在布雷顿森林谈判期间，股东们已经选出了由印度人占多数的委员会。实际上，昌达瓦尔卡注意到：“国大党部长们在各省的辞职和其议员缺席于立法机关，迫使储备银行中央委员会担纲

① Telegram from Washington to Foreign Office, Viscount Halifax, No. 3048, June 6, 1944, p.1, UKT 247/29.

② 3名参加大西洋城会议的代表是西奥多·格雷戈里、杰里米·雷斯曼和钦塔曼·德希穆克（Simha 1970, 426）。关于布雷顿森林会议代表团，见下文。

了这样的角色：它是印度经济和金融利益的唯一代表。”[1]

英国官员非常清楚印度人在委员会内的多数席位，正如一名官员在 1942 年
10 月所说：“浓浓的国大党风格。”[2] 该行行长詹姆斯·泰勒（James Taylor）于 248
1943 年 2 月突然死亡后，委员会大部分成员的民族主义倾向更为明显，他们任命了首位印度人——在剑桥受过教育的钦塔曼·德希穆克——为银行行长，即便只是临时性的。委员会随后还拒绝了印度政府任命的两名欧洲人，迫使英国印度事务大臣介入并允许德希穆克于 1943 年 8 月成为泰勒的正式继任者。[3]

最初，印度政府拒绝同印度储备银行分享凯恩斯和怀特计划。然而，1943 年 8 月，它改变了政策，请求印度储备银行参与制定关于战后国际金融方案的政策。印度储备银行于 11 月向政府发送了对美英计划的正式评论。此时除了请求印度储备银行的观点，印度政府高级财政官员杰里米·雷斯曼（Jeremy Raisman）同样组建了高级别重建委员会，以听取印度官方或非官方人士对计划的更广泛的看法。[4] 1944 年 1 月，在总体政策委员会第一次会议上，雷斯曼称印度政府还没有就英美计划正式表态：“非常想知道公众的观点。”[5] 经济学家尚穆克汉·切蒂（R.K. Shanmukhan Chetty）要求雷斯曼确保印度政府将代表印度的利益，不受英国的任意摆布。雷斯曼向委员会保证会那样做。他们还批评雷斯曼，在凯恩斯和怀特制订各自计划时，没有允许印度专家制订一个印度计划。[6]

1944 年 4 月，美英联合声明发布后，印度政府将复制件发给了各省政府和全国商会，邀请他们参加讨论，组织起更为广泛的协商。[7] 尽管政府收到的反馈逊于预期，但负责总结这些回应的官员称：“观点一致倾向于印度参加此类机制。”[8] 这一协调过程为谈判者提供了大量的具体建议，印度储备银行还致信政

---

① Chandavakar 1983, 795.

② Secretary of State quoted in Mukherjee 2002, 140.

③ Deshmukh 1974, 122; Chandavarkar 1983, 795.

④ Simha 1970, 407–414, 419.

⑤ “Record of the First Meeting of General Policy Committee held at New Delhi on the 17th and 18th January 1944,” p.4, NAI, File 88–P.W.R./44.

⑥ “Record of the First Meeting of General Policy Committee,” 15, 10.

⑦ NAI, Finance Department, File No.2 (52) –F/uu).

⑧ B.K. Nehru, June 23, 1944, p.1, NAI, Finance Department, File No.2 (77) –F/uu).

府,列出了它认为需要重视的一些事务。[①]

249 在选派代表印度的人员参加布雷顿森林会议问题上,英国官员受到来自印度的压力,后者要求其观点能被表达出来。最初,代表团成员包括雷斯曼(任主席)、德希穆克和西奥多·格雷戈里(Theodore Gregory,他是政府的英籍经济顾问)。但是鉴于印度的政治形势,1944 年 5 月初,在政府的重建委员会总体政策委员会的一次会议上,有人要求代表团应接纳更多来自政府之外的人士。[②]

有 2 人被选中作为"非官方代表"出席会议,他们都参加了总体政策委员会——切蒂和商人阿尔德希尔·什罗夫。对于切蒂的选择是明确的,因为自 20 世纪 20 年代末起,他就代表印度参加各种国际经济会议。什罗夫也参加进来,是由于他被看作印度民族主义者的代表。用英国财政部官员的话说:"雷斯曼曾告诉我,印度代表团中应包括至少一位具有强烈民族主义观点的人,这是必要的。什罗夫正是得到了民族主义者的'提名'。"[③] 印度代表团还包括其他 3 人:戴维·米克(David Meek,印度驻伦敦贸易专员,任代表团顾问)、亨德森(A.A. Henderson,助理顾问)和印度储备银行研究部主任马登(B.K. Madan,任代表团秘书)。

会议之后,切蒂和什罗夫向《印度时报》抱怨说:"印度代表团主席不是印度人这一事实令人尴尬和丢脸。"[④] 尽管如此,会议上,雷斯曼特意让印度人担当主角,会议记录也显示印度人在阐述代表团的观点方面发挥了主要作用。昌达瓦尔卡称:"作为领导,雷斯曼在布雷顿森林的表现是最为高尚的,他深知印度的永恒利益只有通过印度人才能得到最好的捍卫。"[⑤] 雷斯曼本人相信印度应尽快获得完全自治领的资格,他之前就推荐德希穆克任职于印度储备银行,并着力培养切蒂。[⑥] 德希穆克是最为知名的印度代表,在讨论银行时扮演了尤有意义

① Simha 1970, 421.

② George Merrell to US Secretary of State, May 12, 1944, HDWP, box 8, folder 2.

③ W. Eady to Richard Hopkins, June 14, 1944, UKT 247/28. 实际上,印度政府只准备邀请一位非政府人士参加代表团,但是在决定由什罗夫担纲这一角色时,他们才想到已经向切蒂发出了同样的邀请,所以最后邀请了两人。见 Raisman to Jones, May 9 1944, and Jones to Raisman, May 11, 1944, NAI, Finance Department, File No.2(74)-F/1944)。

④ 引自 Chandavarkar 2001, 2652。

⑤ Chandavarkar 2001, 2652.

⑥ Deshmukh 1974, 103; Chandavarkar 2001.

的角色(他被提名为一个小组委员会的主席,从而加强了他的地位)。[①] 他和其 250
他印度代表在会议上给人留下了很好的印象,就像巴西的索萨·科斯塔会后伊始对巴西人所说:“印度在布雷顿森林的表现棒极了。”[②]

发展抱负和基金目标

坚持战后国际金融体系必须要有利于穷国落实发展抱负,是印度代表团在会议讨论中作出的核心贡献。此时,对于通过国家主导的工业化提高印度人民的生活水平,印度许多民族主义者(甘地是一个重要的例外)态度坚定。在他们的所作所为中,引起了特别关注的是“孟买计划”。1944 年 1 月,8 位著名的商界领袖出版了它的第一部分,号召大规模的工业投资,以在 15 年内使该国的人均收入翻一番,它认为国家将投资并控制基础工业,在经济中扮演主要角色。[③] 除去已经获得的来自印度民族主义者的支持(一些左翼人士批评它是资本主义的计划)以外,尽管格雷戈里强烈批评它与经济传统相去甚远,但数天后总督表示欢迎(并选择不公开发表格雷戈里的批评言论)。[④]

什罗夫是“孟买计划”的 8 名作者之一,也是伦敦政治经济学院的毕业生。他在商界大名鼎鼎,是印度大公司塔塔父子股份有限公司(Tata Sons Ltd.)的董事。尽管 20 世纪 30 年代中期,他曾以尼赫鲁社会主义观点的强烈批评者的面貌出现,但他还是与孟买的商界“左翼”联系密切,并受到新政田纳西河流域管理局的启发,管理局使他感受到了国家计划能够取得的成就。[⑤]1944 年初,在向重建委员会致辞时,他说应以“未来 10 年到 15 年能否使印度人现在的生活水平翻番”为标准,评估各种战后国际货币计划。在同一次会议上,切蒂表达了类
似的观点,称:“在评估这些机制时,头脑中应主要考虑它们能在多大程度上通 251
过增加就业和增加国家财富来提高印度人民的生活水平。”[⑥]

① Simha 1970, 426–427.

② Souza Costa, Speech at Escola Superior de Guerra, p.28, FGV, CPDOC, SC pi Costa, S.1944.09.19.

③ Thakurdas et al. 1944.

④ Lokanathan 1945; Rothermund 1993, 125.

⑤ “A.D. Shroff, ‘The Future of India as an Industrial Nation,’ Record of General Meeting Held at Chatham House on 12 June 1945,” pp.4–5, RIIA, file 8/112. 亦可参见 Markovits 1985。

⑥ “Record of the First Meeting of General Policy Committee,” pp.12, 15.

德希穆克同样非常热衷于促进印度的经济发展。1945 年初，他称："我越发深信对于计划的迫切需要，确信由国家直接发起行动，大加努力于发展和改革。"[①] 作为印度储备银行行长，德希穆克扩大了中央银行的职能，以促进乡村信贷的发展，并创建工业金融公司。[②] 1943 年 11 月，从他们对于凯恩斯和怀特计划所做的评论中可以看到，德希穆克领导下的印度储备银行具有非常明显的发展性导向。银行指出，这些计划如果被像印度一样的穷国接受，应该加上"致力于提高这些国家人民生活水平的努力"。[③] 9 月底，德希穆克私下里致信印度储备银行委员会，指出新的国际组织的存续将取决于大国在他们较高的生活水平上作出"暂时牺牲"以"协助提高穷国和不发达国家的人民的生活水平"。[④]

1944 年 4 月，美英联合声明问世后，印度储备银行委员会讨论了其内容，德希穆克致信雷斯曼，抱怨基金目标在鼓励穷国的发展方面不够具体："……除非重要单位如印度和中国被推迟的发展状况得到专门的承认和对待，否则，没有哪个配得上这个名字的国际经济合作机构能够成功，并为持久和平及繁荣奠定基础。"[⑤] 政府关于联合声明在全国范围内的协商得出了类似的结论，即"基金应该认识到其目标之一是促进各国发展，尤其是落后国家的发展"[⑥]。

参加大西洋城会议的印度代表团——由雷斯曼、德希穆克和格雷戈里组成——成功地在布雷顿森林会议议程中加入了一条修正案，使基金更为具体地
252 支持发展目标。在大西洋城之前发表的联合声明中，基金的目标之一是："便利国际贸易的扩展和均衡增长（balanced growth），并有助于维持高就业水平和高实际收入，这必须是经济政策的主要目标。"印度如今提出了修正："便利国际贸易的扩展和均衡增长，*协助经济不发达国家更加全面地开发资源*，并在世界整体

① C. Deshmukh, "Some Thoughts on Post-war Development" (Speech made before the Poona Rotary Club, February 25, 1945), p.17, CDDP, Speeches and Writings Unpublished, S. No.43 (6).

② "Talk by Sir C.D. Deshmukh on the Bretton Woods Meetings, at the Rotary Club, Bombay on 3rd October, 1944," p.169, CDDP, Speeches/Writings Unpublished, S.No.43 (5).

③ 引自 Simha 1970, 416。

④ 引自 Mukherjee 2002, 164–165。

⑤ 引自 Simha 1970, 421–422。

⑥ B.K. Nehru, June 23, 1944, p.1.

范围内维持高就业水平和高实际收入，这必须是经济政策的主要目标。”①

在布雷顿森林会议上，印度代表团解释说，这一新措辞是必要的，因为联合声明的措辞似乎“过于强调工业发达国家的地位”。②在会议前评论美英方案时，印度商界领袖表达过类似的观点，即对于穷国来说，第一位的目标在于如何实现高就业，而不是如何维持它。③

这一主张在会议上赢得了一些同情。如一位澳大利亚代表承认的：“我们意识到一些不发达国家的问题是增加生产而不是维持就业。”④澳大利亚和厄瓜多尔支持印度的修正案。一位秘鲁代表建议将“促进并维持”字样加在“高就业水平和高实际收入”前面，这样印度的目标实现起来就容易得多。南非、巴西、荷兰和美国的代表对于印度的提议就冷淡得多，称这混淆了基金与银行的目标。尽管如此，响应秘鲁的建议，大会出现了一个共识，即关于基金目标的陈述应涉及高就业水平和高实际收入的获得与维持两个方面。⑤

这件事转到起草委员会，第二天新措辞出炉：“便利国际贸易的扩展和均衡
增长，从而有助于促进和维持所有成员国的高就业水平，以及生产力之源的开 253
发，以此作为经济政策的主要目标。”这里插入的短语“生产力”很有趣，因为这是经李斯特使用并流行开来的。当新西兰代表建议以“未使用的资源”取代“生产力”一词时，遭到来自中国的委员会主席蒋廷黼的反对，原因是“它们被认为是资本主义式的开发”，遂被起草委员会拒绝。⑥尽管切蒂并不完全满意，并且保留日后反对的权利，但起草基金条款的委员会下的第一小组委员会还是通

① US State Department 1948，23（斜体系强调）。在致印度储备银行委员会的一份内部备忘录中，该行高级经济学家乔希（J.V. Joshi）最初建议单独添加新的条款，即：“基金的目标之一是帮助落后国家发展工业和农业，以提高他们的生活水平。”（J.V. Joshi，“Note on the Joint Statement by Experts on the Establishment of an International Monetary Fund，” May 4，1944，p.2，NAI，Finance Department，File No.2（7）-F/44）.

② US State Department 1948，118.

③ Mukherjee 2002，163.

④ US State Department 1948，836.

⑤ Schuler and Rosenberg 2012，305-308；Eugênio Gudin II，Entrevista，3/7/1979-24/08/1979，p.131，FGV，Fita 8-B.

⑥ Schuler and Rosenberg 2012，328-329. 起草委员会成员为戈登韦泽（主席）、蒋廷黼、古丁、扬·姆拉德克（Jan Mladek，捷克斯洛伐克）、莱斯利·梅尔维尔（Leslie Melville，澳大利亚）、罗宾斯和法弗莱瑟斯。一名印度代表也出席了。

过了起草委员会拟定的措辞。

印度代表团随后形成了类似的文本，但在最后附加："鉴于经济上落后国家的需要。"① 切蒂在一篇演讲中解释说，附加的短语是必要的，以确保"国际贸易的扩展和均衡增长"亦包含了穷国的前景。如他所说："原材料和食品主要向一个方向流动，而工业制成品向另一个方向流动并不是国际贸易真正的均衡增长。只有更多地注意到像印度这样的国家对于工业的需要，你才能实现真正和理性的均衡。"② 在印度内部的讨论中，贸易政策与布雷顿森林提议之间的联系早就被提出。例如：1944 年 1 月，重建委员会内一个主要由印度经济学家组成的较为保守的小组曾说，凯恩斯和怀特计划包括"为总体发展而施加保护性关税和采取控制措施的权利"③。切蒂最后以印度与国际组织有关的"糟糕经历"结束了演讲，即"解决所有问题的路径都是从经济发达国家的视角得来的。"如果他的措辞被接纳，切蒂称："相比过去，较不发达的国家就会有很大的希望相信经济发展的可能性。"④

关于基金的目标，会议进一步讨论之后，在伯恩斯坦的建议下，最终形成了
254 这样的文字："便利国际贸易的扩展和均衡增长，从而有助于所有成员国高就业水平和高实际收入的增进与维持，以及生产性资源的开发，以此作为经济政策的主要目标。"⑤ 尽管陈述并没有专门涉及穷国的特殊需要，一些代表还是认为这样的措辞已经支持了印度包括贸易政策在内的目标。举例来说：来自哥伦比亚的卡洛斯·雷斯特雷波称，措辞意味着承认"资源没有得到充分开发的新兴国家的权利，他们已经在通往建立更复杂的经济和成熟的工业化的道路上，这可能会改变，也将会改变许多商品的国际贸易的总量"⑥。会后，什罗夫也暗示说国际基金的目标之一是"看到经济落后的国家在经济发展、实质性提高人民的生活

① Schuler and Rosenberg 2012, 129.

② US State Department 1948, 1180–1181. 亦可参见 Schuler and Rosenberg 2012, 129。

③ "Record of the First Meeting of the Finance Sub-committee held on January 12, 1944," p.2, NAI, External Affairs department, File No.83 (5) P.W.R./44.

④ Schuler and Rosenberg 2012, 129–130.

⑤ Schuler and Rosenberg 2012, 191, 244–245, 247; US State Department 1948, 698.

⑥ Schuler and Rosenberg 2012, 1186.

水平和实际收入上获得合适的机会”[1]。

1945 年初，在印度进行的一次演讲中，德希穆克承认，在基金目标的措辞方面，印度代表团没有完全实现目标，但他指出，国际银行的创建反映了印度的胜利，在布雷顿森林秩序的整体框架中内嵌了穷国求得进一步发展的信念：

> 我们现在都赞成这样一个信条，无论是在国际还是国内层面，贫穷和富裕都是易传染的。如果邻居的花园杂草丛生，我们也不能期待自家花园鸟语花香……即便在工业化程度较高的国家，在世界市场拥有较大的既得利益，也已经意识到贫穷的顾客绝不是好顾客。农业国建立工业部门并改良其农业生产，绝不意味着对于工业国的挑战。尽管印度参加布雷顿森林会议的代表团并没有在国际货币基金组织目标中实践该理念，但在与国际复兴与开发银行有关的协议草案中，我们确实做到了将之加入所有国家的经济目标当中。[2]

对于国际银行和弹性汇率的支持 255

由于有发展性贷款这一预期，印度代表的确非常喜欢国际银行的创立。[3]在印度新闻界，有传闻认为银行可能“仅仅是新形式的殖民主义和经济压榨的机构”[4]。尽管如此，商界领袖称，银行贷款将提供外汇，从而能够以较低的代价进口资本货物，同时与其他来源相比，也不容易受到政治的主导。[5]即便印度在战争中成长为一个大的债权国，印度官员估计他们还是需要从国外借款融资，以推动工业化，并且他们希望战后协议能确保充足的资本流入穷国。[6]德希穆克则强烈支持拉美，努力确保银行将发展性项目与重建性项目一视同仁。[7]会后，有一些声音发出疑问，认为印度应停止分担因其他国家借贷而造成的损失。在

---

① “A.D. Shroff, ‘The Future of India’,” p.5.

② Deshmukh, “Some Thoughts,” pp.2–3.

③ Simha 1972, 48; “Talk by Sir C.D. Deshmukh,” p.141.

④ 引自 Mukherjee 2002, 170。

⑤ Mukherjee 2002, 161–172.

⑥ Deshmukh, “Some Thoughts”; Simha 1970, 424; “A.D. Shroff, ‘The Future of India.’” 孟买计划同样期望外国提供印度工业化所需的部分资金。

⑦ Eckes 1975, 156.

这种情况下，他领导了说服印度立法机构同意加入银行的行动。①

值得说明的是，印度官员还将国际基金章程中关于弹性汇率的条文视为发展目标的深化。大萧条期间，印度政府坚持将汇率盯紧英镑，在世界农产品价格和印度出口收益崩溃之时，这给印度带来了极端紧缩效应，在其国内引起了极大的争议。彼时，印度商界领袖和民族主义者呼吁卢比贬值，实行更积极和扩张式的货币政策，以促进国内工业最大程度的增长。② 1931 年年中，印度政府中的英籍财政专员（主管财政事务）乔治·舒斯特（George Schuster）曾私下说政府的货币政策是“导致全部反英政治运动的最为重要的因素之一”。印度储备银行的创建也没有解决这一问题，但它在政治上仍然非常突出，印度人遂积极推动建立新的中央银行，以能够调整殖民地的汇率。③

256 不出意外，1943 年 11 月，印度储备银行委员会在第一次正式评估凯恩斯和怀特计划时就认为，印度不应参加战后国际货币协定，除非他们允许实施弹性汇率。④ 联合声明公布以后，印度储备银行高级经济学家乔希赞同其允许调整汇率的条款，指出他们会帮助像印度一样的农业国应对农产品价格的变化，该变化往往会导致国际收支的“剧烈波动”。另外，乔希宣布：“我们希望获得基于印度经济计划而改变卢比平价的自由。例如，对其工农业资源的开发很可能会导致国际收支的失衡，这只有通过卢比贬值才能有效地予以纠正。”⑤1944 年 5 月，代理财政专员琼斯（C.E. Jones）甚至也支持弹性汇率：“货币的外汇价值必须可调整并适应于该国的国内政策——如全面就业政策，或集约型经济发展政策，或集约型工业化政策。”⑥ 此时印度商人同样强调弹性汇率的重要性。如萨卡尔（N.R. Sarkar）告诉重建委员会下属的总体政策委员会的：“在任何国际计划中，像印度和中国这样拥有大量人口和相当低生活水平的国家都应给予特别考虑。”

---

① “Talk by Sir C.D. Deshmukh,” p.141.

② Mukherjee 2002, chap.4; Tomlinson 1979, 73–75, 78, 131; “Talk by Sir C.D. Deshmukh,” p.96.

③ Mukherjee 2002, 103, 129–131.

④ Simha 1970, 416–417.

⑤ J.V.Joshi, “Note on the Joint Statement,” pp.8–9.

⑥ C.E. Jones, “The New International Monetary Plan: Its Simplicity, Elasticity and Freedom,” May 19, 1944, p.7, NAI, Finance Department, File No.2（77）–F/44）. 亦可参见“Article VII Discussions with representatives of the Dominions and India. Committee on Monetary Policy. Draft Minutes of the Fifth meeting held at 10: 45 a.m. on Wednesday 8th of March, 1944,” March 13, 1944, p.7, UKT 247/13。

这就不仅包括调整汇率的权利，还包括实施保护性关税和外汇配给以加强本国工业的权利。①

对于创建支持发展抱负的国际金融秩序这一问题，东欧和印度的官员及分析家们视布雷顿森林谈判为一个良机。这些抱负包括了对国家主导的工业化战略的兴趣，该战略将推动提高生活水平，创造更为均衡的国民经济，以及加强各自国家的政治自主性。这与此时许多拉美和中国官员的抱负极其相似。东欧和印度都为他们的战略寻求国际支持，称这会为富国创造新的市场并促进国际和 257
平。这些偏向于国际公共借贷的论断呼应了拉美背景下的那些主张，具体到印度还有寻求国际上对于贸易保护主义和弹性汇率协定的支持。

东欧和印度的观点对于《布雷顿森林协定》的特定影响很难精确评估。在东欧的例子中，对于国际发展性借贷的呼吁加强了美国和其他国家对该设想已有的支持。在布雷顿森林会议上，东欧国家游说银行优先考虑重建性贷款而不是发展性贷款，这一事实淡化了前述呼吁所发挥的作用。在会议上，印度人努力扩展基金目标和提议银行应兼顾重建与发展性借贷，这使人感觉他们发挥的影响更大。但前者的影响不容易说清楚，后者的成功则应主要归功于拉美国家在该问题上发挥的领导作用。印度对于弹性汇率的支持获得了包括英国在内的许多国家的支持和响应。

甚至东欧和印度人对于总协定内容的特别影响也是有限的，在加强罗森斯坦-罗丹所说的总体政治“空气”偏向于国际发展方面，他们的声音是重要的。像其拉美和中国同事那样，他们唤起了人们对于国际金融体系内穷国的独特需求的注意。他们提出的某些设想——特别是从罗森斯坦-罗丹研究会传播开来的那些——对于促进发展经济学开辟新领域具有长时期的重要影响。一般来说，东欧国家和印度人的观点——就像我们已经知道的那些来自拉美、中国、菲律宾和埃塞俄比亚的官员和分析家的观点——清楚地表明，国际发展的新内容是如何不仅从富国也从世界上的贫穷地区争取到支持的。

① “Record of the First Meeting of General of General Policy Committee,” pp.9-10. 亦可参见 C. Pramaswami Aiyar, “Memorandum,” May 2, 1944, NAI, Finance Department, File No.2 (77)-F/44); Mukherjee 2002, 166。

258 后续与遗忘

本书就关于布雷顿森林体系的起源及其内容的某些共识提出质疑。可以看到，美国政策制定者明确寻求创建的战后国际金融体系是支持而不是否定国际发展目标。怀特和其他美国官员最初在该领域颇有大胆的设想，这建立于20世纪30年代末40年代初美国-拉美动议的基础上。这些雄心在布雷顿森林会议召开的时候多少有些弱化，但其对于增进国际发展的承诺仍然是美国布雷顿森林体系愿景的核心内容。这一特征是明显的，不仅表现于美国对于国际复兴与开发银行各项规定和《国际货币基金组织协定》条款的支持，还表现于其金融顾问此时在南方国家开展的各种活动中。其他几个北方国家的官员也对国际发展目标表现出不同程度的喜爱。

同之前的一般认识不同，南方国家对于创建布雷顿森林体系的参与要深入得多。意义最为重大的是拉美官员和分析家所扮演的角色。这始于20世纪30年代末40年代初他们对于睦邻金融伙伴关系的参与（为布雷顿森林方案的出台打下了基础），后来则是参与布雷顿森林谈判和特里芬使团。在这些背景中，拉美积极发起国际行动以深化他们的发展抱负。其他南方国家——特别是印
259 度、中国和东欧——的分析家和代表们同样积极参加了布雷顿森林谈判。像他们的拉美同事一样，这些人士同样强调构建一个国际金融秩序以满足穷国特殊的发展需要。来自菲律宾和埃塞俄比亚的官员——尽管他们对于布雷顿森林会议贡献甚少——同样赞赏美国官员将布雷顿森林体系和支持他们以发展为导向的货币改革之间联系起来的做法。

《布雷顿森林协定》的国际发展内容，以及孕育它的南北对话，代表了战后国际经济秩序被遗忘的基石。它们不仅被许多研究布雷顿森林体系的历史学家

所遗忘，还被那些认为国际发展肇始于杜鲁门1949年初就职演说的学者们所遗忘。布雷顿森林对于国际发展的强调不仅早于杜鲁门发表就职演说，也比杜鲁门所提议的内容要深奥得多。此外，它构建于一系列历史更为久远的国际发展行动之上，迄今最有意义的是与睦邻金融伙伴关系相联系的那些。其他影响布雷顿森林谈判的先驱事件有孙中山1920年提出的愿景、国联的某些活动，以及（比如英国的例子）对于殖民地政策的改变。国际发展概念的提出，换言之，比杜鲁门1949年的演说早得多。

尽管这里呈现出的目标已经清楚地阐释了布雷顿森林被遗忘的基石，但仍有一个问题没有回答：在战后年代，他们的命运如何？完全说清楚这个问题将超出本书的范畴，但是围绕发展问题给出一个简洁的解释则值得花一点时间。战后，在美国国内政治优先权转变及确定新的战略优先的背景下，布雷顿森林的发展目标迅速沦为牺牲品。这一结果导致许多南方国家政策制定者的目的落空，他们在20世纪70年代成长起来，遂再次要求新的国际经济秩序。南方国家的要求中有许多就反映了当年布雷顿森林谈判中提出的设想，但是无论支持者还是反对者都鲜少提及那段历史。20世纪六七十年代，尽管各种各样的温和的国际经济改革被引入并被构筑于布雷顿森林发展基石之上，但是宏大的国际经济新秩序运动却在20世纪80年代初迅速衰落下去。21世纪初，经济权力的转变鼓励人们重新进行与布雷顿森林发展内容相关的思考。

美国对外政策的转向 260

欲理解布雷顿森林国际发展目标的命运，有必要先探寻美国对外经济政策发生了怎样的迅速转变。这是从1945年4月12日罗斯福逝世，杜鲁门继任总统后开始的。尽管杜鲁门政府督促国会通过了布雷顿森林立法，但是，布雷顿森林的关键缔造者们很快就发现他们在这个更为保守的政府内被边缘化了。摩根索就是他们中的一位，他于1945年7月辞职。这削弱了怀特对于财政部的影响，而由于被怀疑与苏联间谍活动存在可能的联系，怀特自1945年底开始就处于联邦调查局的监视之下，这一事实进一步削弱了他的地位。[1] 当怀特错过基金首任总裁——许多人认为该职位非他莫属——的遴选时，其地位的变化就尤其明显了。[2] 该职位落到比利时人卡米尔·古特（Camille Gutt）身上。因其是受到纽约利益集团支持的“小团体”成员，并且与旧的国际金融秩序密切相关，昔日在布雷顿森林会议上，摩根索曾悄悄地将他赶走。[3] 怀特转而接受了美国驻国际货币基金组织执行理事一职，任期 2 年。1947 年 3 月初，怀特心脏病发，然后辞职。1948 年 8 月，他否认了众议院非美活动委员会对其间谍行为的指控，3 天后，怀特死于另一次心脏病发作。

在新的杜鲁门政府时期，相比于罗斯福时代，纽约金融界对于美国对外经济政策的影响力大增，他们还游说对宏大的布雷顿森林机构进行瘦身并取得成功。杜鲁门政府启动“马歇尔计划”，使美国政府而不是多边机构处于构建战后国际经济秩序这一任务的中心，进一步弱化了国际货币基金组织和国际复兴与开发银行的地位。在下一个 10 年里，由于许多国家利用“过渡”期条款保持其货币的不可兑换性，国际货币基金组织在国际货币事务中仅处于边缘位置。在欧洲的重建中，与许多支持者期待的不同，国际复兴与开发银行发挥的作用同样极为有限。

银行在发展性借贷上的保守做法同样惊人。部分是出于对银行推销债券能力的担心，杜鲁门政府任命前投资银行家尤金·迈耶担任银行首任行长。他在
261 发展性贷款问题上迅速卷入与科拉多的争执之中。后者是美国驻银行首任执行理事，以及睦邻金融伙伴关系的一位老兵。在银行为欧洲重建项目发放了一些贷款之后，科拉多极力敦促它同意智利的请求，发放一笔贷款以支持其公共发展公司开展的各种项目，但迈耶推迟了决定。迈耶仅干了 6 个月就辞职了，接替他的是纽约投资律师约翰·麦克洛伊（John McCloy），但他要求除非科拉多——被他认为过于自由和独立——辞职并由大通银行副行长尤金·布莱克（Eugene Black）接任，否则他拒绝接受该职。[4] 科拉多的被迫去职使银行许多职员心灰意冷，麦克洛伊则进一步震惊到了他们，他说一旦银行成功地复兴了国际私人投

---

① Black 1991, 53; Rees 1973, 362–363, 377.

② Oliver 1961a, 22–28.

③ MD, book 755, p.185.

④ Kapur, Lewis, and Webb 1997, 79; Casey 2001, 141–144, 152–156; Kindleberger 1991, 46.

资，那么它就应该关门了事。[①] 在麦克洛伊的领导下，银行拒绝向那些还没有同外国债券持有者达成解决方案的国家贷款。[②] 这与摩根索和怀特的观点完全相悖。

银行在发展性借贷上的不作为激怒了包括墨西哥的蒙特罗斯在内的许多拉美官员。[③] 1947 年 10 月，乌尔基迪加入银行，他同样为银行在发展性事务上缺乏热情而感到沮丧，最终于 1949 年中期辞职。[④] 拉美政府同样抱怨，基金常常阻挠他们提出借贷。1949 年中期，一位曾于战时处理美国–拉美金融关系的美国官员弗兰克·索瑟德甚至警告他在财政部的同事说：“我们必须要考虑到拉美国家退出基金和银行的风险。”[⑤] 美国国会拒绝批准国际贸易组织，使拉美国家进一步遭受了挫折。该组织宪章包含了布雷顿森林曾提及的一些与贸易发展事宜相关的条款，如与商品价格稳定和保护幼稚产业相关的权利。唯一幸存的多边贸易规则是谨慎得多的《1947 年关税与贸易总协定》，仅保留了相当少的发展内容。相对比之下，有 17 个拉美国家签署了《哈瓦那宪章》（又称《国际贸易组织宪章》），但只有 3 个拉美国家（巴西、智利和古巴）有足够的热情签署了最初的关贸总协定。[⑥]

伴随着这些变化（我们正在解释其中的某些）的是美国对拉美政策的急剧 262
转变。战争结束以后，杜鲁门政府官员就坚定地宣布，他们不会再向该地区提供发展性贷款。他们还拒绝了商品价格稳定方案，强烈批评拉美以国家主导发展的政策，称拉美政府应该做更多以创造对国际私人投资有吸引力的和友好的商业市场氛围。实际上，现在美国官员认为私人资本的流动和自由贸易才是推动拉美发展的主要引擎，而拉美许多官员都对此前景持非常怀疑的态度。[⑦] 1947

---

① Oliver 1961a, 49, 57–58.

② Kapur, Lewis, and Webb 1997, 81–82; Kofas 1997, 162.

③ Casey 2001, 157–160; Fuchs 1974b, 47–48.

④ Urquidi 1996, 45–46, 49.

⑤ Frank Southard to Snyder, July 17, 1947, p.1, TSF, 450/81/20/07, box 28.

⑥ Williams 1991, 22. 1947 年关贸总协定第 18 条，在满足某些条件并经缔约方同意后，的确可以为了经济发展目的而实施贸易限制。但由于这些限制，Williams（1991，23）写道：“实际上，（在 1954 年修订以前）该条款根本没有发挥过作用。”亦可参见 Wilkinson 2006, chap. 2; Toye and Toye 2004, 33–40, 214–215; Gardner 1980, 364–368; Scott 2010。

⑦ Green 1971, chap. 7, 11; Gilderhus 2000, 124–125; Schoultz 1998, 332–333; Urquidi 1996, 44; Grow 1981, 91; Wallich 1948, 156; Dosman 2008, 241; Hilton 1981, 602–604; Rabe 1978.

年4月，杜鲁门政府甚至从国会正式撤回了泛美银行立法提案，全然不顾拉美国家对此一直存有的兴趣，这象征着美国睦邻金融伙伴关系的转变。①

欲解释战后美国对拉美政策的突然转变，有必要回忆当初美国对于睦邻金融伙伴关系的支持是如何发源于战略利益、新政价值观和经济利益的联合体的。战争结束之时，由于该地区对于美国的安全利益再也没有像它在面临纳粹的威胁时那样重要，该政策在战略上的支撑点瓦解了。② 实际上，在1940年美国对于伙伴关系最有兴趣的时候，一些拉美官员如墨西哥的苏亚雷斯就曾正确预测，美国对于拉美发展的财政援助很可能会结束于战火熄灭的那一刻，那时正是该地区对于美国的战略重要性消失的时候。③

美国政策的转变同样是杜鲁门政府更为保守的意识形态的反映。过去批评睦邻金融伙伴关系的人们现在正发挥着新的影响，这象征着美国对拉美政策抛弃了新政价值观。这些人不仅包括银行家，还有斯普鲁伊尔·布莱登，他取代了洛克菲勒担任负责美洲事务的助理国务卿，后者于1945年8月被迫离职。④ 布莱登
263 利用该职务（直到1947年中期）攻击拉美的“经济民族主义病毒”和美国过去提供给该地区的公共贷款。他强调：对该地区而言，“私营企业是最好的，在绝大多数情况下，对于开发一个新国家已知或未知的资源，它是唯一健康的方式。”⑤ 在智利贷款辩论中，布莱登强烈反对银行贷款，要求智利首先解决其对外债务问题；实际上，他还希望智利政府结束歧视美国铜业公司的外汇及税收政策。⑥

战后参与美国—拉美关系的美国官员并不全都支持布莱登的观点。举例说，如我们早前看到的，战后初期，特里芬（他不是布莱登的粉丝）和他的联储同事们继续按巴拉圭模式（尽管战后涉及危地马拉和多米尼加共和国的两个最为著名的使团的内容更为保守）向拉美国家推荐改革。⑦ 甚至特里芬1946年任

---

① *Congressional Record*, April 17, 1947, vol. 93, part 3, p.3583. 关于拉美对于泛美银行的持续兴趣，见 Green 1971, 206, 284; Urquidi 1996, 33; Fuchs 1974b, 48。

② Green 1971, chap. 7; Hilton 1981, 602–604; Rabe 1978.

③ Schuler 1998, 22.

④ Gellman 1985, 98–99.

⑤ 引自 Grow 1981, 91, and Green 1971, 262。

⑥ Casey 2001.

⑦ 关于特里芬对于布莱登的看法，见 Triffin to Arthur Schlesinger, May 13, 1946, ISF, box 156。

职国际货币基金组织以后,这项政策仍然得到了延续。特里芬联储职位的继任者戴维·格鲁夫非常赞同特里芬的观点,将其政策坚持到20世纪50年代初。[①]尽管遭到来自美国大量私营金融利益团体的反对,该路线还是在菲律宾坚持了下来。这一结果部分反映了菲律宾的战略重要性,以及改革将会减少美国对该国的进一步财政援助的事实。后一考虑单方面突出了联储委员会使团实际上能与战后美国新的更为保守的对拉美政策和谐共处:他们都认为拉美经济问题应通过国内经济改革而不是国际公共援助来实现。如我们之前看到的,这实际上是巴拉圭使团归来后由特里芬向联储委员会强调过的。

那么,经济利益集团呢?很有意思的是,曾经支持睦邻金融伙伴关系的私营经济利益集团——如生产商——此时几乎无动于衷(尽管它们在菲律宾的例子中发挥了作用)。在试图解释美国对拉美政策转变得如此迅速的原因时,沃利克称,1948年在该地区发展中有一定经济利益的美国商界游说团并没有那么上
心。如他所说:“除了某些例外,出口商方面有一个倾向,即当进展不顺利或国 264
内市场出现繁荣时就忽视拉美的需求……我们很少有商人将在拉美的生意看作生死攸关。”[②]

冷战和“第四点”计划

冷战的开始导致美国对国际发展的政策发生了某些改变。以杜鲁门1949年1月著名的就职演说为标志,美国承诺与“不发达”展开斗争,新的“第四点”计划随之大肆宣传。比方说,国务卿迪安·艾奇逊称“第四点”立法第一次“将不发达地区的经济发展当作美国的国家政策”。[③]

然而,此处的分析已经显示,尽管有许多学者认同艾奇逊的说法,但这很难

① 关于格鲁夫的观点,可见 David Grove, “The Potentialities of Monetary Policy in the Economic Development of Latin America,” June 18, 1951, ISF, box 156. 第3章还写道,1950年,纽约联储的沃利克对创建古巴中央银行的支持,是沿着1942年怀特使团报告推荐的路线进行的。

② Wallich 1948, 158.

③ 引自 Packenham 1973, 43–44。

解释睦邻金融伙伴关系和布雷顿森林谈判曾在国际发展方面展开的密集行动。艾奇逊的说法是一种夸大，他应该非常清楚，战时其本人曾参加了美国关于发展政策的各种讨论，包括在布雷顿森林起草国际银行协定。[①] 西蒙·韩森更为准确地评估了“第四点”计划，他曾在财政部供职，参与睦邻伙伴关系的初期工作。1950 年初，从拉美的视角看，他写道：“第四点计划与其说是代表了美国政府的新政策，不如说是对其过去目标的重申。长期以来，我国政府和人民都深刻同情拉美加速发展经济的愿望。”[②]

还有一些人将“第四点”计划视为对美国战时支持拉美发展目标的重复，他们是过去参与过睦邻金融伙伴关系的老兵。例如，洛克菲勒深受杜鲁门演说的
265 鼓舞，并积极游说国会对其予以支持，随后他被任命为咨询委员会主席并管理这个项目。[③] 一些美国制造商——曾支持伙伴关系和布雷顿森林关于发展性借贷的条款——此时也以“第四点”计划支持者的形象出现。[④] 有趣的是，“第四点”计划的设想最初是来自本杰明·哈迪（Benjamin Hardy），他曾在巴西为洛克菲勒 1942 年创建的泛美事务研究所工作。[⑤]

因此，可以看到，杜鲁门对于国际发展的承诺直接建立在美国先前的政策基础之上。尽管如此，与过去政策相联系的程度却不宜夸大。从一开始，“第四点”计划主要聚焦于技术建议方面而不是更广泛的财政援助，甚至杜鲁门为技术援助争取非常少的财政援助（相对于“马歇尔计划”而言）的努力也遭到了国会的极力抵制。尽管将其诉求与对抗共产主义相联系，杜鲁门最初 4500 万美元的拨款请求还是被压缩到了 2700 万美元，并且在参议院仅以 1 票多数通过。如历史学家迈克尔·莱瑟姆（Michael Latham）指出的，反对者称政府开支“是对发展的唯一真正的引擎——自由资本主义市场的无力及无效的替代”[⑥]。在面临此类抵抗的情况下，洛克菲勒于 1951 年辞职，他无力像他希望的那样改变美国

① 艾奇逊在起草银行协定中的作用不应被夸大。在会议上，他一度为其分配到的领导职务所激怒——甚至威胁辞职走人——因为他对此知之甚少，且手下人员不足。MD, book 753, p.80–81, 141–152.

② Hanson 1950, 66. 结束了在财政部的工作后，韩森为洛克菲勒的泛美事务协调办公室工作。

③ Rivas 2002.

④ Maxfield and Nolt 1990, 58–59.

⑤ Ekbladh 2010, 97.

⑥ Latham 2011, 31.

的政策,挫折感强烈。[①] 此时,穷国欲建立能够提供与以往相比缩水得多的发展性援助的国际机制,也遭到美国官员的强烈反对。用汉・辛格(Han Singer,直接经历了这一反对)的话说,对于软援助穷国的呼吁——尤其是在联合国的监督下进行——被视为“颠覆性的”和“致力于削弱自由世界及需回避的声音”,这在约瑟夫・麦卡锡(Joseph McCarthy)参议员发起消除共产主义影响的运动之后大大加剧了。[②]

对国际发展金融越来越弱的支持不仅反映了意识形态氛围的改变,也意味着新安全形势的到来。在苏联接管东欧,以及中华人民共和国成立以后,美国在布雷顿森林会议上的发展计划——曾关注世界上某些贫困地区——在战略上不再具有优先权。当美国的注意力转移到欧洲和东亚的冷战战场上时,拉美对于 266
美国的重要性持续萎缩。对于冷战前线的穷国如韩国,美国确曾密集提供财政援助,但如今美国的海量援助流向了欧洲和日本。

1949 年之后,美国的发展政策也不同于 20 世纪 30 年代末 40 年代初,美国官员们对国家主导的发展战略不再那么热衷。在复苏的商业利益和冷战意识形态的背景下,美国官员日益发现,关于经济政策的争论处于自由市场的支持者和共产主义的支持者相斗争的两元状态下。[③] 例如:1949 年初,劳尔・普雷维什发现其本人正是日益冷峻的世界的受害者。那时国际货币基金组织临时任命他担任一个高级职位。部分是由于美国国内政治局势的变化,美国的反对使这一任命成为泡影。对于他遭遇的巨大挫折(以及其他在基金组织工作的拉美人),如多斯曼所言:“不能说是歇斯底里的,但美国首都出现的反共产主义海啸要求在挑选基金组织和世界银行高级官员时务必小心翼翼;没有人能够说普雷维什是亲共产主义分子,但他是一个使用‘核心’和‘边缘’等术语的拉美人,理论上来说没有那么‘安全’。”[④]

艾森豪威尔 1953 年 1 月入主白宫以后,美国关于发展政策的观点的变化更

① Rivas 2002, 185–188.

② Singer 1984, 296–297 n.47. 亦可参见 Toye and Toye 2004, 173。

③ Maxfield and Nolt 1990, 57–59, note,尽管如此,进口替代工业化政策依然得到了持续的支持。

④ Dosman 2008, 234. 美国的决定部分地受到欲改善同阿根廷关系动机的驱使,庇隆(Perón)强烈反对对于普雷维什的任命。巴西也反对该项任命,这被 Dosman(2008, 234)归因于布良斯的“嫉妒”。

为明显。[1] 与美国之前的政策对比最为鲜明的是，1954 年，美国中情局策动了危地马拉政变，推翻了阿本斯 · 古斯曼（Jacobo árbenz Guzmán）政府。[2] 阿本斯曾是 1945 年上台的阿雷瓦洛政府的国防部部长，其改革主义曾受到特里芬和其他美国官员的赞赏。实际上，在 1945 年赴危地马拉期间，特里芬对于阿本斯形成了非常正面的印象，后者使特里芬想起了他的母国比利时的一位他所钦佩的"中左派"政治家。阿本斯同样对特里芬的工作极为热情，晚上常常去拜访他并长夜漫谈。从遥远的 1954 年回望，特里芬哀叹美国的政策转变幅度是如此之
267 大。[3] 政变以后，危地马拉新政府实施了对市场更为友好的政策，换掉了中央银行行长曼努埃尔 · 莫拉莱斯。他曾参加布雷顿森林会议，对于发展问题的承诺在 1945 年给特里芬留下了深刻的印象。[4]

甚至美国关于金融咨询活动的思考也在发生转变。杜鲁门演讲之后，联储仍然高质量地派遣使团，给出同特里芬路线类似的建议，如 1950 年的锡兰使团和韩国使团。然而，20 世纪 50 年代后期，美国官员就开始支持国际货币基金组织领导的更为保守的稳定项目，以促进财政和货币秩序、自由贸易和废除多重汇率及汇率管制。有趣的是，此类项目中的第一个就被引入了巴拉圭，以解决由中央银行过度迁就一家政府所有的商业银行贷款而引起的严重的通货膨胀。[5]

---

① Gilderhus 2000, 139–157.

② Latham 2011, chap. 5.

③ Triffin 1990, 28–29. 关于 1945 年特里芬与阿本斯的关系，可见 Triffin to Board of Governors, October 2, 1945, p.2, ISF, box 221。1952 年，特里芬参加了伊朗的默罕默德 · 摩萨台（Mohammed Mosaddegh）所请求的金融咨询使团，之后，他批评（仅在摩萨台被推翻前数月）美英不愿聆听伊朗人的诉求。"Iran's Negotiations Criticized," *Washington Post*, March 9, 1953.

④ Latham 2011, 128; Horace Sanford and Francis Schott, "Report on Visits to Central Banks of Mexico, Curacao, and Eleven Central and South American Countries, October and November 1955," December 1955, Part 2, p.41, ISF, box 229.

⑤ Horace Sanford and Richard Dosik, "Report on the Visits to Central Banks of Argentina, Paraguay, Bolivia, Costa Rica, Nicaragua and Cuba, November–December, 1959," January 1960, p.13, ISF, box 229, file: Foreign Missions, Latin America, Pocket. 1945 年，特里芬本人已经预计到，巴拉圭中央银行可能会在限制其协助政府方面存在困难。他说他的立法已经尽力使这一风险最小化，但又称："最后的分析显示，单靠银行条款无法解决该问题……它将在长时期内成为巴拉圭最为致命的问题之一……" Triffin to Board of Governors, "Second Mission to Paraguay," January 10, 1945, pp.5–6, ISF, box 162. 相反，在他深度参与创建的危地马拉银行庆祝成立 25 周年时，特里芬称，自它成立以来，可以自夸地说它维持了汇率的绝对稳定和生活成本年均不到 1.5% 的增长率（Triffin, untitled, May 1971, p.1, RTP, box 27, file: Triffin in Guatemala）。

如1943—1944年一样,巴拉圭成为某种形式的模板,但这次是作为新的类型。1957年,国际货币基金组织给巴拉圭安排的备用贷款是首个引入政策限制的,该限制是基金解决收支失衡的新"货币路径"之一。[①] 依此路径,基金组织迅速成为一位观察家所说的拉美"左翼的死对头"。[②]

总之,早期冷战对于国际发展政治的影响与现有叙述常常描绘的图景有很大的不同。传统观点认为,冷战是国际发展诞生的催化剂,证据就是杜鲁门的就职演说。实际上,冷战从两个方面削弱了布雷顿森林已经铸就的国际发展项目。首先,美国关于布雷顿森林发展目标的论述中心就是世界上的贫困地区,但美国的战略关注已经转移;其次,冷战两极分化的意识形态侵蚀了美国对于布雷顿 268
森林曾讨论的干预主义发展政策——国际和国内层面——的支持。

南方的争论

对于美国从布雷顿森林发展目标上的后退,南方国家的反应如何?我们已经看到,美国改变了针对拉美地区的政策,导致其遭遇了挫折。他们在拥有大量投票权的联合国系统内,这种挫折感又加强了。尤其重要的是,他们于20世纪40年代末发起了创建——美国对此很勉强——联合国拉丁美洲经济委员会以深化该地区发展的行动。[③]

在遭到国际货币基金组织的断然拒绝后,普雷维什在拉美经委会内发挥了领导作用,来践行他于20世纪40年代初就开始表达的观点。他挑战主流经济理论"普遍性的错觉",极力劝说国家采取积极政策促进拉美工业化及经济多样化。[④] 以一种日益自信的方式,普雷维什——获得了许多拉美国家的支持——号召美国拨付更多的财政援助来促进该地区的发展、支持商品稳定项目和创建

① Boughton 2011, 383-384; James 1996, 78-83.

② Campos 1996, 101. 罗伯托·坎波斯曾是巴西出席布雷顿森林会议的代表。

③ Dosman 2008, 236-237; Toye and Toye 2004, 138-139.

④ 引自 Dosman 2008, 249。亦可参见 chaps. 11, 12 and 13。

地区性发展银行。[①] 在许多拉美国家，他和拉美经委会的名望飙升了，他能够吸引包括乌尔基迪在内的主流经济学家为该组织工作。1951 年到 1958 年，乌尔基迪受雇于拉美经委会的墨西哥办公室。

普雷维什的观点与 20 世纪 40 年代初美国的许多著名政策制定者和分析家类似，但如今他的诉求为美国政策制定者所拒绝，他的分析招致了新古典经济学家的强烈批评。[②] 在麦卡锡年代，拉美经委会甚至受到联邦调查局和中央情报局的监控，他们认为该组织具有颠覆性。某些较为传统的拉美经济学家——包括两名出席布雷顿森林会议的巴西代表坎波斯（Roberto Campos）和古丁——也
269 批评拉美经委会过多关注进口替代工业化和政府计划。[③] 1959 年底，在游历了拉美一圈以后，两名纽约联储官员的记录显示，该地区许多中央银行家的观点也在发生变化："对于政府干预经济所导致的结果，普遍地明显不再抱有幻想，并倾向于允许市场力量和自由企业发挥更大的作用。"[④] 20 世纪 50 年代末，普雷维什开始遭遇来自左翼的日渐增强的批评，包括巴西的著名经济学家塞尔索·富尔塔多（Celso Furtado），他认为进口替代工业化政策伴随了日渐增强的不平等。[⑤]

普雷维什和其他拉美人并不是唯一要求给国际发展更多支持的南方官员。印度政策制定者在战后同样欲谋求领袖地位，如同他们当年在布雷顿森林提升在该事务上的形象一样。在关于国际贸易组织的谈判中，他们对于拉美的许多要求给予了响应。[⑥] 此时，对于创建联合国经济发展特别基金的提议，印度还以主要支持者的面貌出现，该基金可以为穷国提供条件优惠的长期贷款。1949 年，该设想首次由印度经济学家拉奥（V.K.R.V. Rao，他曾在剑桥跟随凯恩斯学习）提出。1951 年，在设立小组研究创建联合国经济发展特别基金问题上，尽管

---

① Dosman 2008, 292–294.

② Dosman 2008, 292–294. 批评者中包括一些当年在布雷顿森林计划出台过程中倾向于发展设想的人，如查尔斯·金德尔伯格和贾各布·瓦伊那。

③ Dosman 2008, 287–288. 其他出席布雷顿森林会议的南方代表同样成为自由市场的拥护者，如印度的什罗夫，他于 1956 年联合创立了智库"自由企业论坛"，批评尼赫鲁的干预政策。

④ Sanford and Dosik, "Report," p.3.

⑤ Dosman 2008, 331–333.

⑥ Gardner 1980, 365.

美国反对，但联合国大会还是以二对一的多数通过决议。① 在 1950 年国际货币基金组织和世界银行的年会上，德希穆克——现在是印度的财政部部长——号召银行设立专门部门提供软发展贷款。②

在布雷顿森林会议上，拉美和印度号召以国际援助支持其发展抱负的行动得到了东欧和中国的热烈响应。但是，如今他们对于布雷顿森林体系的参与已经成为冷战的意外灾难。两个东欧国家曾极为推崇布雷顿森林会议的发展目标，在苏联——从未批准《布雷顿森林协定》——1949 年为其盟国创建了一个替代性经济组织经互会（Comecon）后，波兰和捷克斯洛伐克很快就离开了布雷顿森林体系。③ 罗森斯坦-罗丹很快就被迫承认，1943 年到 1945 年，他的研究会为英国皇家国际事务研究所准备的关于东欧的详细发展计划的“实际价值”已经被毁掉了。④1951 年，英国皇家国际事务研究所直接发表了关于其 5 万字 270
计划的简短综述，期望它对于世界其他地区的政策制定者有用。⑤ 尽管如此，从 1947 年到 1952 年，作为国际银行的职员，罗森斯坦-罗丹一直致力于发展事务，他发现银行仅关注特定项目的借贷，这种狭隘的视野让他受挫。⑥ 英国皇家国际事务研究所研究会另一位呼吁国际发展的人列昂·巴兰斯基，也是波兰派驻银行的首任执行理事，同样任职于该机构，专注于世界其他地区（如非洲）的发展事务。⑦

1949 年之后，中国大陆不再是布雷顿森林机构的成员。国民党撤退到台湾后，联合国仍然承认其为中国的官方代表，布雷顿森林机构也遵循了这个原则。

---

① Murphy 2006, 59–61.

② Prasad 1985, 21.

③ 1946 年到 1947 年，波兰向银行请求了两笔贷款，均遭搁置。在抱怨了美国对于该体系的主导后，1950 年初，波兰自愿退出。1954 年，美国指责捷克斯洛伐克未能依照基金宪章提供信息，迫使其退出（McKinzie 1973）。此后以及整个 20 世纪 60 年代，留在国际货币基金组织和世界银行的唯一一个实行中央计划经济的东欧国家是南斯拉夫（Jacobson and Oksenberg 1990, 27）。

④ “Analysis and Method in the Study of Economic Development: Selected Papers Relating to Eastern Europe, Compiled by Dr. P.N. Rosenstein-Rodan, edited and with an introduction by A.L. Minkes,” p.1, (n.d., but with covering memo dated October 22, 1952), RIIACR 9/23qq.

⑤ Minkes 1951.

⑥ Oliver 1961c, 2; Kapur, Lewis, and Webb 1997, 128–130.

⑦ 关于 20 世纪 60 年代他在国际银行从事的非洲事务工作，见 Tignor 2006, 186–189; Oliver 1961b, 19。

1950 年 8 月,周恩来要求国际货币基金组织总裁驱逐台北政府派驻基金的代表,但是他没有要求由新生的中华人民共和国占据基金内的中国席位。[①]尽管 1944 年底,周恩来曾表态支持中国参加布雷顿森林机构,但是随着革命的发生,美国积极支持在台湾的国民党政府,再加上朝鲜战争的爆发,政治环境发生了根本变化。在随后的几年里,中华人民共和国与西方国家的关系一直处于紧张状态,美国主导的国际机构的成员资格并没有什么吸引力。一直到 1971 年,联合国大会投票赋予中华人民共和国政府代表中国的权利。[②]即便如此,中华人民共和国也没有对加入布雷顿森林机构产生多少兴趣。这种情况在 1978 年发生改变,邓小平承诺当年底中国实施对外开放发展战略(让人想起孙中山的思想),通过与西方的经济联系聚焦于国家主导的增长和实现工业化。[③]

当拉美和印度这些国际发展的推动者们失去了曾在布雷顿森林会议上支持过他们的东欧和中国以后,20 世纪五六十年代,伴随着非洲和亚洲迅猛发展的非殖民化运动,他们又收获了新的盟友。利用他们在联合国大会日益增加的数
271 量优势,1964 年,拉美、非洲和亚洲组织起新联盟——很快他们被称为“七十七国集团”——推动创建联合国贸易和发展会议。[④]普雷维什被任命为秘书长,开始推动他曾在拉美经委会所做的类似工作,如要求更大的发展、稳定金融与商品价格等。普雷维什还鼓励发起改善南方国家向北方市场输送工业制成品的行动,这将在单方基础上允许穷国保留关税。

为了推动这些改革,普雷维什常常批评布雷顿森林体系没有考虑南方国家的特殊需求。如托伊和托伊指出的:普雷维什称,整个 20 世纪 60 年代,“布雷顿森林—关贸总协定体系建立于无知之上,它没能看到工业中心和世界边缘地区是根本不同的经济,并试图对根本上不同的地区适用相同的原则”。[⑤]该论点出自曾深度参与特里芬工作的人,是非常耐人寻味的。特里芬的创新性工作是通过金融咨询活动深化布雷顿森林的发展内容,非常注意南方国家的独特条件

① Boughton 2001b, 968.

② Jacobson and Oksenberg 1990, 44; Jian 2001, chap.2.

③ Jacobson and Oksenberg 1990, 63–70; Vogel 2011, 808n.16. 1980 年,中华人民共和国成为中国在该机构的官方代表。

④ Williams 1991; Toye and Toye 2004, chap. 8.

⑤ Toye and Toye 2004, 43.

和目标。[1] 毫无疑问，普雷维什的例子反映了他对于布雷顿森林体系运行方式的幻灭。鉴于他所动员联系的许多国家都有反殖民主义情绪，他对于西方主导下的布雷顿森林体系的挑战也具有了某种政治意味。无论原因为何，普雷维什的框架有助于一种看法的形成，即布雷顿森林忽视了国际发展事务以及南方国家的需求。

面对着来自南方国家日益增长的压力，同时也恐惧于世界贫困地区受到的共产主义影响，美国和其他北方国家政府支持了对国际经济体系的数次改革。其中一些主要聚焦于拉美，特别是拉美对 1958 年尼克松的访问产生敌意和 1959 年初的古巴革命之后。比方说，美国最终支持了美洲开发银行的创建，它于 20 世纪 60 年代初开门营业。最初，它将大部分贷款投放到了工业项目和社会基础设施领域。为了支持该地区的核心盟国，美国官员还支持国际咖啡协定， 272
并最终于 1963 年完成。[2] 当肯尼迪上台后，他还找到普雷维什——通过睦邻政策的老兵阿道夫·伯尔——协助设计致力于进步运动的新联盟，以帮助拉美的发展为目标。起初，普雷维什很热心，华盛顿对他的重新接纳使他想起了 20 世纪 40 年代与特里芬共事的日子。但在美国商界和保守势力的反对下，雄心勃勃的进步联盟行动被压缩，普雷维什的失望随之而来。[3]

在全球层面，美国和其他北方国家最终支持——部分是出于阻止联合国经济发展特别基金计划的目的——世界银行于 1960 年成立软贷款部门：国际开发协会。[4] 另外，出口出现急剧下降的穷国呼吁更多的财政援助，世界银行对该呼吁也给出了正面回应，出台了补偿贷款办法。[5] 1968 年，在第二次联合国贸易和发展会议上，北方国家还正式同意建立一个普遍性的贸易特惠体系，即在非互利基础上允许穷国出口更多的工业制成品，当然其具体条款仍然是非常无力。

---

① Toye and Toye（2004, 43）称他的批评“大都是正确的”，但是他们又说普雷维什低估了穷国在战后贸易体系谈判中所争取到的部分让步。同样的批评也可用于评论他们在布雷顿森林国际金融协定上的观点。托伊和托伊他们自身也低估了南方国家在布雷顿森林谈判中的作用（p.23）。

② Toye and Toye 2004, 216.

③ Dosman 2008, 357–359; Toye and Toye 2004, 175; Pollock 1978, 69–71.

④ Kapur, Lewis, and Webb 1997, 154–156.

⑤ 第一个使用它的国家是巴西，南方国家在布雷顿森林推动此事时表现出前所未有的力量（James 1996, 145）。

许多政策制定者和分析家认为，在回应一种新型“南北对话”时，以上各类行动第一次引领了一个对发展更为友好的国际经济秩序的创建。然而，事实上，以上的许多行动只是简单建立于布雷顿森林原始发展内容的基础上，这是被如今所遗忘的那个更早的时代的南北对话所构建的。在更为广泛的层面上，国际开发协会加强了对布雷顿森林国际发展长期金融的已有的广泛支持；补偿贷款办法加强了布雷顿森林谈判中关于国际货币基金组织弃权条款的承诺，为经常面临国际收支大幅波动的农产品出口国获取基金贷款提供更便捷的方式；国际咖啡协定遵循了布雷顿森林通过的决议，即建议各国政府就国际商品价格达成
273 协议；美洲开发银行最后也是在泛美银行设想上取得了丰富的成果，该行主要致力于发展事务。该设想在 1939 年到 1940 年间曾是布雷顿森林机构某种形式的雏形。

国际经济新秩序的潮起与潮落

尽管有各种各样的改革，但在国际层面，很多事情并没有去做，这使南方国家在深化发展目标问题上仍然是持续受挫。1973 年，当石油输出国组织将油价提高 4 倍时，政治环境发生了根本性的转变，这似乎显示出了南方商品生产者的潜在力量。在世界性经济危机面前，底气更足的南方国家组织了广泛的同盟。1974 年，他们利用特别联大要求建立全面的国际经济新秩序。国际经济新秩序方案包括普雷维什在联合国贸易和发展会议（这时他已经辞职）推动的诸多设想，如给穷国更大的财政和技术援助、改善此类国家的贸易条款、更多的建立“面向发展中国家的特惠和单方优惠待遇”，以及南方国家在国际经济决策层面施加更多的影响等。[①] 1974 年联大决议还引入了其他内容，如对跨国公司的管理和监督（包括国有化它们的权利），南方国家之间更多的经济合作，以及对政策自主权更广泛的保护（“每个国家都有采纳它认为对其自

① 引自 UN General Assembly, “Declaration on the Establishment of a New International Economic Order,” Sixth Session, Agenda Item 7, May 1, 1974, p.1, http: //www.un-documents.net/s6r3201.htm.

身发展最为合适的经济与社会体制的权利”)。① 联合国贸易和发展会议随后将与商品价格稳定以及国际债务重组机制相关的更为具体的内容添加进改革日程表。②

国际经济新秩序方案被广泛视为对布雷顿森林秩序的主要挑战。③ 但南方国家创建有利于国家主导的发展目标的国际经济秩序的目的,与当年参加布雷顿森林谈判的许多官员,包括美国官员在内,想到了一起。确切地说,国际经济新秩序的许多具体方案比布雷顿森林谈判所支持的那些要深远。但是 274
作为一项普遍的抱负,国际经济新秩序方案可被视为建立于布雷顿森林基石上的行动。实际上,当你看一眼国际经济新秩序议程,你就会惊奇于怎么会有这么多内容在怀特早期的战后计划中就提出并讨论过(在《布雷顿森林协定》的形成过程中,其他人也提过):国际发展长期金融、对出口商品价格亏空的短期补偿、国际债务重组机制、支持对幼稚产业实施贸易保护、稳定商品价格、管理资本流动,以及在追求国家主导的发展政策方面对于国家政策自主权的支持。

在少数例子中,国际经济新秩序辩论中的参加者似乎应该承认这些。例如:在呼吁商品协定时,斯里兰卡官员拉尔·贾亚瓦德纳(Lal Jayawardena)传阅了他于英国档案馆发现的凯恩斯就该问题写于 1942 年早期的方案。④ 普雷维什也针对该问题提到了凯恩斯的观点,并期盼北方国家最终能够实施这位著名经济学家的建议。⑤ 尽管如此,在国际经济新秩序辩论的绝大部分时间里,有关布雷顿森林国际发展讨论的丰富历史并没有被提及。即便是南方国家对布雷顿森林会议的积极参与——它们出席会议的人数占据着优势地位——也被忽视了。例如:作为对现状进行批评的一部分,1974 年联大决议强调现存的国际经济体系是如何在“当今绝大多数的发展中国家还没有独立之时建立的”⑥。这一陈述当然是对的,但是它的引申之义——南方国家在创建布雷顿森林的过程中作用

① 引自 UN General Assembly, “Declaration,” p.1。

② 关于债务,见 Helleiner 2008, 104–105。

③ 关于围绕有关国际经济新秩序的新“意识形态”的辩论,见 Murphy 1984。

④ Williamson 1977, 94; Keynes 1974.

⑤ Prebisch 1972, 10.

⑥ UN General Assembly, “Declaration,” p.1.

甚微——则不对。

对于参加国际经济新秩序辩论的绝大多数人来说，忽视布雷顿森林的历史可能只是简单地反映了知识的缺乏。除了理查德·加德纳1956年的著作《英镑美元外交——当代国际经济秩序的起源与展望》（忽视了布雷顿森林的发展内容），那时没有什么严肃地分析布雷顿森林谈判史的著述。[①]实际上，贾亚瓦德纳之所以能够发现凯恩斯方案，只是因为英国档案开放遵循30年规则而已。[②]对布雷顿森林谈判发展内容的遗忘可能还是政治方面的原因。作为
275 对布雷顿森林发起的正面挑战，南方支持者的国际经济新秩序的框架配合了当时措辞激烈的言论。另一方面，它也允许厌恶国际经济新秩序方案的北方官员发声，认为它们对于战争结束之时建立的国际经济体制所表现出的“全球自由主义”原则是太过根本性的挑战。[③]

实际上，最初北方国家对南方国家做了某些让步，但在那个十年结束时，许多北方国家的处境变得艰难了，特别是撒切尔夫人（Margaret）在英国上台（1979）和罗纳德·里根（Ronald Reagan）在美国上台（1980）后。那些政治变局预示着并加强了北方对于自由市场——或“新自由主义”——思想日渐增长的支持。许多新自由主义者厌恶国际经济新秩序干预经济的观点，称南方国家通过国内改革放弃中央集权的经济政策将能改善其贫困状态。到1981年南北峰会于坎昆（Cancún）召开时，很明显国际经济新秩序方案已经死了。

值得说明的是，对国际经济新秩序的批评并不仅仅源于新自由主义阵营。左翼新马克思主义“依赖”理论思想家称，全球资本主义体系不能通过国际经济新秩序所主张的方式改革。他们批评国际经济新秩序项目为“第三世界中产阶级”战略，主要功能为增进国家主导的资本主义工业化（与马克思批评李斯特的做法如出一辙）；他们力劝，以更为激进的完全切断与资本主义的布雷顿森林体系相“联系”的做法取而代之。[④]从日渐萌芽的“绿色”视角来看，南方国家对于快速工业化的要求所需要消耗的环境与社会成本正受到越来越多的质疑，这

① 关于理查德·加德纳的忽视，见本书的引言。

② Keynes 1974.

③ Krasner（1985）描述了这条思想线。

④ 引自Amin 1990，115. 亦可参见Dos Santos（1970）对于拉美经委会观点的批评。

包括曾参与布雷顿森林谈判的舒马赫，他1973年出版的《小即是美》成为绿色运动的核心文本。① 这种批评并不新颖，舒马赫部分受到甘地的启发，后者在布雷顿森林会议的时代曾提出过类似的观点。20世纪40年代，甘地对于现代工业增长的批评是非常小众的声音，但现在收获了广泛得多的国际听众，“发展”的含义也变得比20世纪40年代有争议得多。

国际经济新秩序项目的崩溃同样反映了20世纪80年代南方国家的权力急剧萎缩的事实。他们在各种事务上的协同一致被拆散，欧佩克（OPEC）的权力很明显不容易为其他商品的出口者所效仿，特别是在1979年到1982年的全球衰退导致商品价格的断崖式下跌之后。那次衰退和美国利率的突然上调还引起 276
了许多南方国家严重的外债危机，这迫使它们将注意力放在国内的紧急危机处理而不是全球改革上。当债权银行和北方国家组成了国际货币基金组织领导下的紧密的卡特尔时，债务方却没能组织起来，被迫忍受因危机调整所带来的冲击。新自由主义学说对南方国家许多决策精英的影响日益增加，这也鼓励了他们接受债权方偏好的危机解决方案：作为自由市场政策的先导，债务国引入紧缩和结构性调整项目。

20世纪80年代的国际债务危机通过上述方式解决，后果是弱化了国际经济新秩序的目标。在这个10年的大部分时间里，不是日渐增加的发展性资金从北到南流入穷国，而是大量的资源从南流向北，以偿还外债。在国际货币基金组织和世界银行的指导下，国家主导的发展性政策被取消，政策自主性被削弱而不是加强了。在对世界经济决策施加影响方面，南方国家也发现他们的声音被边缘化了。富国通过七国集团（G7）俱乐部比以往更有力地主导着世界经济。作为紧缩项目和新自由主义改革的推动者和实施者，布雷顿森林机构所扮演的角色与1944年设想的有非常大的不同。

冷战后新自由主义政策在世界范围内的广泛传播进一步边缘化了那些想沿着国际经济新秩序路线改革全球经济秩序的人，甚至许多批评华盛顿共识的人也不再将国际经济新秩序的改革日程表视为一个范本。在1994年举行的布雷顿森林会议50周年庆祝会上，有志于发展事务的抗议者们高举的标语上写着：

---

① Schumacher 1973.

"50年已足够。"完全直接地拒绝而不是改革全球经济秩序逐渐成为时髦，在20世纪90年代末和21世纪初广泛传播的反全球化抗议浪潮中，这成为更加主流的立场。

后续是什么？

尽管如此，21世纪初，我们又能听到对布雷顿森林发展内容进行讨论的回响。一个关键的催化剂是经济大国的冉冉升起，它们也被称为新兴经济体，如中国、印度、巴西、墨西哥、印度尼西亚和南非。2008年全球金融危机高潮中成立的二十国集团（G20）领袖论坛是这些国家成为新崛起国家的最显著标志，该机
277 构包括了所有这些大的南方国家。二十国集团迅速使七国集团黯然失色，成为国际经济合作的主要论坛。相比于南方国家自20世纪70年代以来的经历，二十国集团为他们——虽然只是有选择的一些——在全球经济决策中提供了更大的影响力。

在布雷顿森林，二十国集团中的许多南方国家在精英们的治理下，承诺国家主导的发展目标，这其中包括一些最有发展能力的国家，如巴西、中国和印度。在他们的支持下，南方政府将影响到他们的许多曾在布雷顿森林讨论的国际发展事务重新放在了全球经济议程上——更多的长期发展性贷款、更多针对短期国际收支失衡的援助、新的债务重组机制、特别贸易条款、应对商品脆弱价格的措施、对国际资本流动的管制，以及增加在发展方面的政策自主性（或"政策空间"）。在2008年全球金融危机下，新自由主义遭受的批评越来越多，这些意义重大的地区性改革的前景也更加被人们看好。

南方国家要求的国际经济改革可能会遭到北方官员们的抵制——如他们在20世纪70年代所做的——理由是相对于布雷顿森林理想太过离经叛道。然而，这里所叙说的历史显示，追求这些目标的努力的基石早在布雷顿森林就已奠定。实际上，布雷顿森林的建筑师们——南北都有——将自由多边主义与南方由国家主导的发展优先战略融合在一起，作为战后协定的核心特征。二战结束后，于基石上进行的建筑活动就变得缓慢且不确定。对于那些致力于加快建设进程的

人来说,这一段被遗忘的历史可能会激发出某些灵感或设想。对于那些对布雷顿森林勾画出的国际发展目标不那么热心的人——无论在政治光谱上居左还是居右——来说,已经呈现在面前的分析是对他们深厚的历史积淀的发人深省的提醒。

279

参考文献

档案

ALP Ansel Luxford Papers，International Monetary Fund Archives，Washington，DC

AYP Arthur N. Young Papers，Hoover Institution Archives，Stanford University，Stanford，CA

BOE Bank of England Archives，London

BP Berle Papers，Franklin D. Roosevelt Library，Hyde Park，New York

BWA Record Group 56，General Records of the Department of Treasury，Office of the Assistant Secretary for International Affairs，Records of the Bretton Woods Agreements，1938–1946，United States National Archives，College Park，MD

BWCC Bretton Woods Conference Collection，IMF Archives，Washington，DC

CDDP Dr. C.D. Deshmukh Papers，Nehru Memorial Museum and Library Archives，New Delhi

CFHDW Record Group 56，General Records of the Department of Treasury，Chronological File of Harry Dexter White，Nov 1934–April 1946，United States National Archives，College Park，MD

CFR Council on Foreign Relations Records，Public Policy Papers，Department of Rare Books and Special Collections，Princeton University Library，Princeton，NJ

CSF Record Group 82，Records of the Federal Reserve System，Board of Governors Central Subject Files，United States National Archives，College Park，MD

DS Record Group 59, General Records of the Department of State, United States National Archives, College Park, MD

DSDF Record Group 59, General Records of the Department of State, Decimal Files, 1940–44, United States National Archives, College Park, MD

DSFS Record Group 84, Records of the Foreign Service Posts of the Department of State, United States National Archives, College Park, MD

EBP Edward Bernstein Papers, IMF Archives, Washington, DC

EKP Edwin W. Kemmerer Papers, Public Policy Papers, Department of Rare Books and Special Collections, Princeton University Library, Princeton, NJ

FGV Centro de Pesquisa e Documentação de Hsitória Contemporânea do Brasil, Fundação Getúlio Vargas, Rio de Janeiro

FO Foreign Office Records, The National Archives of the United Kingdom, Kew, Richmond, Surrey

HDWP Harry Dexter White Papers, Public Policy Papers, Department of Rare Books and Special Collections, Princeton University Library, Princeton, NJ

ISF Record Group 82, Records of the Federal Reserve System, Board of Governors International Subject Files, United States National Archives, College Park, MD

ITM Record Group 56, General Records of the Department of Treasury, Intra- 280
Treasury Memoranda of Harry Dexter White, 1934–45, United States National Archives, College Park, MD

JVP Jacob Viner Papers, Public Policy Papers, Department of Rare Books and Special Collections, Princeton University Library, Princeton, NJ

LSE London School of Economics Archives, London School of Economics, London

MD Morgenthau Diary, The Papers of Henry Morgenthau Jr., 1866–1960, Franklin D. Roosevelt Library, Hyde Park, NY

MP The Papers of Henry Morgenthau Jr., 1866–1960, Franklin D. Roosevelt Library, Hyde Park, NY

NAC, RG National Archives of Canada, Ottawa, Record Group

NAI	National Archives of India, New Delhi
RIC	Record Group 43, Records of International Conferences, Commissions and Expositions; International Conference Records, US Delegation to the Seventh International Conference of American States, General Records, 1933–34, Reports of Delegates, United States National Archives, College Park, MD
RIIA	Royal Institute of International Affairs Archives, London
RIIACR	Royal Institute of International Affairs Committee on Reconstruction, Royal Institute of International Affairs Archives, London
RTP	Robert Triffin Papers, Manuscripts and Archives, Yale University Library, New Haven, CT
SMHDW	Record Group 56, General Records of the Department of Treasury, Staff Memoranda of Harry Dexter White, January 1941–June 1946, United States National Archives, College Park, MD
THMC	Thomas Harrington McKittrick Collection. Baker Library Historical Collections. Harvard Business School, Cambridge, MA
TSF	Record Group 56, General Records of the Department of Treasury, Office of the Assistant Secretary for International Affairs, Subject Files 1934–72, United States National Archives, College Park, MD
UKT	United Kingdom Treasury Records, The National Archives of the United Kingdom, Kew, Richmond, Surrey
WFP	Wesley Frost Papers, Department of State: Messages Sent by Wesley Frost 1944, Oberlin College Archives, Oberlin, OH

Acheson, Dean. 1969. *Present at the Creation*. New York: W.W. Norton.

Acsay, Peter Josef. 2000. "Planning for Postwar Economic Cooperation: US Treasury, the Soviet Union and Bretton Woods 1933–46." Ph.D. diss., Saint Louis University.

Adams, Frederick. 1976. *Economic Diplomacy: The Export–Import Bank and American Foreign Policy1934–39*. Columbia: University of Missouri Press.

Adamson, Michael. 2002. "The Failure of the Foreign Bondholders Protective Council Experiment, 1934–1940." *Business History Review* 76: 479–514.

——. 2005. "'Must We Overlook All Impairment of Our Interest?' Debating the Foreign Aid Role of the Export–Import Bank, 1934–41." *Diplomatic History* 29 (4): 589–623.

Alacevich, Michele, and Pier Francesco Asso. 2009. "Shaping Monetary Constitutions for Developing Countries: Some Archival Evidence on the Bloomfield Missions to South Korea (1949–1950)." In Leeson 2009.

Alcalde, Javier Gonzalo. 1987. *The Idea of Third World Development: Emerging Perspectives in* 281
the United States and Britain, 1900–1950. New York: University Press of America.

American Technical Mission to Cuba. 1942. "Report to the Cuban Government of the American Technical Mission to Cuba." *Federal Reserve Bulletin* (August 1942): 774–801.

Amin, Samir. 1990. *Delinking*. London: Zed Books.

Anstey, Vera. 1943. "The Economic Reconstruction of India." *Agenda* 2 (4): 339–50.

Argote–Freyre, Frank. 2006. *Fulgencio Batista*. New Brunswick, NJ: Rutgers University Press.

Arndt, H.W. 1972. "Development Economics before 1945." In *Development and Planning*, edited by J. Bhagwati and R. Eckhaus. London: George Allen and Unwin.

——. 1987. *Economic Development: The History of an Idea*. Chicago: University of Chicago Press.

——. 1996. *Essays in International Economics, 1944–1994*. Aldershot: Avebury.

Asso, Pier Francesco, and Luca Fiorito. 2009. "A Scholar in Action in Interwar America: John H. Williams on Trade Theory and Bretton Woods." In Leeson 2009.

Babb, Sarah. 2001. *Managing Mexico: Economists from Nationalism to Neoliberalism*. Princeton, NJ: Princeton University Press.

Bagby, Wesley. 1992. *The Eagle–Dragon Alliance: America's Relations with China in World War II*. Newark: University of Delaware Press.

Becker, William, and William McClenahan. 2003. *The Market, the State and the Export–Import Bank of the United States, 1934–2000*. Cambridge: Cambridge University Press.

Bemis, Samuel Flagg. 1943. *The Latin American Policy of the United States*. New York:

Harcourt, Brace and World.

Benjamin, Bret. 2007. *Invested Interest: Capital, Culture, and the World Bank*. Minneapolis: University of Minnesota Press.

Benjamin, Jules. 1977. "The New Deal, Cuba, and the Rise of a Global Foreign Economic Policy." *Business History Review*, 51 (1): 57–78.

Berle, Beatrice Bishop, and Travis Beal Jacobs, eds. 1973. *Navigating the Rapids 1918–1971: From the Papers of Adolf A. Berle*. New York: Harcourt Brace Jovanovich.

Berle, Adolf. 1941a. "The Economic Interests of the United States in Inter-American Relations." *Department of State Bulletin* (June 28) 4 (105): 756–60.

——. 1941b. "Peace Without Empire." *Survey Graphic*. (March): 103–8.

Bernstein, Edward. 1993. "The Soviet Union and Bretton Woods." In Bordo and Eichengreen 1993.

——.1996. "The Making and Remaking of the Bretton Woods Institutions." In Kirshner 1996.

Beyen, J. W. 1949. *Money in a Maelstorm*. New York: Macmillan.

Bittermann, Henry. 1971. "Negotiation of the Articles of Agreement of the International Bank for Reconstruction and Development." *International Lawyer* 5 (1): 59–88.

Black, Stanley. 1991. *A Levite Among Priests: Edward M. Bernstein and the Origins of the Bretton Woods System*. Boulder, CO: Westview.

Blum, John Morton. 1959. *From the Morgenthau Diaries: Years of Crisis, 1928–38*. Boston: Honghton Mifflin.

——. 1965. *The Morgenthau Diaries: Years of Urgency 1938–1941*. Boston: Honghton Mifflin.

——. 1967. *The Morgenthau Diaries: Years of War 1941–1945*. Boston: Honghton Mifflin.

282 Bonné, Alfred. 1945. *The Economic Development of the Middle East: An Outline of Planned Reconstruction after the War*. London: Kegan Paul, Trench, Trubner.

Bordo, Michael. 1993. "The Bretton Woods International Monetary System: A Historical Overview." In Bordo and Eichengreen 1993.

Brodo, Michael, and Barry Eichengreen. 1993. *A Retrospective on the Bretton Woods System*. Chicago: University of Chicago Press.

Bordo, Michael, and Anna Schwartz. 2001. *From the Exchange Stabilization Fund to the International Monetary Fund.* NBER Working Paper 100. Cambridge, MA: National Bureau of Economic Research.

Borgwardt, Elizabeth. 2005. *A New Deal for the World; America's Vision for Human Rights.* Cambridge, MA: Belknap Press for Harvard University Press.

Bose, Sugata. 1997. "Instruments and Idioms of Colonial and National Development." In Cooper and Packard 1997.

Boskey, Shirley. 1957. "Bretton Woods Recalled." *International Bank Notes* (July).

Boughton, James. 2001a. "The Case Against Harry Dexter White: Still Not Proven." *History of Political Economy* 33(2): 219–39.

——. 2001b. Silent Revolution: *The International Monetary Revolution, 1979–1989.* Washington, DC: IMF.

——. 2002. "Why White, Not Keynes? Inventing the Postwar International Monetary System." In *The Open Economy Macromodel: Past, Present, and Future,* edited by Arie Arnon and Warren Young. Dordrecht: Kluwer.

——. 2004. "New Light on Harry Dexter White." *Journal of the History of Economic Thought* 26(2): 179–95.

——. 2009. "American in the Shadows: Harry Dexter White and Design of the International Monetary Fund." In Leeson 2009.

——. 2011. "Jacques J. Polak and the Evolution of the International Monetary System." *IMF Economic Review* 59(2): 379–99.

——.2013. "Dirtying White." *The Nation,* June 26, 42–44.

Boughton, James, and Roger Sandilands. 2003. "Politics and the Attack on FDR's Economists." *Intelligence and National Security* 18(3): 73–99.

Braden, Spruille. 1971. *Diplomats and Demagogues.* New Rochelle, NY: Arlington House.

Broad, Lewis. 1955. *Sir Antony Eden: The Chronicles of a Career.* London: Hutchinson.

Bryce, Robert. 1943. "International Aspects of an Investment Program." In Harris 1943.

Bulhões, Otávio Gouvêa de. 1990. *Otávio Gouvêa de Bulhões: Depoimento.* Brasilia: Divisão de

Impressão e Publicaçóes do Departamento de Administração de Recursos Materiais do Banco Central do Brasil.

Bullock, Alan. 1967. The Life and Tines of Ernest Bevin: vol.2: *Minister of Labour, 1940–1945*. London: Heinemann.

Burley, Anne–Marie. 1993. “Regulating the World: Multilateralism, International Law, and the Projection of the New Deal Regulatory State.” In *Multilateralism Matters*, edited by J. Ruggie. New York: Columbia University Press.

Campos, Roberto. 1996. “Fifty Years of Bretton Woods.” In Kirshner 1996.

Carr, E. H. 1939. *The Twenty Years' Crisis*. London: Macmillan.

Casey, Kevin. 2011. *Saving International Capitalism During the Early Truman Presidency*. London: Routledge.

Chandavarkar, Anand. 1983. “Money and Credit, 1858–1947.” In *The Cambridge Economic History of India*, edited by Dharma Kumar. Cambridge: Cambridge University Press.

——. 1989. *Keynes and India*. London: Macmillan.

283 ——. 2001. “Sir (Abraham) Jeremy Raisman, Finance Member, Government of India (1939–45): Portrait of an Unsung Statesman Extraordinaire.” *Economic and Political Weekly* 36 (28)(July 14): 2641–55.

Coates, Kenneth. 2009. “The Centre for Latin American Monetary Studies and its Central Bankers' Networks.” In *Networks of Influence*, edited by L. Martinez–Diaz and N. Woods. Oxford: Oxford University Press.

Cobbs, Elizabeth. 1992. *The Rich Neighbor Policy: Rockefeller and Kaiser in Brazil*. New Haven, CT: Yale University Press.

Cooper, Frederick. 1997. “Modernizing Bureaucrats, Backward Africans, and the Development Concept.” In Cooper and Packard 1997.

Cooper, Frederick, and Randall Packard. 1997. *International Development and the Social Sciences*. Berkeley: University of California Press.

——. 1997. “Introduction.” In Cooper and Packard 1997.

Corbridge, Stuart. 2007. “The (Im) possibility of Development Studies.” *Economy and Society*

36(2): 179–211.

Cowen, M., and R. Shenton. 1996. *Doctrines of Development*. London: Routledge.

Craig, R. Bruce. 2004. *Treasonable Doubt: The Harry Dexter White Spy Case*. Lawrence: University Press of Kansas.

Cramer, Gisela, and Ursula Prutsch. 2006. "Nelson A. Rockefeller's Office of Inter–American Affairs (1940–1946) and Record Group 229." *Hispanic American Historical Review* 86 (4): 785–806.

Cullather, Nick. 1992. "The United States, American Business, and the Origins of the Philippine Central Bank." *American Historical Collection* 20(4): 80–99.

——. 1994. *Illusions of Influence*. Stanford, CA: Stanford University Press.

——. 2000. "Development? It's History." *Diplomatic History* 24(4): 641–53.

——. 2010. *The Hungry World*. Cambridge, MA: Harvard University Press.

Dávila, Francisco Suárez. 1977. "Bosquejo biográfico." In Suárez 1977.

Dell, Sidney. 1972. *The Inter–American Development Bank*. New York: Praeger.

Degefe, Befekadu. 1995. "The Development of Money, Monetary Institutions and Monetary Policy 1941–75." In *An Economic History of Modern Ethiopia: vol.1: The Imperial Era 1941–74*, edited by Shiferaw Bekele. Senegal: Codesria.

Department of State. 1940. "Inter–American Bank." *Federal Reserve Bulletin* (June 1940): 517–25.

Deshmukh, C.D. 1974. *The Course of My Life*. New Delhi: Orient Longman.

De Vries, Margaret Garritsen. 1986. *The IMF in a Changing World: 1945–85*. Washington, DC: IMF.

Diaz–Alejandro, Carlos. 1988. "Latin America in the 1930s." In *Trade, Development and the World Economy*, edited by Andres Velasco. Oxford: Basil Blackwell.

Dimand, Robert, and Mary Ann Dimand, 1990. "J. M. Keynes on Buffer Stocks and Commodity Price Stabilization." *History of Political Economy* 22(1): 113–23.

Director General of the Pan American Union. 1942. *Report on the Third Meeting of the Minister of Foreign Affairs of the American Republics, Rio De Janeiro, January 15–28, 1942.*

Washington, DC: Pan American Union.

Dosman, Edgar. 2001. "Markets and the State in the Evolution of the 'Prebisch Manifesto.'" *CEPAL Review* 75: 87–102.

——. 2008. *The Life and Times of Paúl Prebisch, 1901–1986*. Montreal: McGill–Queen's University Press.

Dos Santos, Theodore. 1970. "The Structure of Dependence." *American Economic Review* 60 (2): 231–36.

Drake, Paul. 1989. *The Money Doctor in the Andes*. Durham, NC: Duke University Press.

284 Druker, Peter. 1943. "Keynes, White, and Postwar Currency." *Harper's Magazine*, June 18, 177–85.

Eckes, Alfred. 1975. *A Search for Solvency: Bretton Woods and the International Monetary System, 1941–1971*. Austin: University of Texas Press.

Ekbladh, David. 2010. *The Great American Mission: Modernization and the Construction of an American World Order*. Princeton, NJ: Princeton University Press.

Escobar, Arturo. 1995. *Encountering Development: The Making and Unmaking of the Third World*. Princeton, NJ: Princeton University Press.

Esteva, Gustavo. 1992. "Development." In Sachs 1992.

Fajardo, Feliciano, Manuel Manansala, and Placido Borbon. 1987. *Central Banking: Focus on the Philippines*. Manila: National Book Store.

Farrell, Terrence. 1980. "Arthur Lewis and the Case for Caribbean Industrialization." *Social and Economic Studies* 29(4): 52–75.

Finnemore, Martha. 1997. "Redefining Development at the World Bank." In *International Development and the Social Sciences*, edited by Frederick Cooper and Randall Packard. Berkeley: University of California Press.

Friedman, Max. 2003. *Nazis and Good Neighbors*. Cambridge: Cambridge University Press.

Fuchs, James.1974a. *Oral History Interview with Arthur N. Young*, February 21. Harry S. Truman Library and Museum. http: //www.trumanlibrary.org/oralhist/youn. htm.

——.1974b. *Oral History Interview with Dr. John Parke Young*, Harry S. Truman Library and

Museum. http：//www.trumanlibrary.org/oralhist/youngip. htm.

Galbraith, John Kenneth, 1972. "How Keynes Came to America." In *Economics, Peace, and Laughter*. Boston：Houghton Miffin.

Gantenbein, James. 1950. *The Evolution of Our Latin-American Policy：A Documentary Record.* New York：Columbia University Press.

Gardner, Lloyd. 1964. *Economic Aspects of New Deal Diplomacy*. Madison：University of Wisconsin Press.

Gardner，Richard. 1980. *Sterling Dollar Diplomacy in Current Perspective*. New York：Columbia University Press.

——. 1985. "Sterling Dollar Diplomacy in Current Perspective." *International Affairs.* 62（1）：21–33.

——. 1996. "The Bretton Woods–GATT System after Fifty Years." In Orin Kirshner 1996.

Gardner, S., and J. Powelson, 1970. "Regional Banking in the Americas." *Inter-American Economic Affairs* 24（1）：15–30.

Gellman, Irwin. 1973. *Roosevelt and Barista*. Albuquerque：University of New Mexico Press.

——. 1979. *Good Neighbor Diplomacy*. Baltimore：Johns Hopkins University Press.

——. 1985. *The Dismantling of the Good Neighbor Policy*. Austin：University of Texas Press.

Gilderhus，Mark. 2000. *The Second Century：U.S.-Latin American Relation since 1889*. Wilmington, DE：Scholarly Resources.

Gold, Joseph. 1988. "Mexico and the Development of the Practice of the International Monetary Fund." *World Development* 16（10）：1127–42.

Gootenberg, Paul. 2004. "Between a Rock and a Softer Place." *Latin American Research Review* 39（2）：239–57.

Gramby-Sobukwe, Sharon. 2005. "Africa and US Foreign Policy." *Journal of Black Studies* 35：779–801.

Green, David. 1971. *The Containment of Latin America*. Chicago：Quadrangle Books.

Grey, Austin. 1944. "The Monetary Conference and China." *Far Eastern Survey* 13（18） 285
（September 6, 1944）：165–67.

Grove, David, and Jon Exter. 1948. "The Philippine Central Bank Act." *Federal Reserve Bulletin* 34(8): 938–49.

Grow, Michael. 1981. *The Good Neighbor Policy and Authoritarianism in Paraguay*. Lawrence: Regents Press of Kansas.

Guerrant, Edward. 1950. *Roosevelt's Good Neighbor Policy*. Albuquerque: University of New Mexico Press.

Haglund, David. 1984. *Latin America and the Transformation of US Strategic Thought, 1936–40*, Albuquerque: University of New Mexico Press.

Hailey, Lord. 1942. "Colonial Policy and Some of Its Post-war Problems." *Agenda* 1(2): 107–18.

Hansen, Alvin. 1944. "The Views of Alvin Hansen." In Shields 1944.

Hansen, Alvin, and Charles Kindleberger. 1942. "Economic Tasks of the Postwar World." *Foreign Affairs* 20(3): 466–76.

Hansen, Simon. 1938. *Utopia in Uruguay*. New York: Oxford University Press.

——. 1950. "Latin America and the Point Four Program." *Annals of the American Academy of Political and Social Science* 268: 66–74.

Harris, Seymour, ed. 1943. *Postwar Economic Problems*. New York: McGraw-Hill.

Harrod, R. F. 1951. *The Life of John Maynard Keynes*. London: Macmillan.

Hartendorp, A.V. H. 1958. *History of Industry and Trade of the Philippines*. Manila: American Chamber of Commerce of the Philippines.

Havinden, Michael, and David Meredith. 1993. *Colonialism and Development: Britain and Its Tropical Colonies, 1850–1960*. London: Routledge.

Haynes, John Earl, Harvey Klehr, and Alexander Vassiliev. 2009. *Spies*. New Haven, CT: Yale University Press.

Helleiner, Eric. 1994. *States and the Reemergence of Global Finance*. Ithaca: Cornell University Press.

——. 2002. "Economic Nationalism as a Challenge to Economic Liberalism?" *International Studies Quarterly* 46(3): 307–29.

——. 2008. "The Mystery of the Missing Sovereign Debt Restructuring Mechanism."

Contributions to Political Economy 27 (1): 91–113.

——. 2009. "Central Bankers as Good Neighbors." *Financial History Review* 16(1): 1–21.

Henning, C. Randall. 1999. *The Exchange Stabilization Fund: Slush Money or War Chest?* Washington, DC: Institute for International Economics.

Hilton, Stanley. 1979. "Brazilian Diplomacy and the Washington–Rio de Janeiro 'Axis' During the World War II Era." *Hispanic American Historical Review* 59(2): 201–231.

——. 1981. "The United States, Brazil, and the Cold War, 1945–1960." *Journal of American History* 68(3): 599–624.

Hirschman, Albert. 1981. "The Rise and Decline of Development Economics." In *Essays in Trespassing*. Cambridge: Cambridge University Press.

——. 1995. "How the Keynesian Revolution Was Exported from the United States." In *A Propensity to Self–Subversion*. Cambridge, MA: Harvard University Press.

Hodge, Joseph Morgan. 2007. *Triumph of the Expert: Agrarian Doctrines of Development and the Legacies of British Colonialism*. Athens: Ohio University Press.

Horsefield, J. Keith. 1969a. *The International Monetary Fund 1945–1965: Twenty Years of International Monetary Cooperation*. Vol. 1. Washington, DC: IMF.

——.1969b. *The International Monetary Fund 1945–1965: Twenty Years of International Monetary Cooperation*. Vol.3. Washington, DC: IMF.

Howard, Thomas. 2003. "Franklin Roosevelt, the Caribbean and the Postcolonial World." In 286
Franklin D. Roosevelt and the Formation of the Modern World, edited by Thomas Howard and William Pederson. Armonk, NY: M. E. Sharpe.

Howson, Susan, and Donald Moggridge, eds. 1990. *The Wartime Diaries of Lionel Robbins and James Meade, 1943–45*. London: Macmillan.

Ikenberry, John. 1992. "A World Economy Restored: Expert Consensus and Anglo–American Postwar Settlement." *International Organization* 46(1): 289–321.

——. 2011. *Liberal Leviathan*. Princeton, NJ: Princeton University Press.

Inman, Samuel Guy. 1944. "Some Latin American Views on Post–War Reconstruction." *Foreign Policy Reports* 20(1)(March 15): 2–11.

Jacobson, Harold, and Michel Oksenberg. 1990. *China's Participation in the IMF, the World Bank, and GATT*. Ann Arbor: University of Michigan Press.

James, Harold. 1996. *International Monetary Cooperation since Bretton Woods*. Oxford: Oxford University Press.

Jian, Chen. 2001. *Mao's China and the Cold War*. Chapel Hill: University of North Carolina Press.

Johnson, Harry. 1978. "Keynes and Development." In *The Shadow of Keynes*. Chicago: University of Chicago Press.

Kalecki, Michael, and E. F. Schumacher. 1943. "International Clearing and Long-Term Leading." *Oxford Institute of Statistics Bulletin* 5 (S5)(August 7): 29–33.

Kapur, Devesh, John Lewis, and Richard Webb. 1997. *The World Bank: Its First Half Century*. Washington: Brookings Institution Press.

Karunatilake, H. N. S. 1973. *Central Banking and Monetary Policy in Sri Lanka*. Colombo: Lake House Investment.

Kemmerer, Edwin. 1994. "The Views of Edwin W. Kemmerer." In Shields 1944.

Keynes, John Maynard. 1974. "International Control of Raw Materials." *Journal of International Economics*. 4: 299–315.

——. 1980a. *The Collected Writings of John Maynard Keynes*. Vol. 1, edited by Donald Moggridge. London: Macmillan.

——. 1980b. *The Collected Writings of John Maynard Keynes*. Vol. 25, edited by Donald Moggridge. London: Macmillan.

——. 1970c. *The Collected Writings of John Maynard Keynes*. Vol. 26, edited by Donald Moggridge. London: Macmillan.

Kimball, Warren. 1991. *The Juggler: Franklin Roosevelt as Wartime Statesman*. Princeton, NJ: Princeton University Press.

Kindleberger, Charles. 1943a. "International Monetary Stabilization." In Harris 1943.

——. 1943b. "Planning for Foreign Investment," pt. 2. *American Economic Review* 33 (1): 347–54.

——. 1991. *The Life of an Economist.* Oxford: Basil Blackwell.

Kirshner, Orin, ed. 1996. *The Bretton Woods–GATT System.* Armonk, NY: M. E. Sharpe.

Kofas, Jon. 1997. "The Politics of Foreign Debt: The MIF, the World Bank, and US Foreign Policy in Chile, 1946–1952." *Journal of Developing Areas.* 31: 157–82.

Krasner, Stephen. 1985. *Structural Conflict: The Third World Against Global Liberalism.* Berkeley: University of California Press.

Laidler, David, and Roger Sandilands. 2002. "An Early Harvard Memorandum on Anti-Depression Policies." *History of Political Economy* 34(3): 515–32.

Langer, William, and S.Everett Gleason. 1970. *The Challenge to Isolation: The World Crisis of 1937–1940 and American Foreign Policy.* Gloucester, MA:Peter Smith.

Latham, Michael. 2011. The Right Kind of Revolution. Ithaca: Cornell University Press.

League of Nations. 1939. *The Development of International Co-operation in Economic and Social Affairs: Report of the Special Committee.* Geneva: League of Nations.

Lee, David. 2010. *Stanley Melbourne Bruce.* London: Continuum. 287

Lee, J.M. 1967. *Colonial Development and Good Government.* Oxford: Clarendon Press.

Leeson, Robert, ed. 2009. *American Power and Policy.* New York: Palgrave Macmillan.

Li, Choh-Ming. 1943. "China in World Economy." *Foreign Policy Reports* 19(16): 218–23.

Li, Tania. 2007. *The Will to Improve.* Durham, NC: Duke University Press.

Lokanathan. P. S. 1945. "The Bombay Plan." *Foreign Affairs* 23(July): 680–86.

Love, Joseph. 1996. *Crafting the Third World.* Stanford, CA: Stanford University Press.

Luthringer, George. 1931. "The Gold-Exchange Standard in the Philippines Since 1913." Ph.D. diss., Princeton University.

Mandelbaum, Kurt. 1961 (1945). *The Industrialisation of Backward Areas.* Oxford: Basil Blackwell.

——.1979. "'I am still the same, but . . .' A Portrait of the Economist Kurt Mandelbaum Based on an Interview with Matthias Greffrath." *Development and Change* 10(4): 503–13.

Marcus, Harold. 1983. *Ethiopia, Great Britain, and the United States, 1941–1974.* Berkeley: University of California Press.

Markovits, Claude. 1985. *Indian Business and Nationalist Politics 1931–1939*. Cambridge: Cambridge University Press.

Mason, Edward, and Robert Asher. 1973. *The World Bank since Bretton Woods*. Washington, DC: Brookings Institution Press.

Mauri, Arnaldo. 2010. "The Re–establishment of the National Monetary and Banking System in Ethiopia 1941–1963." *South African Journal of Economic History* 24 (2): 82–130.

Maxfield, Sylvia, and James Nolt. 1990. "Protectionism and the Internationalization of Capital: US Sponsorship of Import Substitution Industrialization in the Philippines, Turkey and Argentina." *International Studies Quarterly* 34 (1): 49–81.

McCann, Frank. 1974. *The Brazilian–American Alliance 1937–1945*. Princeton, NJ: Princeton University Press.

McKinzie, Richard. 1972. Oral history interview with Roman L. Horne. Harry S. Truman Library and Museum. http: //www.trumanlibrary.org/oralhist/hornerl.htm.

——. 1973. Oral history interview with Frank A. Southard. Harry S. Truman Library And Museum. http: //www.trumanlibrary.org/oralhist/southard.htm.

——. 1974. Oral history interview with Emilio Collado. Harry S. Truman Library and Museum. http: //www.trumanlibrary.org/oralhist/collado2.htm.

Mehrling, Perry. 1997. *The Money Interest and the Public Interest: American Monetary Thought, 1920–1970*. Cambridge, MA: Harvard University Press.

Meier, Gerald 1984a. *Emerging from Poverty*. Oxford: Oxford University Press.

——. 1984b. "The Formative Period." In Meier and Seers 1984.

Meier, Gerald, and Dudley Seers, eds. 1984. *Pioneers in Development*. Oxford: Oxford University Press.

Mikesell, Raymond. 1951. "Negotiating at Bretton Woods, 1944." In *Negotiating with the Russians*, edited by Raymond Dennett and Joseph Johnson. Boston: World Peace Foundation.

——. 1994. *The Bretton Woods Debates: A Memoir*. Essays in International Finance, no.192. Princeton, NJ: International Finance Section, Department of Economics, Princeton

University.

——. 1996. "Some Issues in the Bretton Woods Debates." In Kirshner 1996.

——. 2000. *Foreign Adventures of an Economist.* Eugene: University of Oregon Press.

Minkes, A. L. 1951. "The Economic Development of Eastern Europe." *International Affairs* 27 (1): 45–54, (3): 332–41.

Mitchell, Timothy. 2002. *Rule of Experts.* Berkeley: University of California Press. 288

Moggridge, Donald. 1992. *Maynard Keynes: An Economist's Biography.* London: Routledge.

Mora, Frank. 1998. "The Forgotten Relationship: United States–Paraguay Relations, 1937–89." *Journal of Contemporary History* 33 (3): 452–73.

Morgenthau, Henry, 1945. "Bretton Woods and International Cooperation." *Foreign Affairs* 23 (1): 182–94.

Mukherjee, Aditya. 2002. *Imperialism, Nationalism and the Making of the Indian Capitalist Class*, 1920–1947. London: Sage.

Murphy, Craig. 1984. *The Emergence of the NIEO Ideology.* Boulder, CO: Westview.

——.1994. *International Organization and Industrial Change.* New York: Oxford University Press.

——.2006. *The United Nations Development Programme: A Better Way?* Cambridge: Cambridge University Press.

Museo Numismático del Banco Nacionale de Cuba. 1980. Cuba: *Emisiones de monedas y billetas, 1915–1980.* Havana: Museo Numismático del Banco Nacionale de Cuba.

Nagano, Yoshiko. 2010. "The Philippine Currency Standard During the American Colonial Period." *International Journal of Asian Studies* 7 (1): 29–50.

Nerozzi, Sebastiano. 2009. "Building Up a Multilateral Strategy for the United States: Alvin Hansen, Jacob Viner, and the Council on Foreign Relations (1939–45)." In Leeson 2009.

Norberg, Viveca Halldin. 1977. *Swedes in Haile Selassie's Ethiopia, 1924–1952.* Uppsala: Scandinavian Institute of African Studies.

Norman Wait Harris Memorial Foundation. 1941. *The Political and Economic Implications of*

Inter-American Solidarity. Proceedings of the 17th Institute under the Auspices of the Norman Wait Harris Foundation, July 7 to 15, 1941. Chicago: University of Chicago Press.

Nurkse, Ragnar. 1994. *International Currency Experience*. Geneva: League of Nations.

O'Brien, John B. 2000. "F.L. McDougall and the Origins of the FAO." *Australian Journal of Politics and History* 46(2); 164-74.

Oliver, Robert. 1957. "The Origins of the International Bank for Reconstruction and Development." Ph.D. diss., Princeton University.

——. 1961a. Transcript of interview with Ansel F. Luxford. The World Bank/IFC Archives Oral History Program, Oral History Research Office, Columbia University, July 13. http://siteresources.worldbank.org/EXTARCHIVES/Resources/Ansel_Luxford_Oral_History_Transcript_44_01.pdf.

——. 1961b. Transcript of interview with Luis Machado. The World Bank/IFC Archives Oral History Program, Oral History Research Office, Columbia University, July 18. http://siteresources.worldbank.org/EXTARCHIVES/Resources/Luis_Machado_Oral_History_Transcript_44_01.pdf.

——. 1961c. Transcript of interview with Paul Rosenstein-Rodan. The World Bank/IFC Archives Oral History Program, Oral History Research Office, Columbia University, August 14. http://siteresources.worldbank.org/EXTARCHIVES/Resources/rosenstein-rodan_transcriptt.pdf.

——. 1971. *Early Plans for a World Bank*. Princeton Studies in International Finance, no. 29. International Finance Section, Development of Economics, Princeton University.

——.1975. *International Economic Co-operation and the World Bank*. London: Macmillan.

——. 1985. *Bretton Woods: A Retrospective Essay*. California Seminar on International Security and Foreign Policy, Discussion Paper no. 105. Santa Monica: California Seminar on International Security and Foreign Policy.

289 O'Sullivan, Christopher. 2008. *Sumner Welles*. New York: Columbia University Press.

Packenham, Robert. 1973. *Liberal America and the Third World*. Princeton, NJ: Princeton

University Press.

Pakula, Hannah. 2009. *The Last Empress: Madame Chiang Kai-Shek and the Brith of Modern China.* New York: Simon & Schuster.

Park, James William. 1995. *Latin American Underdevelopment: A History of Perspectives in the United States, 1870–1965.* Baton Rouge: Louisiana State University Press.

Patrick, Stewart. 2009. *Best Laid Plans.* Boulder, CO: Rowman & Littlefield.

Patterson, James. 1972. *Mr. Republican—A Biography of Robert A. Taft.* Boston: Houghton Mifflin.

Pauly, Louis. 1997. *Who Elected the Bankers?* Ithaca: Cornell University Press.

Peet, Richard. 2009. *Unholy Trinity: The IMF, World Bank and the WTO.* 2d ed. London: Zed Books.

Penrose, E. F. 1953. *Economic Planning for the Peace.* Princeton, NJ: Princeton University Press.

Pérez, Louis. 1986. *Cuba under the Platt Amendment 1902–1934.* Pittsburgh: University of Pittsburgh Press.

Pike, Frederick. 1995. *FDR's Good Neighbor Policy.* Austin: University of Texas Press.

Pinho Barreiros, Daniel de. 2009. "Atuação da delegação brasileira na formulação do Acordo Internacional de Bretton Woods (1942–1944)." História 28 (2). http://www.scielo.br/scielo.php?pid=S0101-90742009000200018&script=sci_arttext.

Pollock, David. 1978. "Some Changes in United States Attitudes Towards CEPAL Over the Past 30 Years." *CEPAL Review* 6: 57–80.

Prasad, P. S. Narayan. 1985. *C.D.Deshmukh: His Contribution to Monetary and Economic Policy.* New Dehli: Lancer International.

Prebisch, Raúl. 1972. "A View from the Developing World." In *Bretton Woods Revisited*, edited by A. L. Acheson, J. F. Chant, and M. F. J. Prachowny. Toronto: University of Toronto Press.

——. 1991 (1944). "Conversaciones en el Banco de México, 21 de febrero, 1944." In *Obras 1919–48*, 3: 189–206. Buenos Aires: Fundación Raúl Prebisch.

Pruessen, Ronald. 2009. “A Globalization Moment: Franklin D. Roosevelt in Casablanca (January 1943) and the Decolonization/Development Impulse.” In *Empires and Autonomy*, edited by Stephen Streeter, John Waever, and William Coleman. Vancouver: University of British Columbia Press.

Rabe, Stephen. 1978. “The Elusive Conference: United States Economic Relations with Latin America, 1945–1952.” *Diplomatic History* 2: 279–94.

Rauchway, Eric. 2013. “How the Soviets Saved Capitalism.” *Times Literary Supplement*, 5740 (April 5): 12–13.

Rees, David. 1973. *Harry Dexter White: A Study in Paradox*. New York: Coward, McCann & Geoghegan.

Rist, Gilbert. 1997. *The History of Development*, translated by Patrick Camiller. London: Zed Books.

Rivas, Darlene. 2002. *Missionary Capitalist: Nelson Rockefeller in Venezuela*. Chapel Hill: University of North Carolina Press.

Rock, David. 1994. “War and Postwar Intersections.” In *Latin America in the 1940s: War and Postwar Transitions*, edited by D. Rock. Berkeley: University of California Press.

Roorda, Eric. 1998. *The Dictator Next Door*. Durham, NC: Duke University Press.

Roosevelt, Franklin D. 1933. “Address by Franklin D. Roosevelt, 1933.” http://www.inaugural.senate.gov/swearing-in/address/address-by-franklin-d-roosevelt-1933.

290 ——. 1944. “Address to an International Labor Conference, May 17, 1944.” In Gerhard Peters and John T. Woolley, *The American Presidency Project*. http://www.presidency.ucsb.edu/ws/?pid=16509.

Rosenberg, Emily. 2003. *Financial Missionaries to the World*. Durham, NC: Duke University Press.

Rosenman, Samuel. 1952. *Working with Roosevelt*. New York: Harper & Brothers.

Rosenstein-Rodan, Paul. 1943. “Problems of Industrialization in Eastern and South-Eastern Europe.” *Economic Journal* 53 (210/211): 202–11.

——. 1944. “The International Development of Economically Backward Areas.” *International*

Affairs 20(2): 157–65.

——. 1984. "Natura Facit Saltum: Analysis of the Disequilibrium Growth Process." In Meier and Seers 1984.

Rothermund, Dietmar. 1993. *An Economic History of India*. London: Routledge.

Ruggie, John. 1982. "International Regimes, Transactions and Change: Embedded Liberalism in the Postwar Economic Order." *International Organization* 36: 379–415.

——, ed. 1983a. *The Antinomies of Interdependence*. New York: Columbia University Press.

——. 1983b. "International Interdependence and National Welfare." In Ruggie 1983a.

——. 1983c. "Political Structure and Change in the International Economic Order: the North–South Dimension." In Ruggie 1983a.

Sachs, Wolfgang. 1990. "The Archeology of the Development Idea." *Interculture* 28(4): 2–32.

——, ed., 1992. *The Development Dictionary*. London: Zed Books.

——. 2010. Preface to the new edition. In Wolfgang Sachs, ed., *The Development Dictionary, Second Edition*. London: Zed Books.

Salant, Walter. 1989. "The Spread of Keynesian Doctrines and Practices in the United States." In *The Political Power of Economic Ideas: Keynesianism Across Nations*, edited by P. Hall. Princeton, NJ: Princeton University Press.

Sandilands, Roger. 2009. "An Archival Case Study: Revisiting the Life and Political Economy of Lauchlin Currie." In Leeson 2009.

Schaefer, Chris. 1992. "The Politics of Banking: the Bank of Abyssinia, 1905–1931." *International Journal of African Historical Studies* 25(2): 361–89.

Schoultz, Lars. 1998. *Beneath the United States: A History of U.S. Policy Toward Latin America*. Cambridge, MA: Harvard University Press.

Schuler, Friedrich. 1998. *Mexico Between Hitler and Roosevelt*. Albuquerque: University of New Mexico Press.

Schuler, Kurt, and Andrew Rosenberg, eds. 2012. *The Bretton Woods Transcripts*. New York: Center for Financial Stability.

Schuler, Kurt, and Dylan Schuler, eds., 2013. *Questions and Answers on the Bank for*

Reconstruction and Development, June 10, 1944. Center for Financial Stability Paper in Financial History. New York: Center for Financial Stability.

Schumacher, E. F. 1943. "Multilateral Clearing." *Economica* 10(38): 150–65.

——. 1973. *Small is Beautiful*. New York: Harper & Row.

Schwartz, Anna. 1997. "From Obscurity to Notoriety: a Biography of the Exchange Stabilization Fund." *Journal of Money, Credit and Banking* 29(2): 135–53.

Schwartz, Jordan. 1987. *Liberal: Adolf A. Berle and the Vision of an American Era*. New York: Free Press.

Scott, James. 2010. "Developing Countries in the ITO and GATT Negotiations." *Journal of International Trade Law* 9(1): 5–24.

Scott, William R. 1993. *The Sons of Sheba's Race: African Americans and the Italo–Ethiopian War, 1935–1941*. Bloomington: Indiana University Press.

291 Shields, Murray, ed. 1944. *International Financial Stabilization*. New York: Irving Trust Company.

Shoup, Laurence, and William Minter. 1977. *Imperial Brain Trust: The Council on Foreign Relations and United States Foreign Policy*. New York: Monthly Review Press.

Sikkink, Kathryn. 1991. *Ideas and Institutions: Developmentalism in Brazil and Argentina*. Ithaca: Cornell University Press.

Simha, S. L. N. 1970. *History of the Reserve Bank of India*, vol.1: 1935–1951. Bombay Reserve Bank of India.

——.1972. "The World Bank Group." In *Economic and Social Development*, edited by S. L. N. Simha. Bombay: Vora and Co. Publishers Private Ltd.

Singer, Hans. 1984. "The Terms of Trade Controversy and the Evolution of Soft Financing: Early Years in the United Nations." In Meier and Seers 1984.

Skidelsky, Robert. 2000. *John Maynard Keynes*, vol.3: *Fighting for Britain 1937–1946*. London: Macmillan.

Skidmore, Thomas. 1967. *Politics in Brazil, 1930–1967*. New York: Oxford University Press.

Souza Costa, Artur de. 1944. *Bretton Woods e o Brasil*. Rio de Janeiro: Jornal do Commercio.

Spencer, John H. 1984. *Ethiopia at Bay*. Algonac, MI: Reference Publications.

Staley, Eugene. 1939. *World Economy in Transition*. New York: Council on Foreign Relations.

Staples, Amy. 2006. *The Birth of Development*. Kent, OH: Kent State University Press.

Steffek, Jens. 2006. *Embedded Liberalism and Its Critics*. London: Palgrave Macmillan.

Steil, Benn. 2013. *The Battle of Bretton Woods*. Princeton, NJ: Princeton University Press.

Stiller, Jesse. 1987. *George Messersmith*. Chapel Hill: University of North Carolina Press.

Suárez, Eduardo. 1977. *Commentarios y recuerdos (1926–1946)*. Mexico City: Editoria Porrúa.

Sun Yat-sen. 1922. *The International Development of China*. New York: Putnam.

Thakurdas, Purshotamdas, J. R. D. Tata, G. D. Birla, Ardeshir Dalal, Shri Ram, Kasturbhai Lalbhai, A. D. Shroff, and John Matthai. 1944. *A Plan of Economic Development for India*. New York: Penguin Books.

Tignor, Robert. 2006. *W. Arthur Lewis*. Princeton, NJ: Princeton University Press.

Tomlinson, B. R. 1979. *The Political Economy of the Raj 1914–1947*. London: Macmillan.

Toye, John. 1987. *Dilemmas of Development*. Oxford: Blackwell.

Toye, John, and Richard Toye. 2004. *The UN and Global Political Economy*. Bloomington: Indiana University Press.

Triffin, Robert. 1940. *Monopolistic Competition and General Equilibrium Theory*. Cambridge, MA: Harvard University Press.

——. 1946. *Monetary and Banking Reform in Paraguay*. Washington, DC: Board of Governors of the Federal Reserve System.

——. 1966 (1947). "National Central Banking and the International Economy." In R. Triffin, *The World Money Maze*. New Haven, CT: Yale University Press.

——. 1981. "An Economist's Career: What? Why? How?" *Banca Nazionale del Lavoro Quarterly Review* 138: 239–59.

——. 1990. "Conversation avec Catherine Ferrant et Jean Sloover." *In Robert Triffin: Conseiller des princes,* edited by Catherine Ferrant and Jean Sloover. Brussels: Editions Ciaco.

Urquidi, Victor L. 1994. "Bretton Woods: Un recorrido por el primer cincuentenario."

Comercio Exterior 44 (10): 1–21. http://alcantara.net16.net/alcantaraunitec_archivos/archivosblog/bretonwoods.pdf.

292 ——. 1996. "Reconstruction vs. Development: The IMF and the World Bank." In Kirshner 1996.

US Senate. 1941. *Inter–American Bank, Hearings Before a Subcommittee of the Committee on Foreign Relations, United States Senate*, 77th Congress, 1st session, May 5 and 6, 1941. Washington, DC: US Government Printing Office.

US State Department. 1948. *Proceedings and Documents of the United Nations Monetary and Financial Conference, Bretton Woods, New Hampshire, July 1–22, 1944.* Washington, DC: US Government Printing Office.

——. 1956. *Foreign Relations of the United States: Diplomatic Papers, 1938*, vol. 5: *The American Republics.* Washington, DC: US Government Printing Office.

——. 1957. *Foreign Relations of the United States: Diplomatic Papers, 1939*, vol. 5: *The American Republics.* Washington, DC: US Government Printing Office.

——. 1961. *Foreign Relations of the United States: Diplomatic Papers, 1940*, vol. 5: *The American Republics.* Washington, DC: US Government Printing Office.

——. 1962. *Foreign Relations of the United States: Diplomatic Papers, 1941*, vol. 7: *The American Republics.* Washington, DC: US Government Printing Office.

——. 1963a. *Foreign Relations of the United States: Diplomatic Papers, 1942*, vol. 1: *General; the British Commonwealth; the Far East.* Washington, DC: US Government Printing Office.

——. 1963b. *Foreign Relations of the United States: Diplomatic Papers, 1942*, vol. 6: *The American Republics.* Washington, DC: US Government Printing Office.

——. 1967a. *Foreign Relations of the United States: Diplomatic Papers, 1944*, vol. 2: *General Economic and Social Matters.* Washington, DC: US Government Printing Office.

——. 1967b. *Foreign Relations of the United States: Diplomatic Papers, 1944*, vol. 6: *China.* Washington, DC: US Government Printing Office.

Van Dormael, Armand. 1978. *Bretton Woods: Birth of a Monetary System.* London: Macmillan.

Villaseñor, Eduardo. 1941. "The Inter–American Bank." *Foreign Affairs* 20(1): 165–74.

Vinelli, Paul. 1950. "The Currency and Exchange System of Honduras." *IMF Staff Papers* 1: 420–31.

Vogel, Ezra. 2011. *Deng Xiaoping and Transformation of China*. Cambridge, MA: Belknap Press of Harvard University Press.

Walker, J. Samuel. 1976. *Henry A. Wallace and American Foreign Policy*. Westport, CT: Greenwood Press.

Wallich, Henry. 1948. "Some Aspects of Latin American Economic Relations with the United States." In *Foreign Economic Policy for the United States*, edited by Seymour Harris. Cambridge, MA: Harvard University Press.

——. 1950. *Monetary Problems of an Export Economy: The Cuban Experience 1914–1947*. Cambridge, MA: Harvard University Press.

Wasserman, Max. 1946. "The New Ethiopian Monetary System." *Journal of Political Economy* 54(4): 358–62.

Weinstein, Allen, and Alexander Vassiliev. 1999. *The Haunted Wood*. New York: Random House.

Weis, W. Michael. 2000. "Pan American Shift: Oswaldo Aranha and the Demise of the Brazilian–American Alliance." In *Beyond the Ideal: Pan–Americanism in Inter–American Affairs*, edited by D. Sheinin. Westport, CT: Greenwood Press.

Whitaker, Arhur P. 1944. "Politics and Diplomacy: the United States and Latin America." In *Inter–American Affairs 1943: An Annual Survey*, no. 3, edited by Arthur P. Whitaker. New York: Columbia University Press.

White, Harry Dexter. 1933. *The French International Accounts, 1880–1913*. Cambridge, MA: 293
Harvard University Press.

White, Theodore, and Annalee Jacoby. 1946. *Thunder Out of China*. New York: William Scloane Associates.

Wilbur, C. Martin. 1976. *Sun Yat–sen: Frustrated Patriot*. New York: Columbia University Press.

Wilkinson. Rorden. 2006. *The WTO*. London: Routledge.

Williams, John. 1947. *Postwar Monetary Plans and Other Essays*. 3d. ed. New York: Knopf.

——. 1947 (1943). "Currency Stabilization: The Keynes and White Plans." In Williams 1947.

——. 1947 (1944). "The Joint Monetary Plan." In Williams 1947.

Williams, Marc. 1991. *Third World Cooperation: The Group of 77 in UNCTAD*. London: Pinter.

Williamson, John. 1977. *The Failure of World Monetary Reform, 1971–74*. Sunbury-on-Thames: Nelson.

Wilson, Theodore A., and Richard D. McKinzie. 1971. Oral history interview with Emilio Collado. July 7. Harry S. Truman Library and Museum. http: //www.trumanlibrary.org/oralhist/collado1.htm.

Wood, Bryce. 1961. *The Making of the Good Neighbor Policy*. New York: Columbia University Press.

Woods, Randall Bennett. 1979. *The Roosevelt Foreign-Policy Establishment and the "Good Neighbor": The United States and Argentina 1941–1945*. Lawrence: Regents Press of Kansas.

Wu, Ching-Chao. 1943. "Internal Economic Development." *Foreign Policy Reports* 19 (16): 214–18.

Young, Arthur N. 1963. *China and the Helping Hand: 1937–1945*. Cambridge, MA: Harvard University Press.

——. 1965. *China's Wartime Finance and Inflation, 1937–1945*. Cambridge, MA: Harvard University Press.

Young, John Parke. 1950. "Developing Plans for an International Monetary Fund and a World Bank." *Department of State Bulletin*, November 13: 778–90.

Zanasi, Margherita. 2006. *Saving the Nation: Economic Modernity in Republican China*. Chicago: University of Chicago Press.

——. 2007. "Exporting Development: The League of Nations and Republican China." *Comparative Studies in Society and History* 49 (1): 143–69.

译 后 记

翻译本书缘于喜欢。

2014年9月,我来到美国达特茅斯学院访学,在贝克—贝里(Baker-Berry)图书馆第一次看到刚刚出版的本书,顿时眼前一亮。国内外研究布雷顿森林体系起源的著作数量颇多,但跳出“美英共同创建布雷顿森林体系”这一论断的少之又少。赫莱纳对美国与拉美国家的睦邻金融伙伴关系、布雷顿森林谈判和布雷顿森林会议做了全面而系统的考察,并充分肯定了部分亚洲、拉美、东欧和非洲国家在布雷顿森林体系创建过程中所做出的努力。可以说,他这本书颠覆了学界对于布雷顿森林体系起源的已有认知,成为引领研究的经典之作,这样的书如果不能引进国内,实在太过可惜。

第二次世界大战史研究,是我所在的武汉大学世界史研究所的特色学科之一。自改革开放以来,武汉大学二战史研究在张继平先生和胡德坤先生的带领下出现了蓬勃生机,针对中国抗战地位、中外关系和其他二战史重要专题做了大量有益的研究和探索,并在国内外出版了一系列有影响力的成果。在本书中,赫莱纳对中国在战后国际秩序构建中所扮演角色的肯定,与我们过去所做的研究是一致的。同时,这也是西方在研究上的一大突破,是继英国牛津大学拉纳·米特(Rana Mitter)帮助西方社会回忆中国抗战之后,正视中国抗战作用的又一项重要成果。本书在西方国家收获了诸多赞誉,影响广泛,因此不能不引起我们的重视。

回国以后,我向武汉大学资深教授、时任中国第二次世界大战史研究会会长的胡德坤老师汇报了该书的情况,并表达了翻译的意愿。胡老师欣然同意,嘱我用心翻译,不必有后顾之忧。此后,胡老师还多次给予勉励。正是有了胡老师的支持,才有了本书的最终出版。在此,向胡老师表示由衷的敬意和感谢!

翻译所用时光比想象中的漫长。由于平时琐事缠身,因此本书的翻译有赖于假期和那些夜深人静的时刻。令我感到幸运的是,家人毫无保留地支持了我的工作,这是我永远要感恩的地方。在翻译过程中,给予我支持的还有原版书作者。我与赫莱纳素不相识,但很快就建立起了密切的联系。赫莱纳对学术研究可谓一丝不苟,所以对我不时冒出的疑惑——无论是学术观点、跨学科理论,还是涉及疑难词句的纯翻译问题,总能一一耐心回复。我们还顺便更正了原版书中出现的一些错误。如果说本书的翻译有亮点的话,作者的详细解答功不可没。虽然翻译工作费时费力,但在翻译过程中与作者的对话总让我感到愉快。作者还与我分享了他的最新研究成果,这些成果多与中国的国际发展相关,让我大开眼界。

在翻译的过程中,我们联系到了中国驻国际货币基金组织执行理事金中夏先生,邀他作序。鉴于中国在国际经济领域正发挥着越来越大的影响力,金先生的工作十分繁忙,但他毫不犹豫地同意了此事。在布雷顿森林体系的构建与中国的战后地位两大问题上,金先生观点中肯,所提问题深刻且极具现实意义,我要向他表达诚挚的谢意!

胡德坤教授主持的国家社科基金抗日战争研究专项工程“世界反法西斯战争史(含中国抗战)档案资料收集整理与研究”(批准号:16KZD020)为本书提供了出版资助,武汉大学中国边界与海洋研究院办公室主任郁艳琴老师和人民出版社岳改苓编辑为本书的出版付出良多,我的学生彭梅和刘明涛帮助输录了参考文献部分,很多朋友和同事对本书的出版表达了关心和鼓励。在此一并感谢!

衷心希望读者能够喜欢本书,也希望它的出版能够进一步推进相关研究。在宏大的全球视野下,学者们在第二次世界大战与战后世界史、中国在战后国际秩序创建过程中发挥的作用、以及布雷顿森林体系起源等问题上都有了更大的发挥空间,期待有新的成果问世。

张 士 伟

2018 年 11 月于珞珈山振华楼